Java Spring

Construya aplicaciones reactivas con una arquitectura de microservicios en un entorno **Jakarta EE**

Descarga

Código fuente de los proyectos

Hervé Le Morvan

ISBN: 978-2-409-04730-5
Edición original: 978-2-409-04362-8

Ediciones ENI

P° Ferrocarriles Catalanes, 97-117, 2a pl. of. 18
08940 - Cornellà de Llobregat (Barcelona)

Tel: 934 246 401
Fax: 934 231 576

e-mail: info@ediciones-eni.com
http://www.ediciones-eni.com

Autor: Hervé LE MORVAN
Edición española: Roberto SALAS
Colección **Epsilon** dirigida por Émilie VILLETORTE

Podrá descargar algunos elementos de este libro en la página web de Ediciones ENI: **http://www.ediciones-eni.com**.
Escriba la referencia ENI del libro **EPT2REAJASP** en la zona de búsqueda y valide. Haga clic en el título y después en el botón de descarga.

Prólogo

Capítulo 1
La programación funcional

Capítulo 2
Programación reactiva

Capítulo 3
Reactor Core

Capítulo 4
Stack web reactiva Spring

Capítulo 5
Bases de datos reactivas

Capítulo 6
Los diferentes reactores extendidos

Capítulo 7
Soporte para Kotlin

Capítulo 8
Microservicios y aplicaciones en el cloud

Capítulo 9
Utilizaciones avanzados

Capítulo 10
Ejemplo eampleando el generador JHipster

Prólogo

1. Preámbulo

Este libro presenta los aspectos teóricos y prácticos del diseño de aplicaciones "reactivas" utilizando el framework (entorno) Spring.

Cuando la programación tradicional, por ejemplo, imperativa o secuencial, ya no es suficiente para garantizar la estabilidad con un alto grado de escalabilidad horizontal y vertical, podemos recurrir a las aplicaciones reactivas, o distribuidas, que amplían las posibilidades de ganar en eficacia a costa de una mayor complejidad.

Spring facilita la construcción de aplicaciones reactivas capaces de gestionar grandes cargas de trabajo con una latencia mínima. Ofrece una gestión asíncrona de las operaciones, optimizando asila utilización de los recursos evitando los bloqueos innecesarios. Spring también incorpora mecanismos de resiliencia para garantizar la estabilidad de las aplicaciones reactivas en caso de errores o fallos. El framework ofrece un modelo de flujo de datos reactivo, que permite manejar flujos continuos de datos en tiempo real. Spring también se integra fácilmente con otros marcos de trabajo y bibliotecas, lo que facilita la utilización de las funcionalidades reactivas en distintas partes de la aplicación. Por último, la comunidad Spring ofrece un soporte solido con numerosos recursos, tutoriales y documentación disponible para ayudar a los desarrolladores a dominar la programación reactiva con Spring.

Al combinar las ventajas de la programación reactiva con funcionalidades potentes y la flexibilidad de Spring Framework, los desarrolladores pueden construir aplicaciones sólidas, escalables y con gran capacidad de respuesta, capaces de gestionar eficazmente grandes cargas de trabajo al tiempo que ofrecen una experiencia de usuario fluida.

2. Contexto de aplicación

Hoy en día, en el diseño de aplicaciones modernas, los desarrolladores se enfrentan a varios desafíos y problemas.

Las aplicaciones son cada vez más complejas. Las aplicaciones reactivas se basan en arquitecturas distribuidas y flujos de datos continuos. Esto permite a los desarrolladores gestionar la complejidad asociada a la coordinación de diferentes componentes, la gestión de los estados y la sincronización de los flujos de datos.

Los flujos de datos se multiplican y son cada vez más complejos. Gracias a una buena modelización de estos, es posible gestionarlos en tiempo real.

Los tratamientos están cada vez más distribuidos y paralelizados, lo cual implica una gestión más precisa de los problemas relacionados con la gestión de la concurrencia: las aplicaciones reactivas suelen explotar el paralelismo y el asincronismo para mejorar el rendimiento. Esto puede provocar problemas de concurrencia, tales como carreras críticas, condiciones de carrera y conflictos de recursos. Los desarrolladores deben implementar mecanismos adecuados para gestionar estos problemas.

El aumento del número de servidores implicados en el procesamiento distribuido obliga a revisar la resiliencia de las aplicaciones. Por ello, los desarrolladores deben poner en marcha mecanismos de recuperación y de gestión de errores y fallos, así como definir umbrales de tolerancia a fallos para garantizar la estabilidad de las aplicaciones.

En términos de pruebas y depuración, las aplicaciones reactivas pueden ser más difíciles de probar y depurar debido a la naturaleza asíncrona y distribuida de los flujos de datos. Los desarrolladores deben adoptar estrategias de prueba adecuadas y utilizar herramientas apropiadas para identificar y resolver los problemas.

A la hora de elegir tecnologías y herramientas, Existen muchos disponibles para diseñar aplicaciones reactivas. Los desarrolladores deben tomar decisiones informadas en función de las necesidades de su aplicación, de la complejidad del proyecto y las habilidades del equipo.

El diseño de aplicaciones reactivas requiere una comprensión profunda de los principios reactivos y de los modelos de programación asociados. Los desarrolladores deben adquirir los conocimientos y habilidades necesarios para diseñar e implementar eficazmente las aplicaciones reactivas.

Veremos que Spring facilita mucho el diseño de las aplicaciones reactivas actuales.

3. Visión general de Spring

Spring es un framework de desarrollo de aplicaciones Java popular y potente.

Se ha utilizado en producción desde hace más de veinte años y se ha convertido en uno de los frameworks más extendidos para desarrollar aplicaciones Java. Con sus numerosas versiones y evoluciones, ofrece funcionalidades avanzadas, una amplia comunidad de desarrolladores y una gran estabilidad. Spring se adapta a las arquitecturas modernas, ofreciendo un ecosistema completo con proyectos como Spring Boot, Spring MVC y Spring Data, permitiendo a los desarrolladores crear aplicaciones fiables y flexibles.

Los desarrolladores familiarizados con este framework para aplicaciones tradicionales, no reactivas, pueden adaptarlo con bastante facilidad para la creación de aplicaciones reactivas. Esto es posible gracias a los principios fundamentales sólidos y coherentes en los que Spring está basado, por la arquitectura flexible y modular que ofrece y muchas otras ventajas para crear aplicaciones reactivas.

En el corazón de Spring Framework se encuentran los principios de inversión de control (IoC) y el principio de inyección de dependencias. Esto permite a los desarrolladores de centrarse en la lógica de negocio en lugar delos detalles de la infraestructura. Spring también favorece la modularidad, fomentando la separación de preocupaciones y proporcionando mecanismos de configuración flexibles.

En el contexto de las aplicaciones reactivas, Spring Framework facilita la construcción de aplicaciones capaces de gestionar grandes cargas de trabajo con una latencia mínima. Gracias al uso de modelos de programación reactiva, las aplicaciones pueden reaccionar rápidamente a los eventos y mantener un rendimiento mejorado incluso con cargas pesadas.

Spring Framework ofrece funcionalidades integradas para gestionar de forma asíncrona las operaciones de entrada/salida, como las llamadas de red o las operaciones de base de datos. Esto permite optimizar la utilización de recursos y evita bloqueos innecesarios, al tiempo que permite a la aplicación seguir procesando otras tareas mientras espera a las operaciones asíncronas.

La resiliencia y tolerancia à fallos también son compatibles con Spring Framework. Incorpora mecanismos de gestión de errores, recuperación de errores y almacenamiento en caché para garantizar que las aplicaciones reactivas sigan siendo estables y receptivas, incluso en presencia de errores o fallos.

Otra gran ventaja de Spring Framework es su integración transparente con otros componentes de Spring. Esto permite a los desarrolladores combinar fácilmente la programación reactiva con otras funcionalidades de Spring, tales como Spring WebFlux para construir servicios web reactivos o Spring Data Reactive Repositories para acceder a bases de datos reactivas.

4. Principios de las aplicaciones reactivas

Los principios fundamentales de las aplicaciones reactivas son la reactivite, la elasticidad, la resiliencia, la arquitectura orientada a mensajes, la gestión asíncrona y la escalabilidad.

Las aplicaciones reactivas están diseñadas para responder rápidamente a los eventos, que procedan de los usuarios, de sistemas externos o de otras fuentes. Son capaces de gestionar numerosas peticiones simultáneamente y mantener un alto rendimiento con una latencia mínima.

Las aplicaciones reactivas son una evolución de las aplicaciones tradicionales que utilizan *threads* bloqueantes. A diferencia de las aplicaciones tradicionales, las aplicaciones reactivas adoptan un enfoque asíncrono y no bloqueante para gestionar las solicitudes. Esto permite una mayor escalabilidad, reactividad en tiempo real y una utilización más eficiente de los recursos. Las conexiones de red no bloqueantes permiten procesar un gran número de solicitudes simultáneas con un número limitado de threads. Los resultados se entregan inmediatamente, sin esperar a que terminen de procesarse las demás solicitudes.

Las aplicaciones reactivas están diseñadas para adaptarse dinámicamente a las variaciones de carga, aumentando o reduciendo los recursos necesarios para satisfacer la demanda. Esto permite hacer frente a los picos de tráfico y garantizar una experiencia de usuario fluida, optimizando al mismo tiempo la utilización de los recursos.

Las aplicaciones reactivas están diseñadas para seguir funcionando en caso de errores o fallos. Utilizan técnicas para aislar los errores, gestionarlos y recuperarse de ellos. También utilizan el almacenamiento en caché para mejorar la disponibilidad.

Las aplicaciones reactivas suelen comunicarse mediante mensajes asíncronos. Utilizan flujos de datos para transferir información entre los diferentes componentes de la aplicación, lo que permite una comunicación eficaz y flexible.

Las aplicaciones reactivas utilizan operaciones asíncronas para optimizar la utilización de los recursos.

Evitan bloqueos innecesarios al permitir que la aplicación siga procesando otras tareas mientras espera las operaciones asíncronas, mejorando así la capacidad de respuesta global del sistema.

Las aplicaciones reactivas están diseñadas para ser escalables, lo que significa que pueden ampliarse fácilmente para gestionar cargas de trabajo mas importantes. Utilizan arquitecturas modulares y escalables, así como tecnologías como el equilibrio de carga y el almacenamiento en caché, para permitir la expansión horizontal sin comprometer el rendimiento.

5. Objetivos del libro

El objetivo de este libro es explorar las funcionalidades de Spring relacionadas con la reactividad, aprender las mejores prácticas para diseñar aplicaciones reactivas y demostrar casos de uso reales.

Este libro aborda la programación reactiva Spring desde tres ejes: técnico, histórico y metodológico/arquitectónico. Propone soluciones estandarizadas a problemas comunes, explora la evolución de Spring hasta nuestros días y proporciona un contexto metodológico y arquitectónico para comprender las opciones elegidas en las arquitecturas actuales.

6. Organización del libro

Este libro proporciona una exploración completa de los conceptos y las técnicas relacionados a la programación reactiva con Spring. Dividido en varias secciones, el libro comienza introduciendo los fundamentos de las aplicaciones reactivas, centrándose en los flujos de datos y la programación funcional en Java. A continuación, explora las diversas aplicaciones históricas anteriores a la llegada de Spring Reactor, tales como Akka, RxJava y Vert.x. El libro también se centra en el uso autónomo de Spring Reactor, introduciendo los conceptos de Mono y Flux, así como temas como la contrapresión y las pruebas específicas de Reactor. Otra parte del libro se centra en el uso de Spring WebFlux para construir aplicaciones basadas en microservicios reactivos, cubriendo temas como los tipos de endpoint, los servidores Spring WebFlux, las pruebas específicas de WebFlux y la integración de WebSocket.

Además, el libro explora los diferentes Spring Reactor(s), como Reactor Core, Reactor-Netty, Reactor-rabbitMQ y Reactor Kafka, proporcionando información sobre su arquitectura, instalación y utilización. También se dedica una sección al uso de Kotlin con Spring Reactor. Por último, el libro cubre temas avanzados como los enfoques metodológicos (Domain-Driven Design, Clean Architecture), la evolución de una aplicación estándar a una aplicación reactiva, y el uso de microservicios reactivos.

Con un enfoque claro y didáctico, este libro proporciona a los lectores una comprensión en profundidad de la programación reactiva con Spring y los prepara para afrontar los retos del desarrollo de aplicaciones modernas de alto rendimiento.

7. Destinatarios

Este libro va dirigido a estudiantes y profesores, desarrolladores, arquitectos de software y profesionales interesados en las aplicaciones reactivas y en el uso de Spring.

8. Requisitos previos para la programación reactiva con Spring

Para aprovechar al máximo este libro y aprender programación reactiva con Spring, se recomienda tener conocimientos básicos de programación en Java. Entre los requisitos previos se incluyen la comprensión de los conceptos fundamentales de la programación orientada a objetos, los conceptos básicos del lenguaje Java, así como el conocimiento de cómo utilizar Spring Framework. Estar familiarizado con los principios básicos del diseño de aplicaciones, los conceptos de tratamiento asíncrono y las operaciones de entrada/salida. La experiencia previa con frameworks similares como Spring Boot o tecnologías relacionadas con la programación reactiva, como los flujos de datos, puede ser útil pero no es estrictamente necesaria. El libro está diseñado para guiar a los desarrolladores a través de los principios y prácticas de la programación reactiva con Spring, ofreciendo ejemplos concretos y explicaciones detalladas para facilitar el aprendizaje.

9. Recursos adicionales

Para reforzar sus conocimientos sobre Spring, los lectores pueden consultar mi libro *Java Spring - La base técnica de las aplicaciones Jakarta EE*, publicado por Éditions ENI en la colección Epsilon.

Puede consultar la documentación de Spring en complemento para tratar aspectos más específicos: https://projectreactor.io/docs/core/release/reference/

10. Agradecimientos

En el aspecto técnico, me gustaría dar las gracias a :

- Erik Meijer, informático holandés y pionero de la programación reactiva, es uno de los diseñadores de *Reactive Extensions* (Rx), una popular biblioteca que ofrece funciones para la composición asíncrona de eventos.
- Jonas Bonér, experto en arquitectura de software y creador del framework Akka, ampliamente utilizado para la programación reactiva y la informática distribuida. Ha promovido los principios de actor y resiliencia del sistema en el desarrollo de aplicaciones reactivas.
- Martin Odersky, creador del lenguaje de programación Scala, muy centrado en la programación reactiva. Scala ofrece funciones avanzadas para la concurrencia, los flujos de datos y los actores, lo que lo convierte en una opción popular para los desarrolladores interesados en la programación reactiva.
- Ben J. Christensen es ingeniero de software en Netflix y un importante contribuidor de RxJava. Ha trabajado en la implementación y mejora de RxJava, convirtiéndola en una potente biblioteca para la programación reactiva en el ecosistema Java.

Capítulo 1
La programación funcional

1. Introducción

Los elementos fundamentales de la programación funcional con lambdas incluyen los siguientes conceptos:

- las expresiones lambda,
- las interfaces funcionales,
- los métodos de referencia,
- las operaciones sobre los flujos,
- la inmutabilidad,
- las órdenes superiores de las funciones,
- la reducción del bucle.

2. Las expresiones lambda

Las expresiones lambda son funciones anónimas que pueden utilizarse como valores. Estos permiten definir bloques de código cortos y concisos para realizar operaciones sobre los datos sin tener que crear clases separadas para las funciones.

Pueden utilizarse para definir una función anónima utilizando una sintaxis concisa. Por ejemplo, para definir una función que tome dos enteros como entrada y devuelve su suma, puede utilizar una expresión lambda:

```
// Definir la expresión lambda
BinaryOperator<Integer> sumFunction = (a, b) -> a + b;

// Utilizar la expresión lambda para calcular
// la suma de dos enteros
int result = sumFunction.apply(10, 20);

// Output: Resultado de la suma: 30
System.out.println("Resultado de la suma: " + result);
```

3. Las interfaces funcionales

Las interfaces funcionales son interfaces que contienen un único método abstracto. Son esenciales para definir los tipos de parámetros y de retorno de las expresiones lambda. Entre las interfaces funcionales integradas en Java se encuentra `Runnable`, `Callable`, `Comparator`, `Consumer`, `Predicate`, etc.

Por ejemplo, la interfaz `Runnable` es una interfaz funcional que representa una tarea que se ejecutará de manera asíncrona:

```
// Definición de la interfaz funcional Runnable
Runnable  task = () -> {
  for (int i = 0; i < 5; i++) {
    System.out.println("Tarea ejecutándose actualmente...");
  }
};

// Ejecución de la tarea mediante un thread
Thread thread = new Thread(task);
thread.start();

// Espera a que el thread se termine
thread.join();
}
```

4. Los métodos de referencia

Los métodos de referencia permiten simplificar el uso de lambdas al permitir hacer referencia a métodos existentes por su nombre en lugar de escribir una expresión lambda completa.

Por ejemplo, para hacer referencia a un método estático, se puede utilizar un método de referencia:

```
// Definición de un método estático
public static void printMessage(String message) {
    System.out.println("Mensaje: " + mensaje);
}

// Uso de un método de referencia para referirse al
// método estático
Consumer<String> printer = ExampleClass::printMessage;

// Mostrar : Mensaje: ¡Hola, mundo!
printer.accept("¡Hola, mundo!");
```

5. Las operaciones sobres los flujos

Java 8 introdujo los flujos *(streams)*, que permiten procesar las colecciones de datos de manera funcional. Los flujos ofrecen operaciones de transformación, de filtrado y de reducción, lo que permite efectuar tratamientos de datos de forma concisa y expresiva.

Por ejemplo, para filtrar los números pares de una lista y mostrarlos:

```
   List<Integer> numbers = Arrays.asList(1, 2, 3, 4, 5, 6, 7, 8, 9, 10);

   numbers.stream()
     .filter(n -> n % 2 == 0) // Filtra los números pares
     .forEach(System.out::println); // Muestra los números pares
}
```

6. La inmutabilidad

La programación funcional favorece a la utilización de datos inmutables, es decir, que los datos no pueden modificarse una vez creados. Esto permite evitar efectos secundarios y hace que el código sea más predecible y seguro.

En Java, podemos utilizar clases inmutables para garantizar que los objetos no puedan modificarse una vez creados.

La inmutabilidad se indica mediante la palabra clave `final`.

Por ejemplo, para crear una clase inmutable que represente a una persona con un nombre y una edad:

```
final class Person {
    private final String name;
    private final int age;

    public Person(String name, int age) {
        this.name = name;
        this.age = age;
    }

    // Métodos de acceso a propiedades (getters)
    public String getName() {
        return name;
    }

    public int getAge() {
        return age;
    }
}
```

La inmutabilidad presenta varias ventajas:

- La coherencia de los datos: la inmutabilidad garantiza que los datos sean siempre coherentes. Esto facilita la comprensión y depuración del código.
- La seguridad de los datos: la inmutabilidad reduce el riesgo de errores en los datos. Por ejemplo, si una variable es inmutable, es imposible modificarla accidentalmente.
- El rendimiento: la inmutabilidad puede mejorar el rendimiento al evitar la necesidad de copiar datos.

– La modularidad: la inmutabilidad facilita la modularización del código. Los componentes inmutables pueden reutilizarse y probarse fácilmente.

7. Las órdenes superiores de las funciones

En programación funcional, las funciones pueden tratarse como objetos de primera clase, es decir, pueden pasarse como parámetros a otras funciones y devolverse como resultados.

Por ejemplo, para definir una función que tome una lista de números enteros y aplique otra función a cada elemento:

```
@Test
public void testSquareFunction() {
  List<Integer> numbers = Arrays.asList(1, 2, 3, 4, 5);

  Function<Integer, Integer> squareFunction = n -> n * n;

  List<Integer> squaredNumbers = numbers.stream()
    .map(squareFunction)
    .collect(Collectors.toList());

  assertEquals(Arrays.asList(1, 4, 9, 16, 25), squaredNumbers);
}
```

8. La reducción del bucle

En lugar de utilizar los bucles tradicionales, la programación funcional fomenta el uso de funciones de reducción (`reduce`) para procesar las colecciones de datos. Esto reduce la complejidad del código y mejora su legibilidad.

Por ejemplo, para calcular la suma de todos los elementos de una lista de números enteros:

```
@Test
public void testSum() {
  List<Integer> numbers = Arrays.asList(1, 2, 3, 4, 5);

  int sum = numbers.stream()
    .reduce(0, (a, b) -> a + b);

  assertEquals(15, sum);
}
```

9. Conclusión

Combinando estos elementos fundamentales, los desarrolladores de Java pueden sacar el máximo partido de la programación funcional con expresiones lambda para escribir código más conciso, fácil de mantener, legible y con mayor capacidad de respuesta, al mismo tiempo que aprovechan al máximo las características de Java 8 y versiones posteriores.

Capítulo 2
Programación reactiva

1. Introducción

La historia de las aplicaciones reactivas comenzó en los años 1970, cuando surgieron los primeros conceptos de programación funcional. Sin embargo, no fue hasta la década de los años 1990 cuando empezó a desarrollarse la idea de reactividad en el contexto de las aplicaciones informáticas. En 1997, la programación reactiva se introdujo por primera vez con la publicación de "The Reactive Manifesto". Este manifiesto define los principios fundamentales de la programación reactiva, como la resiliencia, la elasticidad, la extensibilidad y la reactividad.

A lo largo de los años, numerosos lenguajes de programación han adoptado conceptos de programación funcional para permitir el desarrollo de aplicaciones reactivas. En 2004, Martin Odersky creó Scala para combinar las ventajas de la programación orientada a objetos y la programación funcional en un único lenguaje. Con la aparición de lenguajes JVM más potentes como Groovy y Scala en la década de 2000, las aplicaciones reactivas encontraron un terreno propicio para su desarrollo. En efecto estos lenguajes facilitan y hacen más expresiva la construcción de aplicaciones reactivas.

En 2011, se lanzó el framework Akka, que introdujo el modelo de actor para gestionar el acceso concurrente y facilitar la creación de aplicaciones reactivas escalables. En 2013, Akka Cluster Sharding se ha añadido para permitir la distribución de los actores en clústeres elásticos, mejorando el escalado de las aplicaciones reactivas. Al mismo tiempo, Java, que inicialmente tuvo dificultades para implementar estos conceptos avanzados, trató de ponerse al día integrando características similares a las de Groovy y Scala. Las versiones recientes de Java han integrado funcionalidades de programación funcional y bibliotecas para facilitar el desarrollo de aplicaciones reactivas.

En la actualidad, el ecosistema Java ha conseguido clonar gradualmente los conceptos de la programación reactiva, lo que ha permitido democratizar estos principios entre un mayor número de desarrolladores. Las aplicaciones reactivas se han convertido en una forma habitual de desarrollar sistemas escalables, resistentes y que respondan a las crecientes demandas de rendimiento y disponibilidad.

2. Conceptos clave de la programación reactiva

Los conceptos clave de la programación reactiva son los siguientes:

- Reactividad: la capacidad de respuesta es el concepto principal de la programación reactiva. Significa que el sistema es capaz de responder rápidamente a los eventos y peticiones, manteniendo una baja latencia y evitando tiempos de espera excesivos.
- Resiliencia: la resiliencia se refiere a la capacidad del sistema para permanecer estable y funcional ante condiciones adversas, como errores, fallos de hardware o picos de carga. Las aplicaciones resilientes están diseñadas para gestionar los errores con elegancia y recuperarse rápidamente en caso de fallo.
- Flexibilidad (*elasticity*): la flexibilidad es la capacidad de un sistema para adaptarse dinámicamente a la demanda ajustando sus recursos en función de la carga de trabajo. Las aplicaciones reactivas pueden escalar o reducirse de manera transparente para responder a las fluctuaciones de la demanda.

- Orientado a mensajes (*message-driven*): la programación reactiva se basa en un modelo de comunicación asíncrono basado en el intercambio de mensajes entre los distintos componentes del sistema. Esto permite una comunicación flexible y descentralizada entre las entidades del sistema.
- Programación funcional: la programación reactiva favorece la utilización de conceptos de programación funcional, tales como funciones de primera clase, funciones de orden superior, inmutabilidad de datos y operaciones funcionales como `map`, `filter` y `reduce`. Esto hace que el código sea más legible, conciso y fácil de mantener.
- Composición funcional: la composición funcional consiste en combinar funciones para crear flujos de trabajo de procesamiento de datos. Esto permite crear pipelines de procesamiento claros y modulares.
- Gestión de flujos de eventos: las aplicaciones reactivas procesan los flujos de eventos de manera continua en lugar de esperar a solicitudes puntuales. Esto permite gestionar eficazmente los datos en tiempo real y evita los cuellos de botella.
- Contrapresión (*back-pressure*): la contrapresión es un mecanismo importante en la programación reactiva para gestionar el flujo de datos entre productores y consumidores. Se utiliza para controlar la cantidad de datos procesados y evitar las sobrecargas en los sistemas de alto rendimiento.

Combinando estos conceptos, la programación reactiva permite crear aplicaciones escalables, reactivas y resistentes, adaptadas a las exigencias de los sistemas modernos de alto rendimiento y de gran escala.

3. Reactive Streams

3.1 Orígenes

ReactiveX (también conocida como Reactive Extensions) es una biblioteca de software creada originalmente por Microsoft, que permite a los lenguajes de programación imperativos trabajar sobre secuencias de datos de forma síncrona o asíncrona. Proporciona un conjunto de operadores de secuencia que actúan sobre cada elemento de la secuencia. Esta implementación de la programación reactiva proporciona un modelo para crear herramientas compatibles con varios lenguajes de programación. En otras palabras, ReactiveX es una API de programación asíncrona basada en flujos de observaciones. Esto permite a los programadores llamar a funciones y esperar su ejecución mediante callbacks. Los flujos de observaciones son similares a los emisores de eventos, emitiendo eventos de `next`, `error` y `complete`. Una vez que un flujo emite un evento de `error` o `complete`, deja de emitir eventos a menos que se vuelva a suscribir.

Los observadores se suscriben a flujos de observaciones y reciben los elementos de manera asíncrona. ReactiveX combina las ideas de los motivos "observador" e "iterador" con la programación funcional. Los operadores de ReactiveX permiten crear flujos de observaciones, combinar los elementos emitidos por flujos internos y realizar operaciones, tales como transformar, reducir o agrupar datos. La biblioteca ReactiveX fue creada por el equipo de programación Cloud de Microsoft el 2011 y pasó a ser de código abierto en 2012. Está disponible para varios lenguajes de programación, incluido JavaScript con RxJS. La filosofía ReactiveX ofrece un potente enfoque para gestionar flujos de datos asíncronos y evitar los problemas de las funciones de devolución de llamada (*callbacks*) anidadas.

3.2 Initiative Reactive Streams

Las bibliotecas multilenguaje basadas en ReactiveX se han estandarizado y se han complementado a través de la iniciativa Reactive Streams, cuyo objetivo es proporcionar un estándar para el procesamiento de flujos asíncronos con gestión de contrapresión no bloqueante. Las interfaces `java.util.concurrent.Flow` disponibles en JDK 9+ son semánticamente equivalentes a sus homólogas Reactive Streams. El objetivo principal es regular el intercambio de datos de flujo a través de un límite asíncrono garantizando que el lado receptor no se vea obligado a almacenar en búfer cantidades arbitrarias de datos. Reactive Streams pretende permitir la creación de numerosas implementaciones conformes para una integración fluida en el ecosistema.

Existen adaptadores que permiten la interoperabilidad entre las implementaciones compatibles con Reactive Streams y las implementaciones de ReactiveX.

3.3 Adopción

El 30 de abril de 2015 se publicó la versión 1.0.0 de Reactive Streams para la JVM, que incluye una API Java, una especificación textual, un TCK (*Technology Compatibility Kit*) y ejemplos de implementación. Este lanzamiento fue acompañado por una serie de implementaciones conformes verificadas por el TCK para la versión 1.0.0: Akka Streams, MongoDB, Ratpack, Reactive Rabbit (un controlador para RabbitMQ/AMQP), Spring y el proyecto Pivotal Reactor, Netflix RxJava, Slick 3.0, Vert.x 3.0, Mutiny, Helidon, así como otras implementaciones como Cassandra, Elasticsearch, Apache Kafka, Parallel Universe Quasar, Play Framework y Armeria.

Spring 5 ha lanzado Reactor Core, que es compatible con Reactive Streams.

El SDK de Amazon AWS es compatible con Reactive Streams para proporcionar capacidades de streaming en sus bibliotecas de cliente en la versión 2.0.

El 9 de agosto de 2017, se publicó Reactive Streams 1.0.1, que aportaba varias mejoras en la precisión de la especificación, mejoras en el TCK y aclaraciones. La especificación y las interfaces seguían siendo totalmente retro compatibles con la versión 1.0.0, pero su objetivo era facilitar la adopción por parte de futuros desarrolladores y cumplir algunos requisitos adicionales definidos por OpenJDK.

A partir de Java 9, Java implementa Reactive Streams a través de la API `java.util.concurrent.Flow`. Esta API proporciona interfaces estandarizadas para manejar flujos asíncronos con gestión de contrapresión no bloqueante, en línea con la iniciativa Reactive Streams. Los desarrolladores Java pueden crear fácilmente aplicaciones reactivas utilizando esta API, que incluye interfaces `Publisher`, `Subscriber`, `Subscription` y `Processor`. La gestión de la contrapresión permite procesar eficazmente flujos de datos asíncronos, evitando sobrecargas. Ya no es necesario depender de bibliotecas externas como ReactiveX o Akka Streams para la programación reactiva, ya que Java ofrece soporte nativo para Reactive Streams.

4. Aplicaciones reactivas sin Reactor

Ya existían soluciones para crear aplicaciones Spring antes de la publicación del marco Reactor, con bibliotecas como:

- Akka/Akka Stream
- RxJava versiones 1, 2 y 3 con Vert.x

4.1 Akka

Aunque estos ecosistemas se pueden utilizar con Spring, tienen su propio ecosistema y se pueden utilizar por sí solos, sin Spring. Es la misma situación que ocurre con ecosistemas como AWS y Quarkus. RxJava y Spring pueden utilizarse juntos, pero la integración es parcial. RxJava ofrece funcionalidades que pueden utilizarse en Spring, pero la integración no es completa. Reactor, en cambio, ofrece una integración completa con Spring, desde la capa de exposición REST hasta la capa de almacenamiento Akka.

Para implementar una aplicación reactiva que haga, por ejemplo, *event sourcing*, con Akka, numerosos bloques de construcción y conceptos pueden ser utilizados:

- Actores (*actors*): Akka se basa en el modelo de actores, que son entidades concurrentes y autónomas. Cada actor procesa los mensajes que se le envían de manera secuencial, lo que significa que los eventos pueden modelarse atómicamente.
- Eventos (*events*): los eventos son mensajes que se envían a los actores para representar cambios de estado en el sistema. En el contexto del event sourcing, estos eventos representan eventos pasados en lugar de comandos para cambiar el estado actual.
- Registro de Eventos (*event journal*): Akka proporciona un mecanismo para almacenar eventos en un registro, normalmente una base de datos o un sistema de archivos. Este registro registra secuencialmente todos los eventos emitidos por los actores.
- Agregados: los agregados son entidades de negocio que encapsulan el estado y el comportamiento de un dominio específico. En el event sourcing, cada agregado está representado por un actor, que procesa los eventos para actualizar su estado.
- Instantáneas (*snapshot*): para optimizar el rendimiento y la gestión de eventos, Akka puede crear periódicamente snapshots de los agregados. Estas snapshots, también conocidas como clichés, instantaneas o capturas de pantalla, registran el estado actual del agregado, permitiendo que solo se reproduzcan eventos posteriores para alcanzar el estado actual.

– Repetición (*replay*): cuando un actor es recreado o necesita ser restaurado después de un reinicio, Akka utiliza el registro de eventos para reproducir todos los eventos desde el principio con el fin de restaurar el estado actual del agregado.

Utilizando estos conceptos, Akka permite la implementación eficiente del modelo de event sourcing, donde los eventos pasados se almacenan de forma persistente y se reproducen para reconstruir el estado actual del sistema en cualquier momento. Esto proporciona un historial completo de los cambios de estado y facilita la gestión de transacciones y la posterior recuperación de fallos o errores.

Este entorno (*stack*) es escalable . Otros bloques de construcción, como Akka Finite State Machine (Akka FSM) y Akka Cluster Sharding, también hacen una contribución significativa.

Tenemos que mezclar Java y Scala para hacer aplicaciones que utilicen las bibliotecas de Akka. Spring se ha centrado en Kotlin en lugar de Scala.

Akka era una buena elección, pero Jonas Bonér, CEO y fundador de Lightbend, anunció el 7 de septiembre de 2022 un cambio de la licencia de Akka para pasar a Business Source License (BSL) v1.1.

La BSL es una licencia de código fuente *available* que permite utilizar el código libremente para el desarrollo y otros trabajos no relacionados con la producción, como las pruebas. El uso de este software en producción requiere una licencia comercial de Lightbend. La licencia comercial estará disponible gratuitamente para las empresas en etapa de creación (menos de 25 millones de dólares de ingresos anuales). Al permitir que las empresas en fase inicial utilicen Akka en producción de forma gratuita, esperan seguir impulsando la innovación que es sinónimo de adopción de Akka por parte de las startups.

Dado que el uso de Akka se justifica principalmente para grandes proyectos, y que no hay garantías de que este techo no se rebaje en el futuro, parece que deberíamos considerar otras alternativas.

4.2 Vert.x

Eclipse Vert.x es un framework de aplicaciones políglota y orientado a eventos que se ejecuta en la máquina virtual Java. Es compatible con varios lenguajes de programación, tales como Java, JavaScript, Groovy, Ruby, Scala, Kotlin y Ceylon. Vert.x ofrece un modelo de programación asíncrono y simple para escribir aplicaciones no bloqueantes y escalables. Utiliza la biblioteca de entrada/salida de bajo nivel Netty. Vert.x ofrece un bus de eventos distribuido que se extiende al lado del cliente y del servidor, permitiendo la creación de aplicaciones web en tiempo real.

Vert.x está integrado con RxJava, una biblioteca reactiva para programación asíncrona en Java. Esta integración permite a los desarrolladores utilizar funciones reactivas para gestionar flujos de datos en sus aplicaciones Vert.x. RxJava proporciona operaciones de manipulación de flujos como `map`, `filter` y `reduce`, que pueden aplicarse a los flujos de datos emitidos por Vert.x para procesarlos de manera asíncrona y no bloqueante. Gracias a esta combinación, los desarrolladores pueden crear aplicaciones reactivas y escalables. Estas aplicaciones pueden gestionar fácilmente operaciones asíncronas y back-pressure para un mejor control de los flujos de datos.

Vert.x es una plataforma completa que ofrece una serie de herramientas para desarrollar aplicaciones reactivas de extremo a extremo. Permite a los desarrolladores crear controladores de páginas web, servicios RESTful, así como conectarse a bases de datos reactivas a través de controladores específicos para Vert.x. Con soporte nativo para programación reactiva y asincronismo, Vert.x permite una gestión eficiente de los flujos de datos, proporcionando una solución completa para crear aplicaciones modernas, escalables y de alto rendimiento.

Antes de la llegada de Reactor, Vert.x era una solución popular para desarrollar aplicaciones responsivas con Spring. La integración era parcial, pero permitía crear aplicaciones resilientes y de alto rendimiento. Sin embargo, había que estar familiarizado con ambos frameworks para utilizarlos juntos.

5. Funcionamiento de Reactor

Hoy en día, para desarrollar aplicaciones reactivas con Spring, recomendamos utilizar Reactor. Reactor es una biblioteca de programación funcional que ofrece una integración total con el ecosistema Spring.

Las fuentes pueden consultarse en GitHub aquí: https://github.com/reactor

5.1 En interno

Internamente, Reactor Core utiliza un motor de ejecución basado en el modelo de máquina de estados finitos para gestionar el flujo de datos y las operaciones de transformación. Esto optimiza la utilización de recursos y garantiza una ejecución eficiente de las operaciones asíncronas.

Su motor de ejecución interno utiliza el modelo de máquina de estados finitos (*Finite State Machine*,FSM) para gestionar de forma optimizada el flujo de datos y las operaciones de transformación. El flujo de datos se representa como una secuencia de estados y las operaciones de transformación se representan como transiciones entre estos estados. Cada operación aplicada a un `Flujo` o a un `Mono` puede considerarse como una transición de un estado a otro.

Además, gracias a este modelo, las operaciones asíncronas pueden ejecutarse de forma eficiente y sin bloqueos. El motor de ejecución gestiona las transiciones entre los estados de forma asíncrona, lo que permite procesar los flujos de datos de manera reactiva, sin bloquear el hilo de ejecución principal.

Reactor Core utiliza una combinación de *listeners* de mensajes y *schedulers* internos para crear un entorno multitarea simulado utilizando un bucle de mensajes. Cuando una operación asíncrona se ejecuta, emite un mensaje que es recogido por un listener dedicado. Este listener procesa el mensaje y decide la siguiente acción a realizar en función del tipo de mensaje recibido. Este enfoque permite gestionar eficazmente los eventos de forma no bloqueante.

Para optimizar el uso de recursos y la gestión del tiempo, Reactor Core también utiliza schedulers para planificar la ejecución de tareas asíncronas. Los schedulers deciden qué operaciones deben ejecutarse en paralelo, qué operaciones pueden combinarse y qué tareas deben ejecutarse secuencialmente.

Utilizando esta combinación de listeners de mensajes y schedulers, Reactor Core es capaz de simular un entorno multitarea gestionando eficazmente las operaciones asíncronas y permitiendo que diferentes tareas se ejecuten en paralelo sin bloquear el flujo principal de la aplicación. Esto asegura una ejecución eficiente y reactiva de las operaciones en el ecosistema Spring, contribuyendo a la potencia de la programación reactiva en Reactor Core.

Para los desarrolladores de Spring, esto significa que Reactor Core ofrece un enfoque potente y optimizado para gestionar flujos de datos asíncronos en sus aplicaciones. Permite la creación de pipelines de procesamiento reactivo, donde las operaciones de transformación se encadenan de forma no bloqueante, mejorando el rendimiento general y la escalabilidad de las aplicaciones.

Para entender cómo funcionan las APIs de Reactive Streams cuando se utilizan en forma de lambda, es necesario entender cómo funcionaba la API sin lambda ni Rx-ficación.

Vamos a echar un vistazo a este principio con RxJava, que fue el primero en hacerlo.

5.2 API Rx-ified

El término "Rx-ified" se utiliza para describir APIs que han sido adaptadas o transformadas para seguir el modelo de programación reactiva basado en RxJava u otro framework reactivo. Cuando una API es Rx-ified, significa que ha sido modificada para soportar la gestión del flujo de datos de manera reactiva, normalmente utilizando observables, observadores y las operaciones de RxJava.

Por ejemplo, una API no reactiva que utiliza callbacks asíncronos para gestionar eventos puede ser Rx-ified sustituyendo estos callbacks por los observables y utilizando operaciones RxJava para filtrar, mapear o combinar flujos de datos.

El uso de una API Rx-ified permite aprovechar las ventajas de la programación reactiva, como la gestión de la concurrencia, la gestión de la reactividad y la facilidad para componer operaciones sobre flujos de datos. También facilita la integración con otros componentes reactivos del sistema y permite aprovechar la funcionalidad avanzada que ofrecen RxJava u otros frameworks reactivos.

He aquí un ejemplo en Java de conversión de una llamada asíncrona en una API Rx-ified utilizando RxJava 3:

Supongamos que tenemos un método asíncrono que realiza una operación de lectura de un archivo y utiliza una interfaz `FileReader`.

```
public interface FileReader {
    void readFile(String filePath, Callback<String> callback);
}

public interface Callback<T> {
    void onSuccess(T result);
    void onError(Throwable throwable);
}
```

Podemos convertir este método asíncrono en una API Rx-ified utilizando RxJava 3. He aquí cómo se puede hacer:

```
import io.reactivex.rxjava3.core.Single;

public interface RxFileReader {
    Single<String> readFile(String filePath);
}
```

A continuación, implementamos la clase `RxFileReaderImpl`, que utiliza la interfaz `FileReader` y convierte la llamada asíncrona en una llamada `Single` RxJava:

```
public class RxFileReaderImpl implements RxFileReader {
    private final FileReader fileReader;

    public RxFileReaderImpl(FileReader fileReader) {
        this.fileReader = fileReader;
    }

    @Override
    public Single<String> readFile(String filePath) {
        return Single.create(emitter -> {
            Callback<String> callback = new Callback<String>() {
                @Override
                public void onSuccess(String result) {
                    emitter.onSuccess(result);
                }

                @Override
                public void onError(Throwable throwable) {
                    emitter.onError(throwable);
                }
            };

            fileReader.readFile(filePath, callback);
        });
    }
}
```

Ahora podemos utilizar RxFileReader para realizar operaciones de lectura de archivos de forma reactiva utilizando RxJava :

```
public class Main {
  public static void main(String[] args) {
    FileReader fileReader = new FileReaderImpl();
    RxFileReader rxFileReader = new
RxFileReaderImpl(fileReader);

    String filePath = "path/to/file.txt";
    rxFileReader.readFile(filePath)
            .subscribe(
                content -> System.out.println("Contenido
```

```
del archivo: " + content),
                    error -> System.err.println("Error a la
lectura del archivo : " + error)
                );
    }
}
```

En este ejemplo, hemos convertido la llamada asíncrona a `FileReader` en un `Single` RxJava, lo que nos permite gestionar la respuesta de manera reactiva utilizando operadores de RxJava tales como `subscribe()`, `onSuccess()` y `onError()`. Esto nos permite beneficiarnos de las ventajas de la programación reactiva con RxJava en nuestra aplicación Java.

Esta posibilidad de encapsular el tratamiento asíncrono en un método que se puede utilizar con lambdas se ha adoptado dentro de Reactor.

Capítulo 3
Reactor Core

1. Introducción

El principal caso de utilización de Reactor Core es la creación de una aplicación web, intranet o extranet, con Spring WebFlux, el equivalente de Spring MVC en modo reactivo.

Sin embargo, en algunos casos puede ser útil utilizar directamente Reactor Core para:

- programar un servidor como lo haríamos con Vert.x
- programar varios servidores web en la misma aplicación
- programar servidores que no sirvan páginas HTML a través de HTTP
- disponer de servidores simulados para las pruebas de integración

En este capítulo veremos aspectos más teóricos, ya que la librería Spring Reactor Core rara vez se utiliza por sí sola, por varias razones:

- Complejidad: Spring Reactor Core es una biblioteca potente pero compleja que implementa el paradigma de la programación reactiva. El uso de Reactor Core por sí solo puede suponer una curva de aprendizaje pronunciada, ya que requiere un conocimiento profundo de los conceptos de flujo, mono y el operador de composición funcional.

- Falta de facilidad de integración: Spring Reactor Core proporciona principalmente una base para la programación reactiva y no proporciona directamente funciones específicas de la aplicación, como la gestión de solicitudes HTTP, la gestión de dependencias, la inyección de dependencias, etc. Para beneficiarse de una aplicación web reactiva completa, los desarrolladores prefieren utilizar los otros módulos Spring WebFlux, que ofrecen una integración sencilla con Spring Boot y el resto del ecosistema Spring.
- Spring WebFlux: Spring WebFlux es una extensión de Spring que ofrece soporte completo para la programación reactiva. Utiliza Spring Reactor Core bajo el capó y proporciona una API más sencilla e intuitiva para desarrollar aplicaciones web reactivas.
- Por lo general, los desarrolladores prefieren utilizar Spring WebFlux, ya que ofrece una solución más completa y simplificada para desarrollar aplicaciones web reactivas con el ecosistema Spring. Sin embargo, es importante entender cómo funciona para sacarle el máximo partido, especialmente cuando se utilizan las extensiones Netty, RabbitMQ y Kafka de Reactor.

Reactor es una biblioteca de programación reactiva completamente no bloqueante para la JVM, que ofrece una gestión eficiente de la demanda mediante contrapresión(backpressure). Esta se integra perfectamente con las API funcionales de Java 8, como `CompletableFuture`, `Stream` y `Duration`. Esta biblioteca ofrece APIs de secuencias asíncronas y componibles: `flux` (para los elementos [N]) y `Mono` (para los elementos [0 | 1]), e implementa en profundidad la especificación `Reactive Streams`.

La compatibilidad con Reactor Core comienza con la versión 8 de Java. En nuestros ejemplos, utilizamos Spring 6, que requiere al menos Java 17. El propio Reactor Core depende de `org.reactivestreams:reactive-streams:1.0.3` para funcionar.

Para utilizarlo, recurriremos a una nomenclatura (*Bill of Materials*, BOM):

```
<dependencyManagement>
    <dependencies>
        <dependency>
            <groupId>io.projectreactor</groupId>
            <artifactId>reactor-bom</artifactId>
            <version>2022.0.9</version>
            <type>pom</type>
            <scope>import</scope>
        </dependency>
    </dependencies>
</dependencyManagement>
<dependencies>
    <dependency>
        <groupId>io.projectreactor</groupId>
        <artifactId>reactor-core</artifactId>
    </dependency>
    <dependency>
        <groupId>io.projectreactor</groupId>
        <artifactId>reactor-test</artifactId>
        <scope>test</scope>
    </dependency>
</dependencies>
```

2. Reactor Core

La programación reactiva es un concepto especial. Implica la propagación de eventos o señales, como bolas de pinball que interactúan entre sí. Utilizando un estilo de programación funcional, definimos posibles trayectorias para las bolas y luego las lanzamos en paralelo para que se muevan simultáneamente. Cada bola cambia su comportamiento cuando interactúa o choca con otros elementos, o cuando alcanza un punto específico en el tiempo. El motor gestiona las interacciones llamando al código adecuado para cada evento. Los pone en cola en un bucle de eventos y los ejecuta secuencialmente, dando la impresión de ejecución paralela desde el exterior.

Los bloques básicos de Reactive Streams son:

- `Subscriber`: el suscriptor (*subscriber*) es el objeto que recibe los elementos enviados por el editor (*publisher*). Consume los elementos y los procesa según la lógica definida en sus métodos. Cuando un `Publisher` envía un nuevo elemento, éste es enviado al `Subscriber` a través del método `onNext()`. El Subscriber también puede gestionar errores mediante el método `onError()` e indicar el final del flujo de datos mediante el método `onComplete()`.
- `Subscription`: la suscripción (*subscription*) entre el `Publisher` y el `Subscriber`. Cuando un `Subscriber` se abona a un `Publisher`, el `Publisher` envia una `Subscription`a un `Subscriber` . Esta `Subscription` permite al `Subscriber` solicitar un determinado número de elementos al `Publisher` mediante el método `request(long n)`. Este método especifica cuántos elementos el `Subscriber` desea recibir.
- `Processor`: el procesador es una interfaz que combina las funciones de `Publisher` y de `Subscriber`. Puede considerarse como un elemento intermediario en el flujo de datos, en el que los elementos son enviados por un `Publisher`, procesados por el `Processor`y luego consumidos por un `Subscriber`. Permite crear operaciones de transformación o de filtrado de datos entre el `Publisher` y el `Subscriber`.

Estos tres bloques -`Publisher`, `Subscriber` y `Subscription`- constituyen la base de Reactive Streams y permiten crear flujos de datos reactivos asíncronos y no bloqueantes. La interfaz `Processor`, por su parte, permite realizar operaciones más complejas y gestionar la transformación de datos entre las distintas etapas del flujo de datos. Juntos, estos módulos permiten una gestión eficaz de los flujos de datos reactivos en un entorno reactivo.

Estos bloques están revestidos por diferentes frameworks que dan prioridad a determinados aspectos.

Spring ha optado por introducir dos tipos reactivos diferenciadores y componibles, que implementan la interfaz `Publisher`: `Mono` y `Flux`. Estos tipos son comparables a la clase `Observable` de RxJava y RxJS, pero con sus propias características específicas. Se han creado para satisfacer diferentes necesidades, en función de su cardinalidad y métodos específicos:

- `Flux` se utiliza para representar un flujo de datos asíncrono con un número de elementos comprendido entre 0 y n. Se utiliza para gestionar una secuencia de cero, uno o más elementos.
- `Mono` está diseñado para gestionar una secuencia de cero o un único elemento. Representa un flujo asíncrono con una cardinalidad que va de 0 a 1.

Estos tipos, que son reactivos, integran de forma nativa funciones de gestión de errores, sincronización y contrapresión, por lo que se adaptan de forma natural a los casos de uso reactivos.

En la programación reactiva, nos encontramos con dos tipos de procesamiento:

- El procesamiento convencional, como los cálculos o la transposición, que suele ser instantáneo y no requiere flujos de datos asíncronos.
- Procesamiento de flujos, que toma uno o más flujos como entrada y devuelve uno o más flujos como salida.

Los flujos de entrada pueden ser `Mono` o `Flux`. Ambos son implementaciones de la interfaz `Publisher`. Los objetos `Publisher` reaccionan a los estímulos desencadenando automáticamente procesos en forma de señal. Una vez dentro de uno de estos procesos, pueden desencadenar otros procesos y/o a su vez emitir nuevos elementos de flujo.

Este tipo de procesamiento de flujos permite manipular los datos de forma reactiva y asíncrona, permitiendo que los elementos del flujo se envíen uno a uno, a medida que están disponibles, sin esperar a que lo esté todo el flujo. Esto mejora la eficacia y el rendimiento cuando los datos se producen o consumen de forma asíncrona.

Para `Mono`:

Señal	Significado
`onNext`	El elemento que esperábamos ha llegado y no habrá otro.
`onComplete`	Recibimos el elemento y todo salió perfecto.
`onError`	Ha habido un error.

Para `Flux`:

Señal	Significado
`onNext`	Uno de los elementos que esperábamos ha llegado y puede que haya más por venir.
`onComplete`	Hemos recibido toda la información que esperábamos.
`onError`	Se ha producido un error. El flujo se ha interrumpido.

Para los siguientes ejemplos, vamos a mezclar la programación clásica con la programación reactiva. En la programación reactiva, podemos combinar la programación reactiva e la programación imperativa mediante el uso de los métodos `just()`, `block()` y otros métodos proporcionados por Reactor.

- Método `just()`: el método `just()` permite crear un flujo reactivo que contenga uno o varios valores dados como argumento. Por ejemplo, `Flux.just(1, 2, 3)` crea un flujo que contiene los valores 1, 2 y 3.
- Método `block()`: el método `block()` es un método de bloqueo utilizado para recuperar el valor emitido por un flujo reactivo. Se utiliza principalmente en el contexto de pruebas o en el método `main()` de una aplicación para obtener el resultado de un flujo antes de que la aplicación termine.

Ejemplo de utilización de `just()` y `block()`:

```
public static void main(String[] args) {
    // Crear un flujo receptivo utilizando el método just()
    Flux<Integer> flux = Flux.just(1, 2, 3, 4, 5);

    // Recuperar el valor emitido por el flujo
    // con el método block()
    int result = flux.blockFirst();

    // Mostrar el resultado
    System.out.println("Resultado: " + result);
}
```

En este ejemplo, creamos un flujo reactivo con el método `just()` que contiene los valores 1, 2, 3, 4 y 5. Luego usamos el método `blockFirst()` para bloquear el thread actual y esperar a que el flujo emita su primer valor. Una vez emitido el valor, lo recuperamos dentro de la variable `result` y lo mostramos en pantalla.

Es importante señalar que la utilización de `block()` en una aplicación real no es recomendable, ya que bloquea el thread actual, lo que puede conducir a problemas de rendimiento y escalabilidad. En una aplicación real, generalmente preferimos utilizar operaciones asíncronas para manejar flujos reactivos sin bloquear threads. Sin embargo, en ciertos casos de pruebas unitarias o de uso específico, la utilización de `block()` puede ser útil.

Existen otros métodos:

- `fromIterable()`: el método `fromIterable()` se utiliza para crear un flujo reactivo a partir de una colección o lista de elementos. Es útil cuando se desea emitir una secuencia de valores a partir de una colección existente.

```
List<Integer> list = Arrays.asList(1, 2, 3, 4, 5);
Flux<Integer> flux = Flux.fromIterable(list);
```

- `fromStream()`: el método `fromStream()` puede utilizarse para crear un flujo reactivo a partir de un flujo Java. Esto puede ser útil cuando queremos combinar operaciones reactivas con operaciones imperativas sobre colecciones.

```
Stream<Integer> stream = Stream.of(1, 2, 3, 4, 5);
Stream<Integer> stream = Stream.fromStream(stream);
```

- `blockFirst()`: el método `blockFirst()` es un método de bloqueo que permite recuperar el primer valor emitido por un flujo reactivo. Se suele utilizar en pruebas unitarias o en el método `main()` de una aplicación para obtener rápidamente el resultado de un flujo.

```
Flux<Integer> flux = Flux.just(1, 2, 3, 4, 5);
int result = flux.blockFirst();
System.out.println("Primer valor: " + resultado);
```

- `blockLast()`: el método `blockLast()` es similar a `blockFirst()`, pero permite recuperar el último valor enviado por un flujo reactivo.

```
Flux<Integer> flux = Flux.just(1, 2, 3, 4, 5);
int result = flux.blockLast();
System.out.println("Último valor: " + resultado);
```

- `toIterable()`: el método `toIterable()` se utiliza para convertir un flujo reactivo en un iterable. Esto puede ser útil cuando queremos utilizar métodos imperativos que esperan un iterable como entrada.

```
Flux<Integer> flux = Flux.just(1, 2, 3, 4, 5);
Iterable<Integer> iterable = flux.toIterable();
```

- `collectList()`: el método `collectList()` se utiliza para recoger todos los valores emitidos por un flujo reactivo en una lista. Esto puede ser útil para el procesamiento posterior de estos valores.

```
Flux<Integer> flux = Flux.just(1, 2, 3, 4, 5);
Mono<List<Integer>> listMono = flux.collectList();
```

3. Método Subscribe()

El método `subscribe()` es uno de los métodos fundamentales en la programación reactiva con Reactor. Se utiliza para desencadenar la ejecución del flujo reactivo suscribiéndose a este flujo. Cuando se crea un flujo, este permanecerá inactivo hasta que se realice una suscripción. La suscripción desencadena la emisión de los elementos del flujo y la ejecución de los tratamientos definidos en las diferentes etapas del flujo.

3.1 Sobrecarga

El método `subscribe()` tiene diferentes sobrecargas que permiten especificar cómo debe consumirse el flujo. Esto implica definir cómo procesar los elementos emitidos por el flujo, cómo manejar cualquier error y cómo reaccionar cuando el flujo finaliza.

- `subscribe()` no toma ningún argumento y no define ningún procesamiento particular para los eventos emitidos por el flujo. Esto significa que el flujo simplemente se ejecutará, pero los eventos emitidos por el flujo no se procesarán.

```
Flux<Integer> flux = Flux.just(1, 2, 3, 4, 5);
flux.subscribe();
```

- `subscribe(Consumer<? super T> consumer)` toma como argumento un consumidor (`Consumer`) que define el tratamiento a aplicar a cada elemento enviado por el flujo. El consumidor recibe los elementos del flujo uno a uno y puede realizar acciones específicas sobre cada elemento.

```
Flux<Integer> flux = Flux.just(1, 2, 3, 4, 5);
flux.subscribe(item -> System.out.println("Elemento: " + item));
```

- `subscribe(Consumer<? super T> consumer, Consumer<? super Throwable> errorConsumer)` permite especificar tanto un consumidor para procesar elementos del flujo como un consumidor para procesar cualquier error emitido por el flujo.

```
Flux<Integer> flux = Flux.just(1, 2, 3, 4, 5);
flux.subscribe(
    item -> System.out.println("Elemento: " + item),
```

```
        error -> System.err.println("Error: " + error.getMessage())
);
```

- `subscribe(Consumer<? super T> consumer, Consumer<? super Throwable> errorConsumer, Runnable completeConsumer)` permite especificar tanto un consumidor para procesar los elementos del flujo, un consumidor para procesar los errores y un consumidor para procesar la notificación de finalización del flujo.

Utilizando las diferentes formas de `subscribe()`, podemos personalizar el comportamiento de nuestra aplicación en función de los eventos emitidos por el flujo reactivo.

3.2 Gestión de errores

Es esencial manejar siempre los errores cuando se utiliza el método `subscribe()` en Reactor Core, ya que la programación reactiva se basa en el principio de transparencia de errores. En un flujo reactivo, los errores son una parte integral de la comunicación entre componentes reactivos. Aquí hay algunas razones importantes por las que es crucial manejar los errores con subscribe():

- Flujos de datos asíncronos: en la programación reactiva, los flujos pueden recibir datos de forma asíncrona a medida que están disponibles. Esto significa que pueden producirse errores en cualquier momento mientras se procesa el flujo. El tratamiento de errores permite gestionar los escenarios de fallo y tomar las medidas adecuadas en caso necesario.
- Manejo explícito de errores: al manejar los errores mediante `subscribe()`, puede especificar explícitamente cómo manejar los errores encontrados durante la ejecución del flujo. Puede definir las acciones que se llevarán a cabo en caso de error, como gestionar el error, registrarlo o propagarlo a otro componente reactivo.
- Separar los errores de los datos: al manejar los errores con `subscribe()`, puede separar los datos normales del flujo de los errores que se producen durante el procesamiento. Esto permite garantizar que los errores no se confundan con los datos normales del flujo y que pueda tomar las medidas adecuadas para gestionar cada caso.

- Evite los errores silenciosos: si no gestiona los errores al utilizar `subscribe()`, los errores pueden ignorarse y no se informará de ellos. Esto puede provocar un comportamiento inesperado o errores silenciosos en su aplicación, que pueden ser difíciles de depurar.
- Mayor tolerancia a los fallos: gracias a un tratamiento adecuado de los errores, puede hacer que su aplicación sea más robusta y resistente. Puede gestionar los errores de forma que le permitan recuperarse con elegancia cuando se produzcan, en lugar de bloquearle o generar excepciones no controladas.

3.3 Valor de retorno

El método `subscribe()` contenido en tipos reactivos como `Flux` y `Mono` devuelve un objeto de tipo `Disposable`. `Disposable` es una interfaz que representa la suscripción a un flujo reactivo. Se utiliza para gestionar esta suscripción y proporciona métodos para anular (`unsubscribe()`) esta suscripción si es necesario.

El objeto `Disposable` devuelto por el método `subscribe()` puede utilizarse para:

- Cancelar la suscripción: usted puede llamar al método `dispose()` del objeto `Disposable` para anular la suscripción al flujo reactivo. Esto permite detener el procesamiento del flujo y libera los recursos asociados a la suscripción.
- Comprobar el estado de la suscripción: puede utilizar métodos como `isDisposed()` para comprobar si la suscripción sigue activa o si se ha cancelado.
- Gestionar recursos: puede utilizar `Disposable` para gestionar la liberación de recursos asociados a la suscripción cuando ya no sean necesarios.

- Es importante señalar que el uso de `Disposable` es particularmente útil en escenarios donde se necesita controlar el ciclo de vida de las suscripciones reactivas y gestionar los recursos asociados. Por ejemplo, al utilizar flujos reactivos en entornos reactivos como aplicaciones web, puede utilizar `Disposable` para gestionar de forma limpia el cierre de conexiones y la liberación de recursos cuando la suscripción ya no sea necesaria.

La clase de utilidad `Disposables` ofrece varias utilidades `relacionadas con Disposable`. Entre ellas se incluye `Disposables.swap()`, que crea un wrapper `Disposable` que permite de cancelar y sustituir atómicamente un `Disposable` concreto. Esta funcionalidad puede ser útil en escenarios de interfaz de usuario en las que se desea cancelar una solicitud actual y sustituirla por una nueva cada vez que el usuario pulsa un botón. Cuando se cierra el wrapper, se desactiva el valor concreto actual y las tentativas de todos los futuros intentos de sustitución.

Otra posibilidad interesante es `Disposables.composite(...)`, que puede utilizarse para agrupar varios `Disposable.` Por ejemplo, en el contexto de varias solicitudes en curso asociadas a una llamada de servicio. Usando esta función, podemos desactivar todos los `Disposables` agrupados de manera simultáneaen una fecha posterior. Una vez llamado el método `dispose()` del compuesto, cualquier intento de añadir un otro `Disposable` será inmediatamente desactivado. Esto proporciona una forma conveniente de gestionar eficientemente un grupo de `Disposable`.

El uso de `Disposable` es especialmente útil cuando se desea dejar de recibir elementos de un flujo antes de que éste se complete normalmente. Por ejemplo, en el caso de una operación larga o que consuma muchos recursos, puede decidir de cancelar la suscripción antes de que finalice el procesamiento. Un uso común de la interfaz `Disposable` es con el operador `using`. El operador `using` se utiliza para crear un flujo temporal con un recurso asociado que debe ser liberado después de que el flujo haya terminado de procesarse.

El operador `using` recibe tres argumentos:

- Un recurso que debe abrirse y cerrarse. Este recurso puede ser, por ejemplo, un archivo, una conexión de red o cualquier otro recurso que necesite abrirse y cerrarse adecuadamente.
- Una función que crea el flujo a partir del recurso. Esta función define el flujo que desea utilizar y utiliza el recurso abierto para alimentar el flujo.
- Función que cierra el recurso una vez que el flujo ha terminado de procesarse. Esta función se encarga de liberar los recursos asociados al recurso abierto una vez que el flujo ha terminado de procesarse.

Utilizando el operador `using`, en `Flux`por ejemplo, con la interfaz `Disposable`, puede asegurarse de que todos los recursos asociados a su flujo se liberan correctamente, lo que es esencial para evitar fugas de recursos y garantizar que su aplicación reactiva se ejecuta sin problemas.

Por ejemplo:

```
@Test
public void testFileReading() {

  String resourceName = "data.txt";
  ClassLoader classLoader = getClass().getClassLoader();
  File file = new
File(classLoader.getResource(resourceName).getFile());
  String absolutePath = file.getAbsolutePath();
  assertNotNull(absolutePath, "No se ha encontrado el archivo
en src/test/resources");

  Flux<String> fileContentStream = Flux.using(
    //Crea el recurso: una instancia de BufferedReader para leer
    //el archivo
    () -> new BufferedReader(new FileReader(file)),
    // Crea el flujo que utiliza el recurso
    reader -> Flux.fromStream(reader.lines()),
    // Limpia el recurso: cierra el BufferedReader
    bufferedReader -> {
      try {
        bufferedReader.close();
      } catch (IOException e) {
        throw new RuntimeException(e);
      }
```

```
        }
    );

    // Ahora, podemos utilizar el flujo de contenido del
    // archivo como es habitual en el test
    fileContentStream.subscribe(
      line -> System.out.println("Line read: " + line),
      error -> System.err.println("Error occurred while reading
file:" + error),
      () -> System.out.println("File reading completed.")
    );

    // El flujo se limpiará automáticamente al final del test
    //utilizando el operador using, que cerrará el BufferedReader y
    //liberará los recursos asociados al archivo.
}
```

4. Utilización de BaseSubscriber

En programación reactiva, generalmente utilizamos la programación funcional con los lambdas para definir nuestros tratamientos. Sin embargo, en ciertas situaciones, puede ser útil crear un `Subscriber` personalizado para gestionar los eventos de un flujo reactivo de una manera específica. Aquí es donde entra en juego la clase de utilidad `BaseSubscriber`.

`BaseSubscriber` es una clase de utilidad proporcionada por Reactor que simplifica la creación de suscriptores personalizados para flujos reactivos. Proporciona una implementación básica, así como métodos para manejar eventos clave, facilitando la personalización del comportamiento del suscriptor para adaptarlo a las necesidades específicas de la aplicación. Para crear un `Subscriber` personalizado, simplemente extendemos la clase `BaseSubscriber` y sustituimos los métodos apropiados según nuestras necesidades. Por ejemplo, implementando el método `hookOnNext()`, podemos especificar la acción a realizar cuando un nuevo elemento es enviado por el flujo. Del mismo modo, implementando el método `hookOnError()`, podemos manejar los errores que se producen durante el procesamiento del flujo.

Es importante señalar que las instancias de `BaseSubscriber` (o sus subclases) son de un solo uso. Esto significa que un `BaseSubscriber` cancelará automáticamente su suscripción al primer `Publisher` si se suscribe a un segundo `Publisher`. Esta gestión automática garantiza que el suscriptor se utilice adecuadamente en el contexto reactivo.

La BaseSubscriber de Reactor ofrece varios hooks que se pueden sustituir para personalizar el comportamiento del Subscriber en función de los eventos emitidos por el flujo. Estos son los principales hooks disponibles:

- `hookOnSubscribe(Subscription subscription)`: este método se llama cuando el suscriptor se suscribe al flujo. Es posible realizar acciones iniciales, como solicitar un determinado número de elementos al `Publisher` a través de la `Subscription`. La gestión manual de la contrapresión es una técnica para ajustar el flujo del productor (*producer*) a la capacidad del consumidor (*consumer*). Cuando un `Consumer`se suscribe a un flujo, envía una solicitud (*request*) al `Producer` para recibir los elementos. Por defecto, la lista de espera del `Producer` tiene un tamaño ilimitado definido por `Long.MAX_VALUE`. Para modificar este valor y controlar la contrapresión, podemos crear una subclase de `BaseSubscriber`y sobrecargar el método `hookOnSubscribe`. En este método, podemos especificar el número máximo de elementos que el `Consumer` desea recibir en un momento dado, limitando así el tamaño de la lista de espera y regulando el volumen del flujo. Ajustando de este modo el comportamiento del `Consumer` y del `Producer`, podemos evitar problemas de sobrecarga y saturación al procesar grandes flujos, lo que contribuye a una gestión más eficiente y eficaz de los datos reactivos.
- `hookOnNext(T value)`: este método es llamado cada vez que un nuevo elemento es enviado por el flujo. Aquí podemos definir la acción a realizar cuando se recibe un elemento, por ejemplo, procesarlo, guardarlo o realizar una operación sobre este elemento.
- `hookOnError(Throwable throwable)`: este método es llamado en caso de error al procesar el flujo. Aquí podemos definir la lógica de gestión de errores, por ejemplo, registrando el error o realizando una acción de recuperación.

- `hookOnCancel()`: este método se llama cuando un flujo se anula (*canceled*). Aquí podemos definir las acciones a realizar cuando el `Subscriber` se da de baja del flujo.
- `hookFinally(SignalType type)`: este método se llama cuando finaliza el flujo, ya sea con éxito o en caso de error, o si se anula. Aquí podemos realizar las acciones finales, independientemente del resultado del flujo.

Por ejemplo:

```
public class CustomSubscriber<T> extends BaseSubscriber<T> {

  // Método hookOnSubscribe
  @Override
  protected void hookOnSubscribe(Subscription subscription) {
    // Acción inicial al suscribirse al flujo
    // Solicitamos 5 elementos al Publisher via la subscription
    subscription.request(5);
  }

  // Método hookOnNext
  @Override
  protected void hookOnNext(T value) {
    // Acción a realizar cuando el flujo envía un nuevo elemento
    // Por ejemplo, podemos procesar el elemento o guardarlo en
    // una lista
    System.out.println("Received value: " + value);
  }

  // Método hookOnError
  @Override
  protected void hookOnError(Throwable throwable) {
    // Lógica de gestión de errores
    // Por ejemplo, podemos registrar el error o realizar una
    // acción de recuperación
    System.err.println("Error occurred: " + throwable.getMessage());
  }

  // Método hookOnCancel
  @Override
  protected void hookOnCancel() {
    // Acciones a efectuar cuando el flujo se anula (unsubscribed)
    System.out.println("Subscription canceled");
  }
```

```
  // Método hookFinally
  @Override
  protected void hookFinally(SignalType type) {
    // Acciones finales a realizar cuando el flujo se termina,
    // con o sin error
    System.out.println("Subscriber completed, SignalType: " + type);
  }

  public static void main(String[] args) {
    Flux<Integer> flux = Flux.range(1, 10)
        .publishOn(Schedulers.parallel()); // Usando
programador para ejecutar el flujo en paralelo

    // Crear un nuevo CustomSubscriber para suscribirse al flujo
    CustomSubscriber<Integer> customSubscriber =
new CustomSubscriber<>();

    // Suscribirse al flujo con el CustomSubscriber
    flux.subscribe(customSubscriber);

    // Espere para dar tiempo a que el0 flujo se ejecute
    try {
      Thread.sleep(2000);
    } catch (InterruptedException e) {
      e.printStackTrace();
    }
  }
}Y uno de sus posibles usos:

import reactor.core.publisher.Flux;
public class Main {
  public static void main(String[] args) {
    // Crear un flujo de cadenas de caracteres
    Flux<String> flux = Flux.just("Hello", "World", "with",
"Reactive", "Programming");

    // Crear un nuevo CustomSubscriber para suscribirse al flujo
    CustomSubscriber<String> customSubscriber = new
CustomSubscriber<>();

    // Suscribirse el flujo utilizando el CustomSubscriber
    flux.subscribe(customSubscriber);
  }
}
```

5. Generar una secuencia manualmente

Las secuencias pueden generarse de forma sincrónica o asincrónica.

5.1 Modelo sincrónico

Los datos asíncronos de un flujo suelen proceder generalmente de fuentes externas, tales como conexiones de red o señales activadas por planificadores. Sin embargo, puede ser útil generar una secuencia de datos nosotros mismos. Para ello, Reactor ofrece el método `generate()`, que puede usarse para crear un flujo infinito de elementos usando una lógica de generación personalizada. El método `generate()` toma dos parámetros: un proveedor de estado inicial (`stateSupplier`) con una función generadora que toma el estado actual y un `SynchronousSink` como parámetros. El proveedor de estado inicial se utiliza para inicializar el estado de generación, y la función generadora se llama en cada iteración para generar un nuevo elemento que se enviará en el flujo.

Por ejemplo, para generar una secuencia infinita de enteros, podemos utilizar `generate()` con un estado inicial de cero y una función generadora que emita el estado actual y actualice el estado añadiendo 1 en cada iteración.

```
Flux<Integer> infiniteSequence = Flux.generate(
    () -> 0, // Estado inicial
    (state, sink) -> {
        sink.next(state); // Enviar el elemento en el flujo
        return state + 1; // Actualizar el estado
    }
);
```

El método `generate()` de Reactor permite generar flujos de datos personalizados de manera flexible. Podemos usarlo para generar secuencias numéricas, datos aleatorios o incluso recuperar datos de fuentes externas.

Para recuperar los tres primeros valores de `infiniteSequence`, es posible utilizar `take(3)`:

```
    infiniteSequence
      .take(3) // Toma los 3 primeros elementos
      .subscribe(
        item -> System.out.println("Received item: " + item),
        error -> System.err.println("Error occurred: " + error),
        () -> System.out.println("Flux completed after receiving
3 items.")
      );
```

Para recuperar datos de una fuente externa, como un archivo de texto, es posible utilizar `generate()` con un proveedor de estado inicial que abra un `BufferedReader` en el archivo. La función generadora lee cada línea del archivo y la emite en el flujo.

```
Flux<String> linesFromFile = Flux.generate(
    () -> new BufferedReader(new FileReader("data.txt")),
    (reader, sink) -> {
        try {
            String line = reader.readLine();
            if (line != null) {
                sink.next(line);
            } else {
                sink.complete();
                reader.close();
            }
        } catch (IOException e) {
            sink.error(e);
        }
        return reader;
    },
    reader -> {
        try {
            reader.close();
        } catch (IOException e) {
            // Manejo de la excepción cuando se cierra el lector
        }
    }
);
```

El método `generate()` puede utilizarse para generar flujos de elementos personalizados en función de nuestras necesidades específicas. Es posible de utilizar un estado mutable o inmutable para almacenar el estado actual y actualizar los datos generados en cada iteración. El método `generate()` ofrece una gran flexibilidad para generar flujos de datos personalizados.

5.2 Modelo asíncrono

Existen varios métodos para la generación asíncrona.

- `Flux.create()` se utiliza para crear manualmente un flujo utilizando un `FluxSink` personalizado. El `FluxSink`es un objeto cuya función es emitir elementos en el flujo de manera asíncrona. El usuario tiene el control total sobre la generación de elementos y puede emitirlos a la demanda dentro del flujo bajo demanda utilizando los métodos `sink.next()`, `sink.complete()`o `sink.error()`. Esto resulta útil cuando es necesario generar elementos a partir de fuentes asíncronas o de una lógica de generación compleja.

Por ejemplo:

```
Flux<String> asyncFlux = Flux.create(sink -> {
    // Transmisión asíncrona de elementos en el flux
    sink.next("Elemento 1");
    sink.next("Elemento 2");
    sink.complete();
});
```

- `Flux.push()`es similar a `Flux.create()`, pero ofrece una opción para gestionar la demanda (backpressure) especificando una estrategia de overflow. La estrategia de overflow controla el comportamiento del flujo cuando el consumidor es más lento que el productor. Existen varias estrategias de overflow, como `BUFFER`, `DROP`, `LATEST`, etc.
- La estrategia `BUFFER` pone en lista de espera los artículos sobrantes hasta que puedan ser emitidos cuando el consumidor esté preparado para recibirlos. ¡Tenga cuidado!. Esto causa un almacenamiento en búfer ilimitado y puede resultar en un `OutOfMemoryError`.

- La estrategia DROP ignora los elementos sobrantes y no los envía en el flujo.
- La estrategia LATEST sólo conserva el último elemento sobrante e ignora los demás.
- La estrategia ERROR lanza una IllegalStateException en caso de desbordamiento.
- La estrategia IGNORE ignora por completo las solicitudes de gestión de retroalimentación en aval. Esto puede dar lugar a una IllegalStateException cuando las colas de espera se llenan en etapas posteriores.

Por ejemplo:

```
Flux<String> asyncFluxWithBackpressure = Flux.push(sink -> {
  // Transmisión asíncrona de elementos en el flujo
  sink.next("Élément 1");
  sink.next("Élément 2");
  sink.complete();
}, FluxSink.OverflowStrategy.BUFFER);
// Estrategia de gestión de la demanda: BUFFER
```

- Flux.handle() permite generar elementos de manera asíncrona utilizando una lógica de generación personalizada. Toma como parámetro un BiConsumer, que toma un elemento y un SynchronousSink. El SynchronousSink se utiliza para transmitir los elementos en el flujo de forma asíncrona. Este método es útil cuando la generación de elementos requiere un procesamiento asíncrono o un procesamiento que depende de otros factores.

```
Flux<Integer> flux6 = Flux.just(1, 2, 3, 4, 5, 6, 7, 8, 9, 10, 11, 12);
Flux<Integer> asyncFluxHandle = flux6.handle((value, sink) -> {
    // Procesamiento asíncrono del elemento
    CompletableFuture.runAsync(() -> {
        // Realiza cálculos u operaciones asíncronas
        int result = value * 2;

        // Emite el resultado en el flujo
        sink.next(result);

        // Termina el flujo cuando es necesario
        if (result == 10) {
            sink.complete();
        }
    });
});
```

La utilización de estos métodos permite crear flujos cuyos elementos se generan de forma asíncrona, lo que resulta muy útil cuando los datos proceden de fuentes externas asíncronas o de procesamientos pesados que requieren que los elementos se envíen progresivamente en el flujo. La gestión de la demanda (backpressure) mediante `OverflowStrategy` permite controlar el ritmo de emisión de elementos para evitar desbordamientos y problemas de memoria.

5.3 Modelo híbrido push/pull

He aquí un ejemplo de utilización de `Flux.create()` con los métodos `onRequest()`, `onCancel()` y `onDispose()`, utilizando un canal (*channel*) para gestionar las interacciones:

```
public class FluxCreateChannelExample {
  public static void main(String[] args) {
    // Crear un canal (BlockingQueue) para los datos
    ArrayBlockingQueue<String> channel = new
ArrayBlockingQueue<>(10);

    // Flujo personalizado con Flux.create()
    Flux.create(sink -> {
        // método onRequest
        sink.onRequest(n -> {
          System.out.println("Elementos solicitados: " + n);
          for (int i = 0; i < n; i++) {
            // Recuperar elementos del canal (poll)
            String data = channel.poll();
            if (data != null) {
              sink.next(data); // Enviar los elementos solicitados
            } else {
              sink.complete(); // Finalizar el flujo
si no hay más elementos en el canal
              break;
            }
          }
        });

        // Método onCancel
        sink.onCancel(() -> {
          System.out.println("Suscripción Anulada");
          // Cancelar el consumo de elementos del canal
          // (no es necesario "cancel" para ArrayBlockingQueue)
```

```
        });

        // Método onDispose
        sink.onDispose(() -> {
          System.out.println("Recurso liberado al final de la
suscripción");
          // Cerrar el canal durante la disposición (close)
          channel.clear();
        });
      }).subscribeOn(Schedulers.single()) // Ejecutar en un thread
separado
      .subscribe(
        data -> System.out.println("Datos recibidos: " + data),
        error -> System.err.println("Error: " + error),
        () -> System.out.println("Completado")
      );

    // Añadir elementos al canal
    for (int i = 1; i <= 10; i++) {
      try {
        channel.put("Elemento" + i);
      } catch (InterruptedException e) {
        e.printStackTrace();
      }
    }
  }
}
```

En este ejemplo, creamos un flujo personalizado utilizando `Flux.create()`. El flujo está diseñado para emitir elementos desde un canal (`BlockingQueue`) de manera asíncrona.

Cuando existe una suscripción al flujo, el método `sink.onRequest()` se activa cada vez que el consumidor solicita un cierto número de elementos. En este método, recuperamos los elementos del canal utilizando `poll()` y los enviamos al flujo utilizando `sink.next(data)` hasta alcanzar el número solicitado. Si el canal está vacío, terminaremos el flujo usando `sink.complete()`. El método sink.`onCancel()` es llamado cuando la suscripción al flujo es anulada. Aquí, anulamos el consumo de elementos del canal usando `channel.cancel()`. El método `sink.onDispose()` es llamado cuando el flujo es completamente procesado.

En este ejemplo, cerramos el canal utilizando `channel.close()`. El flujo se ejecuta en un thread separado utilizando `subscribeOn(Schedulers.single())` para permitir el procesamiento asíncrono. Finalmente, añadimos elementos al canal utilizando `channel.put("Elemento" + i)`. Estos elementos serán emitidos en el flujo cuando el consumidor los solicite.

Observe que añadimos elementos al canal antes de suscribirnos al flujo. Cuando ejecutamos este ejemplo, podemos ver cómo los métodos `onRequest()`, `onCancel()` y `onDispose()` se activan en función de las acciones del suscriptor y cómo se consumen los elementos desde el canal.

6. Método handle()

El método `handle()` de la clase `Flux` se utiliza para gestionar de forma personalizada los elementos emitidos por el flujo. Puede utilizarse para transformar los elementos del flujo o para realizar un tratamiento específico sobre cada elemento. La firma del método `handle()` es la siguiente:

```
Flux<T> handle(BiConsumer<T, SynchronousSink<R><> handler)
```

El parámetro `handler` es un `BiConsumer` que toma dos argumentos: el elemento emitido por el flujo (`T`) y un `SynchronousSink<R>` utilizado para emitir los elementos resultantes del procesamiento (`R`). El `SynchronousSink` es un objeto utilizado para generar de manera síncrona elementos en un flujo. Se utiliza para enviar los elementos resultantes del procesamiento desde el `handler`. En el `handler` se pueden realizar diferentes acciones sobre el elemento recibido, como transformarlo en un nuevo elemento (`R`) para enviarlo en el flujo, ignorarlo, filtrarlo o realizar cualquier otra lógica de procesamiento necesaria.

He aquí un ejemplo:

```
Flux<Integer> originalFlux = Flux.range(1, 10);

Flux<String> processedFlux = originalFlux.handle((number, sink) -> {
    // Comprueba si el número es par
    if (number % 2 == 0) {
        // Envía el número en forma de cadena de caractères
        sink.next("Even: " + number);
    } else {
        // Ignora los números impares
        // También puedes llamar a sink.complete()
        // para terminar el flujo prematuramente
    }
});

processedFlux.subscribe(System.out::println);
```

En este ejemplo, tenemos un flujo inicial de números del 1 al 10 creado usando `Flux.range(1,10)`. A continuación, utilizamos el método `handle()` para procesar cada número enviado por el flujo. En el handler, comprobamos si el número es par utilizando la condición `number % 2 == 0`. Si lo es, mostramos el número en la salida en forma de cadenas de caracteres con el prefijo `Even:` usando `sink.next("Even: " + number)`. En caso contrario, ignoramos los números impares sin hacer nada. Como resultado, el flujo resultante (`processedFlux`) sólo contendrá números pares en forma de cadenas con el prefijo `Even:`.

Cuando nos suscribimos a `processedFlux` y mostramos los elementos, obtenemos la siguiente salida:

```
Even: 2
Even: 4
Even: 6
Even: 8
Even: 10
```

Tenga en cuenta que también puede utilizar el método `sink.error(Throwable t)` en el `handler` para señalar un error si es necesario.

7. Scheduler

Spring Reactor ofrece a los desarrolladores varias formas de gestionar la programación de tareas, mediante el uso de planificadores (*schedulers*),. Éstos controlan la ejecución de tareas de forma asíncrona y eficiente. Se utilizan junto con los métodos `publishOn()` y `subscribeOn()` para controlar el contexto de ejecución en el que se realizan las operaciones de flujo. Estos métodos permiten especificar los schedulers que se utilizarán para diferentes partes del flujo, lo que puede tener un impacto significativo en la concurrencia y el rendimiento de la aplicación.

El método `publishOn()` se utiliza para especificar el scheduler en el cual se ejecutaran las siguientes operaciones. De esta manera, todas las operaciones que vienen después de la llamada a `publishOn()` se realizarán en el contexto del planificador especificado. Esto puede ser útil para delegar el procesamiento asíncrono a otro thread, en particular para las operaciones que consumen mucho tiempo o son bloqueantes.

Por ejemplo:

```
      Flux.range(1, 10)
        .publishOn(Schedulers.boundedElastic())
// Utiliza el scheduler boundedElastic() para el tratamiento asíncrono
        .map(value -> {
          // Código de procesamiento asíncrono
          System.out.println("Procesamiento asíncrono de valor: "
+ value);
          return value * 2;
// Supongamos que simplemente multiplicamos el valor por 2
        })
        .subscribe(System.out::println);
```

En este ejemplo, el método `map()` se ejecutará en el contexto del scheduler `Schedulers.elastic()`, que es adecuado para el procesamiento asíncrono.

El método `subscribeOn()` se utiliza para especificar el scheduler al que obedecerá el flujo. Esto significa que todo el flujo, incluyendo las operaciones de generación, transformación y consumo, se ejecutarán en el contexto del scheduler especificado. Esto puede ser útil para controlar la programación general del flujo y asegurar que ciertas partes del flujo se ejecuten en threads específicos. Por ejemplo:

```
      Flux.range(1, 10)
        .map(value -> {
          // Código de procesamiento asíncrono
          System.out.println("Procesamiento asíncrono del valor :
" + value);
          return value * 2;
      // Supongamos que simplemente multiplicamos el valor por 2
        })
        .subscribeOn(Schedulers.parallel())
     // Utilizar el scheduler parallel() para generar valores
        .subscribe(System.out::println);
```

En este ejemplo, todo el flujo, incluidas las operaciones de generación y transformación de valores, se ejecutará en el contexto del scheduler `Schedulers.parallel()`.

Los métodos `publishOn()` y `subscribeOn()`, utilizados adecuadamente, le permiten controlar con precisión la programación y el paralelismo de las operaciones dentro de su flujo. Esto puede mejorar el rendimiento de su aplicación y evitar problemas de bloqueo o latencia. Sin embargo, es importante elegir los planificadores en función del tipo de procesamiento a realizar y de la carga de trabajo de su aplicación para obtener los mejores resultados.

La clase `Schedulers` proporciona diferentes variantes de planificadores que pueden ser utilizados por `publishOn()` o `subscribeOn()`:

- `parallel()`: optimizado para las ejecuciones `Runnable` rápidas, no bloqueantes.
- `single()`: optimizada para las ejecuciones `Runnable` de baja latencia y puntuales.
- `boundedElastic()`: optimizado para ejecuciones más largas. Se trata de una alternativa para tareas de bloqueo en las que el número de tareas activas (e de threads) es limitado.

- `immediate()`: para ejecutar inmediatamente los `Runnables` enviados en lugar de programarlos (un poco como una instrucción null o sin acción).
- `fromExecutorService(ExecutorService)`: para crear nuevas instancias basadas en objetos `ExecutorService`.

Cada scheduler ofrece capacidades específicas que pueden adaptarse a las necesidades concretas de su aplicación. Por ejemplo, puede utilizar `parallel()` para tareas de cálculo intensivo o `boundedElastic()` para tareas de I/O de bloqueo.

También podemos crear nuevas instancias de los diferentes tipos de planificador (`Schedulers`) utilizando los métodos `newXXX()`. Por ejemplo, `Schedulers.newParallel(nombreDeSuPlanificador)` crea un nuevo planificador paralelo con el nombre `nombreDeSuPlanificador`. Estos métodos pueden utilizarse para crear instancias personalizadas de planificadores que se adapten a sus necesidades específicas.

En Spring Reactor, también es posible crear un scheduler a partir de un `ExecutorService` preexistente utilizando el método `Schedulers.fromExecutorService(ExecutorService executorService)`. Este enfoque es útil cuando ya tenga un `ExecutorService` configurado en su aplicación y que quiera utilizarlo como planificador para gestionar tareas reactivas.

Así es como funciona:

- Crear un `ExecutorService` preexistente utilizando la clase `java.util.concurrent.ExecutorService`. Esto puede hacerse utilizando uno de los métodos estáticos de `Executors`, por ejemplo:

```
ExecutorService executorService = Executors.newFixedThreadPool(5);
```

- Una vez que tenga el `ExecutorService`, cree un `Scheduler`de Spring Reactor a partir de él utilizando el método `Schedulers.fromExecutorService()`.

```
import reactor.core.scheduler.Schedulers;
// ...
Scheduler customScheduler = Schedulers.fromExecutorService
(executorService);
```

- Ahora utilice el scheduler `customScheduler`en sus operaciones reactivas, utilizando los métodos `publishOn()`y `subscribeOn()`, por ejemplo:

```
Flux.range(1, 10)
    .publishOn(customScheduler)
    .map(value -> {
        // Procesamiento asíncrono con el Scheduler personalizado
        return value * 2;
    })
    .subscribeOn(customScheduler)
    .subscribe();
```

En este ejemplo, utilizamos el scheduler personalizado `customSchedule` para delegar el procesamiento asíncrono del `map()` y la suscripción (`subscribeOn()`) a nuestro `ExecutorService` preexistente.

8. Tratar correctamente los casos de errores

Con Spring Reactor Core, puede manejar los errores de diferentes maneras. Aquí hay algunos enfoques comunes para el manejo de errores en un flujo.

8.1 Operador onErrorResume

El operador `onErrorResume()` se utiliza para capturar un error y sustituir el flujo que lo generó por otro flujo. Se utiliza del siguiente modo:

```
Flux<Integer> flux = Flux.just(1, 2, 3)
    .map(i -> {
        if (i == 2) {
            throw new RuntimeException("¡Error!");
        }
        return i;
    })
    .onErrorResume(e -> Flux.just(10, 20, 30));

flux.subscribe(
    data -> System.out.println("Data: " + data),
    error -> System.err.println(""Error: " + error),
    () -> System.out.println("Terminado")
);
```

8.2 Operador onErrorReturn

El operador `onErrorReturn()` se utiliza para capturar un error y devolver un valor de sustitución especificado. Se utiliza del siguiente modo:

```
Flux<Integer> flux = Flux.just(1, 2, 3)
    .map(i -> {
        if (i == 2) {
            throw new RuntimeException("¡Error!");
        }
        return i;
    })
    .onErrorReturn(100);

flux.subscribe(
    data -> System.out.println("Data: " + data),
    error -> System.err.println("Error: " + error),
    () -> System.out.println("Terminado")
);
```

8.3 Operador onErrorMap

El operador `onErrorMap()` permite transformar el error en otra excepción especifica. Se utiliza de la siguiente manera:

```
Flux<Integer> flux = Flux.just(1, 2, 3)
    .map(i -> {
        if (i == 2) {
            throw new RuntimeException("¡Error!");
        }
        return i;
    })
    .onErrorMap(e -> new CustomException("Error personalizado:
" + e.getMessage()));

flux.subscribe(
    data -> System.out.println("Data: " + data),
    error -> System.err.println("Error: " + error),
    () -> System.out.println("Terminado")
);
```

8.4 Operador doOnError

El operador `doOnError()` permite ejecutar una acción cuando se produce un error en el flujo. Se utiliza de la siguiente manera:

```
Flux.just(1, 2, 3)
    .map(i -> {
        if (i == 2) {
            throw new RuntimeException("¡Error !");
        }
        return i;
    }).
    .doOnError(e -> System.err.println("Error detectado:
" + e.getMessage()))
    .subscribe();
```

8.5 Operador onErrorStop

El operador `onErrorStop()` detiene el flujo en caso de error, es decir, no se enviarán más elementos después de un error. Se utiliza del siguiente modo:

```
Flux.just(1, 2, 3)
    .map(i -> {
        if (i == 2) {
            throw new RuntimeException("¡Error!");
        }
        return i;
    })
    .onErrorStop()
    .subscribe(
        data -> System.out.println("Data: " + data),
        error -> System.err.println("Error: " + error),
        () -> System.out.println("Terminado")
    );
```

8.6 Operador onErrorContinue

El operador `onErrorContinue()` permite detectar un error al procesar un elemento dentro de un flujo y continuar el flujo con los elementos siguientes. Se utiliza del siguiente modo:

```
Flux.just(1, 2, 3)
    .map(i -> {
        if (i == 2) {
            throw new RuntimeException("¡Error!");
        }
        return i;
    })
    .onErrorContinue((error, data) -> System.err.println("Error
capturado: " + error.getMessage() + ". Elemento: " + data))
    .subscribe();
```

9. Captura y reenvío de excepciones

9.1 Gestión de excepciones

Cuando se utiliza Reactor, el manejo de excepciones en operadores o funciones es el siguiente:

- Todos los operadores pueden potencialmente desencadenar excepciones o llamar a funciones de retorno que pueden fallar, por lo tanto, todos ellos contienen algún tipo de gestión de errores.
- Las excepciones no verificadas siempre se propagan a través de la señal `onError`. Por ejemplo, una `RuntimeException` lanzada dentro de una función `map()` se traduce por un evento `onError`.
- Reactor define ciertas excepciones, como `OutOfMemoryError`, como siendo siempre consideradas fatales y son lanzadas en lugar de propagadas.
- En algunos casos, una excepción no comprobada no puede propagarse debido a situaciones de concurrencia durante las fases de suscripción y solicitud, y en estos casos el error es abandonado.

Observación

Para manejar excepciones verificadas, usted puede usar `try` y `catch`, o puede encapsular la excepción comprobada dentro de una excepción no verificada utilizando `Exceptions.propagate()`.

- Si necesita devolver un `flux`y manejar una excepción verificada, puede utilizar `Flux.error(ExcepciónVerificada)` para crear un `flux` que produzca un error.
- La clase de utilidad `Exceptions` de Reactor puede ayudarle a encapsular y obtener la excepción original si es necesario.

Ejemplo de utilización de `Exceptions.propagate()` para tratar una `IOException` en una función `map()`:

```
public String convert(int i) throws IOException {
    if (i > 3) {
        throw new IOException("boom " + i);
    }
    return "OK " + i;
}

Flux<String> converted = Flux
    .range(1, 10)
    .map(i -> {
        try { return convert(i); }
        catch (IOException e) { throw Exceptions.propagate(e); }
    });

converted.subscribe(
    v -> System.out.println("VALOR RECIBIDO: " + v),
    e -> {
        if (Exceptions.unwrap(e) instanceof IOException) {
            System.out.println("Algo malo
se produjo con I/O");
        } else {
            System.out.println("Algo malo
ha ocurrido");
        }
    }
);
```

O :

```
Flux.just("timeout")
    .flatMap(k -> callExternalService(k))
    .onErrorMap(original -> new BusinessException("timeout
exceeded", original));
```

Normalmente, es necesario gestionar los errores para evitar que se produzcan estas excepciones, ya que rompen la dinámica del código y no es fácil reanudar el procesamiento sobre las excepciones. Generalmente los encontraremos a menudo durante la fase de desarrollo y puesta a punto de nuestros programas.

9.2 doFinally

El operador `doFinally()` se utiliza para ejecutar una acción después de que el tratamiento del flujo haya finalizado, ya sea después de que se hayan enviado todos los elementos, después de que se haya producido un error o después de que se haya cancelado la suscripción. Esto permite realizar tareas de limpieza o acciones que deban llevarse a cabo, independientemente de la manera como finalice el flujo.

La firma del operador `doFinally()` es la siguiente:

```
public final Mono<T> doFinally(Consumer<SignalType> onFinally)
```

El parámetro `onFinally` es un `Consumer` que toma como entrada un `SignalType`, que representa el tipo de señal al final del flujo. El `SignalType` puede tomar tres valores posibles:

- `SignalType.ON_COMPLETE`: indica que el flujo terminó normalmente, es decir, que envió todos sus elementos y terminó sin error.
- `SignalType.ON_ERROR`: indica que el flujo ha finalizado con un error.
- `SignalType.CANCEL`: indica que la suscripción al flujo se ha anulado antes de su finalización normal.

Tenga en cuenta que hay otras señales `SignalType`:

- `SignalType.SUBSCRIBE`: señala la activación de la suscripción.
- `SignalType.REQUEST`: señala una solicitud realizada a través de la suscripción.
- `SignalType.ON_SUBSCRIBE`: señala que la recepción por el operador de una suscripción.
- `SignalType.ON_NEXT`: señala la recepción por el operador de un valor transmitido.
- `SignalType.AFTER_TERMINATE`: señala el final de las acciones del operador.
- `SignalType.CURRENT_CONTEXT`: señala la lectura del contexto.
- `SignalType.ON_CONTEXT`: señala que se ha actualizado el contexto.

Ejemplo de uso de `doFinally()`:

```
Flux.just(1, 2, 3)
    .map(i -> {
        if (i == 2) {
            throw new RuntimeException("¡Error!");
        }
        return i;
    }) µ
    .doFinally(signalType -> {
        if (signalType == SignalType.ON_COMPLETE) {
            System.out.println("El flujo ha terminado normalmente.");
        } else if (signalType == SignalType.ON_ERROR) {
            System.out.println("El flujo ha terminado
con un error.");
        } else if (signalType == SignalType.CANCEL) {
            System.out.println("La suscripción al flujo se ha cancelado.");

        }
    })
    .subscribe(
        data -> System.out.println("Datos: " + data),
        error -> System.err.println("Error: " + error),
        () -> System.out.println("Terminado")
    );
```

En este ejemplo, cuando el operador `map()` encuentra el elemento 2 en el flujo, genera una excepción `RuntimeException`. El operador `doFinally()` se llama después del final del flujo y muestra el mensaje correspondiente en función del tipo de señal recibida.

El operador `doFinally()` es útil para realizar operaciones de limpieza, registro u otras acciones tras la finalización del flujo, independientemente de cómo termine (normalmente, con un error o por anulación). Esto permite gestionar de forma limpia los recursos asociados al flujo y realizar acciones de finalización tras su ejecución.

9.3 retry

Los operadores `retry()`, `retryWhen()` y `doBeforeRetry()` son los tres principales operadores para realizar un nuevo intento.

- `retry()`: este operador permite reintentar automáticamente la suscripción a un flujo en caso de error. Puede especificar el número máximo de reintentos o proporcionar un predicado para determinar si se debe reintentar en función del error encontrado.
- `retryWhen()`: este operador le permite controlar finamente el comportamiento de reintento utilizando un flujo de error personalizado. Puede especificar un flujo que emitirá un error cada vez que desee reintentar la suscripción.

Ejemplo de utilización de `retry()`:

```
Flux.just(1, 2, 3)
    .map(i -> {
        if (i == 2) {
            throw new RuntimeException("¡Error!");
        }
        return i;
    })
    .retry(2) // Reintentar un máximo de 2 veces en caso de error
    .subscribe(
        data -> System.out.println("Datos: " + data),
        error -> System.err.println("Error: " + error),
        () -> System.out.println("Terminado")
    );
```

En este ejemplo, cuando el operador `map()` encuentra el elemento `2` en el flujo, genera una excepción `RuntimeException`. El operador `retry()` intenta automáticamente reintentar la suscripción al flujo dos veces (para un total de tres intentos, incluyendo el primero). Finalmente, el flujo emite los elementos `1`y `3`antes de terminar normalmente.

Las utilidades de reintento proporcionadas por las clases principales, `RetrySpec`y `RetryBackoffSpec`, ofrecen funcionalidades avanzadas de personalización.

- Puede definir un filtro (`Predicado`) para especificar qué excepciones pueden desencadenar un reintento.
- Es posible modificar un filtro previamente definido con ayuda de `modifyErrorFilter(Function)`.
- Tiene la posibilidad de activar efectos secundarios, tales como el registro de logs, alrededor del desencadenador de reintento. Por ejemplo, puede realizar un backoff antes y después del tiempo de espera. Para ello, debe validar el reintento mediante la utilización de los métodos `doBeforeRetry()` y `doAfterRetry()`, que son acumulativos.
- También es posible desencadenar un `Mono<Void>` asíncrono alrededor del desencadenador de reintento. Esto permite añadir comportamientos asíncronos sobre el retardo básico, pero también puede retrasar el desencadenador. Los métodos `doBeforeRetryAsync()` y `doAfterRetryAsync()` son acumulativos para esto.
- Puede personalizar la excepción que se lanzará cuando se alcance el número máximo de reintentos. Para ello se utiliza el método `onRetryExhaustedThrow(BiFunction)`. Por defecto, se utiliza `Exceptions.retryExhausted(...)`, pero puede distinguir esta excepción utilizando el método `Exceptions.isRetryExhausted(Throwable)`.

Por último, usted puede activar la gestión de errores transitorios para gestionar mejor los problemas temporales que puedan surgir durante los reintentos.

10. Sinks

En Reactor, un *sink* ofrece la posibilidad de activar manualmente las señales de manera independiente. Crea así una estructura similar a la de un editor de publicación (`Publisher`) capaz de gestionar varias suscripciones (`Subscriber`), con la excepción de las variantes unicast (comunicación uno a uno).

Los sinks básicos expuestos por Reactor Core aseguran que el uso de multithread es detectado y no puede conducir a violaciones de la especificación o comportamiento indefinido desde el punto de vista de los suscriptores en aval. Cuando se utiliza la API `tryEmit*`, las llamadas paralelas fallan rápidamente. Cuando se utiliza la API `emit*`, el `EmissionFailureHandler` suministrado se puede utilizar para reintentar en caso de contención (por ejemplo, bucle ocupado), de lo contrario el sink terminará con un error. Esto supone una mejora con respecto a `Processor.onNext()`, que debe sincronizarse externamente o puede dar lugar a un comportamiento indefinido desde el punto de vista de los suscriptores en aval.

En general, se prefiere la clase `Sinks` a los objetos `Processor`, ya que ofrece un enfoque más seguro y sencillo de la gestión de señales. Los constructores Sinks proporcionan una API guiada para los principales tipos de productores soportados. Algunos comportamientos que se encuentran en `Flux`, como `onBackpressureBuffer()`, también están presentes en la clase `Sinks`.

Existen varias categorías de sinks:

- `Sinks.many().unicast()`: un `Sinks.Many.unicast` puede gestionar la backpressure utilizando una lista de espera interna. Sólo puede tener un `Subscriber`. Puede crearse mediante `Sinks.many().unicast().onBackpressureBuffer()` o utilizando métodos estáticos de fábrica que permiten un ajuste más preciso.
- `Sinks.many().multicast()`: un `Sinks.Many.multicast` (comunicación de uno a muchos) puede transmitir a varios abonados respetando la backpressure de cada uno de ellos. Los abonados sólo reciben las señales empujadas al sink después de haberse abonado.

- `Sinks.many().replay()`: un `Sinks.Many.replay` almacena en caché los elementos transmitidos y los reproduce a los suscriptores retrasados. Puede crearse con distintas configuraciones, como historial limitado (`Sinks.many().replay().limit(int)`), historial ilimitado (`Sinks.many().replay().all()`), o en función de una ventana temporal (`Sinks.many().replay().limit(Duration)`).
- `Sinks.unsafe().many()`: para usuarios avanzados y desarrolladores de bibliotecas, este tipo de `Sinks.Many`proporciona las mismas fábricas de sinks, pero sin la seguridad adicional del thread productor. Menos sobrecarga está asociada a estos sinks, pero su uso requiere una sincronización externa de las llamadas, de acuerdo con la especificación Reactive Streams.
- `Sinks.one()`: `Sinks.one()`construye directamente una instancia de `Sinks.One<T>`. Este tipo de sinks puede verse como un `Mono` (a través de su método `asMono()`), con métodos de generación de flujos ligeramente diferentes para representar mejor esta semántica Mono.
- `Sinks.empty()`: `Sinks.empty()` construye directamente una instancia de `Sinks.Empty<T>`. Este tipo de sinks es similar a `Sinks.One<T>`, pero no proporciona el método `emitValue()`. Por lo tanto, sólo genera unicamente un `Mono` que termina sin valor o que falla.

La clase `Sinks` es una parte esencial de Spring Reactor que ofrece la flexibilidad necesaria para gestionar señales y suscripciones de forma controlada y segura. Se pueden utilizar para gestionar diferentes tipos de flujo de forma eficiente y evitar problemas de backpressure, a la vez que proporcionan una API clara y sencilla para gestionar operaciones asíncronas.

Por ejemplo:

```
public class SinksExample {
  public static void main(String[] args) {
    // Crea un Sinks.Many unicast con una lista de espera para
       gestionar la backpressure
  Sinks.Many<Integer> unicastSink =
Sinks.many().unicast().onBackpressureBuffer();

    // Flujo personalizado del Sinks.Many
    Flux<Integer> flux = unicastSink.asFlux();

    // Crea dos suscriptores para el flujo
    flux.subscribe(data -> System.out.println("Subscriber 1:
```

```
" + data));
    flux.subscribe(data -> System.out.println("Subscriber 2:
" + data));

    // Envía los datos en el Sinks.Many
    unicastSink.emitNext(1, Sinks.EmitFailureHandler.FAIL_FAST);
    unicastSink.emitNext(2, Sinks.EmitFailureHandler.FAIL_FAST);

    // Espera un poco antes de enviar el siguiente dato
para mostrar la backpressure
    try {
      Thread.sleep(1000);
    } catch (InterruptedException e) {
      e.printStackTrace();
    }

    // Envía más datos en el Sinks.Many
    for (int i = 3; i <= 10; i++) {
      unicastSink.emitNext(i, Sinks.EmitFailureHandler.FAIL_FAST);
    }

    // Finaliza el flujo
    Sinks.EmitFailureHandler failureHandler =
new Sinks.EmitFailureHandler() {
      @Override
      public boolean onEmitFailure(SignalType signalType,
Sinks.EmitResult emitResult) {
        System.out.println("onEmitFailure : return false");
        return false;
      }
    };

    unicastSink.emitComplete(failureHandler);
  }
}
```

En este ejemplo, creamos un `Sinks.Many unicast` con una lista de espera interna para gestionar la backpressure. A continuación, utilizamos este `Sinks.Many` para crear un flujo personalizado. Creamos dos suscriptores al flujo para mostrar que el `Sinks.Many` puede enviar datos para varios suscriptores. A continuación, emitimos algunos datos en el `Sinks.Many` utilizando el método `emitNext()`. Usamos el `EmitFailureHandler FAIL_FAST`- para asegurar que las llamadas paralelas fallen rápidamente en caso de conflicto.

Después de transmitir algunos datos, esperamos un poco antes de transmitir los siguientes para mostrar la backpressure. El `Sinks.Many` gestiona automáticamente la backpressure utilizando una fila de espera. Finalmente, enviamos más datos al `Sinks.Many` y terminamos el flujo usando el método `emitComplete()`.

11. Transformaciones personalizadas en el flujo

Hay una serie de operadores que se utilizan para realizar transformaciones personalizadas en un flujo:

- `transform()`: este operador se utiliza para transformar un flujo mediante una función que toma el flujo de entrada como parámetro y devuelve un nuevo flujo. La transformación se realiza cuando se llama al operador, incluso antes de que el flujo sea suscrito.
- `transformDeferred()`: este operador es similar a `transform()`, pero la transformación se difiere hasta que alguien se haya suscrito al flujo. Esto permite aplazar la transformación y aplicarla sólo cuando los suscriptores estén interesados en ella.
- `transformDeferredContextual()`: este operador transforma cada elemento del flujo utilizando una función que toma como parámetros el elemento actual del flujo y el `ContextView`. La transformación se difiere hasta que el flujo tenga un suscriptor, lo que significa que se pueden aplicar transformaciones contextuales específicas a cada elemento del flujo.

He aquí un ejemplo sencillo en el que se utiliza el operador `transform()` para transformar un flujo de cadenas en un flujo de sus longitudes:

```
public class TransformExample {
  public static void main(String[] args) {
    // Crea un flujo de cadenas
    Flux<String> stringFlux = Flux.just("rojo", "verde", "naranja");

    // Transforma el flujo en un flujo de longitudes de cadena
    Flux<Integer> lengthFlux =
stringFlux.transform(stringFluxTransformer());

    // Suscribirse al flujo de longitudes
    lengthFlux.subscribe(length ->
```

```
System.out.println("Longitud: " + longitud));
  }

  private static Function<? super Flux<String>,?
extends Publisher<Integer>> stringFluxTransformer() {
    return flux -> flux.map(s -> s.length());
  }
}
```

En este ejemplo, creamos un flujo de cadena con tres elementos: "rojo", "verde" y "naranja". A continuación, utilizamos el operador `transform()` para aplicar nuestra función de transformación personalizada `stringFluxTransformer()` al flujo de cadenas. La función `stringFluxTransformer()` es una función lambda genérica que toma un flujo como entrada y devuelve un nuevo flujo. En esta función, utilizamos `map()` para transformar cada cadena en su longitud.

Cuando nos suscribimos al flujo de longitud (`lengthFlux`), se aplica la transformación, y cada elemento del flujo de cadena se transforma en su longitud. El resultado se muestra en la consola:

```
Longitud: 5
Longitud: 4
Longitud: 6
```

El operador `transform()` nos permite aplicar transformaciones personalizadas a un flujo sin modificar directamente el flujo original. Esto nos proporciona una gran flexibilidad a la hora de adaptar los flujos a nuestras necesidades específicas.

Ejemplo de uso de `transformDeferredContextual()`:

```
stringFlux = Flux.just("rojo", "verde", "naranja");
// Transforma el flujo en un flujo de longitudes de cadena
// utilizando el ContextualTransformer personalisado
lengthFlux = stringFlux. transformDeferredContextual((flux, context) -> {
  // Recupera el contexto personalizado si existe
  String customContextValue = context.getOrDefault("customContext",
"valor_por_defecto");
  // Devuelve el flujo transformado
  return flux.map(s -> s.length() + customContextValue.length());
});
```

En este ejemplo, utilizamos `transformDeferredContextual()` para transformar cada elemento emitido por el flujo. La función `transform()` accede al contexto asociado a cada elemento utilizando el método `getOrDefault()` y realiza una sencilla operación sumando 10 a cada elemento emitido. El resultado de la operación se emite entonces en el nuevo flujo.

Estos operadores ofrecen un alto grado de flexibilidad para personalizar y adaptar los flujos, por adelantado o a posteriori, en función de las necesidades específicas de la aplicación o del contexto en el que se utilicen.

11.1 Creación de flujos

11.1.1 Operadores just() y defer()

Los operadores `just()` y `defer()` se utilizan ambos para crear un flujo a partir de uno o más valores. Sin embargo, existe una diferencia fundamental entre ambos en cuanto al momento en que se emiten los valores.

- `just()` crea un flujo a partir de una lista de valores dados como argumentos. Cuando se utiliza `just()`, el flujo se crea en cuanto se llama a este método, y los valores dados como argumentos se emiten inmediatamente, incluso antes de que se devuelva el flujo. Esto significa que cada suscriptor recibirá exactamente los mismos valores en el mismo orden, independientemente del momento en que se suscriba.
- `defer()` crea un flujo a partir de una función lambda que a su vez devuelve un flujo. A diferencia de `just()`, los valores del flujo no se emiten cuando se llama a `defer()`. En su lugar, el flujo sólo se crea cuando un suscriptor se suscribe a él. Esto significa que cada suscriptor obtendrá su propio flujo con sus propios valores emitidos cuando se suscriba.

Ejemplo:

```
Flux<Integer> flux = Flux.defer(() -> Flux.just(1, 2, 3, 4, 5));
```

Cada abonado obtiene su propio flujo con sus propios valores emitidos de forma independiente en el momento de la suscripción.

La diferencia clave entre `just()` y `defer()` es que `just()` crea un flujo con valores emitidos inmediatamente, mientras que `defer()` crea un flujo con valores emitidos sólo en el momento de la suscripción. El uso de `defer()` permite obtener flujos separados para cada suscriptor, lo que puede ser muy útil en determinadas situaciones en las que los valores emitidos dependen del estado en el momento de la suscripción.

11.1.2 Operadores share() y replay(...)

Los operadores `share()` y `replay(...)` de Spring Reactor Core se utilizan para compartir un flujo entre varios suscriptores. Sin embargo, hay una diferencia importante entre estos dos operadores en cuanto a su comportamiento.

- `share()` se utiliza para compartir un flujo de forma sencilla y eficaz. Cuando se llama a `share()` en un flujo, éste se convierte en un flujo compartido, lo que significa que todos los valores emitidos por el flujo se retransmiten a todos los suscriptores al mismo tiempo. Sin embargo, si llega un nuevo suscriptor después de que se hayan enviado los valores, sólo recibirá los nuevos valores enviados después de haberse suscrito.
- `replay(...)` se utiliza para compartir un flujo permitiendo que cada nuevo suscriptor reciba todos los valores enviados previamente por el flujo. Puede especificar el número de valores a reproducir con `replay(n)`, donde `n` es el número de valores a reproducir.

La diferencia entre `share()` y `replay(...)` reside dentro de la manera que `share()` comparte todos los valores enviados en tiempo real con los abonados, mientras que `replay(...)` permite a cada nuevo abonado recibir un cierto número de valores enviados previamente por el flujo. La elección entre los dos depende de las necesidades específicas de su aplicación en términos de compartición del flujo.

11.1.3 ConnectableFlux

Los ConnectableFlux son flujos especiales proporcionados por Spring Reactor que permiten controlar cuándo el flujo comienza a emitir valores basándose en suscripciones. A diferencia de un flujo estándar, un ConnectableFlux no comienza a emitir valores hasta que se ha conectado explícitamente a un suscriptor. Esto ofrece un control más fino sobre cuándo se activa el flujo, lo que puede ser útil en ciertos casos de uso.

Estos son algunos de los métodos importantes disponibles en la interfaz ConnectableFlux:

- connect(): este método inicia el envío de valores del flujo a los abonados. Hasta que se llame a connect(), el flujo no produce valores, aunque haya abonados.
- subscribe(Consumer<? super T> consumer): este método permite suscribirse al flujo. Sin embargo, la suscripción no produce valores inmediatamente. Los valores sólo se emiten a los suscriptores después de que se haya llamado a connect().
- autoConnect(): este método se utiliza para definir un número mínimo de suscripciones antes de que el flujo se conecte automáticamente y comience a enviar valores. Por ejemplo, autoConnect(2) significa que el flujo se conecta automáticamente en cuanto hay al menos dos suscripciones activas.
- refCount(): este método crea un nuevo objeto Flux que comparte la misma fuente que el ConnectableFlux. El flujo creado con refCount() se conecta automáticamente cuando el primer suscriptor se suscribe y se desconecta automáticamente cuando no hay más suscriptores activos.
- replay(): este método crea un nuevo ConnectableFlux que emite todos los valores anteriores para los nuevos suscriptores, es decir, los que se inscriben después de que el flujo haya empezado a emitir valores.
- publish(): este método crea un nuevo ConnectableFlux que empieza a emitir valores para los suscriptores en cuanto se llama a connect(). Sin embargo, no emite los valores anteriores para los nuevos suscriptores, aquellos que se inscriben después de que el flujo haya empezado a emitir valores.

- `refCount(int minSubscribers)`: este método es similar a `refCount()`, pero puede especificar el número mínimo de suscripciones antes de que el flujo se conecte automáticamente.
- `refCount(int minSubscribers, Duration gracePeriod)`: este método es similar a `refCount()`, pero se puede especificar un periodo de gracia. El flujo permanece conectado, aunque no haya más suscriptores, pero se desconecta tras el periodo de gracia si sigue sin haber suscriptores.

Estos métodos ofrecen diferentes maneras de gestionar las suscripciones y la entrega de valores a los suscriptores cuando se utiliza `ConnectableFlux`, lo que permite una mayor flexibilidad y control sobre la entrega de valores reactivos.

Para crear un `ConnectableFlux`, es necesario utilizar el método `publish()` en un flujo existente. Esto devuelve un `ConnectableFlux`, pero no comienza a emitir valores hasta que llame al método `connect()` en ese flujo. Cuando se llama a `connect()`, el flujo comienza a emitir valores para todos los suscriptores que se han registrado hasta ese momento.

Ejemplo:

```
import reactor.core.publisher.ConnectableFlux;
import reactor.core.publisher.Flux;

public class ConnectableFluxExample {
    public static void main(String[] args) {
        Flux<Integer> flux = Flux.range(1, 5).doOnSubscribe
(subscription -> System.out.println("Nuevo suscriptor"));

        ConnectableFlux<Integer> connectableFlux =
flux.publish();

        // Los suscriptores se suscriben pero el feed no empieza
a emitir valores
        connectableFlux.subscribe(value -> System.out.println
("Suscriptor 1: " + value));
        connectableFlux.subscribe(value -> System.out.println
("Suscriptor 2: " + value));

        // El flujo empieza a emitir valores después de la llamada
a connect()
```

```
            connectableFlux.connect();
        }
    }
```

Resultado:

```
Nuevo abonado
Nuevo abonado
Abonado 1: 1
Abonado 2: 1
Abonado 1: 2
Abonado 2: 2
Abonado 1: 3
Abonado 2: 3
Abonado 1: 4
Abonado 2: 4
Abonado 1: 5
Abonado 2: 5
```

En este ejemplo, los dos suscriptores se suscriben al `ConnectableFlux` pero el flujo no comienza a emitir valores hasta que se llame a `connect()`. Después de llamar a `connect()`, el flujo comienza a enviar valores.

Los `ConnectableFlux` son útiles cuando se necesita controlar explícitamente en el momento que un flujo empieza a emitir valores, por ejemplo cuando se necesita que varios suscriptores reciban los mismos valores desde el principio, o cuando se necesita coordinar la hora de inicio de la producción de datos por razones de rendimiento o sincronización.

Los dos modelos `ConnectableFlux.publish()` y `ConnectableFlux.replay()` son tipos especiales de flujo proporcionados por Spring Reactor que permiten controlar cuándo el flujo comienza a emitir valores.

- `ConnectableFlux.publish()`: este modelo de `ConnectableFlux`es el más simple. Cuando se llama a `publish()` en un flujo existente, se crea un `ConnectableFlux` que comienza a emitir valores tan pronto como se llama a `connect()`. Sin embargo, no emitirá valores anteriores para los nuevos suscriptores que se registren después de que el flujo haya empezado a emitir valores.

- ConnectableFlux.replay(): esta plantilla crea un ConnectableFlux que reproducirá todos los valores anteriores para los nuevos suscriptores que se registren después de que el flujo haya empezado a reproducir valores. Esto significa que los nuevos suscriptores recibirán los mismos valores que los que se suscribieron al principio.

11.2 Agrupación de flujos

La segmentación en Spring Reactor puede lograrse utilizando varios enfoques.

- Flux<GroupedFlux<T>>: cuando se utiliza un operador de agrupación como groupBy(), el flujo inicial se divide en grupos en función de una clave especificada. Cada grupo está representado por un GroupedFlux que contiene todos los elementos del flujo inicial correspondientes a esa clave. Por ejemplo :

```
Flux<Integer> flux = Flux.just(1, 2, 3, 4, 5, 6, 7, 8, 9, 10);
Flux<GroupedFlux<String, Integer>> groupedFlux =
flux.groupBy(i -> i % 2 == 0 ? "par" : "impar");
```

En este ejemplo, el flujo inicial se agrupado en dos grupos: un grupo con números pares (2, 4, 6, 8, 10) y otro grupo con números impares (1, 3, 5, 7, 9).

- Flux<Flux<T>>: este enfoque transforma cada elemento del flujo inicial en un subflujo. Cada subflujo transmite un único elemento del elemento original. Esto permite subdividir el flujo inicial en varios subflujos. Por ejemplo:

```
Flux<Integer> flux = Flux.just(1, 2, 3, 4, 5);
Flux<Flux<Integer>> fluxOfFlux = flux.map(i -> Flux.just(i));
```

En este ejemplo, cada número del flujo inicial se transforma en un subflujo que transmite sólo ese número. De este modo, el `fluxOfFlux` resultante se compone de subflujos individuales, cada uno de los cuales transmite un único número.

- `Flux<List<T>>`: este enfoque consiste en agrupar los elementos del flujo inicial en listas de un tamaño especificado. Cuando el número de elementos acumulados alcanza el tamaño definido, una nueva lista es emitida por el flujo. Por ejemplo:

```
Flux<Integer> flux = Flux.just(1, 2, 3, 4, 5, 6, 7, 8, 9, 10);
Flux<List<Integer>> batchedFlux = flux.buffer(3);
```

El ejemplo de código anterior muestra cómo agrupar los valores de un flujo en listas de tres elementos. Por lo tanto, el flujo producirá tres listas sucesivas: `[1, 2, 3]`, `[4, 5, 6]` y `[7, 8, 9]`, y luego una lista final con el elemento restante `[10]`.

Estos distintos enfoques de la segmentación ofrecen diversas posibilidades de procesamiento en función de las necesidades específicas de su aplicación. Pueden utilizarse para agrupar o dividir elementos del flujo inicial según diversos criterios o condiciones, o simplemente para facilitar el procesamiento por lotes de estos elementos.

11.2.1 ParallelFlux

`ParallelFlux` es una variante de `Flux` que permite realizar operaciones en paralelo a través de múltiples threads. Está diseñado para explotar el potencial del paralelismo en las operaciones reactivas, lo que puede mejorar significativamente el rendimiento en determinados escenarios. Para crear un `ParallelFlux`, puede utilizar el método `parallel()` en un `Flux` y, a continuación, especificar el número de threads que desea utilizar para el procesamiento paralelo mediante el operador `runOn()`.

Ejemplo:

```
public class ParallelFluxTest {
  @Test
  public void testParallelFlux() {
    Flux<Integer> flux = Flux.range(1, 10);
```

```
      flux
        .parallel()
        .runOn(Schedulers.parallel())
   // Especifica el uso del Scheduler parallelo
        .map(this::processElement)
        .sequential() // Permite volver a un flujo secuencial
después de un procesamiento paralelo
        .doOnNext(System.out::println)
        .blockLast();
   // Bloquea el flujo para esperar a que termine la ejecución
   }

   private int processElement(int number) {
   // Simula un procesamiento que consume tiempo para cada elemento
      try {
        Thread.sleep(1000);
      } catch (InterruptedException e) {
        e.printStackTrace();
      }
      return number * 2;
   }
}
```

En este ejemplo, creamos un flujo de números del 1 al 10 utilizando `Flux.range()`. Luego transformamos este flujo en un `ParallelFlux` usando el método `parallel()`, y especificamos el uso del planificador paralelo usando `runOn(Schedulers.parallel())`. Esto indica a Reactor que ejecute el procesamiento de cada elemento en un thread distinto, permitiendo que los elementos sean procesados en paralelo y mejorando el rendimiento.

En el método `processElement()`, simulamos un procesamiento lento para cada elemento utilizando `Thread.sleep(1000)`, que suspende el thread durante un segundo. Finalmente, usamos `sequential()` para volver a un flujo secuencial después del procesamiento paralelo, y luego mostramos cada elemento resultante usando `doOnNext(System.out::println)`. La llamada a `blockLast()` al final del flujo sólo se utiliza aquí como parte de la prueba unitaria para bloquear el flujo y esperar el final de la ejecución para que podamos observar los resultados. En una aplicación real, nunca se debe utilizar `blockLast()`, ya que esto bloquearía el thread y haría ineficiente el procesamiento asíncrono.

Es importante tener en cuenta que el uso de ParallelFlux es apropiado cuando se tiene un procesamiento intensivo que realizar para cada elemento y se pueden paralelizar estas operaciones sin riesgo de conflictos o dependencias entre elementos. El número de thread que especifique con runOn() debe ajustarse en función de las capacidades hardware de su sistema y del tipo de procesamiento que esté realizando.

11.2.2 Flux<GroupedFlux<T, K>>

Flux<GroupedFlux<T, K>> se utiliza para agrupar los elementos de un flujo inicial en subflujos distintos, según una clave especificada. Cada subflujo, representado por un GroupedFlux, contiene los elementos del flujo inicial que comparten la misma clave.

Para obtener un Flux<GroupedFlux<T, K>>, utilice el método groups() después de definir la clave de agrupación con el operador groupBy().

Ejemplo:

```
public class GroupedFluxExample {

  public static void main(String[] args) {
    // Crea un flujo de números del 1 al 10
    Flux<Integer> numbersFlux = Flux.range(1, 10);

    // Usa groupBy() para dividir el flujo en grupos
    // basados en la paridad de los números
    Flux<GroupedFlux<String, Integer>> groupedFlux = numbersFlux
        .groupBy(number -> number % 2 == 0 ? "Par" : "Impar");

    // Suscribirse al flujo de grupos
    groupedFlux.subscribe(group -> {
      group.collectList().subscribe(numbers -> {
        System.out.println("Grupo " + group.key() + ": " + numbers);
      });
    });
  }
}
```

En este ejemplo, tenemos un flujo de números del 1 al 10. Utilizamos groupBy() para dividir el flujo en grupos según la paridad de los números.

A continuación, nos suscribimos al flujo del grupo y utilizamos `collectList()` para recopilar todos los elementos del grupo en una lista. Por último, mostramos cada grupo con la clave asociada ("par" o "impar") y su contenido.

Tenga en cuenta que el orden de emisión de los elementos dentro de los grupos pueden variar en función de la manera en que el flujo original es gestionado por el scheduler.

Es importante señalar que el procesamiento en los subflujos es asíncrono, y cada subflujo es tratado por separado según la clave de agrupación.

11.2.3 Modificación de los planificadores por defecto

Por defecto, Spring Reactor utiliza planificadores basados en hilos del sistema.

La clase `Schedulers.Factory` de Spring Reactor permite modificar estos programadores por defecto, que se utilizan para operaciones asíncronas en el framework. Para ello, puede crear una implementación personalizada de `Schedulers.Factory` y anular los métodos para proporcionar sus propios programadores.

Es importante tener en cuenta que modificar los programadores por defecto puede tener un impacto en el comportamiento general de la aplicación. Asegúrese de comprender las implicaciones antes de realizar cualquier cambio.

11.2.4 Gestor global de errores

`Schedulers.onHandleError()` es un método estático de la clase `Schedulers` en Spring Reactor. Se utiliza para definir un gestor de errores global al que se llama cuando se produce una excepción durante la ejecución de operaciones asíncronas en los distintos planificadores. El gestor de errores global es útil para centralizar la gestión de errores a nivel de aplicación. Permite especificar un comportamiento coherente y personalizado en caso de error, en lugar de tratar los errores individualmente en cada operador o flujo.

Ejemplo:

```
@Test
public void testGlobalErrorHandler() {
  // Define el manejador de errores global
  Schedulers.onHandleError((throwable, context) -> {
    // Registra el error o realiza un procesamiento específico
    System.err.println("Error global detectado: " +
throwable.toString());
  });

  // Flux con una operación que provoca una excepción
  Flux<Integer> flux = Flux.just(1, 2, 3, 4, 5)
    .map(this::divideByZero) // Operación que provoca
división por cero
    .doOnError(throwable -> System.err.println("Error detectado:
" + throwable.getMessage()));

  // Suscribirse al flujo
  flux.subscribe();
}

private int divideByZero(int number) {
  return number / 0; // División por cero que provoca una
ArithmeticException
}
```

En este ejemplo, definimos un gestor de errores global utilizando `Schedulers.onHandleError`. El manejador toma un `BiConsumer<Throwable, Object>` como parámetro, donde el primer argumento es la excepción que ocurrió y el segundo argumento es el contexto de ejecución. En nuestro manejador de errores, simplemente utilizamos `System.err.println` para mostrar el mensaje de excepción. En una aplicación real, puede realizar otros procesamientos como registrar el error en un archivo de registro, enviar una notificación o limpiar los recursos antes de que la aplicación se detenga. A continuación, creamos un flujo con una operación que causa una división por cero, resultando en una `ArithmeticException`. La excepción es interceptada por el manejador global de errores que hemos definido, y el mensaje de error se muestra en la consola.

Utilizando `Schedulers.onHandleError()`, podemos centralizar la gestión de errores para todas las operaciones asíncronas de la aplicación, facilitando el seguimiento y la gestión de errores.

12. Global hooks

Los *Global hooks* (ganchos globales) son puntos de extensión que permiten a los desarrolladores modificar el comportamiento global de determinados aspectos clave del framework. En otras palabras, centralizan la personalización de funciones que se aplican a todo el flujo reactivo de la aplicación.

12.1 Hooks de supresión

Los hooks de supresión (*dropping hooks*) son llamados cuando un operador fuente no cumple con la especificación Reactive Streams. Estos errores se salen de la ruta de ejecución habitual, es decir, no pueden transmitirse a través de la señal `onError`. Esto ocurre generalmente cuando un `Publisher` llama a `onNext()` sobre el operador, cuando previamente ha llamado a `onCompleted()` sobre el operador. En esta situación, el valor devuelto por `onNext()` se descarta. Lo mismo ocurre con una señal `onErrorin` necesaria. Los hooks asociados, `onNextDropped()` y `onErrorDropped()`, dan la posibilidad de asignar un consumer global para estas supresiones. Por ejemplo, puede usarlo para registrar la supresión y liberar los recursos asociados a un valor si es necesario (ya que nunca llega al resto de la cadena reactiva). Si define los hooks sucesivamente, es un proceso aditivo: cada consumidor que asigne es invocado. Los hooks se pueden restablecer completamente a sus parámetros por defecto utilizando los métodos `Hooks.resetOn*Dropped()`.

Por ejemplo:

```
public void onNextDroppedFailReplaces() {
  AtomicReference<Object> dropHook = new AtomicReference<>();
  Publisher<Integer> p = s -> {
    s.onSubscribe(Operators.emptySubscription());
    s.onNext(1);
    s.onNext(2);
    s.onNext(3);
  };
  List<Integer> seen = new ArrayList<>();

  try {
    Hooks.onNextDropped(dropHook::set);
    Hooks.onNextDroppedFail();

    assertThatExceptionOfType(RuntimeException.class)
        .isThrownBy(() -> Flux.from(p).take(2).subscribe(seen::add))
        .isInstanceOf(RuntimeException.class)
        .matches(Exceptions::isCancel);

    assertThat(seen).containsExactly(1, 2);
    assertThat(dropHook.get()).isNull();
  }
  finally {
    Hooks.resetOnNextDropped();
  }
}
```

Esta prueba comprueba el comportamiento de los hooks en el evento `onNextDropped()` cuando el hooks está configurado para fallar (`Hooks.onNextDroppedFail()`).

En primer lugar, se crea un `Publisher p` personalizado, que emite tres valores (1, 2 y 3). Sin embargo, al suscribirse, el flujo utiliza el operador `take(2)`, que limita el flujo a los dos primeros elementos. Esto significa que el flujo se termina cuando se recibe el segundo `onNext`. Como resultado, cuando el `Publisher` intenta llamar a `onNext` por tercera vez, este tercer valor es descartado, ya que el flujo ya ha terminado.

El valor eliminado se pasa a un hooks `onNextDropped()`, si hay uno definido. Aquí se definen dos. El primero almacena el valor descartado en una `AtomicReference (dropHook ::set)` y el segundo falla (`Hooks.onNextDroppedFail()`).

Como el hook de fallo se define en último lugar, sustituye al anterior (que almacena el valor abandonado). Esto es lo que verifica la prueba:

- El programa espera que se lance una excepción al suscribirse al flujo (`.subscribe(seen::add)`), porque el hook de error debe fallar cuando un valor se abandona.
- También comprueba que sólo los dos primeros valores han sido vistos por el flujo (`assertThat(seen).containsExactly(1, 2) ;`).
- Finalmente, comprueba que el primer hook `onNextDropped`no ha sido llamado (porque ha sido reemplazado por el hook de fallo), por lo que `dropHook.get()` debe devolver `null.`

En otras palabras, la prueba confirma que si se definen varios hooks `onNextDropped()`, sólo se utiliza realmente el último.

12.2 Hook onOperatorError

El hook `onOperatorError()` es llamado cuando se lanza una excepción inesperada durante la ejecución de los métodos `onNext()`, `onError()` y `onComplete()` de un operador. Esto permanece en la ruta de ejecución normal. Por ejemplo, si el operador `map()` lanza una excepción (como la división por cero), el hook `onOperatorError()` será invocado. Este hook se utiliza para inspeccionar y modificar la excepción lanzada, y posiblemente para hacer algo más en paralelo, como guardar la excepción. Podemos definir el hook `onOperatorError()` varias veces. Proporcionando diferentes identificadores para cada llamada, todas las funciones proporcionadas serán ejecutadas. Si utilizamos el mismo identificador dos veces, la nueva función sustituye a la anterior. Finalmente, podemos reinicializar completamente el comportamiento por defecto del hook con `Hooks.resetOnOperatorError()` o reinicializar sólo una función específica con `Hooks.resetOnOperatorError(String)`.

Por ejemplo:

```
public class OnOperatorErrorExample {

  public static void main(String[] args) {
    Hooks.onOperatorError("divisionByZero", (error, data) -> {
      System.out.println("Error al operar
con datos: " + data);
      return new Exception("¡Se lanza una nueva excepción!");
    });

    Flux<Integer> flux = Flux.just(1, 0)
        .map(value -> {
          if (value == 0) {
            throw new ArithmeticException("División por cero");
          } else {
            return 1 / value;
          }
        });

    flux.subscribe(value -> System.out.println("Valor: " + value),
        error -> System.out.println("Error interceptado: " +
error.getMessage()));

    Hooks.resetOnOperatorError("divisionByZero");
  }
}
```

En este ejemplo, definimos un hook `onOperatorError()` con el identificador `"divisionByZero"`. Si se lanza una excepción durante la operación `map()` (por ejemplo, al dividir por cero), se invocará el hook. El hook muestra los datos con los que falló la operación y lanza una nueva excepción. Entonces nos suscribimos al flujo y mostramos cada valor. Si se lanza una excepción, también la mostramos. Finalmente, reiniciamos el hook `onOperatorError()` que definimos anteriormente.

12.3 Hooks de ensamblaje

Los hooks de ensamblaje (*assembly hooks*) están vinculados al ciclo de vida del operador y se invocan cuando se ensambla una cadena de operadores. El hook `onEachOperator()` permite modificar cada operador a medida que se añade a la cadena, mientras que `onLastOperator()` sólo se aplica al último operador de la cadena antes de llamar a `subscribe()`. Si quieres aplicar una implementación de `Subscriber`a todos los operadores, puedes utilizar los métodos `Operators#lift*()` para manejar los diferentes tipos de la clase `Publisher` de Reactor, como `Flux`, `Mono`, `ParallelFlux`, `GroupedFlux` y `ConnectableFlux`, así como sus versiones `Fuseable`. Al igual que el hook `onOperatorError()`, estos hooks son acumulativos y pueden ser identificados por una clave. Pueden ser anulados parcial o totalmente.

Por ejemplo:

```
public class AssemblyHooksExample {

  public static void main(String[] args) {
    Hooks.onEachOperator("myEachOperator", Operators.lift((sc, sub)
-> new MySubscriber<>(sub)));
    Hooks.onLastOperator("myLastOperator", Operators.lift((sc, sub)
-> new MySubscriber<>(sub)));

    Flux<Integer> flux = Flux.just(1, 2, 3)
        .map(i -> i * 2)
        .filter(i -> i % 2 == 0);

    flux.subscribe(value -> System.out.println("Valeur : " + value));

    Hooks.resetOnEachOperator("myEachOperator");
    Hooks.resetOnLastOperator("myLastOperator");
  }

  static class MySubscriber<T> implements CoreSubscriber<T> {

    final CoreSubscriber<? super T> actual;

    MySubscriber(CoreSubscriber<? super T> actual) {
      this.actual = actual;
    }

    @Override
```

```
    public void onSubscribe(Subscription s) {
      actual.onSubscribe(s);
    }

    @Override
    public void onNext(T t) {
      System.out.println("Pasado por mi operador personalizado
con el valor : " + t);
      actual.onNext(t);
    }

    @Override
    public void onError(Throwable t) {
      actual.onError(t);
    }

    @Override
    public void onComplete() {
      actual.onComplete();
    }
  }
}
```

En este ejemplo, utilizamos los hooks `onEachOperator()` y `onLastOperator()` para envolver cada operador en nuestra propia implementación de `Subscriber`, llamada `MySubscriber`. `MySubscriber` muestra cada valor que recibe antes de pasarlo al siguiente operador. A continuación, creamos un flujo y nos suscribimos a él para mostrar cada valor. Por último, restablecemos los hooks que hemos definido.

12.4 Hooks preconfigurados

La clase de utilidad `Hooks` de Reactor ofrece dos hooks preconfigurados:

- `onNextDroppedFail()` modifica el comportamiento por defecto de `onNextDropped()`, que consiste en guardar los valores borrados a nivel `DEBUG`, para que lance una excepción en su lugar (comportamiento anterior).

- `onOperatorDebug()` activa el modo de depuración. Está vinculado al hook `onOperatorError()`, lo que significa que también se restablece llamando a `resetOnOperatorError()`. Puede restablecerlo autónomamente con `resetOnOperatorDebug()`, que utiliza una clave específica.

Por ejemplo:

```
public class HooksExample2 {

  public static void main(String[] args) {
    // Utilizacion de onNextDroppedFail()
    Hooks.onNextDroppedFail();

    Flux.just(1, 2, 3)
        .take(2)
// Toma sólo los 2 primeros elementos, por lo que el tercero se elimina
        .subscribe(
            value -> System.out.println("Valor recibido: " + value),
            error -> System.err.println("Error : "
+ error.getMessage())
        );

    // Utilización hook
    Hooks.resetOnNextDropped();

    // Utilización de onOperatorDebug()
    Hooks.onOperatorDebug();

    Flux.just(1, 0)
        .map(i -> 10 / i) // División por cero
        .subscribe(
            value -> System.out.println("Valor recibido: " + value),
            error -> System.err.println("Error: "
+ error.getMessage())
        );

    // Restablecer el hook
    Hooks.resetOnOperatorError();
  }
}
```

En este ejemplo, primero hemos activado el hook `onNextDroppedFail()`. Luego hemos creado un flujo que sólo toma los dos primeros elementos, lo que significa que el tercer elemento es eliminado. Como hemos activado `onNextDroppedFail()`, se lanza una excepción cuando se elimina el tercer elemento. Entonces mostramos este error en el bloque `onError` del método `subscribe()`. A continuación, restablecemos `onNextDroppedFail()` a su comportamiento por defecto.

Después, activamos el hook `onOperatorDebug()`. A continuación, creamos un flujo que intenta dividir 10 por cada elemento. Cuando intentamos dividir por cero, se lanza una excepción. Como hemos activado `onOperatorDebug()`, obtenemos información adicional de depuración cuando se muestra este error.

Finalmente, reinicializamos `onOperatorDebug()` a su comportamiento por defecto. Es necesario habilitar la depuración para ver los mensajes.

13. API Context

La API `Context` se utiliza para propagar información de manera reactiva a través de `Flux` y `Monos`. Permite compartir datos entre las diferentes etapas del procesamiento reactivo sin tener que utilizar variables globales o referencias compartidas. La clase `Context` representa un contexto asociado a un flujo o a un mono. Se utiliza para almacenar datos en forma de pares clave-valor. Cada flujo o mono puede tener su propio contexto, y cuando un flujo o mono emite un valor, también puede propagar su contexto a los operadores posteriores.

13.1 Estructura del contexto

`Context` es una interfaz similar a `Map`. Almacena pares clave-valor y permite recuperar un valor almacenado por su clave.

Algunas observaciones sobre el contexto:

- Las claves y los valores son de tipo `Object`, por lo que una instancia de `Context` (y `ContextView`) puede contener cualquier número de valores muy diferentes de diferentes bibliotecas y fuentes.
- Un `Context` es inmutable. No puede modificarse una vez creado. Los métodos de escritura como `put()` y `putAll()` devuelven una nueva instancia del contexto con los cambios realizados.

Desde la versión 3.4.0, la interfaz `Context` tiene una versión simplificada de sólo lectura, llamada `ContextView`. Esta no expone ningún método de escritura. En otras palabras, `ContextView` sólo se puede utilizar para leer de un contexto.

- Puede comprobar si una clave está presente utilizando `hasKey(Object key)`.
- Utilice `getOrDefault(Object key, T defaultValue)` para recuperar un valor (convertido a `T`) o para utilizar un valor predeterminado si la instancia `Context` no contiene esta clave.
- Utilice `getOrEmpty(Object key)` para obtener un `Optional<T>` (la instancia `Context` intenta convertir el valor almacenado en `T`).
- Utilice `put(Object key, Object value)` para almacenar un par clave-valor, que devuelve una nueva instancia de contexto. También puedes fusionar dos contextos en uno nuevo utilizando `putAll(ContextView)`.
- Utilice `delete(Object key)` para eliminar el valor asociado a una clave, que devuelve un nuevo contexto.

Una vez que hayas rellenado un `Context`, puede que quieras echarle un vistazo en tiempo de ejecución. La mayoría de las veces, es el usuario final el que introduce la información en el contexto, mientras que la explotación de esta información es responsabilidad de la biblioteca de terceros, ya que estas bibliotecas generalmente están antes del código cliente.

Los operadores orientados a la lectura se utilizan para obtener datos del Contexto en una cadena de operador exponiendo su `ContextView`.

- Para acceder al contexto desde un operador de tipo fuente, utilice el método de fábrica `deferContextual()`.
- Para acceder al contexto desde la mitad de una cadena de operadores, utilice `transformDeferredContextual(BiFunction)`.
- Alternativamente, cuando se manipula una secuencia interna (como dentro de un `flatMap()`), el `ContextView` puede materializarse usando `Mono.deferContextual(Mono::just)`. Sin embargo, en general, es posible que desee hacer algún trabajo significativo directamente en la función lambda de `deferContextual()`, por ejemplo:

```
Mono.deferContextual(ctx doSomethingAsyncWithContextData(v, ctx.get(key)))
```

donde v es el valor actual de flatMap().

Con el fin de leer desde el contexto sin inducir a los usuarios haciéndoles pensar que pueden escribir en él a medida que los datos pasan a través de la pipeline, sólo el `ContextView` es expuesto por los operadores anteriores. Si necesitamos utilizar una de las otras API que aún requieren un contexto, podemos utilizar `Context.of(contextView)` para la conversión.

Ejemplo 1:

```
  @Test
  public void expectAccessibleContextWithInitialContext() {
    StepVerifierOptions stepVerifierOptions =
StepVerifierOptions.create()
        .withInitialContext(Context.of("uno", "dos"));

    StepVerifier.create(Mono.just(1), stepVerifierOptions)
        .expectAccessibleContext()
        .contains("uno", "dos")
        .then()
        .expectNext(1)
        .verifyComplete();
  }
```

Esta prueba comprueba que el `Context inicial` es accesible cuando se utiliza `StepVerifier` para probar un Mono. Aquí, el `Context` inicial contiene un par cuya clave es "`uno`" y cuyo valor es "`dos`".

Ejemplo 2:

```
  @Test
void contextGet() {
StepVerifier.create(Flux.range(1, 1000)
            .log()
            .handle(( d, c) -> c.next(c.contextView().get("t1")
+ "" + d))
            .skip(3)
            .take(3, false)
            .handle((d, c) -> c.next(c.contextView().get("t2")
+ "" + d))
            .contextWrite (ctx -> ctx.put("t1 ", "aaa"))
            .contextWrite(ctx -> ctx.put("t2", "bbb"))
            .log())
          .expectNext("bbbaaa4")
          .expectNext("bbbaaa5")
          .expectNext("bbbaaa6")
          .verifyComplete();
  }
```

Esta prueba verifica el uso del contexto en una cadena de operadores Reactor con `Flux`.

Ejemplo 3:

```
  @Test
  public void currentContext() throws InterruptedException {
    StepVerifier.create(Mono.just("aaa")
            .flatMap(d -> Mono.deferContextual(Mono::just)
                .map(c -> d + c.get(Integer.class)))
            .contextWrite(ctx ->
                ctx.put(Integer.class, ctx.get(Integer.class)
+ 1))
            .flatMapMany(Mono::just)
            .contextWrite(ctx -> ctx.put(Integer.class, 0)))
        .expectNext("aaa1")
        .verifyComplete();
```

Esta prueba demuestra el uso del contexto en una cadena de operadores Reactor con `Mono`.

Ejemplo 4:

```
@Test
public void fluxSubscriberContextPutsAll() {
  StepVerifier.create(
          Flux.just("aaa")
              .flatMap(v -> Mono.deferContextual(Mono::just))
              .contextWrite(Context.of("aaa", "bbb", 1, "ccc"))
              .contextWrite(Context.of("initial", "value"))
      )
      .expectNextMatches(c -> c.hasKey("aaa") && c.hasKey(1)
&& c.hasKey("initial"))
      .verifyComplete();
}
```

Esta prueba muestra cómo se puede utilizar y manipular el contexto en un flujo Reactor.

La API `Context` es útil para compartir la información específica del contexto entre diferentes etapas del procesamiento reactivo. Esto permite la transmisión de metadatos, información de seguridad, identificadores de transacciones u otros datos específicos de cada elemento de un flujo o mono. Esto flexibiliza el procesamiento reactivo y facilita la gestión de estados e información relacionada con el contexto.

13.2 Operador contextWrite

El operador `contextWrite()` forma parte de la API `Context` de Spring Reactor. Se puede utilizar para modificar el contexto asociado a un flujo o a un mono, añadiendo o modificando pares clave-valor. A diferencia de `subscriberContext()`, que crea un nuevo contexto inmutable para cada suscripción, `contextWrite()` actualiza el contexto existente para cada suscripción. Toma como argumento una función, la cual recibe el contexto actual como entrada y devuelve un nuevo contexto modificado. Esta función es llamada cada vez que se realiza una nueva suscripción al flujo o mono.

Esta es la firma del operador `contextWrite()`:

```
public final <R> Flux<R> contextWrite(Function<Context, ?
extends Context> mapper)
```

Ejemplo de utilizacion:

```
  @Test
  public void fluxSubscriberContextPutsAll() {
    StepVerifier.create(
            Flux.just("aaa")
                .flatMap(v -> Mono.deferContextual(Mono::just))
                .contextWrite(Context.of("aaa", "bbb", 1, "ccc"))
                .contextWrite(Context.of("initial", "value"))
        )
        .expectNextMatches(c -> c.hasKey("aaa") && c.hasKey(1)
&& c.hasKey("initial"))
        .verifyComplete();
  }
```

Esta prueba verifica cómo funciona el `Context` con un `Flux`. El objeto `Context` se utiliza para almacenar datos a los que se puede acceder a través de la cadena de operaciones de `Flux`. En esta prueba, se crean dos contextos utilizando el método `contextWrite(Context.of(...))`. El primer contexto tiene dos claves ("`aaa`" y `1`, cuyos valores correspondientes son "`bbb`" y "`ccc`"), y el segundo contexto tiene una sola clave ("`inicial`", cuyo valor es "`valor`").

El `Flux` se crea a partir del valor "`aaa`" que luego se mapea a un `Mono` usando `flatMap()`. El operador `flatMap()` utiliza `Mono.deferContextual(Mono::just)` para obtener el objeto `Context actual` (que incluye los dos contextos que escribimos anteriormente). El `StepVerifier` comprueba que el `Context`emitido contiene las tres claves ("`aaa`", `1` e "`inicial`") que definimos. Si el `Context` contiene estas claves, la prueba pasa. Por último, se llama a `verifyComplete()` para comprobar que se han emitido todos los valores esperados y que el `Flux` ha terminado de emitir. Si es así, la prueba pasa.

Es importante tener en cuenta que `contextWrite()` es un operador en caliente, lo que significa que las modificaciones de contexto sólo se aplican a los elementos enviados después de aplicar el operador. Los elementos enviados antes del operador siempre tendrán el contexto original.

14. Pruebas

El enfoque TDD (*Test Driven Development*, desarrollo guiado por pruebas) requiere pruebas unitarias y pruebas de integración de Spring.

Comenzamos añadiendo la dependencia `reactor-test`:

```
<dependency>
    <groupId>io.projectreactor</groupId>
    <artifactId>reactor-test</artifactId>
    <scope>test</scope>
    (1)
</dependency>
```

Esta dependencia proporciona una funcionalidad adicional para facilitar las pruebas de aplicaciones basadas en Spring Reactor. Las principales contribuciones de esta dependencia son las siguientes:

- Configuración del scheduler. La dependencia permite simular diferentes tipos de schedulers (como `Schedulers.parallel()` o `Schedulers.single()`) para realizar pruebas. Esto facilita la comprobación del comportamiento asíncrono sin tener que esperar realmente a los tiempos de ejecución.
- La clase `StepVerifier`, que facilita la comprobación de las secuencias de eventos emitidas por `Flux` y de `Mono`. Con `StepVerifier`, puede comprobar si `Flux` o `Mono` emiten los elementos esperados, si terminan correctamente y si generan errores cuando se espera.
- La clase `VirtualTimeScheduler`, que ofrece la posibilidad de controlar el tiempo virtual durante las pruebas para las operaciones de retardo y programación. Esto permite simular retrasos sin tener que esperar realmente a que transcurra el tiempo.
- La clase `TestSubscriber`, que permite probar un `Flux` o `Mono` suscribiéndose con un `TestSubscriber`, facilitando la inspección de eventos, errores y señales de finalización.
- La clase `StepVerifierOptions`, que se utiliza para configurar las opciones de `StepVerifier`, como activar o desactivar el modo de depuración, que muestra información de depuración adicional cuando se ejecuta `StepVerifier`.

La dependencia `reactor-test`proporciona potentes herramientas para probar y validar el comportamiento de `Flux` y `Mono en el`contexto de pruebas unitarias o de integración. Facilita la configuración de escenarios de prueba complejos y el control del tiempo y las operaciones asíncronas para garantizar pruebas más fiables y reproducibles.

14.1 Pruebas con StepVerifier

La clase `StepVerifier` es una clase de utilidad proporcionada por Reactor Core que se puede utilizar para probar declarativamente el flujo de datos. `StepVerifier` asegura que los flujos de datos cumplen con los requisitos esperados, como la secuencia de valores emitidos, el número de elementos emitidos o la ausencia de errores.

`StepVerifier` toma un flujo de datos como argumento y realiza una serie de pasos para validar el flujo. Cada paso corresponde a una afirmación sobre el flujo de datos. Si un paso falla, `StepVerifier` lanza una excepción.

Probar con `StepVerifier` es una forma efectiva de comprobar el comportamiento de `Flux`y `Mono` en pruebas unitarias con Spring Reactor. Aquí se explica cómo utilizar `StepVerifier` para probar un `Flux` o `Mono`:

- Importe las clases necesarias:

```
import reactor.test.StepVerifier;
```

- Crea tu `Flux` o `Mono` para probar. Por ejemplo, supongamos que tienes un método que devuelve un flujo:

```
public Flux<Integer> generateNumbers() {
    return Flux.range(1, 5);
}
```

▶ Utilice `StepVerifier` para comprobar el flujo emitido por el método:

```
@Test
public void testGenerateNumbers() {
    Flux<Integer> flux = generateNumbers();

    StepVerifier.create(flux)
        .expectNext(1, 2, 3, 4, 5) // Comprueba que los
elementos se emiten en orden
        .expectComplete() // Verifica que el flujo termina
correctamente
        .verify(); // Activa el proceso de verificación
}
```

En este ejemplo, utilizamos `StepVerifier.create(flux)` para crear un verificador para el flujo `flux` devuelto por el método `generateNumbers()`. A continuación, utilizamos varios métodos como `expectNext()` para comprobar los elementos emitidos por el flujo, `expectComplete()` para comprobar que el flujo se completa correctamente, y `verify()` para desencadenar el proceso de verificación.

`StepVerifier` es capaz de manejar varios casos de prueba, como errores esperados, las operaciones con retardo, los flujos infinitos, etc. También es posible configurar opciones adicionales con `StepVerifierOptions`, por ejemplo, habilitando el modo de depuración para mostrar información de depuración adicional. Con `StepVerifier`, puede realizar pruebas detalladas y comprobar el comportamiento asíncrono de sus `Flux`y `Mono` de forma sencilla y eficaz. Esto le permite validar el correcto funcionamiento de sus acciones reactivas y garantizar la fiabilidad de sus aplicaciones reactivas.

`StepVerifier` es muy rico y tiene muchos métodos. Los principales métodos públicos de la clase `StepVerifier` de Spring Reactor son:

- `setDefaultTimeout(Duration timeout)`: este método estático se utiliza para establecer el tiempo de espera predeterminado para todas las instancias de `StepVerifier` creadas por métodos de factory (como `create(Publisher)`, `withVirtualTime(Supplier)`, etc.).
- `resetDefaultTimeout()`: este método estático restablece el tiempo de espera por defecto a `unlimited`.

- `create(Publisher<? extends T> publisher)`: este método estático prepara una nueva instancia de `StepVerifier`en un entorno no controlado. Devuelve un constructor para declarar expectativas y finalmente verificar.
- `create(Publisher<? extends T> publisher, long n)`: una sobrecarga del método `create()` que permite especificar el número de elementos a solicitar en la comprobación.
- `create(Publisher<? extends T> publisher, StepVerifierOptions options)`: otra sobrecarga del método `create()`, ésta se utiliza para pasar un objeto `StepVerifierOptions` que especifica varias opciones para la verificación.
- `withVirtualTime(Supplier<? extends Publisher<? extends T>> scenarioSupplier)`: este método estático prepara una nueva instancia de StepVerifier en un entorno controlado utilizando la clase `VirtualTimeScheduler` para manipular un reloj virtual.
- `withVirtualTime(Supplier<? extends Publisher<? extends T>> scenarioSupplier, long n)`: una sobrecarga del método `withVirtualTime()` utilizada para especificar el número de elementos que se solicitarán durante la verificación.
- `withVirtualTime(Supplier<? extends Publisher<? extends T>>scenarioSupplier, Supplier<? extends VirtualTimeScheduler> vtsLookup, long n)`: otra sobrecarga del método `withVirtualTime()`, este permite pasar un proveedor de `VirtualTimeScheduler` que se utilizará para la verificación.
- `withVirtualTime(Supplier<? extends Publisher<? extends T>> scenarioSupplier, StepVerifierOptions options)`: es otra sobrecarga del método `withVirtualTime()`, pasando un objeto `StepVerifierOptions` que especifica varias opciones para la verificación.
- `log()`: este método activa el registro de depuración de una descripción del caso de prueba, así como ciertos detalles sobre determinados pasos de verificación. Devuelve la instancia `StepVerifier` para la llamada final al método `verify()`.

Existen métodos que comprueban:

- `StepVerifier verifyLater();`: prepara la verificación pero no bloquea. Una llamada posterior a uno de los métodos `verify()` bloqueará hasta que se valide la secuencia y lanzará una excepción si fallan las aserciones.
- `Duration verify() throws AssertionError;`: verifica las señales recibidas por este abonado. Se bloqueará hasta que el flujo se haya completado, a menos que se haya definido un tiempo de expiración por defecto antes de construir el `StepVerifier`.
- `Duration verify(Duration duration) throws AssertionError;`: similar al método `verify()` anterior, pero toma un argumento de `duración` que determina el tiempo máximo de espera hasta el final de la secuencia.
- `Assertions verifyThenAssertThat();`: verifica las señales recibidas por este suscriptor y, a continuación, expone varios métodos de aserción sobre el estado final. Se bloqueará hasta que el flujo se haya completado.
- `Aserciones verifyThenAssertThat(Duration duration);`: similar al método `verifyThenAssertThat()` anterior, pero toma un argumento `duration`que determina el tiempo máximo de espera hasta el final de la secuencia.

14.1.1 Interfaz Step<T>

La interfaz `Step<T>` forma parte de un patrón diseño constructor (*builder pattern*) para crear escenarios de verificación de flujo de datos. Esta interfaz se utiliza para establecer expectativas para señales individuales en la secuencia principal de un flujo de datos. En el contexto de la programación reactiva, un flujo de datos puede enviar varios tipos de señales: elementos de datos, una señal de fin (también conocida como señal de finalización) o un error. Los métodos de la interfaz `Step<T>` se utilizan para establecer expectativas sobre las señales de datos que se recibirán del flujo. Por ejemplo, el método `consumeNextWith(Consumer<? super T> consumer)` se utiliza para consumir (es decir, procesar) el siguiente elemento del flujo de datos con un `Consumer`. `T`es un parámetro de tipo genérico que representa el tipo de los elementos de datos del flujo.

Tenga en cuenta que esta interfaz se deriva de la interfaz `LastStep`, lo que significa que hereda todos los métodos `LastStep`. Los métodos `LastStep` se utilizan para establecer las expectativas de las señales de fin de flujo (es decir, señales de finalización o error).

Estos son los métodos definidos en la interfaz `LastStep`:

- `StepVerifier consumeErrorWith(Consumer<Throwable> consumer)`: espera un error y lo procesa con el consumidor dado. Los errores de aserción lanzados por el consumidor se reinician durante la verificación.
- `StepVerifier expectError()`: espera un error no especificado.
- `StepVerifier expectError(Class<? extends Throwable> clazz)`: espera un error del tipo especificado.
- `StepVerifier expectErrorMessage(String errorMessage)`: espera un error con el mensaje especificado.
- `StepVerifier expectErrorMatches(Predicate<Throwable> predicate)`: espera un error y lo evalúa con el predicado dado.
- `StepVerifier expectErrorSatisfies(Consumer<Throwable> assertionConsumer)`: espera un error y lo afirma mediante la aserción suministrada como consumidor. Cualquier `assertionError` lanzado por el consumidor tiene su mensaje propagado a través de un nuevo `AssertionError` específico de `StepVerifier`.
- `StepVerifier expectTimeout(Duration duration)`: comprueba que el `Publisher` bajo prueba no finaliza sino que expira tras la duración proporcionada (un retraso implica que la fuente se anula).
- `StepVerifier expectComplete()`: espera la señal de finalización.
- `StepVerifier thenCancel()`: cancela la suscripción subyacente. Esto ocurre secuencialmente después del paso anterior.
- `Duración verifyError()`: desencadena la verificación, a la espera de un error no especificado como evento terminal.
- `Duration verifyError(Class<? extends Throwable> clazz)`: desencadena la verificación, esperando un error del tipo especificado como evento terminal.

- Duration verifyErrorMessage(String errorMessage): desencadena la verificación, esperando un error con el mensaje especificado como evento terminal.
- Duration verifyErrorMatches(Predicate<Throwable> predicate): desencadena la verificación, esperando un error correspondiente al predicado dado como evento terminal.
- Duration verifyTimeout(Duration duration): activa la verificación, esperando a que el Publisher bajo prueba no caduque, sino que caduque después de la duración proporcionada. Un retraso implica la cancelación de la fuente.
- Duration verifyErrorSatisfies(Consumer<Throwable> assertionConsumer): desencadena la verificación, esperando un error como evento terminal, que se afirma a través de la aserción suministrada como consumidor.
- Duration verifyComplete(): desencadena la verificación, esperando una señal de finalización como evento terminal.

Estos son los métodos definidos en la interfaz Step<T>:

- Step<T> as(String description): define una descripción para el paso de verificación anterior. Elegir un nombre único y descriptivo puede facilitar la resolución de errores de aserción. Tenga en cuenta que si se llama a este método varias veces seguidas, sólo se tiene en cuenta la primera descripción.
- Step<T> consumeNextWith(Consumer<? super T> consumer): espera un elemento y lo procesa con el consumidor dado. Cualquier error de aserción lanzado por el consumidor se lanza de nuevo durante la verificación.
- Step<T> assertNext(Consumer<? super T> assertion Consumer): espera un elemento y lo procesa con el consumidor dado, generalmente haciendo aserciones sobre él (por ejemplo, usando los frameworks Hamcrest, AssertJ o JUnit). Este método es un alias de consumeNextWith(Consumer) para hacer más accesible este caso de uso. Cualquier error de aserción lanzado por el consumidor se reinicia durante la verificación.

- `Step<T> consumeRecordedWith(Consumer<? super Collection<T><> consumer)`: espera una sesión de grabación iniciada mediante `recordWith()`, la termina y la verifica aplicando el consumidor dado. Cualquier error de aserción lanzado por el consumidor se reinicia durante la verificación.

14.1.2 StepVerifierOptions

`StepVerifierOptions` es una clase utilizada para configurar las opciones de `StepVerifier`. Permite personalizar su comportamiento al ejecutar pruebas de reactividad.

Estas opciones se utilizan a través de `create()`, que crea una instancia de `StepVerifierOptions` con los valores por defecto.

A continuación, se enumeran los principales métodos de la clase `StepVerifierOptions`:

- `checkUnderRequesting(boolean enabled)`: activa o desactiva la comprobación de si el volumen de la petición es demasiado bajo. Devuelve una instancia de `StepVerifierOptions` para seguir definiendo opciones.
- `isCheckUnderRequesting()`: devuelve un booleano que indica si la comprobación del volumen de la solicitud está activada.
- `initialRequest(long initialRequest)`: define el volumen inicial que debe solicitar `StepVerifier`. Devuelve una instancia de `StepVerifierOptions` para seguir definiendo opciones.
- `getInitialRequest()`: devuelve el volumen inicial de la petición que realizará el `StepVerifier` que reciba estas opciones.
- `valueFormatter(@Nullable ToStringConverter valueFormatter)`: configura un formateador de valores personalizado que se utilizará en los mensajes de error cuando se presenten valores esperados y reales. Devuelve una instancia de `StepVerifierOptions` para continuar definiendo opciones.
- `getValueFormatter()`: devuelve el formateador de objetos personalizado que se utilizará al crear mensajes.

- extractor(Extractor<T> extractor): añade un Extractor, reemplazando cualquier Extractor existente que tenga como objetivo la misma clase. Devuelve una instancia de StepVerifierOptions para continuar definiendo opciones.
- getExtractors(): devuelve la lista de extractores de valores añadidos a las opciones, incluyendo los extractores por defecto al final (a menos que hayan sido reemplazados individualmente).
- virtualTimeSchedulerSupplier(Supplier<? extends VirtualTimeScheduler> vtsLookup): define un proveedor para un VirtualTimeScheduler. Esto es obligatorio para que un StepVerifier trabaje con tiempo virtual. Este método devuelve una instancia de StepVerifierOptions para continuar definiendo opciones.
- getVirtualTimeSchedulerSupplier(): devuelve el proveedor VirtualTimeScheduler que utilizará el StepVerifier que reciba estas opciones.
- withInitialContext(Context context): define un contexto inicial que será propagado por el StepVerifier cuando se suscriba a la secuencia bajo prueba. Devuelve una instancia de StepVerifierOptions para seguir definiendo opciones.
- getInitialContext(): devuelve el Context que será propagado inicialmente por el StepVerifier.
- scenarioName(@Nullable String scenarioName): da un nombre al conjunto de escenarios probados por el StepVerifier configurado. Este nombre se menciona en las excepciones y errores de aserción planteados por el StepVerifier. Este método devuelve una instancia de StepVerifierOptions para continuar definiendo opciones.
- getScenarioName(): devuelve el nombre dado al StepVerifier configurado, o null si no tiene nombre configurado.

Ejemplo de utilización:

```
@Test
public void nextCompleteAndErrorHaveContext() {
  Context context = Context.of("foo", "bar");
  List<Signal> signals = new ArrayList<>();

  StepVerifier.create(Flux.just("hello")
              .doOnEach(signals::add),
          StepVerifierOptions.create()
              .scenarioName("prueba de StepVerifierOptions")
              .withInitialContext(context))
              .expectNext("hello")
      .verifyComplete();
  assertThat(signals)
      .allSatisfy(signal ->
assertThat(signal.getContextView().hasKey("foo"))
          .as("has Context value")
          .isTrue());
}
```

Lo importante aquí es recordar que normalmente todo es comprobable y que es posible reconstituir el equivalente del contexto de ejecución real durante la prueba.

14.1.3 Cobertura de las pruebas

La cobertura de las pruebas mide la proporción de código ejecutado durante las pruebas automatizadas, proporcionando una visión general de qué partes del código se prueban y cuáles no. Sin embargo, con las bibliotecas reactivas, esta medición es más compleja, sobre todo en la programación funcional con expresiones lambda. Las expresiones lambda suelen escribirse de forma concisa en una sola línea, lo que dificulta la comprobación individual de los comportamientos complejos que puedan encapsular. Además, las operaciones o transformaciones funcionales anidadas añaden complejidad adicional para cubrir todos los escenarios posibles a la hora de realizar las pruebas. Por tanto, es crucial adoptar una estrategia de pruebas exhaustiva, que incluya la redacción de pruebas adicionales, la separación de comportamientos en funciones distintas o el uso de técnicas de pruebas avanzadas para una cobertura de pruebas eficaz.

14.2 Programas de pruebas basados en el reloj del sistema

Las pruebas en las que interviene el tiempo son siempre complicadas. Es necesario poder simular o medir el paso del tiempo durante las pruebas. El `StepVerifier.withVirtualTime()` es una función ofrecida por `reactor-test`que simula el tiempo virtual durante las pruebas. En otras palabras, permite controlar el paso del tiempo en los flujos reactivos que se están probando, sin tener que esperar al tiempo real. Cuando se trabaja con operaciones asíncronas y retrasos en los flujos reactivos, esto puede hacer que las pruebas sean más lentas e impredecibles. `ConVirtualTime()`, el tiempo se simula y avanza manualmente, lo que permite probar el comportamiento de los flujos de forma más eficaz y determinista.

14.2.1 Método withVirtualTime

Hay varias firmas:

- `withVirtualTime(Supplier<? extends Publisher<? extends T>> scenarioSupplier)`: este método estático prepara una nueva instancia de `StepVerifier` en un entorno controlado utilizando `VirtualTimeScheduler` para manipular un reloj virtual.
- `withVirtualTime(Supplier<? extends Publisher<? extends T>> scenarioSupplier, long n)`: una sobrecarga del método `withVirtualTime()`, que se utiliza para especificar el número de elementos que se solicitarán durante la verificación.
- `withVirtualTime(Supplier<? extends Publisher<? extends T>> scenarioSupplier, Supplier<? extends VirtualTimeScheduler> vtsLookup, long n)`: otra sobrecarga del método `withVirtualTime()`, este permite pasar un proveedor `VirtualTimeScheduler` que se utilizará para la verificación.
- `withVirtualTime(Supplier<? extends Publisher<? extends T>> scenarioSupplier, StepVerifierOptions options)`: otra sobrecarga del método `withVirtualTime()`, se utiliza para pasar un objeto `StepVerifierOptions` que especifica varias opciones para la verificación.

El método `withVirtualTime()` toma como argumento un `Supplier`, que devuelve un `StepVerifier`. En el cuerpo de esta función, podemos definir los pasos de prueba a ejecutar, utilizando métodos como `expectNext()`, `expectComplete()`, `expectError()`, etc., tal y como haríamos con el `StepVerifier` clásico.

He aquí un ejemplo para ilustrar su uso:

```
public class MyReactiveTest {

    @Test
    public void testMyFluxWithVirtualTime() {
        Flux<Long> myFlux = Flux.interval(Duration.ofSeconds(1))
                .take(3);

        StepVerifier.withVirtualTime(() -> myFlux)
                .expectNext(0L)
                .thenAwait(Duration.ofSeconds(1))
                .expectNext(1L)
                .thenAwait(Duration.ofSeconds(1))
                .expectNext(2L)
                .expectComplete()
                .verify();
    }
}
```

En este ejemplo, estamos probando un flujo `myFlux`que emite un valor cada segundo, con un límite de tres valores. Usando `withVirtualTime()`, podemos avanzar manualmente el tiempo usando `thenAwait()`, lo que nos permite probar el flujo de forma determinista sin esperar al tiempo real.

14.2.2 VirtualTimeScheduler

`VirtualTimeScheduler` es una clase proporcionada por `reactor-test` que simula el tiempo virtual durante las pruebas. Se utiliza junto con `StepVerifier.withVirtualTime()` para controlar el tiempo durante las pruebas de flujo reactivo. El `VirtualTimeScheduler` permite simular el flujo de tiempo sin esperar al tiempo real, haciendo las pruebas más rápidas y predecibles. Es útil cuando se trabaja con operaciones asíncronas y retardos en flujos reactivos, ya que permite probar el comportamiento del flujo sin tener que esperar a los retardos reales.

Cuando utilizamos StepVerifier.withVirtualTime(), también proporcionamos el VirtualTimeScheduler para sincronizar el tiempo con las expectativas del StepVerifier. Esto nos permite avanzar el tiempo manualmente usando thenAwait() y probar el flujo de manera determinista sin esperar al tiempo real.

14.2.3 expectNoEvent(Duration)

El método expectNoEvent(Duration) se utiliza para comprobar que no se ha emitido ningún evento durante el tiempo especificado. Si no se emite ningún evento durante la duración indicada, la prueba tiene éxito. En caso contrario, la prueba falla.

14.3 Utilización de verifyThenAssertThat()

verifyThenAssertThat() es un método de la clase StepVerifier del módulo reactor-test de Spring Reactor. Este método se utiliza para combinar las verificaciones realizadas con verify() y para hacer aserciones adicionales sobre el flujo reactivo después de que se hayan realizado todas las verificaciones. Cuando utilizamos verify() para comprobar el flujo reactivo, nos aseguramos de que se han cumplido todas las expectativas especificadas (por ejemplo, valores emitidos, errores o finalización). Sin embargo, una vez que se ha llamado a verify(), ya no es posible añadir nuevas verificaciones. verifyThenAssertThat() resuelve este problema permitiendo añadir aserciones adicionales después de las verificaciones. Esto permite hacer aserciones más complejas o realizar acciones en el flujo reactivo después de la verificación.

Ejemplo de utilización de verifyThenAssertThat() :

```
@Test
public void verifyThenAssertThatTest () {
  TestPublisher<Integer> testPublisher =
TestPublisher.createNoncompliant(TestPublisher.Violation.
DEFER_CANCELLATION);
  CopyOnWriteArrayList<Integer> overflown =
new CopyOnWriteArrayList<>();
  AtomicInteger producedCounter = new AtomicInteger();

  StepVerifier.create(testPublisher.flux()
```

```
                .doOnNext(i -> producedCounter.incrementAndGet())
                .onBackpressureBuffer(3, overflown::add,
BufferOverflowStrategy.ERROR),
            StepVerifierOptions.create().initialRequest(0).
checkUnderRequesting(false))
        .thenRequest(5)
        .then(() -> testPublisher.next(1, 2, 3, 4, 5, 6, 7, 8, 9,
10, 11, 12, 13, 14, 15))
        .expectNext(1, 2, 3, 4, 5)
        .thenAwait() // En este punto, el buffer se ha desbordado
porque la petición de rango era ilimitada.
        .thenRequest(100) // Vacía el buffer más rápidamente antes
de que se propague un error de desbordamiento.
        .expectNext(6, 7, 8)
        .expectErrorMatches(Exceptions::isOverflow)
        .verifyThenAssertThat()
        .hasDroppedExactly(10, 11, 12, 13, 14, 15);

  // El resto, confirmado arriba, se abandona porque la fuente
se ha anulado.
  assertThat(overflown).as("passed to overflow
handler").containsExactly(9);
  assertThat(producedCounter).as("bad source produced").hasValue(15);
}
```

En esta prueba, el método `verifyThenAssertThat()` del objeto `StepVerifier` se utiliza para validar una serie de operaciones en un flujo reactivo y luego hacer afirmaciones adicionales sobre el comportamiento del flujo.

Este enfoque separa las comprobaciones de pruebas específicas de las afirmaciones más genéricas o complejas sobre el flujo reactivo. Esto mejora la legibilidad del código y permite realizar pruebas más completas y fiables.

14.4 Prueba con el contexto asociado a una secuencia reactiva

`StepVerifier` puede utilizarse para gestionar la propagación de un `Context` dentro de operaciones reactivas. Un `Context` es un objeto formado por pares clave-valor que puede asociarse a un flujo reactivo y propagarse durante la transformación o encadenamiento de operaciones.

Cuando se crea un flujo con un `Context`, este contexto se propaga a lo largo de la cadena de operaciones hasta el final del flujo. Esto permite compartir información entre las distintas operaciones del flujo sin necesidad de pasar explícitamente parámetros entre ellas.

`StepVerifier` gestiona la propagación de un `Context` de la siguiente manera:

- Contexto inicial: cuando ha creado un flujo responsivo, puedes asociarle un `Context` inicial utilizando el método `Flow#contextWrite(Context)`. Este contexto inicial se utilizará como punto de partida para la propagación del contexto a lo largo del flujo.
- Propagación automática: al encadenar operaciones sobre el flujo (por ejemplo, con `map()`, `filter()`, `flatMap()`, etc.), el contexto asociado al flujo se propaga automáticamente a cada una de estas operaciones. Esto significa que cada operación tendrá acceso a la información contenida en el contexto.
- Contexto en las verificaciones: cuando se utiliza `StepVerifier` para verificar el flujo, el contexto asociado al flujo también se utiliza para las verificaciones. Esto significa que puede acceder al contexto durante la verificación, por ejemplo, para comprobar valores específicos contenidos en el contexto.

Ejemplo de uso de `Context` con `StepVerifier`:

```
@Test
public void testContext() {
  // Crear un flujo con un contexto inicial
  Mono<String> mono = Mono.just("Hello")
      .contextWrite(context -> context.put("user", "John"));

  // Verificar el flujo usando StepVerifier
  StepVerifier.create(mono)
      .expectNext("Hello")
      .expectComplete()
      .verify();

  // Acceder al contexto de verificaciones
  StepVerifier.create(mono)
      .expectNext("Hello")
      .expectAccessibleContext()
```

```
        .contains("user", "John")
// Verificar que el contexto contiene la clave "user" con
el valor "John"
        .then()
        .expectComplete()
        .verify();
}
```

En este ejemplo, creamos un flujo `Mono` con un contexto inicial que contiene la clave "`user`" con el valor "`Juan`". Cuando usamos `StepVerifier` para comprobar el flujo, podemos acceder al contexto con `expectAccessibleContext()` y comprobar que el contexto contiene la clave `"user"` con el valor "`John`".

`StepVerifier` facilita la gestión de la propagación de un `Context`a lo largo del flujo y permite utilizarlo en verificaciones para probar información específica contenida en el contexto. Esto hace que las pruebas reactivas sean más flexibles y potentes.

14.5 TestPublisher

`TestPublisher` es una clase proporcionada por Reactor para facilitar la prueba de flujos reactivos. Simula la publicación de datos en un flujo para probar el comportamiento de las operaciones reactivas.

El `TestPublisher` funciona de la siguiente manera:

- Simulación de publicación: el `TestPublisher` permite simular la publicación de elementos en un flujo responsivo. Puede utilizar diferentes métodos para publicar elementos, como `emitNext()`, `emitError()` y `emitComplete()`.
- Gestión de suscripciones: el `TestPublisher` gestiona automáticamente las suscripciones de los observadores (es decir, los suscriptores) al flujo. Se puede definir el comportamiento del `TestPublisher` en caso de nueva suscripción, por ejemplo mediante los métodos `next()`, `error(Throwable)`, `complete()`, etc.

- Validar resultados: después de publicar elementos en el flujo, puede utilizar `StepVerifier` para comprobar el comportamiento del flujo en respuesta a estos elementos. Puedes comprobar los valores emitidos, cualquier error y si el flujo termina correctamente.

A continuación, se muestra una lista de los métodos de la clase `TestPublisher` con comentarios para cada uno de ellos:

- `create()`: este método estático crea una instancia de `TestPublisher` que está caliente por defecto.
- `createNoncompliant(Violation first, Violation... rest)`: este método estático crea una instancia de `TestPublisher` que no cumple las normas especificadas en el argumento `Violation`.
- `createCold()`: este método estático crea una instancia de `TestPublisher` que es fría por defecto.
- `createColdNonBuffering()`: este método estático crea una instancia de `TestPublisher` que es fría y no almacena eventos en búfer.
- `createColdNonCompliant(boolean errorOnOverflow, Violation firstViolation, Violation... otherViolations)`: este método estático crea una instancia de `TestPublisher` que es fría, que no respeta las reglas especificadas y que puede emitir un error en caso de desbordamiento.
- `flux()`: este método convierte `TestPublisher` en `Flux`.
- `mono()`: este método convierte `TestPublisher` en `Mono`.
- `assertMinRequested(long n)`: este método comprueba que la petición mínima actual de todos los suscriptores de este `Publisher` es mayor o igual que `n`.
- `assertMaxRequested(long n)`: este método comprueba que la solicitud máxima actual de todos los suscriptores de este `Publisher` es menor o igual que `n`.
- `assertSubscribers()`: este método comprueba que el `Publisher` tiene suscriptores.
- `assertSubscribers(int n)`: este método comprueba que el `Publisher` tiene exactamente n suscriptores.

- `assertNoSubscribers()`: este método comprueba que el `Publisher` no tiene suscriptores.
- `assertCancelled()` este método comprueba que el `Publisher` ha tenido al menos un abonado cancelado.
- `assertCancelled(int n)`: este método comprueba que el `Publisher` ha tenido al menos n suscriptores que han sido anulados.
- `assertNotCancelled()`: este método comprueba que el `Publisher` no se haya cancelado ningún abonado.
- `assertRequestOverflow()`: este método comprueba que el `Publisher` ha tenido un suscriptor que ha visto un desbordamiento de petición.
- `assertNoRequestOverflow()`: este método comprueba que el `Publisher` no ha tenido ningún suscriptor con desbordamiento de petición.
- `next(@Nullable T value)`: este método envía una señal `onNext` para los suscriptores con el valor dado.
- `error(Throwable t)`: este método activa una señal `onError` para los suscriptores con el error dado.
- `complete()`: este método activa una señal `onComplete` para los suscriptores, terminando el flujo.
- `next(@Nullable T first, T...rest)`: este método envía varias señales `onNext` a los abonados con los valores dados.
- `emit(T... values)`: este método combina la emisión de elementos y el fin de `Publisher`.

14.6 createNonCompliant()

`createNonCompliant()` es un método estático proporcionado por el `TestPublisher` de Spring Reactor que permite crear un editor de *pruebas* para probar escenarios de flujo asíncrono de una forma que no se ajusta a las reglas normales de la API Reactive Streams. Cuando usas `createNonCompliant()`, el `TestPublisher` ignora ciertas reglas de la API Reactive Streams, permitiéndote probar instancias específicas de comportamiento que podrían no ajustarse a las reglas habituales.

Esto puede ser útil para probar escenarios que implican efectos de borde, donde el flujo se comporta de una manera no estándar, o para simular casos de errores o violaciones de contrato. Es importante tener en cuenta que el uso de `createNonCompliant()` debe hacerse con cuidado, ya que puede conducir a un comportamiento indefinido o inesperado. Es preferible utilizarla sólo cuando sea absolutamente necesario y cuando se comprendan plenamente las implicaciones del uso no conforme de la API Reactive Streams.

La enumeración `Violation` describe diferentes formas en las que un `TestPublisher` puede no cumplir con la especificación normal de un `Publisher` en el modelo de programación reactiva. Esto es lo que significan los diferentes valores:

- `REQUEST_OVERFLOW`: permite a `TestPublisher#next(Object, Object[])` ser llamado aunque no haya suficientes peticiones, sin provocar una `IllegalStateException`. En otras palabras, el `TestPublisher` puede emitir más elementos de los que han sido solicitados, lo que viola la regla de solicitud de backpressure del modelo de programación reactiva.
- `ALLOW_NULL`: permite a `TestPublisher#next(Object, Object[])` llamar con un valor `null`, sin provocar una `NullPointerException`. Según las especificaciones del modelo de programación reactiva, un `Publisher` nunca debe emitir un valor `null`.
- `CLEANUP_ON_TERMINATE`: permite enviar varias señales de finalización en sucesión. Esto incluye `TestPublisher#complete()`, `TestPublisher#error(Throwable)` y `TestPublisher#emit(Object[])`. Normalmente, una vez que un `Publisher`ha enviado una señal de finalización (ya sea una finalización o un error), no debería enviar más señales.
- `DEFER_CANCELLATION`: permite al `TestPublisher` ignorar las señales de cancelación y continuar enviando señales como si la cancelación hubiera perdido la carrera contra estas señales. Como regla general, una vez que un `Publisher` recibe una señal de cancelación, debe dejar de enviar señales.

Estas violaciones permiten probar el comportamiento de un `Subscriber`- cuando el `Publisher se comporta` deforma no conforme, lo que puede ser útil para garantizar que el `Subscriber` gestiona correctamente las situaciones de error.

He aquí un ejemplo de cómo utilizar `createNonCompliant()`:

```
@Test
public void createNoncompliantTest() {
  TestPublisher<String> testPublisher =
TestPublisher.createNoncompliant(
      TestPublisher.Violation.CLEANUP_ON_TERMINATE);

  StepVerifier.create(testPublisher
          .flux()
          .delaySequence(Duration.ofMillis(500)))
      .then(testPublisher::complete)
      .then(() -> testPublisher.next("foo"))
      .expectComplete()
      .verifyThenAssertThat()
      .hasDropped("foo")
      .hasNotDroppedErrors();
}
```

La prueba `createNoncompliantTest`verifica el comportamiento de un `TestPublisher`que ha sido creado con una especificación no conforme, en particular `CLEANUP_ON_TERMINATE`.

Estos son los pasos de la prueba:

- El programa crea un `TestPublisher`con una violación `CLEANUP_ON_TERMINATE`. Esta violación permite a `TestPublisher`enviar varias señales de terminación seguidas, lo que normalmente está prohibido por las especificaciones `del Publisher`.
- A continuación, crea un `StepVerifier` para probar el flujo procedente del `TestPublisher`. El flujo se retrasa 500 milisegundos llamando a `delaySequence(Duration.ofMillis(500))`.
- En el `StepVerifier`, utiliza el método `then()` para completar el `TestPublisher (testPublisher::complete)`.
- A continuación, utiliza de nuevo el método `then()` para enviar un valor `"foo"` através del `TestPublisher (testPublisher.next("foo"))`. Tenga en cuenta que esto está normalmente prohibido, ya que una vez que un flujo ha terminado (completado o emitido un error), no debería emitir más elementos.

- Luego espera que el flujo termine normalmente con `expectComplete()`.
- A continuación, llama a `verifyThenAssertThat()`, que en realidad desencadena el flujo y luego comprueba ciertas condiciones:
  - `hasDropped("foo")` comprueba que el valor "`foo`"ha sido eliminado. En otras palabras, se envió después de que el flujo terminara y, por lo tanto, se ignoró.
  - `hasNotDroppedErrors()` comprueba que no se haya suprimido ningún error. Esto significa que no se han emitido errores después de la finalización del flujo.

Por lo tanto, la prueba verifica el comportamiento de un `TestPublisher` no conforme que envía un valor después de enviar una señal de terminación.

14.7 PublisherProbe

`PublisherProbe` es una clase proporcionada por el paquete `reactor.test` que permite sondear e interactuar con los flujos emitidos por un editor (`Publisher`) durante las pruebas unitarias. Esto facilita la comprobación y verificación del comportamiento de los flujos en un entorno de pruebas controlado.

Las principales funciones de `PublisherProbe` son las siguientes:

- Observación: puede utilizar `PublisherProbe`para observar los eventos generados por un flujo, como los elementos enviados (`next`), los errores (`error`) y la notificación del final del flujo (`complete`).
- Interacción: se puede interactuar con el flujo desencadenando eventos como la emisión de elementos (`emitNext()`), la emisión de un error (`emitError()`), o la notificación del final del flujo (`emitComplete()`).
- Verificación: puede comprobar el estado del flujo y asegurarse de que los eventos enviados son los esperados, por ejemplo, comprobando el número de elementos enviados, comprobando si se ha enviado un error, etc.

He aquí un ejemplo de cómo puede utilizarse `PublisherProbe`:

```
public class PublisherProbeTest {
  private static class TestControlFlow {

    private final Mono<Void> a;
    private final Mono<String> b;

    TestControlFlow(Mono<Void> a, Mono<String> b) {
      this.a = a;
      this.b = b;
    }

    Mono<Void> toTest(Mono<String> monoOfPrincipal) {
      return monoOfPrincipal
          .switchIfEmpty(thisReturnsMonoVoid().then(Mono.empty()))
          .flatMap(this::thisReturnsMonoVoid);
    }
    private Mono<Void> thisReturnsMonoVoid() {
      return this.a;
    }

    private Mono<Void> thisReturnsMonoVoid(String p) {
      return this.b.then();
    }

  }

  @Test
  public void emptyProbeFlowA() {
    PublisherProbe<Void> a = PublisherProbe.empty();
    PublisherProbe<String> b = PublisherProbe.empty();

    PublisherProbeTest.TestControlFlow t =
new PublisherProbeTest.TestControlFlow(a.mono(), b.mono());

    StepVerifier.create(t.toTest(Mono.empty()))
        .verifyComplete();

    assertThat(a.wasSubscribed()).isTrue();
    assertThat(b.wasSubscribed()).isFalse();

    a.assertWasSubscribed();
    b.assertWasNotSubscribed();
  }
}
```

Esta clase, PublisherProbeTest, se utiliza para comprobar la conformidad de un flujo de control reactivo. Contiene una clase anidada, TestControlFlow, y un método de prueba, emptyProbeFlowA().

La clase TestControlFlow tiene dos campos, a y b, que son objetos de tipo Mono<Void> y Mono<String> respectivamente. Tiene un método toTest(Mono<String> monoOfPrincipal) que toma un Mono<String> como argumento, comprueba si este Mono<String> está vacío, y si es así, llama a thisReturnsMonoVoid() que simplemente devuelve a. En caso contrario, transforma el Mono<String> mediante flatMap() llamando a thisReturnsMonoVoid().

El método de prueba emptyProbeFlowA() crea dos sondas para Publisher, a y b, ambas vacías. A continuación, crea una instancia de TestControlFlow con estas dos sondas.

A continuación, utiliza StepVerifier para probar el flujo creado por toTest(Mono.empty()) y comprueba si este flujo termina correctamente.

A continuación, comprueba si nos hemos suscrito a la sonda a y no a la sonda b, lo que es de esperar ya que toTest(Mono.empty()) debería suscribirse a a pero no a b (ya que b no se utiliza cuando monoOfPrincipal está vacío).

Por último, repite estas afirmaciones utilizando los métodos de aserción incorporados en PublisherProbe: assertWasSubscribed() y assertWasNotSubscribed(). Estos métodos lanzan una excepción si el estado suscrito no es el esperado.

PublisherProbeTest prueba el comportamiento de una clase interna TestControlFlow que maneja flujos reactivos. Garantiza que la lógica de TestControlFlow se suscriba correctamente a los elementos Mono según las condiciones dadas.

15. Reactor de depuración

El modo de depuración de Reactor (Reactor Debug) es una funcionalidad de Spring Reactor Core que permite facilitar la depuración y la comprensión del flujo de eventos cuando se desarrollan aplicaciones reactivas. Proporciona herramientas para visualizar interacciones entre diferentes operadores y suscriptores, así como para monitorizar el estado del flujo en diferentes momentos de su ejecución.

Para activar el modo de depuración, puede utilizar los métodos `doOnSubscribe()`, `doOnNext()`, `doOnError()`, `doOnComplete()` y `doOnTerminate()` con el operador `log()`, que muestra información de depuración en cada etapa del flujo.

Aquí hay un ejemplo de cómo usar las operaciones `doOnSubscribe()`, `doOnNext()`, `doOnError()`, `doOnComplete()`, `doOnTerminate()` y `log()` para habilitar la depuración en un proyecto Reactor.

```
Flux.just("A", "B", "C", "D")
  .log() // Mostrar información de registro
  // Se activa al suscribirse
  .doOnSubscribe(subscription -> System.out.println("Flux
subscribed!"))
  // Se activa con cada nuevo elemento
  .doOnNext(element -> System.out.println("Next element: " +
element))
  // Se activa en caso de error
  .doOnError(error -> System.out.println("An error has occurred:
"
+ error.getMessage()))
  // Se activa cuando el flujo termina normalmente
  .doOnComplete(() -> System.out.println("¡Flujo completo!"))
  // Se activa cuando el flujo termina por cualquier otra razón
  .doOnTerminate(() -> System.out.println("Flujo terminado
(either onComplete or onError)!"))
  .subscribe();
```

Este programa devolverá el historial:

```
14:51:39.248 [main] DEBUG reactor.util.Loggers - Using Slf4j
logging framework
14:51:39.268 [main] INFO  reactor.Flux.Array.1 - |
onSubscribe([Synchronous Fuseable] FluxArray.ArraySubscription)
Flux subscribed!
14:51:39.272 [main] INFO  reactor.Flux.Array.1 - |
request(unbounded)
14:51:39.273 [main] INFO  reactor.Flux.Array.1 - | onNext(A)
Next element: A
14:51:39.273 [main] INFO  reactor.Flux.Array.1 - | onNext(B)
Next element: B
14:51:39.273 [main] INFO  reactor.Flux.Array.1 - | onNext(C)
Next element: C
14:51:39.273 [main] INFO  reactor.Flux.Array.1 - | onNext(D)
Next element: D
14:51:39.274 [main] INFO  reactor.Flux.Array.1 - | onComplete()
Flux complete!
Flux termination (either onComplete or onError)!
```

El operador `log()` se utiliza para mostrar información de registro para cada señal que pasa a través de este flujo. Es importante tener en cuenta que estas operaciones están destinadas principalmente a fines de depuración y deben utilizarse con moderación en el código de producción.

El modo de depuración permite comprender mejor el comportamiento de los flujos reactivos, detectar posibles problemas o errores y facilitar el proceso de depuración durante el desarrollo de tu aplicación. Puede ser muy útil para rastrear eventos en cada etapa del flujo y comprender mejor cómo funciona el código reactivo.

El rastreo de llamadas (*stackstraces*) en aplicaciones que usan Spring Reactor Core son difíciles de leer. Spring ha puesto a nuestra disposición `Hooks.onOperatorDebug()` y `checkpoint()` para remediarlo.

15.1 Hooks.onOperatorDebug()

Ya hemos presentado el `Hooks.onOperatorDebug()` anteriormente cuando vimos los hooks. Vamos a ver esto con más detalle.

`Hooks.onOperatorDebug()` es un método proporcionado por Spring Reactor Core que permite habilitar el modo de depuración para los operadores reactivos. Cuando se llama, permite un seguimiento detallado de las operaciones realizadas por los operadores dentro de un flujo reactivo.

Esto significa que se incluye información adicional, como nombres de operadores y detalles de ejecución, en los mensajes de depuración. El uso de `Hooks.onOperatorDebug()` puede ser útil para mejorar la trazabilidad y la comprensión de las operaciones realizadas en flujos reactivos, en particular cuando se depuran errores o problemas en el código reactivo.

Estos mensajes de depuración proporcionan información sobre los operadores específicos utilizados en el flujo y pueden ser útiles para comprender el orden de ejecución de las operaciones reactivas.

Es importante tener en cuenta que el uso de `Hooks.onOperatorDebug()` puede generar mucha información de depuración, lo que puede afectar al rendimiento. Te recomendamos que solo lo utilices durante sesiones de depuración y que lo desactives en un entorno de producción.

15.2 Método checkpoint()

`checkpoint()` es un método proporcionado por Spring Reactor Core para marcar un punto de control (*checkpoint*) en un flujo reactivo. Cuando se utiliza, inserta un marcador en el flujo; esto hace que sea más fácil identificar el contexto o la posición en el flujo cuando se realiza una determinada operación. El uso de `checkpoint()` puede ser muy útil para depurar y rastrear el flujo reactivo, particularmente cuando el flujo comprende varias operaciones o está combinado con otros flujos.

He aquí un ejemplo:

```
@Test
public void checkpointTest() {
  Flux<String> flux  = Flux.just("foo")
       .checkpoint("checkpointHere")
       .map(a -> a);

  assertThat(Scannable.from(flux).steps())
       .containsExactly(
            "source(FluxJust)",
            "checkpoint(\"checkpointHere\")",
            "map"
       );
}
```

Esta prueba verifica la cadena de operaciones aplicadas a un flujo utilizando `checkpoint()` y `map()`, y asegura que estas operaciones aparecen correctamente en orden cuando se inspecciona esta cadena.

Desmenucemos el código para entender cada parte:

- `Flux.just("foo")`: crea un flujo que emite un único valor, "`foo`".

  `.checkpoint("checkpointHere")`: añade un punto de control a la cadena de procesamiento del flujo. Los puntos de control se utilizan para mejorar la trazabilidad de la cadena de operaciones en caso de error.

- `.map(a -> a)`: realiza una operación de mapeo en el flujo. Aquí, la operación es una operación de identidad (no cambia el valor).

  `Scannable.from(stream).steps()`: `Scannable` es una interfaz de Reactor utilizada para inspeccionar los metadatos de un elemento. En este caso, se utiliza para obtener una representación de los pasos de la cadena de procesamiento del flujo.

- `assertThat(...).containsExactly(...)`: es una aserción de JUnit que comprueba que la cadena de operaciones obtenida de Scannable se corresponde exactamente con la esperada. En este caso, esperamos que la cadena esté formada por "source(FluxJust)", "checkpoint(\"checkpointHere\")" y "map".

Por lo tanto, esta prueba verifica que las operaciones de la cadena de procesamiento del flujo aparecen correctamente cuando se inspeccionan con `Scannable`.

Cuando se tiene un flujo complejo con varias operaciones, el uso de `checkpoint()` con nombres significativos puede facilitar enormemente la depuración al permitir localizar rápidamente partes específicas del flujo.

Es importante tener en cuenta que un uso excesivo de `checkpoint()` puede sobrecargar la aplicación creando marcadores adicionales. Por lo tanto, se recomienda utilizarlo de forma selectiva y sólo cuando sea necesario para la depuración o la trazabilidad.

`checkpoint()` es, por tanto, un método para marcar un punto de control en un flujo reactivo con el fin de facilitar la depuración y la trazabilidad. Es útil para identificar posiciones específicas en el flujo y puede utilizarse selectivamente para mejorar la comprensión del flujo reactivo al depurar su aplicación.

16. Conclusión

En conclusión, el uso de Reactor Core ofrece un enfoque potente y flexible de la programación reactiva en Java. Gracias a su implementación de las especificaciones Reactor y Reactive Streams, permite gestionar flujos de datos asíncronos de forma eficiente, a la vez que proporciona un completo conjunto de operadores para transformar, combinar y gestionar flujos.

Con Reactor Core, los desarrolladores pueden crear pipelines de procesamiento de datos reactivas en las que el procesamiento se realiza de forma asíncrona y sin bloqueos, lo que permite un mejor uso de los recursos del sistema y una mayor extensibilidad. Se proporcionan operadores para manejar errores, gestionar la contrapresión y controlar la programación de tareas, lo que facilita el desarrollo de aplicaciones reactivas robustas y de alto rendimiento.

Los schedulers también ofrecen un control preciso sobre la ejecución de las tareas, permitiendo especificar en qué thread o scheduler deben realizarse las operaciones, lo que facilita la gestión de la concurrencia y la paralelización.

Además, Reactor Core proporciona mecanismos para gestionar las suscripciones y la vida útil de los flujos, en particular con el uso de `Disposable` y `sinks`, ofreciendo así una gestión precisa de los recursos y evitando problemas de fugas de memoria.

Reactor Core es, por tanto, una potente herramienta para la programación reactiva en Java, que proporciona un enfoque elegante y eficaz para gestionar flujos de datos asíncronos y crear aplicaciones reactivas de alto rendimiento. Su arquitectura modular y su amplia gama de operadores la convierten en la opción ideal para los desarrolladores que deseen adoptar un modelo de programación reactiva moderno y escalable.

Capítulo 4
Stack web reactiva Spring

1. Introducción a la stack web reactiva

La stack web reactiva de Spring es un elemento de Spring Framework destinado a desarrollar aplicaciones web modernas y reactivas. Consiste principalmente en Spring WebFlux para crear servicios web reactivos y `WebClient` para interactuar de forma reactiva con servicios HTTP externos. Esta tecnología garantiza un excelente rendimiento, eficiencia de recursos y adaptabilidad, especialmente para microservicios o aplicaciones que requieren un alto nivel de reactividad. También admite los WebSockets para una comunicación bidireccional continua y RSocket para entornos de baja latencia. Esto permite a los desarrolladores diseñar aplicaciones web reactivas, robustas y adaptadas a contextos en tiempo real y altamente concurrentes.

Spring WebFlux es un módulo de Spring Framework diseñado para el desarrollo de aplicaciones web reactivas y asíncronas, ofreciendo un alto rendimiento y extensibilidad. Se distingue por su programación basada en flujos reactivos, la flexibilidad de su modelo de threading, la compatibilidad con WebSockets y RSocket para la comunicación en tiempo real, y un enfoque totalmente reactivo. WebFlux es compatible con varios servidores, entre ellos Tomcat, Jetty, Servlet, Netty y Undertow. Aunque Reactor Netty es el servidor por defecto con Spring Boot, los desarrolladores pueden optar por otros servidores añadiendo las dependencias adecuadas. Spring WebFlux es ideal para aplicaciones que requieren una gran capacidad de respuesta, una gestión eficiente de eventos concurrentes y una gran escalabilidad.

Necesitará añadir las dependencias apropiadas a su proyecto y configurar el servidor en el archivo de configuración de la aplicación. Por ejemplo, para utilizar Reactor Netty, basta con añadir la dependencia `reactor-netty` sin ninguna configuración adicional, ya que se trata del servidor predeterminado con Spring Boot. Para Undertow, Tomcat o Jetty, añada las dependencias `spring-boot-starter-undertow`, `spring-boot-starter-tomcat` o `spring-boot-starter-jetty` respectivamente. Spring Boot detectará automáticamente el servidor añadido y lo utilizará para ejecutar su aplicación Spring WebFlux.

2. Núcleo reactivo

El módulo Spring Web proporciona soporte fundamental para las aplicaciones web reactivas con dos niveles de soporte para el procesamiento de peticiones del lado del servidor. En primer lugar, `HttpHandler`, que gestiona las solicitudes HTTP con I/O sin bloqueo. En segundo lugar, la API `WebHandler`, una versátil API de gestión de solicitudes en la que se basan los controladores anotados y los puntos finales (*endpoints*) funcionales. En el lado del cliente, el módulo proporciona un contrato de base `ClientHttpConnector` para las solicitudes HTTP con I/O no bloqueante y Reactive Streams, así como adaptadores para varios servidores, tales como Reactor Netty, el cliente reactivo Jetty y Apache HttpComponents.

El `WebClient`, utilizado en las aplicaciones, está construido sobre este contrato base. Además, el módulo proporciona códecs para serializar y deserializar el contenido de las solicitudes y respuestas HTTP, tanto para el cliente como para el servidor. Esto permite una gestión eficaz del flujo de datos y facilita el desarrollo de aplicaciones web reactivas.

3. HttpHandler

3.1 General

El módulo Spring Web ofrece `HttpHandler`, una interfaz básica para gestionar las solicitudes HTTP en aplicaciones web reactivas. Maneja las solicitudes entrantes y proporciona las respuestas apropiadas mientras utiliza I/O no bloqueante y soporta el backpressure de Reactive Streams. `HttpHandler` es compatible con varios servidores web reactivos como Reactor Netty, Undertow, Tomcat, Jetty u otros contenedores Servlet dependiendo del adaptador utilizado. Proporciona una abstracción de bajo nivel para la gestión de solicitudes y puede utilizarse para construir modelos de programación de alto nivel, como controladores anotados o endpoints funcionales. Usando el `HttpHandler`, las aplicaciones pueden procesar solicitudes sin bloquear el thread, mejorando la eficiencia del uso de los recursos del sistema. Esto permite que las aplicaciones sean de alto rendimiento y escalables, y que manejen un gran número de solicitudes simultáneas de forma eficiente sin sobrecargar el sistema. La elección del servidor web depende del contexto, y a menudo se prefiere la versión Reactor Netty por su rendimiento. Nos centramos principalmente en Reactor Netty. Sin embargo, otros servidores también son posibles, particularmente en entornos específicos que utilizan Kubernetes.

3.2 Para Reactor Netty

He aquí un ejemplo simplificado de un `HttpHandler`con Reactor Netty:

```
public class SimpleHttpHandler {

   public static void main(String[] args) {
      RouterFunction<ServerResponse> route = RouterFunctions
         .route()
         .GET("/hello", helloHandler())
         .build();

      ReactorHttpHandlerAdapter adapter =
 new ReactorHttpHandlerAdapter(
      RouterFunctions.toHttpHandler(route));

      HttpServer.create()
         .port(8080) .handle(adapter)
         .bind()
         .block();

      while(true) {
       // El hilo principal espera aquí indefinidamente
       try {
         Thread.sleep(1000);
       } catch (InterruptedException e) {
          // Limpia el manejo de interrupciones
          System.out.println("Interrumpido: " + e.getMessage());
       }
     }

   }

   private static HandlerFunction<ServerResponse> helloHandler() {
    return request -> ServerResponse.ok()
        .contentType(MediaType.TEXT_PLAIN)
        .body(Mono.just("¡Hola, Mundo!"), String.class);
   }
}
```

En este ejemplo, hemos definido un `RouterFunction` con una única ruta "/`hello`" asociada a un manejador `helloHandler()`. Cuando la aplicación reciba una solicitud `GET` en "/`hello`", responderá con un mensaje "`¡Hello, World!`" como respuesta de texto.

El `ReactorHttpHandlerAdapter` se utiliza para adaptar nuestro `RouterFunction` a la interfaz Reactor Netty `HttpHandler`. A continuación, creamos un servidor Reactor Netty y le damos nuestro adaptador `HttpHandler` para manejar las solicitudes entrantes.

Cuando ejecutes esta aplicación, será accesible en el puerto 8080 y responderá con "¡Hello, World!" a cualquier petición `GET` en "/`hello`".

La creación de handler se hace de forma diferente si se utiliza un servidor distinto de Netty (como Undertow, Tomcat, etc.).

Para recuperar el `HttpHandler`desde una aplicación WebFlux, puede utilizar la clase `WebHttpHandlerBuilder`, que veremos con más detalle más adelante.

```
ApplicationContext context = ... ; // Tu contexto de aplicación
WebHandler webHandler = context.getBean(WebHandler.class);
HttpHandler httpHandler =
WebHttpHandlerBuilder.webHandler(webHandler).build();
```

En la programación WebFlux, el `HttpHandler` es un componente clave que juega un papel central en la gestión de solicitudes HTTP. Es la interfaz de más bajo nivel para gestionar solicitudes y respuestas HTTP en el modelo reactivo Spring WebFlux. He aquí una descripción detallada de su utilización:

- **Punto de entrada para las solicitudes HTTP**: `HttpHandler` es esencialmente el punto de entrada para manejar peticiones HTTP. Toma una solicitud (`ServerHttpRequest`) como entrada y devuelve un `Mono<ServerHttpResponse>`, que representa la respuesta que se enviará.

- **Independencia del servidor**: WebFlux está diseñado para ser independiente del servidor y del runtime. Esto significa que puedes ejecutar una aplicación WebFlux en diferentes servidores reactivos como Reactor Netty, Undertow y otros. `HttpHandler` juega un papel en esta independencia, ya que proporciona una abstracción que puede ser implementada para cada servidor específico. Los adaptadores específicos del servidor convierten el modelo de solicitud/respuesta del servidor subyacente en `ServerHttpRequest`y `ServerHttpResponse` para WebFlux.
- **Puente hacia la programación funcional**: si utiliza la API de enrutamiento funcional de WebFlux (es decir, `RouterFunction`), es el `HttpHandler` el que en última instancia gestiona las solicitudes y las dirige a las rutas y los manejadores correctos.
- **Extensión y personalización**: aunque la mayoría de los desarrolladores no interactúan directamente con `HttpHandler` en sus aplicaciones, ofrece un punto de extensión para aquellos que quieran personalizar el comportamiento básico de WebFlux, añadir funcionalidades o integrarlo con otros frameworks o herramientas.

Mientras que la mayoría de los desarrolladores de Spring WebFlux interactúan principalmente con controladores, rutas funcionales y datos reactivos, el `HttpHandler` es un componente subyacente esencial que hace el trabajo pesado para manejar peticiones y respuestas de forma reactiva. También ofrece oportunidades de ampliación y personalización avanzada.

4. API de WebHandler

El paquete `org.springframework.web.server` ofrece una API web versátil basada en el contrato `HttpHandler`, que permite procesar las solicitudes a través de una cadena formada por `WebExceptionHandler`, `WebFilter` y un único `WebHandler`. Esta cadena se monta fácilmente mediante `WebHttpHandlerBuilder`, detectando automáticamente los componentes a través de `ApplicationContext`o registrándolos manualmente.

La API `WebHandler` amplía `HttpHandler` proporcionando funciones adicionales para aplicaciones web, como la gestión de sesiones de usuario, atributos de solicitud, datos de formulario, etc. Simplifica el desarrollo sin dejar de ser potente. Esta API superior permite construir modelos de programación específicos, como controladores anotados o endpoints funcionales. El `WebHandler` es una interfaz funcional que gestiona solicitudes (`ServerRequest`) y devuelve respuestas asíncronas (`Mono<ServerResponse>`). Utiliza los metadatos de la solicitud para tomar decisiones y devolver una respuesta personalizada al cliente.

A continuación, se muestra un ejemplo sencillo de `WebHandler` que devuelve una respuesta con el estado `200 OK`y un cuerpo que contiene "`¡Hello, World!`" como texto sin formato:

```
public class HelloWorldHandler implements
HandlerFunction<ServerResponse> {
    @Override
    public Mono<ServerResponse> handle(ServerRequest request) {
        return ServerResponse.status(HttpStatus.OK)
                             .bodyValue("¡Hello, World!");
    }
}
```

En este ejemplo, hemos implementado el método `handle()` de la interfaz `HandlerFunction<ServerResponse>`. Este método devuelve una respuesta con el estado `200 OK` y el cuerpo "`¡Hello, World!`" utilizando la clase utilitaria `ServerResponse`.

En una típica aplicación Spring WebFlux, no implementará directamente la interfaz `WebHandler`. En su lugar, definirá `HandlerFunctions` para diferentes rutas en su aplicación, y estas funciones serán llamadas por el WebHandler por defecto en Spring. La `HandlerFunction` está implementada por la clase `HelloWorldHandler`. Cada vez que se reciba una solicitud HTTP desde la URL "`/hello`", el método `handle()` del objeto `HelloWorldHandler` es llamado para generar una respuesta, lo que convierte a `HelloWorldHandler` en una implementación de `HandlerFunction<ServerResponse>`.

Una vez que haya creado su WebHandler, puede integrarlo en su aplicación WebFlux utilizando enrutadores, puntos finales funcionales u otros modelos de programación disponibles en Spring WebFlux.

La API WebHandler ofrece mayor flexibilidad y control sobre el procesamiento de solicitudes HTTP que el método basado en servlets. Facilita la implementación de funcionalidades avanzadas y la manipulación detallada de solicitudes y respuestas. Sin embargo, también puede requerir un poco más de código que los controladores anotados, que ofrecen una forma más simple y declarativa de definir puntos finales. La elección entre la API WebHandler y los controladores anotados depende de las necesidades específicas de la aplicación y de las preferencias del desarrollador.

WebHandler es una interfaz que define un contrato para gestionar una solicitud web. Esta posee un único método, handle(ServerWebExchange exchange), que debe ser implementado. Define cómo debe gestionarse una solicitud web. Se sugiere el uso de HttpWebHandlerAdapter para adaptar un WebHandler a un HttpHandler. La interfaz HttpHandler forma parte del paquete org.springframework.http.server.reactive de Spring Framework, que proporciona una abstracción para servidores HTTP reactivos. El WebHttpHandlerBuilder es una forma cómoda de conseguir esta adaptación mientras se configuran opcionalmente uno o más filtros y/o manejadores de excepciones. Un filtro es un componente que puedes utilizar para interceptar las solicitudes entrantes a tu aplicación y realizar cambios en ellas antes de que lleguen a tu controlador. Un administrador de excepciones es un componente que le permite manejar excepciones de forma centralizada. El método handle(ServerWebExchange exchange) maneja el intercambio del servidor web. ServerWebExchange es una interfaz que representa el intercambio real del servidor web, con solicitudes y respuestas. El método devuelve Mono<Void> para indicar que el procesamiento de la solicitud ha finalizado.

En Spring WebFlux, WebHandler es una interfaz que trata directamente con los intercambios web (representados por ServerWebExchange, que veremos más adelante). Proporciona un mayor nivel de abstracción que HttpHandler, proporcionando acceso directo a las solicitudes y respuestas, mientras que permanece independiente de los detalles del servidor subyacente.

5. WebHttpHandlerBuilder

La siguiente tabla enumera los componentes que `WebHttpHandlerBuilder`puede detectar automáticamente en un objeto `ApplicationContext`, o que se pueden registrar directamente con él.

- `WebExceptionHandler`: 0 a N instancias para manejar las excepciones provenientes de la cadena `WebFilter` y el `WebHandler` de destino.
- `WebFilter`: de 0 a N instancias para aplicar la lógica de interceptación antes y después del resto de la cadena de filtros y del `WebHandler` de destino.
- `WebHandler`: 1 instancia para gestionar la consulta.
- `WebSessionManager`: 0 a 1 instancia para gestionar sesiones web expuestas a través de un método en `ServerWebExchange`. Utiliza `DefaultWebSessionManager` por defecto.
- `ServerCodecConfigurer`: 0 a 1 instancia para acceder a instancias de `HttpMessageReader`para parser los datos de formulario y datos multipartes expuestos a través de métodos en `ServerWebExchange`. Utiliza `ServerCodecConfigurer.create()` por defecto.
- `LocaleContextResolver`: 0 a 1 instancia para resolver el `LocaleContext` expuesto a través de un método en `ServerWebExchange`. Utiliza `AcceptHeaderLocaleContextResolver` por defecto.
- `ForwardedHeaderTransformer`: 0 a 1 instancia para procesar los headers de "`forwarded`", ya sea extrayéndolas y borrándolas, o borrándolas solamente. No se utiliza por defecto.

Estos componentes pueden ser detectados y configurados automáticamente cuando usas `WebHttpHandlerBuilder` para construir tu gestor web, es decir, son detectados por WebFlux.

6. ServerWebExchange

`ServerWebExchange` es una interfaz central de Spring WebFlux que representa el intercambio de información entre el cliente y el servidor cuando se procesa una solicitud HTTP. Encapsula toda la información relevante sobre la consulta entrante y proporciona métodos para acceder a esta información y modificar la respuesta enviada de vuelta al cliente. Veremos cómo utilizarlo a través de una serie de ejemplos.

7. Spring WebFlux

Spring WebFlux es la contrapartida reactiva de Spring MVC.

7.1 Aspectos clave para empezar

WebFlux está diseñado principalmente para crear servidores REST dinámicos. Aunque es efectivo en este dominio, no es recomendable para servir páginas como JSP, JSF, Thymeleaf, etc., ya que obtenemos mejores resultados con SPA (*Single Page Applications*). En el lado del cliente, preferimos utilizar `WebClient`, que es la alternativa a RestTemplate en Spring MVC. En este enfoque, nos centraremos inicialmente en la configuración de los servidores REST, los clientes `WebClient` y la integración de la seguridad a través de Spring Security. Entre bastidores, Spring WebFlux aprovecha Reactor Core, incluyendo sus implementaciones `Flux`y `Mono`.

Spring WebFlux ofrece dos modelos de programación:

- El enrutamiento y la manipulación funcional
- Los componentes reactivos basados en anotaciones

A continuación, le mostraremos cómo utilizar los distintos componentes mediante ejemplos que emplean estos dos modelos de programación, y después hablaremos de las características específicas de cada uno.

7.1.1 Seguridad mínima

Es necesario configurar la seguridad al mínimo mediante una clase de configuración:

```
@Configuration
@EnableWebFluxSecurity
public class ExempleSecurityConfig {

  @Bean
  public MapReactiveUserDetailsService userDetailsService() {
    UserDetails user = User.withDefaultPasswordEncoder()
      .username("user")
      .password("user")
      .roles("USER")
      .build();
    return new MapReactiveUserDetailsService(user);
  }
}
```

Esta configuración incluye autenticación de formulario y autenticación HTTP básica. Requiere que un usuario esté autenticado para poder acceder a las páginas. Además, se configuran una página de inicio de sesión y una página de cierre de sesión por defecto. También se definen cabeceras HTTP específicas de seguridad. Además, se han añadido medidas para contrarrestar los ataques CSRF.

7.1.2 Enrutamiento y la manipulación funcional

El enrutamiento y la manipulación funcionales son conceptos centrales de Spring WebFlux, especialmente cuando se utiliza el enfoque de modelado de API funcional en lugar del enfoque tradicional basado en anotaciones de Spring MVC.

Enrutamiento funcional:

- permite definir rutas de manera programática y declarativa
- suele basarse en condiciones, como métodos HTTP, rutas URL o tipos de contenido aceptados.
- permite anidar rutas para una organización más estructurada del enrutamiento.

Acerca de la manipulación funcional:

- Una vez que se ha definido una ruta y corresponde a una solicitud entrante, se ejecuta la lógica de manipulación (o procesamiento).
- Los handlers funcionales pueden considerarse como controladores en el enfoque basado en anotaciones, pero se definen de una forma más funcional y declarativa.
- Estos gestores reciben una `ServerRequest`y devuelven un `Mono<ServerResponse>` o un `Flux<ServerResponse>`, permitiendo un manejo asíncrono y no bloqueante.

He aquí un ejemplo simplificado de cómo se pueden utilizar el enrutamiento y la manipulación funcional con Spring WebFlux:

```
@Bean
public RouterFunction<ServerResponse> route() {
    return RouterFunctions.route(RequestPredicates.GET("/hello"),
request ->
        ServerResponse.ok().body(BodyInserters.fromValue("Hello,
World!")));
}
```

El `Bean`debe estar en una clase de configuración.

En este ejemplo:

- La ruta escucha consultas `GET` en la ruta "/`hello`".
- Cuando se alcanza esta ruta, el handler funcional responde con un "`Hello, World`!

El enfoque funcional ofrece una gran flexibilidad y una clara separación entre la definición de rutas y la lógica de procesamiento. Esto resulta especialmente útil para aplicaciones de gran tamaño en las que se desee modularizar y reutilizar el código de enrutamiento o los manejadores.

Rutas anidadas

A menudo ocurre que varias funciones de enrutamiento comparten el mismo predicado, como una ruta común. En el ejemplo mencionado, este predicado común es una ruta que apunta a `"/person"`, implicada en tres rutas diferentes. Al trabajar con anotaciones, esta redundancia se eliminaría utilizando la anotación `@RequestMapping` que apunta a `"/person"`. Con WebFlux.fn, es posible compartir estos predicados de ruta utilizando la función `path()` en el constructor de ruta. Así, para una mayor optimización, podríamos rehacer las líneas finales del ejemplo anterior adoptando rutas anidadas:

```
RouterFunction<ServerResponse> route = route()
    .path("/person", builder -> builder
        .GET("/{id}", accept(APPLICATION_JSON),
handler::getPerson)
        .GET(accept(APPLICATION_JSON), handler::listPeople)
        .POST(handler::createPerson))
    .build();
```

Observación

Nótese que el segundo parámetro de `path()` es un consumidor que toma el constructor de rutas.

Aunque el anidamiento basado en rutas es el más común, puede anidar cualquier tipo de predicado utilizando el método `nest()` sobre el constructor. El ejemplo anterior todavía contiene alguna duplicación en la forma del predicado de cabecera compartido `Accept`. Podemos mejorar esto utilizando el método `nest()` conjuntamente con `accept()`:

```
RouterFunction<ServerResponse> route = route()
    .path("/person", b1 -> b1
        .nest(accept(APPLICATION_JSON), b2 -> b2
            .GET("/{id}", handler::getPerson)
            .GET(handler::listPeople))
        .POST(handler::createPerson))
    .build();
```

7.1.3 Componentes reactivos basados en anotaciones

Spring WebFlux también admite un enfoque basado en anotaciones para definir componentes reactivos, similar al utilizado en Spring MVC para aplicaciones web tradicionales. He aquí algunos elementos clave de este enfoque.

- `@RestController`
  - Una anotación a nivel de clase para indicar que se trata de un controlador que responderá a peticiones HTTP.
  - Como en Spring MVC, combina las anotaciones `@Controller` y `@ResponseBody`.
- `@RequestMapping` y sus derivados
  - Se utilizan para asignar peticiones HTTP a métodos específicos del controlador.
  - Los derivados incluyen anotaciones como `@GetMapping`, `@PostMapping`, `@PutMapping`, etc.
- Tipos reactivos
  - Los métodos del controlador pueden devolver tipos reactivos como `Mono<T>` y `Flux<T>`.
  - Por ejemplo, un método podría devolver un `Mono<Usuario>` para una consulta de un usuario o un `Flux<Usuario>` para una consulta de varios usuarios.
- `@PathVariable`, `@RequestParam`, `@RequestBody`
  - Estas anotaciones pueden utilizarse para extraer valores de la ruta URL, los parámetros de la solicitud o el cuerpo de la solicitud, respectivamente.
- `@ResponseBody`
  - Aunque a menudo está implícita con `@RestController`, esta anotación se puede utilizar con `@Controller` para indicar que el retorno de un método debe estar vinculado al cuerpo de la respuesta HTTP.

Un ejemplo sencillo de controlador basado en anotaciones con WebFlux:

```
@RestController
@RequestMapping("/users")
public class UserController {

    private final UserRepository userRepository;

    @Autowired
    public UserController(UserRepository userRepository) {
        this.userRepository = userRepository;
    }

    @GetMapping("/{id}")
    public Mono<User> getUserById(@PathVariable String id) {
        return userRepository.findById(id);
    }

    @GetMapping
    public Flux<User> getAllUsers() {
        return userRepository.findAll();
    }
}
```

En este ejemplo, tenemos un simple controlador que gestiona las solicitudes de los usuarios. Utiliza un repositorio para recuperar usuarios y devuelve tipos reactivos (`Mono` y `Flux`) para las respuestas.

El enfoque basado en anotaciones con WebFlux es muy similar al que podría haber encontrado con Spring MVC, pero se ha adaptado para trabajar con tipos reactivos y programación asíncrona.

7.2 Utilización de componentes

En esta sección, veremos una serie de diferentes componentes importantes para programar aplicaciones con WebFlux.

7.2.1 Utilización de ServerWebExchange

El `ServerWebExchange` es una interfaz en Spring WebFlux que representa la interacción actual entre el servidor web y la aplicación, proporcionando detalles de la solicitud y permitiendo modificar la respuesta.

Con Spring WebFlux, puede acceder a la información de la solicitud utilizando la interfaz `ServerWebExchange`.

Cuando define un método de gestión (`handler`) en su controlador, puede inyectar `ServerWebExchange` como argumento para acceder a la información de la solicitud.

El `@GetMapping` debe estar en una clase `@RestControler`.

```
@GetMapping("/hello2")
public Mono<String> handleRequest(ServerWebExchange exchange) {
    ServerHttpRequest request = exchange.getRequest();
    HttpHeaders headers = request.getHeaders();
    URI uri = request.getURI();
    // ... Otras operaciones sobre la solicitud
    return Mono.just("Hola 2");
}
```

Utilice `@RequestHeader`, `@RequestParam`, etc.:

Para casos más específicos, Spring WebFlux también proporciona anotaciones para el acceso directo a ciertas partes de la solicitud:

- `@RequestHeader`: para acceder a las cabeceras de la solicitud
- `@RequestParam`: para acceder a los parámetros de la solicitud
- `@PathVariable`: para acceder a variables de ruta

```
  @GetMapping("/hello3")
  public Mono<String> greet(@RequestHeader("User-Agent") String
userAgent, @RequestParam("name") String name) {
    return Mono.just("Hola, " + name + ". Está utilizando: "
+ userAgent);
  }
```

Utilizando estos métodos, puede acceder y manipular la información de la solicitud en Spring WebFlux.

Con Spring WebFlux, puede recuperar las cabeceras de la solicitud a partir del objeto `ServerWebExchange` o directamente a partir del objeto `ServerHttpRequest`.

Si tiene acceso a un `ServerWebExchange`, puede obtener el objeto `ServerHttpRequest` y acceder a las cabeceras desde allí.

```
public Mono<Void> handle(ServerWebExchange exchange) {
    ServerHttpRequest request = exchange.getRequest();
    HttpHeaders headers = request.getHeaders();
    String headerValue = headers.getFirst("Header-Name");
// Sustituya "Header-Name" por el nombre de cabecera deseado.
    // ...
}
```

Si usted está en un controlador WebFlux, también puedes inyectar el objeto `ServerHttpRequest` directamente dentro de su método de gestión:

```
@GetMapping("/headers")
public Mono<ResponseEntity<String>> getHeaders(ServerHttpRequest
request) {
  HttpHeaders headers = request.getHeaders();
  String headerValue = headers.getFirst("Header-Name");
  return Mono.just(ResponseEntity.ok(headerValue));
}
```

En ambos casos, el objeto `HttpHeaders`es una representación de las cabeceras HTTP y proporciona métodos para acceder a los valores de las cabeceras. Puede utilizar el método `getFirst()` para obtener el primer valor de una cabecera específica, o el método `get()` para obtener todos los valores de una cabecera en forma de lista.

Con Spring WebFlux, los atributos asociados a una solicitud pueden gestionarse mediante el objeto `ServerWebExchange`. Estos atributos se utilizan a menudo para almacenar información temporal durante el ciclo de vida de una solicitud.

Recuperar un atributo de la consulta:

```
public Mono<Void> handle(ServerWebExchange exchange) {
    Optional<Object> attributeValue =
Optional.ofNullable(exchange.getAttribute("attributeName"));

    attributeValue.ifPresent(value -> {
        // Hacer algo con el valor del atributo
    });

    return Mono.empty();
}
```

Definir un atributo de consulta:

```
public Mono<Void> handle(ServerWebExchange exchange) {
    exchange.getAttributes().put("attributeName", "value");
    return Mono.empty();
}
```

Eliminar un atributo de una consulta:

```
public Mono<Void> handle(ServerWebExchange exchange) {
    exchange.getAttributes().remove("attributeName");
    return Mono.empty();
}
```

Si está trabajando en un controlador WebFlux, puede inyectar `ServerWebExchange` directamente en su método de gestión para acceder a los atributos o de modificarlos.

```
@GetMapping("/attributes")
public Mono<ResponseEntity<String>>
getAttributes(ServerWebExchange exchange) {
  Optional<Object> attributeValue =
Optional.ofNullable(exchange.getAttribute("nombre"));
  String response = attributeValue.orElse("Atributo desconocido")
.toString();
  return Mono.just(ResponseEntity.ok(response));
}
```

Observación

Tenga en cuenta que la manipulación de los atributos de la solicitud se utiliza generalmente para fines tales como el almacenamiento de información de autenticación, la transferencia de información entre diferentes componentes o filtros, y así sucesivamente. Pero es importante tener cuidado de no sobrecargar los atributos con datos innecesarios, ya que esto podría afectar al rendimiento.

Con Spring WebFlux, puede crear y enviar una respuesta al cliente utilizando el modelo de programación reactiva.

Puede devolver respuestas utilizando `ResponseEntity`o devolver directamente un objeto (como un `Mono`o `Flux`) si utiliza una anotación `@RestController`:

```
@RestController
public class MyController {

    @GetMapping("/response")
    public Mono<ResponseEntity<String>> sendResponse() {
        return Mono.just(ResponseEntity.ok("¡Hola
de WebFlux!"));
    }
}
```

Si está trabajando fuera del contexto de un controlador (por ejemplo, en un filtro), puede utilizar `ServerWebExchange` para crear un archivo:

```
public Mono<Void> filter(ServerWebExchange exchange,
WebFilterChain chain) {
    ServerHttpResponse response = exchange.getResponse();
    response.setStatusCode(HttpStatus.OK);
    DataBuffer buffer =
response.bufferFactory().wrap("¡Hola de WebFlux!".getBytes());
    return response.writeWith(Mono.just(buffer));
}
```

Si está utilizando el estilo de enrutamiento funcional con WebFlux, puede utilizar `ServerResponse` para crear una respuesta:

```
import org.springframework.context.annotation.Bean;
import org.springframework.context.annotation.Configuration;
import org.springframework.web.reactive.function.server.RouterFunction;
import org.springframework.web.reactive.function.server.RouterFunctions;
```

```
import org.springframework.web.reactive.function.server.ServerResponse;

import static
org.springframework.web.reactive.function.server.RequestPredicates.GET;

@Configuration
public class MiRouter {
  @Bean
  public RouterFunction<ServerResponse> route() {
    return RouterFunctions.route(GET("/response"), request ->
      ServerResponse.ok().bodyValue("¡Hola de WebFlux!")
    );
  }
}
```

Estos ejemplos muestran diferentes formas de crear y enviar respuestas dependiendo de dónde se esté trabajando en una aplicación WebFlux.

Con Spring WebFlux, puede recuperar la sesión web asociada a la solicitud utilizando el objeto `ServerWebExchange`.

En un controlador:

Puede inyectar `ServerWebExchange` en un método del gestor de su controlador para acceder a la sesión.

```
@RestController
public class SessionController {

    @GetMapping("/session")
    public Mono<String> getSessionAttribute(ServerWebExchange
exchange) {
        return exchange.getSession()
                       .map(webSession ->
webSession.getAttribute("monAttribut"));
    }
}
```

En un enrutador funcional:

Si utiliza el enrutamiento funcional WebFlux, puede acceder a la sesión desde `ServerRequest`.

```
@Configuration
public class SessionRouter {

    @Bean
```

```
    public RouterFunction<ServerResponse> sessionRoute() {
        return route(GET("/session"), this::getSessionAttribute);
    }

    public Mono<ServerResponse> getSessionAttribute(ServerRequest
request) {
        return request.session()
                      .flatMap(session ->
ServerResponse.ok().bodyValue(session.getAttribute("myAttribute")));

    }
}
```

Con estos enfoques, puede recuperar, manipular e incluso actualizar la sesión web asociada a una solicitud en WebFlux.

Con Spring WebFlux, puede acceder a los datos del formulario (a menudo enviados con una solicitud `POST` o `PUT`) utilizando el objeto `ServerWebExchange` o `ServerRequest`, dependiendo de si está utilizando un controlador basado en anotaciones o un enrutamiento funcional.

En un controlador basado en anotaciones:

Cuando utilice controladores basados en anotaciones, puede utilizar la anotación `@RequestBody`.

```
@RestController
public class FormController {

    @PostMapping("/submitForm")
    public Mono<String> handleForm(@RequestBody String formData) {
        // Procesa aquí los datos del formulario
        return Mono.just("Datos del formulario recibidos");
    }
}
```

En un enrutador funcional:

Si está utilizando un enrutamiento funcional WebFlux, puede acceder a los datos del formulario desde el objeto `ServerRequest`.

```
@Configuration
public class FormRouter {

    @Bean
    public RouterFunction<ServerResponse> formRoute() {
```

```
        return route(POST("/submitForm"), this::handleForm);
    }

    public Mono<ServerResponse> handleForm(ServerRequest request) {
        Mono<String> formData = request.bodyToMono(String.class);
        // Procesa aquí los datos del formulario
        return ServerResponse.ok().bodyValue("Form data received");
    }
}
```

Si el formulario se envía con un tipo de contenido `application/x-www-form-urlencoded`, también puede utilizar `formData()` en `ServerRequest` para obtener los datos del formulario en forma de `MultiValueMap<String, String>`.

```
Mono<MultiValueMap<String, String>> formData = request.formData();
```

Por ejemplo:

```
import org.springframework.util.MultiValueMap;
import reactor.core.publisher.Mono;
import org.springframework.web.reactive.function.server.ServerRequest;

public class FormDataHandler {

  public Mono<MultiValueMap<String,
String>> extractFormData(ServerRequest request) {
    return request.formData();
  }
}
```

Esto le permite procesar fácilmente los datos del formulario como pares clave-valor.

7.2.2 WebFilter

En Spring WebFlux, un `WebFilter` es un componente que puede interceptar solicitudes y respuestas, ofreciendo la posibilidad de modificarlas, añadir lógica adicional o incluso para interrumpir el procesamiento de solicitudes. Esto puede ser útil para cuestiones transversales como el registro, la seguridad, la gestión de CORS, etc.

Controlador basado en anotaciones

Los filtros se definen generalmente como beans de Spring, lo que significa que pueden aplicarse globalmente a todos los controladores y endpoints. Si desea un filtro que sólo se aplique a determinados controladores o métodos, deberá utilizar la lógica condicional dentro del propio filtro, por ejemplo, examinando la URL de la solicitud, las cabeceras, etc. Los objetos `HandlerInterceptor` (un concepto de Spring MVC) no son directamente aplicables en este caso, por lo que deberá confiar principalmente en los objetos `WebFilter` para la manipulación de la solicitud/respuesta.

▶Crear una implementación de `WebFilter`.

```
public class CustomWebFilter implements WebFilter {

    @Override
    public Mono<Void> filter(ServerWebExchange exchange,
WebFilterChain chain) {
        // Antes de procesar la solicitud
        System.out.println("Antes de procesar la solicitud");

        return chain.filter(exchange)
            .doFinally(signalType -> {
                // Después de procesar la solicitud
                System.out.println("Después de procesar
la solicitud");
            });
    }
}
```

▶Registra el `WebFilter` como un bean.

Puede añadir su filtro como un bean en su clase de configuración o en su clase principal anotada con `@SpringBootApplication`.

```
@Configuration
public class WebConfig {

    @Bean
    public CustomWebFilter customWebFilter() {
        return new CustomWebFilter();
    }
}
```

▶ Orqueste `WebFilters` (opcional).

Si tiene varios filtros y el orden en que se ejecutan es importante, puede implementar la interfaz `Ordered` en su `WebFilter` y anular el método `getOrder()` para especificar un orden.

Enrutador funcional

En el estilo de enrutador funcional, usted puede aplicar un `WebFilter` directamente a una ruta específica usando el método `filter()`. Esto le da la granularidad para aplicar filtros a rutas específicas sin necesidad de lógica condicional dentro del filtro. También puede definir `WebFilter` como beans de Spring para aplicarlos globalmente, al igual que con el modelo basado en anotaciones. En el enfoque funcional, tiene un control más preciso sobre el orden en que se ejecutan los filtros, ya que puede encadenar filtros en el orden exacto en que deben ejecutarse para una ruta específica.

He aquí un ejemplo de cómo puede encadenar filtros en el orden exacto de ejecución para una ruta específica utilizando el enfoque funcional de Spring WebFlux.

Supongamos que tenemos dos `WebFilters`:

- `LoggingWebFilter` registra los detalles de la solicitud.
- `AuthorizationWebFilter` comprueba si el usuario está autorizado a acceder a una determinada ruta.

Tal vez desee que el filtro de registro se ejecute antes que el filtro de autorización para cada solicitud. Con el enfoque funcional, puede encadenar estos filtros en este orden preciso para una ruta.

```
// Configuración para enrutamiento y filtros con
//Spring WebFlux.
@Configuration
public class RouterConfig {

  // Definir la ruta y asociar un endpoint
  // a un gestionario
  @Bean
  public RouterFunction<ServerResponse> route(Handler handler) {
    return route(GET("/some-endpoint"),
```

```
handler::handleFunction)
      // Aplica el filtro de registro a esta ruta
      .filter(loggingWebFilter())
      // Aplica el filtro de autorización a esta ruta
      .filter(authorizationWebFilter());
  }

  // Filtro para registrar los detalles de la solicitud
  @Bean
  public WebFilter loggingWebFilter() {
    return (exchange, chain) -> {
      // Imprimir la ruta de la solicitud
      // con fines de registro
      System.out.println("Request log: " +
exchange.getRequest().getPath());
      return chain.filter(exchange);
    };
  }

  // Filtro para comprobar la autorización de la solicitud
  @Bean
  public WebFilter authorizationWebFilter() {
    return (exchange, chain) -> {
      // Recupera la cabecera de autorización de la solicitud.
      String authHeader =
exchange.getRequest().getHeaders().getFirst("Authorization");
      // Comprueba si la cabecera de autorización está presente
      if (authHeader == null) {
        // Lanzar una excepción si la cabecera de autorización
        // es ausente
        throw new ResponseStatusException(HttpStatus.
UNAUTHORIZED, "No autorisado");
      }
      return chain.filter(exchange);
    };
  }
}
```

En este ejemplo, para las solicitudes que coincidan con `"/some-endpoint"`, se ejecutará primero el `LoggingWebFilter`, seguido del `AuthorizationWebFilter`. Puede ver y controlar claramente el orden en que se ejecutan los filtros simplemente cambiando el orden de encadenamiento. Si invierte el orden de las llamadas a `filter()`, los filtros se aplicarán en orden inverso.

Una vez creado y registrado el WebFilter, interceptará todas las solicitudes gestionadas por Spring WebFlux, permitiéndole ejecutar la lógica especificada cada vez. Aunque la interfaz de `WebFiltery` su contrato siguen siendo los mismos en ambos estilos, la manera en que lo aplicas y la granularidad que obtienes varian. El enfoque funcional ofrece más flexibilidad para definir filtros a un nivel granular y controlar el orden de ejecución, mientras que el enfoque basado en anotaciones es más declarativo y similar a lo que muchos ya conocen de Spring MVC.

7.3 CORS

El problema del CORS (*Cross-Origin Resource Sharing*) concierne la seguridad de las solicitudes web realizadas entre diferentes dominios. Por defecto, los navegadores web impiden que las peticiones AJAX obtengan datos de un dominio distinto de aquel en el que se cargó la página web, por razones de seguridad (política del mismo origen o *same-origin policy*). Sin embargo, en un mundo en el que las aplicaciones web consumen cada vez más servicios y API de distintos dominios, esta restricción puede plantear un problema. CORS es una especificación que permite a los servidores declarar quién puede acceder a sus recursos. Cuando una página web intenta acceder a recursos de otro dominio a través de AJAX, el navegador pregunta al servidor si la página está autorizada a hacerlo mediante unas cabeceras HTTP específicas. Si el servidor responde afirmativamente, la solicitud se ejecuta con normalidad. En caso contrario, se produce un error. CORS es un mecanismo que permite a los servidores controlar y asegurar el acceso a sus recursos de páginas web de otros dominios, al tiempo que proporciona la flexibilidad necesaria para las aplicaciones web modernas.

La gestión de CORS en Spring WebFlux puede realizarse tanto en controladores anotados como en enrutadores funcionales. Estas son las principales diferencias en la gestión de CORS entre estos dos enfoques.

Controladores anotados

Puede utilizar la anotación `@CrossOrigin` a nivel de la clase o del método para definir políticas CORS. Puede configurar parámetros como orígenes autorizados, los métodos HTTP, las cabeceras, etc.

```
@RestController
@RequestMapping("/api")
public class MyController {

    @CrossOrigin(origins = "http://allowed-origin.com")
    @GetMapping("/data")
    public Mono<String> getData() {
        return Mono.just("Data");
    }
}
```

Para la configuración global, usted puede utilizar `WebFluxConfigurer` y su método `addCorsMappings(CorsRegistry)`.

```
@Configuration
public class CorsConfig implements WebFluxConfigurer {

    @Override
    public void addCorsMappings(CorsRegistry registry) {
        registry.addMapping("/api/**")
            .allowedOrigins("http://allowed-origin.com")
            .allowedMethods("GET", "POST");
    }
}
```

Enrutadores funcionales

Puede utilizar el `CorsWebFilter`.

```
@Bean
CorsWebFilter corsFilter() {

    CorsConfiguration config = new CorsConfiguration();

    // Possibly...
```

```
    // config.applyPermitDefaultValues()

    config.setAllowCredentials(true);
    config.addAllowedOrigin("https://domain1.com");
    config.addAllowedHeader("*");
    config.addAllowedMethod("*");

    UrlBasedCorsConfigurationSource source =
new UrlBasedCorsConfigurationSource();
    source.registerCorsConfiguration("/**", config);

    return new CorsWebFilter(source);
}
```

O una clase de configuración, por ejemplo:

```
@Configuration
@EnableWebFlux
public class CorsConfig implements WebFluxConfigurer {
  @Override
  public void addCorsMappings(CorsRegistry corsRegistry) {
    corsRegistry.addMapping("/admin/organizations")
      .allowedOrigins("*")
      .allowedMethods("GET")
      .maxAge(3600);
  }
}
```

7.4 WebExceptionHandler

El `WebExceptionHandler` es una interfaz de Spring WebFlux diseñada para gestionar excepciones producidas durante el procesamiento de solicitudes. En lugar de dejar que una excepción remonte y cause un error genérico 500 al cliente, el `WebExceptionHandler` puede manejar la excepción y devolver una respuesta apropiada, como una página de error personalizada o un mensaje de error estructurado.

Controlador anotado

En un controlador basado en anotaciones, puede utilizar la anotación `@ExceptionHandler` para definir métodos de gestión de excepciones específicos para ese controlador. También puedes usar la anotación `@ControllerAdvice` para definir una clase global que maneje las excepciones para todos los controladores. Las excepciones son usualmente mapeadas a códigos de estado HTTP específicos o vistas especificas usando estos mecanismos.

Supongamos que tenemos un controlador y que queramos manejar una excepción específica, digamos `CustomNotFoundException`.

```
@GetMapping("/data")
public Mono<String> getData() {
  // ...Lanza una excepción si
  // no se encuentran los datos.
  return Mono.error(new CustomNotFoundException("¡Datos no
encontrados!"));
}
@ExceptionHandler(CustomNotFoundException.class)
public ResponseEntity<String>
handleNotFoundException(CustomNotFoundException e) {
  return ResponseEntity.status(HttpStatus.NOT_FOUND)
.body(e.getMessage());
}
// Supongamos que también tenemos
// una excepción personalizada
public static class CustomNotFoundException extends
RuntimeException {
  public CustomNotFoundException(String message) {
    super(message);
  }
}
```

Para el manejo global de excepciones para todos los controladores, podríamos utilizar `@ControllerAdvice`.

```
@ControllerAdvice
public class GlobalExceptionHandler {
  @ExceptionHandler(CustomNotFoundException.class)
  public Mono<ResponseEntity<String>>
handleNotFoundExceptionGlobally(CustomNotFoundException e) {
    return Mono.just(
```

```
            ResponseEntity.status(HttpStatus.NOT_FOUND)
.body(e.getMessage())
        );
    }
}
```

Enrutador funcional

Con los enrutadores funcionales, las cosas son un poco diferentes. No hay anotaciones, por lo que todo se codifica mediante programación. Usted define y registra los manejadores de excepciones (`WebExceptionHandler`) a nivel de enrutador. Puedes tener un control más fino sobre el orden en que los manejadores de excepciones son invocados. Por ejemplo, puede tener un manejador para una excepción específica y otro manejador (*catch-all*) para las otras excepciones. En el enfoque funcional, a menudo se construye la respuesta HTTP directamente en el manejador, lo que puede dar un control más directo sobre la salida.

Supongamos que tenemos una configuración de enrutamiento y un manejador:

```
@Configuration
public class FunctionalRouter {

    @Bean
    public RouterFunction<ServerResponse>
route(FunctionalHandler handler) {
        return RouterFunctions.route(GET("/functional/data"),
handler::getData);
    }

}

@Component
public class FunctionalHandler {

    public Mono<ServerResponse> getData(ServerRequest request) {
        // ... Lanza una excepción si los datos
no se encuentran.
        throw new CustomNotFoundException("Data not found
via functional endpoint!");
    }

}
```

Para manejar la excepción, puede crear un `WebExceptionHandler` personalizado:

```
@Component
public class CustomWebExceptionHandler implements
WebExceptionHandler {

  @Override
  public Mono<Void> handle(ServerWebExchange exchange,
Throwable ex) {
    if (ex instanceof CustomNotFoundException) {
      exchange.getResponse().setStatusCode(HttpStatus.CONFLICT);
      byte[] bytes = "Some
text".getBytes(StandardCharsets.UTF_8);
      DataBuffer buffer =
exchange.getResponse().bufferFactory().wrap(bytes);
      return
exchange.getResponse().writeWith(Flux.just(buffer));

    }
[...]
  }
}
```

Con este código, si una excepción `CustomNotFoundException` se lanza, nuestro gestor de excepciones personalizado devolverá una respuesta 404 con el mensaje de error. Para el resto de excepciones, devolverá una respuesta 500 con un mensaje de error general.

Mientras que los controladores anotados se basan más en anotaciones y convenciones para definir el comportamiento de los manejadores de excepciones, el enfoque funcional requiere un código programático más explícito, pero también ofrece mayor flexibilidad y control.

7.5 Utilización de ProblemDetail

`ProblemDetail` no es una clase o entidad nativa de Spring WebFlux. Sin embargo, a menudo se asocia con RFC 7807, que es una especificación para proporcionar detalles de error en las respuestas HTTP. La especificación *Problem Details for HTTP APIs* sugiere un formato de respuesta de error que es más descriptivo y útil que las respuestas de error estándar.

La estructura típica de un `ProblemDetail` es la siguiente:

```
{
    "type": "https://example.com/probs/out-of-credit",
    "title": "You do not have enough credit.",
    "detail": "Your current balance is 30, but that costs 50.",
    "instance": "/account/12345/transactions/abc",
    "balance": 30,
    "accounts": ["/account/12345", "/account/67890"]
}
```

Usted podría ver o querer implementar una estructura de este tipo para sus respuestas de error. He aquí cómo se podría hacer en un controlador anotado frente a un enrutador funcional.

Controlador anotado

Definir una clase para representar los detalles del problema:

```
public class ProblemDetail {
    private URI type;
    private String title;
    private String detail;
    // ... otros campos y sus getters/setters
}
```

Gestión de excepciones:

```
@RestController
public class MyController4 {
  @GetMapping("/someEndpoint")
  public Mono<String> getSomething() {
    // ... lógico
    return Mono.just("Tu respuesta aquí");
  }
  @ExceptionHandler(MyException.class)
  public Mono<ResponseEntity<ProblemDetail>> handleMyException(
          MyException ex) {
    ProblemDetail problem = ProblemDetail.forStatusAndDetail(
          HttpStatus.BAD_REQUEST, "mensaje");
    // ... define los detalles del problema
    return Mono.just(ResponseEntity.status(HttpStatus
          .BAD_REQUEST).body(problem));
  }
}
```

Enrutador funcional

Definir una clase para representar los detalles del problema:

```
public class ProblemDetail {
    private URI type;
    private String title;
    private String detail;
    // ... otros campos y sus getters/setters
}
```

Gestión de errores:

```
@Bean
public RouterFunction<ServerResponse>
routerFunction(YourHandlerClass handler) {
    return RouterFunctions.route()
        .GET("/someEndpoint", req ->
            handler.someMethod(req)
                .onErrorResume(MyException.class, e -> {
                    ProblemDetail problem =
new ProblemDetail();
                    // ... definir los detalles del problema
                    return
ServerResponse.badRequest().bodyValue(problem);
                })
        )
        .build();
}
```

Diferencia entre los dos enfoques

La principal diferencia radica en la forma en que se capturan y manejan los errores. En el estilo de controlador anotado, las anotaciones se utilizan para capturar y manejar excepciones. En el estilo de enrutador funcional, este es un enfoque programático utilizando funciones y métodos proporcionados por Reactor.

7.6 Codificadores y decodificadores

Los codificadores (*encoders*) y decodificadores (*decoders*) de Spring WebFlux se utilizan para convertir datos entre formatos de representación, como JSON, XML, etc., y objetos Java. Estos componentes desempeñan un papel similar al de los convertidores de mensajes (`HttpMessageConverter`) en Spring MVC, pero están diseñados para funcionar de forma reactiva.

- Un codificador gestiona la conversión de un objeto Java en una representación de datos para su envío al cliente, como la transformación de un objeto Java en un objeto con formato JSON.
- Un decodificador hace lo contrario. Convierte los datos recibidos del cliente, como un cuerpo de solicitud JSON, en un objeto Java.

En Spring WebFlux, la interfaz principal para estas operaciones es `CodecConfigurer`. Proporciona configuraciones predeterminadas para muchos formatos de datos comunes.

Controlador anotado versus un enrutador funcional: el uso de codificadores y decodificadores no cambia radicalmente entre los dos enfoques. Configurar y añadir codificadores/decodificadores personalizados puede hacerse de la misma manera. Sin embargo, la forma de acceder a estos componentes o de interactuar con ellos puede variar ligeramente.

Controlador anotado

Con un controlador anotado, puede utilizar la anotación `@RequestBody`para activar automáticamente la decodificación de los datos entrantes y la anotación `@ResponseBody` para activar la codificación de los datos salientes.

Ejemplo:

```
@PostMapping("/data")
public Mono<DataResponse> postData(@RequestBody
Mono<DataRequest> request) {
  return request.map(req -> {
    return new DataResponse();
  });
}
```

Enrutador funcional

Con el enfoque funcional, la decodificación y la codificación también son igualmente automáticas, basadas en función del tipo de datos que se manejen.

Ejemplo:

```
public Mono<ServerResponse> postData(ServerRequest request) {
    return request.bodyToMono(DataRequest.class)
            .flatMap(dataRequest -> {
                // ... tratamiento
                return ServerResponse.ok().body(Mono.just(new
DataResponse()), DataResponse.class);
            });
}
```

En ambos casos, Spring utiliza los decodificadores y codificadores configurados para procesar los datos. Si necesitas añadir un decodificador/codificador personalizado, normalmente se hace a través de la configuración de WebFlux, y esta configuración se aplicará tanto a los controladores anotados como a los enrutadores funcionales.

Aunque la interacción directa con los datos (y, por tanto, con los codificadores y decodificadores) puede variar ligeramente entre los controladores anotados y los enrutadores funcionales, la configuración subyacentes y la mecánica de los codificadores y decodificadores siguen siendo esencialmente las mismas.

`ClientCodecConfigurer` y `ServerCodecConfigurer` son interfaces Spring WebFlux que permiten la configuración de codificadores y decodificadores para los clientes (por ejemplo, para `WebClient`) y servidores.

- `ClientCodecConfigurer` se utiliza para configurar codificadores y decodificadores para `WebClient`. Estos codificadores y decodificadores se utilizan para el envio y recepción de solicitudes HTTP cuando se utiliza el cliente `WebClient`.
- `ServerCodecConfigurer` se utiliza para configurar codificadores y decodificadores para el servidor WebFlux. Estos se utilizan para recibir y responder a las solicitudes HTTP en el servidor.

La configuración de codificadores y decodificadores a través de ClientCodecConfigurer y ServerCodecConfigurer es generalmente independiente del enfoque que utilices (controlador anotado o enrutador funcional) para definir los endpoints de tu aplicación. Esto se debe a que estas configuraciones se preocupan más por cómo se serializan y deserializan los datos que por la lógica de negocio o el enrutamiento.

Ejemplo de configuración de un codificador/decodificador personalizado para el servidor:

```
@Configuration
public class CodecConfig {

    @Autowired
    public void configure(ServerCodecConfigurer configurer) {*
      // Añade aquí tus codificadores y decodificadores
personalizados
        configurer.defaultCodecs().jackson2JsonEncoder(new
Jackson2JsonEncoder());
        configurer.defaultCodecs().jackson2JsonDecoder(new
Jackson2JsonDecoder());
        [...]
    }
}
```

La configuración anterior funciona tanto para controladores anotados como para enrutadores funcionales, ya que se refiere a cómo el servidor gestiona los datos entrantes y salientes, no a la manera en que se definen o gestionan las rutas.

Cada códec está diseñado para manejar un formato de datos específico. Aquí tienes los distintos formatos y el códec asociado.

- ByteArrayCodec: se utiliza para los datos en forma de tabla de bytes (byte[]). Codifica/decodifica datos byte[] .
- ByteBufferCodec: utilizado para los datos ByteBuffer.
- StringCodec: utilizado para los datos de String.
- ProtobufCodec: utilizado para datos en formato Protocol Buffers (protobuf), un formato binario de Google para la serialización estructurada.
- ResourceCodec: utilizado para los datos de Resource(por ejemplo, archivos).

- `ServerSentEventCodec`: utilizado para los eventos enviados por el servidor (*Server-Sent Events* o SSE), un formato para enviar actualizaciones unidireccionales en tiempo real desde el servidor al navegador.
- Jackson JSON Codec: utilizado para datos en formato JSON.
- JAXB2 XML Codec: utilizado para datos en formato XML.

Cada códec está diseñado para manejar eficazmente su formato de datos asociado, garantizando que los datos se serializan y deserializan correctamente según el tipo esperado.

Observación

Ten en cuenta que, aunque la configuración en sí es independiente del enfoque que elija, el lugar en el que puedes interactuar con estos codificadores y decodificadores puede variar. Por ejemplo, con el enrutador funcional, puedes tratar más directamente con los datos, y por lo tanto tener más interacciones con estos codificadores y decodificadores, mientras que, con un controlador anotado, estas interacciones pueden estar más ocultas y ser manejadas automáticamente por Spring.

7.7 FormHttpMessageReader y FormHttpMessageWriter

`FormHttpMessageReader` y `FormHttpMessageWriter` son componentes Spring WebFlux que facilitan la lectura y escritura de datos en formato `application/x-www-form-urlencoded`. Este formato se utiliza habitualmente para enviar datos de formularios HTML.

`FormHttpMessageReader` se utiliza para leer datos en formato `application/x-www-form-urlencoded` y convertirlos en un `MultiValueMap<String, String>`. Esto es útil, por ejemplo, cuando se recibe una solicitud POST con datos de formulario.

`FormHttpMessageWriter` se utiliza para escribir datos de un `MultiValueMap<String, String>` en formato `application/x-www-form-urlencoded`. Esto es útil cuando se envía una respuesta o solicitud con datos de formulario.

Controlador anotado

Se utilizan anotaciones conocidas como @Controller, @RestController, @RequestMapping, etc. Los datos del formulario pueden ser mapeados automáticamente a los argumentos del método utilizando la anotación @ModelAttribute o definiendo un argumento de tipo MultiValueMap<String, String>. El mecanismo subyacente que maneja la serialización y deserialización es en gran parte abstracto y oculto al usuario, incluyendo el uso de FormHttpMessageReadery FormHttpMessageWriter.

Supongamos que queremos crear un endpoint para enviar los datos del usuario:

```
@PostMapping("/create")
public Mono<ResponseEntity<String>> createUser(@ModelAttribute
User user) {
  // Trata el objeto User como quieras...
  return Mono.just(ResponseEntity.ok("¡Usuario creado
con exito!"));
}
public static class User {
  private String name;
  private String email;
  // getters, setters, etc.
}
```

Aquí, cuando se envía una solicitud POST con datos de formulario a "/users/create", los datos se asignan automáticamente al objeto Userutilizando la anotación @ModelAttribute.

Enrutador funcional

Los puntos finales(endpoints) se definen utilizando una sintaxis programática y funcional. Para leer datos del formulario, podemos utilizar explícitamente FormHttpMessageReader o utilizar otros métodos proporcionados por la API para extraer datos de la solicitud. Del mismo modo, para escribir los datos del formulario en la respuesta, podemos utilizar FormHttpMessageWriter u otros métodos proporcionados.

Para el enrutador funcional, primero definimos nuestro gestor:

```
@Component
public class UserHandler {

    public Mono<ServerResponse> createUser(ServerRequest request) {
        return request.formData()
                .map(formData -> {
                    String name = formData.getFirst("name");
                    String email = formData.getFirst("email");
                    // Cree un objeto User o edita los datos
                    // como usted lo desee...
                    return "¡Usuario creado con éxito!";
                })
                .flatMap(responseMessage ->
ServerResponse.ok().bodyValue(responseMessage));
    }
}
```

A continuación, definimos nuestra ruta:

```
@Bean
public RouterFunction<ServerResponse> userRoutes(UserHandler
userHandler) {
    return RouterFunctions
            .route(RequestPredicates.POST("/users/create"),
userHandler::createUser);
}
```

En este ejemplo, cuando se recibe una solicitud POST con datos de formulario en "`/users/create`", los datos se recuperan utilizando `request.formData()`, que, bajo el capó, utiliza `FormHttpMessageReader`para leer los datos del formulario.

La principal diferencia es el nivel de abstracción. Con los controladores anotados, muchos de los detalles se abstraen y gestionan automáticamente. Con el enrutador funcional, tienes más control y flexibilidad, pero esto puede requerir una comprensión más profunda de los componentes subyacentes, como `FormHttpMessageReader` y `FormHttpMessageWriter`.

7.8 MultipartHttpMessageReader y MultipartHttpMessageWriter

`MultipartHttpMessageReader` y `MultipartHttpMessageWriter` seutilizan para leer y escribir respectivamente mensajes mixtos (*multipart*), comúnmente utilizados para transferir archivos o datos binarios con otros campos de formulario. `MultipartHttpMessageReader` se utiliza para leer mensajes HTTP con un tipo de medio `multipart/*`, lo que significa que puede leer datos enviados al servidor como un formulario mixto. `MultipartHttpMessageWriter` se utiliza para escribir mensajes HTTP mixtos, aunque su uso es menos común, ya que es raro que el servidor envíe datos compuestos por una mezcla de diferentes tipos de datos al cliente.

Controlador anotado

`MultipartHttpMessageReader` se utiliza para leer los datos de tipo `multipart/form-data` (normalmente utilizados para descargar archivos), mientras que `MultipartHttpMessageWriter` se utiliza para escribir este tipo de datos. En un contexto WebFlux, estas clases se utilizan principalmente bajo el capó y por lo general no es necesario manipularlas directamente.

Sin embargo, veremos cómo utilizar WebFlux para gestionar la carga y descarga de archivos mediante las funciones de la API WebFlux.

Cargar archivos con WebFlux

Supongamos que tenemos un controlador para gestionar la carga de archivos.

```
@RestController
public class FileUploadController {

    @PostMapping("/upload")
    public Mono<Void> handleFileUpload(@RequestPart("file")
Mono<FilePart> filePart) {
        return filePart
            .doOnNext(fp -> System.out.println("File uploaded:
" + fp.filename()))
            .flatMap(fp -> fp.transferTo(Paths.get("uploaded/
" + fp.filename())))
            .then();
    }
}
```

En este caso, utilizamos `@RequestPart` para vincular parte del mensaje multiparte a un `FilePart`, que es una abstracción de WebFlux para un archivo descargado.

Descarga de archivos con WebFlux

Para la descarga, puede tener un controlador que envíe un archivo al cliente.

```
@RestController
public class FileDownloadController {

    @GetMapping("/download/{filename}")
    public Mono<Resource> downloadFile(@PathVariable String
filename) {
        Path path = Paths.get("uploaded/" + filename);
        Resource resource = new FileSystemResource(path);
        return Mono.just(resource);
    }
}
```

En este caso, utilizamos `Resource` para representar el archivo que se va a descargar. WebFlux soporta la escritura de Resource en la respuesta HTTP.

Aunque estos ejemplos no utilizan directamente `MultipartHttpMessageReader` o `MultipartHttpMessageWriter`, estas clases son utilizadas internamente por WebFlux para gestionar estas operaciones de forma transparente para usted.

Enrutador funcional

En el caso del enrutador funcional con Spring WebFlux, la lógica es un poco diferente:

```
@Component
public class FileUploadHandler {

    public Mono<ServerResponse> uploadFile(ServerRequest request) {
        return request.multipartData()
                    .map(multipartData ->
multipartData.get("file"))
                    .flatMap(fileParts -> {
                        FilePart filePart =
(FilePart) fileParts.get(0);
                        // Trata el FilePart
comme vous le souhaitez...
```

```
                    return ServerResponse.ok()
.bodyValue("¡Fichero descargado correctamente!");
                });
    }
}
```

Definamos nuestra ruta:

```
@Bean
public RouterFunction<ServerResponse>
uploadRoutes(FileUploadHandler fileUploadHandler) {
    return RouterFunctions
            .route(RequestPredicates.POST("/upload/"),
fileUploadHandler::uploadFile);
}
```

En el enrutador funcional, utilizamos `request.multipartData()` para extraer datos del formulario mixto, que, bajo el capó, utiliza `MultipartHttpMessageReader`.

Aunque el propósito es el mismo, el enfoque y la sintaxis difieren en función de si se utiliza un controlador anotado o un enrutador funcional. En un controlador anotado, Spring hace mucho del trabajo entre bastidores por ti, mientras que el enrutador funcional te da un poco más de control sobre el proceso, pero también requiere un poco más de código.

7.9 maxInMemorySize

En una aplicación WebFlux, `maxInMemorySize()` determina la cantidad máxima de datos que Spring WebFlux está autorizado a realizar el almacenamiento en búfer en memoria durante la lectura o escritura de cuerpos de solicitudes/respuestas. Esta configuración es particularmente pertinente cuando la manipulación de flujos de datos, especialmente cuando se envían o reciben objetos grandes, como es el caso de las peticiones multiparte (como las descargas de archivos). Si el tamaño de los datos supera el parámetro suministrado a `maxInMemorySize()`, Spring comienza a almacenar los datos en el disco, lo que puede tener un impacto en el rendimiento.

```
@Configuration
public class CodecConfig implements WebFluxConfigurer {

    @Override
    public void configureHttpMessageCodecs(ServerCodecConfigurer
configurer) {
        configurer.defaultCodecs().maxInMemorySize(16 *
1024 * 1024); // por ejemplo, 16MB
    }
}
```

7.10 Hacer Streaming

Hacer Streaming significa generalmente enviar o recibir datos de forma continua, en pequeños trozos, en lugar de enviar o recibir todo en un solo bloque. WebFlux es particularmente adecuado para esto gracias a su modelo de programación reactiva, que puede manejar flujos de datos utilizando pocos threads y memoria, incluso para un gran número de conexiones concurrentes. Cuando se trata de streaming con Spring WebFlux, usted puede utilizar `Flux<T>` para representar un flujo de cero a n elementos, o `Mono<T>` para representar un único elemento o ninguno.

Controlador anotado

```
@RestController
public class StreamingController {

    @GetMapping(value = "/stream", produces =
MediaType.TEXT_EVENT_STREAM_VALUE)
    public Flux<String> streamData() {
        return Flux.interval(Duration.ofSeconds(1))
                   .map(seq -> "Data " + seq);
    }
}
```

El `MediaType.TEXT_EVENT_STREAM_VALUE` indica que estamos utilizando el formato SSE para el streaming. También puede utilizar otros tipos de medios para diferentes tipos de streaming.

Enrutador funcional

Con un enrutador funcional, se definen las rutas directamente en Java, utilizando un estilo funcional.

```
@Bean
public RouterFunction<ServerResponse> route() {
    return RouterFunctions.route(
        RequestPredicates.GET("/stream").and(RequestPredicates.
accept(MediaType.TEXT_EVENT_STREAM)),
        request -> ServerResponse.ok()
            .contentType(MediaType.TEXT_EVENT_STREAM)
            .body(Flux.interval(Duration.ofSeconds(1))
                    .map(seq -> "Data " + seq),
String.class)
    );
}
```

El streaming con `Flux<ServerSentEvent<String>>` en una aplicación WebFlux es una forma específica de realizar streaming utilizando el formato SSE. SSE es un estándar para enviar eventos en tiempo real desde el servidor al navegador web utilizando una conexión HTTP normal. `ServerSentEvent` es una clase de Spring que facilita el envío de eventos SSE.

Controlador anotado

Si utiliza un controlador anotado, defina su punto final. La anotación `@GetMapping` (o `@PostMapping`, etc.) se utiliza para definir el punto final. El tipo de retorno `Flux<ServerSentEvent<String>>` indica que la API devuelve un flujo de eventos SSE.

```
@RestController
public class StreamingController {

    @GetMapping(value = "/sse", produces =
MediaType.TEXT_EVENT_STREAM_VALUE)
    public Flux<ServerSentEvent<String>> streamEvents() {
        return Flux.interval(Duration.ofSeconds(1))
                .map(seq -> ServerSentEvent.<String> builder()
                    .data("Data " + seq)
                    .id(String.valueOf(seq))
                    .build());
    }
}
```

Enrutador funcional

Si opta por un enrutador funcional, usted definirá las rutas directamente en Java utilizando el estilo funcional.

```
@Bean
public RouterFunction<ServerResponse> route() {
    return RouterFunctions.route(
        RequestPredicates.GET("/sse").and(RequestPredicates.
accept(MediaType.TEXT_EVENT_STREAM)),
        request -> ServerResponse.ok()
            .contentType(MediaType.TEXT_EVENT_STREAM)
            .body(Flux.interval(Duration.ofSeconds(1))
                    .map(seq -> ServerSentEvent.<String> builder()
                        .data("Data " + seq)
                        .id(String.valueOf(seq))
                        .build()),
                ServerSentEvent.class)
    );
}
```

7.11 Registro

En Spring WebFlux, el registro (*logging*) es esencial para monitorizar y depurar aplicaciones. Sin embargo, en un entorno reactivo, donde muchas solicitudes pueden ser procesadas simultáneamente y no de manera secuencial, es crucial tener una forma de identificar los registros asociados con una solicitud específica. Aquí es donde entran en juego conceptos como `LOG_ID_ATTRIBUTE`, `ServerWebExchange#getLogPrefix()` y `ClientRequest#logPrefix()`.

Los registros pueden personalizarse utilizando el archivo de configuración de logging, por ejemplo logback-spring.xml para Logback o logging.properties para java.util.logging.

- `LOG_ID_ATTRIBUTE`es un atributo asociado a cada `ServerWebExchange`. Se utiliza para almacenar un identificador único para cada intercambio (es decir, cada par solicitud-respuesta). Este identificador es útil para rastrear una solicitud específica a través de los registros.

- `ServerWebExchange#getLogPrefix()`: este método devuelve un prefijo que se utiliza para registrar las solicitudes en el servidor. El prefijo suele consistir en el ID de la solicitud, lo que facilita el seguimiento de los registros asociados a una solicitud específica.
- `ClientRequest#logPrefix()`: este método es similar a `ServerWebExchange#getLogPrefix()`, pero se utiliza en el lado del cliente, cuando se crean peticiones de cliente con `WebClient`.

En lo que respecta al registro, no hay mucha diferencia entre un controlador anotado y un enrutador funcional. En ambos casos, puedes usar `ServerWebExchange` para obtener el prefijo del registro. Si desea añadir información personalizada al registro, hágalo de la misma manera tanto si estás en un controlador anotado como en un handler functional router.

Por ejemplo, supongamos que desea registrar la URL de la solicitud.

Controlador anotado

```
@RestController
public class MyController5 {
  @GetMapping("/data")
  public Mono<ResponseEntity<String>> getData(
          ServerWebExchange exchange) {
    String logPrefix = exchange.getLogPrefix();
    logger.info(logPrefix + "Fetching data for URL: "
          + exchange.getRequest().getURI());
[...]
  }
}
```

Enrutador funcional

```
RouterFunctions.route(RequestPredicates.GET("/data"),
    request -> {
        String logPrefix = request.exchange().getLogPrefix();
        logger.info(logPrefix + "Fetching data for URL: " +
request.uri());
        ...
    });
```

Además, en Spring WebFlux, la clase `CodecConfigurer` te da acceso a la configuración de codificadores y decodificadores que se utilizan para serializar y deserializar los datos. Estos codificadores y decodificadores son esenciales cuando se manejan datos entrantes y salientes, particularmente cuando se utiliza `WebClient` o se procesan solicitudes del lado del servidor.

El método `defaultCodecs().enableLoggingRequestDetails(true o false)`; está específicamente vinculado a la configuración de registro de WebFlux. Cuando este método se establece en `true`, permite a WebFlux registrar información más detallada sobre las solicitudes y respuestas. Estos detalles incluyen:

- las cabeceras de solicitud y respuesta
- el cuerpo de la solicitud y la respuesta

Esto es especialmente útil para la depuración, ya que ofrece una vision completa de lo que se envía y recibe. Sin embargo, también puede presentar riesgos de seguridad, ya que si se registra información sensible (como contraseñas o tokens), estos podrían quedar expuesta en los registros. Por lo tanto, en un entorno de producción, generalmente se recomienda desactivar esta opción o utilizar un nivel de registro menos verboso.

7.12 DispatcherHandler

El `DispatcherHandler` es un componente fundamental del framework Spring WebFlux. Desempeña un papel central en la coordinación y la repartición (*dispatching*) de las solicitudes HTTP entrantes hacia los buenos gestores (*handlers*) adecuados dentro de una aplicación WebFlux.

Al igual que el `DispatcherServlet` en el contexto de Spring MVC (basado en la API del servlet), el `DispatcherHandler` actúa como un controlador frontal en WebFlux. Recibe todas las solicitudes HTTP entrantes.

Basándose en la información de la solicitud, como la URL, el `DispatcherHandler` determina el manejador apropiado para procesar esta petición. Este puede ser un controlador anotado o un manejador funcional.

Utiliza una cadena de responsabilidad para gestionar filtros y gestores de consultas, lo que proporciona una enorme flexibilidad y extensibilidad para la gestión de consultas.

Aunque el `DispatcherHandler` es una parte constante y crucial de Spring WebFlux, la forma en que determina el gestor de solicitudes adecuado depende de su implementación, que puede ser en forma de controlador anotado o de enrutador funcional. Los controladores anotados son más declarativos, mientras que los enrutadores funcionales ofrecen una mayor flexibilidad y un control más directo sobre el enrutamiento y el procesamiento de las solicitudes.

Controlador anotado

El estilo es más tradicional y similar al enfoque MVC. Utiliza anotaciones como `@Controller` y `@RequestMapping` para definir puntos finales y sus métodos asociados. El `DispatcherHandler` determina el controlador y el método a invocar basándose en estas anotaciones.

Enrutador funcional

Adoptamos un enfoque más programático para definir rutas. Utilizamos una API fluida para definir rutas y sus manejadores asociados. En lugar de utilizar anotaciones, las rutas se definen en código, generalmente utilizando la clase `RouterFunction`. El `DispatcherHandler` determina el manejador apropiado examinando la definición de estas funciones de enrutamiento.

Enrutamiento y procesamiento de solicitudes HTTP

En Spring WebFlux, al igual que en Spring MVC, se utiliza la combinación de `HandlerMapping`, `HandlerAdapter` y `HandlerResultHandler` para enrutar y procesar las solicitudes HTTP. A continuación, se ofrece una visión general de estos componentes y de cómo se diferencian cuando se utilizan en el contexto de un controlador anotado frente a un enrutador funcional.

- HandlerMapping: su principal responsabilidad es determinar, basándose en los detalles de la solicitud HTTP entrante (como la URL, el método HTTP, los parámetros, etc.), qué manejador debe utilizarse para tratar esta solicitud. HandlerMapping se utiliza en la fase inicial del procesamiento de la solicitud, antes de que la solicitud sea realmente procesada. Para el controlador anotado, generalmente utilice RequestMappingHandlerMapping, que inspecciona anotaciones como @RequestMapping para determinar coincidencias. Para el enrutador funcional, utilice RouterFunctionMapping, que evalúa los objetos RouterFunctions para determinar el manejador apropiado.
- HandlerAdapter: una vez que se ha determinado el manejador apropiado, el HandlerAdapter es responsable de ejecutar este manejador. Adapta la firma del manejador al contrato general del framework. Se utiliza después de HandlerMapping, para invocar el manejador seleccionado. Para el controlador anotado, generalmente utiliza RequestMappingHandlerAdapter para invocar los métodos de los controladores anotados. Para el enrutador funcional, utiliza HandlerFunctionAdapter para ejecutar las funciones del manejador definidas en el contexto del enrutador.
- HandlerResultHandler: después de que el manejador ha sido ejecutado por el HandlerAdapter, el resultado es procesado por el HandlerResultHandler. Este es responsable de gestionar y transformar el resultado en una respuesta HTTP adecuada. Por lo tanto, se utiliza en la fase final del procesamiento, para producir la respuesta HTTP que se envía de vuelta al cliente. Para el controlador anotado, los resultados (como objetos ModelAndView) de los métodos anotados son gestionados y transformados en respuestas HTTP. Para el enrutador funcional, los resultados de las funciones del manejador se procesan directamente, ya que generalmente ya devuelven objetos reactivos como Mono o Flux.

He aquí un ejemplo, explicado en ambos contextos.

Controlador anotado

- HandlerMapping

```
@RestController
@RequestMapping("/api")
public class MyController {
    @GetMapping("/hello")
```

```
        public Mono<String> sayHello() {
            return Mono.just("¡Hello, World!");
        }
    }
```

Aquí, RequestMappingHandlerMapping examina la anotación @GetMapping("/hello") y asocia las peticiones a "/api/hello" con el método sayHello().

– HandlerAdapter

Cuando la solicitud llega a "/api/hello", RequestMappingHandler adapter llama automáticamente al método sayHello()y obtiene la respuesta.

– HandlerResultHandler

Después de ejecutar el método sayHello(), el resultado, que es un Mono<String>, debe ser transformado en una respuesta HTTP. Si tuviéramos un objeto ModelAndView, también se manejaría aquí.

Enrutador funcional

– HandlerMapping

```
    @Bean
    public RouterFunction<ServerResponse> route() {
        return RouterFunctions.route(RequestPredicates.GET("/api/hello"),
request -> ServerResponse.ok().body(Mono.just("Hello, World!"),
String.class));
    }
```

Con esta configuración, RouterFunctionMapping evalúa esta RouterFunction para enrutar las peticiones a "/api/hello".

– HandlerAdapter

En el ejemplo de enrutador proporcionado, HandlerFunctionAdapter se utiliza para ejecutar la función lambda request -> ServerResponse.ok().body(Mono.just("¡Hello, World!"), String.class)cuando la ruta corresponde.

– `HandlerResultHandler`

El resultado de nuestro lambda (que ya es un `ServerResponse`) es procesado para ser enviado al cliente. Si devolvemos un flujo de datos, por ejemplo, un `Flux<ServerSentEvent>`, un `HandlerResultHandler` apropiado es utilizado para procesarlo correctamente.

7.13 WebFluxConfigure

El `WebFluxConfigurer` es una interfaz de Spring WebFlux que proporciona métodos de callback para personalizar la configuración de los componentes WebFlux centrados en solicitudes, como convertidores de mensajes, filtros, negociadores de contenido y otros. Es un punto de extensión para las configuraciones específicas de WebFlux. La utilización de `WebFluxConfigurer` permite la posibilidad de personalizar la configuración de WebFlux sin remplazar los beans de Spring predeterminados. Este proceso es similar a la interfaz `WebMvcConfigurer` de Spring MVC.

Controlador anotado: cuando se utilizan los controladores anotados, `WebFluxConfigurer` se puede usar directamente. Las configuraciones que defina a través de `WebFluxConfigurer` se aplican a todas las solicitudes gestionadas por sus controladores anotados.

Enrutador funcional: aunque utilice un estilo de enrutador funcional para definir sus rutas, `WebFluxConfigurer`sigue siendo relevante para la configuración global. Cualquier personalización que realice (por ejemplo, la configuración de CORS) también se aplicará a las rutas definidas a través de la configuración funcional.

7.13.1 Configuración global

Controlador anotado

```
@Configuration
public class AnnotatedControllerConfig implements
WebFluxConfigurer {

    @Override
    public void configureHttpMessageCodecs(ServerCodecConfigurer
configurer) {
```

```
        configurer.defaultCodecs().enableLoggingRequestDetails(true);
    }

    // Otros métodos de configuración si es necesario...
}

@RestController
public class MyAnnotatedController {

    @GetMapping("/hello")
    public Mono<String> sayHello() {
        return Mono.just("Hello, World!");
    }
}
```

Enrutador funcional

```
@Configuration
public class FunctionalEndpointConfig implements WebFluxConfigurer {

    @Bean
    public RouterFunction<ServerResponse> routes() {
        return RouterFunctions.route(RequestPredicates.GET("/hello"),
handlerFunction());
    }

    public HandlerFunction<ServerResponse> handlerFunction() {
        return request ->
ServerResponse.ok().body(Mono.just("Hello, World!"), String.class);
    }

    @Override
    public void
configureHttpMessageCodecs(ServerCodecConfigurer configurer) {
       configurer.defaultCodecs().enableLoggingRequestDetails(true);
    }

    // Otros métodos de configuración si es necesario...
}
```

Diferencias

En el controlador anotado, el mapeo del endpoint se gestiona directamente mediante las anotaciones `@RestControllery` `@GetMapping`.

En el enrutador funcional, las rutas se definen de manera programática utilizando los `RouterFunctions`. Este enfoque es más flexible, ya que permite componer y agrupar rutas, aplicar filtros, etc.

Sin embargo, para ambos enfoques, la configuración de `WebFluxConfigurer` (en este ejemplo, la configuración del códec) se aplica de la misma manera a toda la aplicación.

7.13.2 Configuración de interceptores de solicitudes

Con Spring WebFlux, usted no puede utilizar `HandlerInterceptors` como con Spring MVC. Sin embargo, puede utilizar un `WebFilter` para lograr un comportamiento similar.

Un `WebFilter` puede interceptar solicitudes y respuestas y ejecutar lógica personalizada antes o después del procesamiento real.

A continuación, se explica cómo crear un `WebFilter` para registrar las solicitudes entrantes:

```
@Component
public class LoggingWebFilter implements WebFilter {

    @Override
    public Mono<Void> filter(ServerWebExchange exchange,
WebFilterChain chain) {
        // Registrar la solicitud
        System.out.println("solicitud recibida: "
            + exchange.getRequest().getMethod()
            + " " + exchange.getRequest().getURI());

        // Continuar el procesamiento
        return chain.filter(exchange)
            .doFinally(signalType -> {
              // Registrar la respuesta o cualquier otro
              // post-procesamiento si es necesario
                System.out.println("Respuesta con estado : "
                    + exchange.getResponse().getStatusCode());
            });
    }
}
```

Si has utilizado la anotación `@Component` como en el ejemplo anterior, Spring Boot detectará y registrará su `WebFilter` automáticamente. De lo contrario, puede añadirlo manualmente al contexto de su aplicación declarándolo como un bean:

```
@Bean
public LoggingWebFilter loggingFilter() {
   return new LoggingWebFilter();
}
```

7.13.3 Configuración de los gestores de recursos

Para configurar los manejadores de recursos, puede utilizar el método `addResourceHandlers()` de la interfaz `WebFluxConfigurer`. Este método permite añadir manejadores de recursos para servir archivos estáticos desde diferentes ubicaciones.

```
@Configuration
public class WebFluxConfig implements WebFluxConfigurer {

    @Override
    public void addResourceHandlers(ResourceHandlerRegistry
registry) {
        registry.addResourceHandler("/static/**")
                .addResourceLocations("classpath:/static/");
    }
}
```

En este ejemplo, hemos añadido un gestor de recursos para servir archivos estáticos desde el directorio /static del classpath.

7.13.4 Configuración de los parámetros de seguridad

La configuración de seguridad para una aplicación WebFlux se realiza principalmente a través de Spring Security. He aquí un ejemplo de configuración básica para habilitar la seguridad de una aplicación WebFlux.

▶ Añada las dependencias de Spring Security.

```
<dependency>
    <groupId>org.springframework.boot</groupId>
    <artifactId>spring-boot-starter-security</artifactId>
</dependency>
```

```
<dependency>
    <groupId>org.springframework.security</groupId>
    <artifactId>spring-security-config</artifactId>
</dependency>

<dependency>
    <groupId>org.springframework.security</groupId>
    <artifactId>spring-security-webflux</artifactId>
</dependency>
```

▶ Configura la seguridad.

Ya hemos visto la configuración mínima que puede mejorarse:

```
@EnableWebFluxSecurity
public final class SecurityConfig {

  @Bean
  public SecurityWebFilterChain
springSecurityFilterChain(ServerHttpSecurity http) {
    http
      .authorizeExchange(exchanges -> exchanges
        .anyExchange().authenticated()
      )
      .httpBasic(withDefaults())
      .formLogin(withDefaults());
    return http.build();
  }

  @Bean
  public MapReactiveUserDetailsService userDetailsService() {
    UserDetails user = User.withDefaultPasswordEncoder()
      .username("user")
      .password("password")
      .roles("USER")
      .build();
    return new MapReactiveUserDetailsService(user);
  }
}
```

Estamos muy cerca de lo que se hace con Spring MVC. Así que no entraremos en demasiados detalles.

7.14 HandlerAdapter y HandlerResult

Para una aplicación WebFlux, el `HandlerAdapter` y el `HandlerResult` son componentes centrales que facilitan el procesamiento de las solicitudes entrantes.

Un `HandlerAdapter` es responsable de la ejecución de un gestor para una solicitud dada. En otras palabras, adapta varios tipos de gestor a la API contractual que el `DispatcherHandler` espera llamar. Es utilizado por el `DispatcherHandler` para invocar el manejador.

Para un controlador anotado, se utiliza un tipo específico de `HandlerAdapter` llamado `RequestMappingHandlerAdapter` para gestionar los métodos anotados en los controladores. Para un enrutador funcional, se utiliza otro tipo de `HandlerAdapter` llamado `RouterFunctionAdapter` para gestionar los manejadores definidos en las rutas funcionales.

El `HandlerResult` representa el resultado devuelto por la ejecución de un manejador. Este contiene no sólo el valor devuelto por el gestor, sino también información contextual como modelos asociados, excepciones, etc. Se utiliza en el procesamiento de una solicitud después de que el manejador se haya ejecutado, para determinar cómo debe generarse la respuesta o para otros procesamientos posteriores a la gestión.

7.15 DispatchExceptionHandler

El `ExceptionHandler`, y en particular el `DispatchExceptionHandler` en el contexto de Spring WebFlux, se utilizan para manejar las excepciones que se producen durante el procesamiento de una solicitud. El `DispatchExceptionHandler` es una implementación de `ExceptionHandler` específica a WebFlux que está diseñada para gestionar excepciones que se producen durante el procesamiento por parte de `DispatcherHandler`. Este intenta encontrar un gestor de excepciones apropiado (por ejemplo, un método con `@ExceptionHandler` en un controlador) u otros manejadores de excepciones configurados para manejar la excepción dada.

El DispatchExceptionHandler se utiliza como manejador de excepciones por defecto por el DispatcherHandler en Spring WebFlux para manejar las excepciones que no se manejan en otro lugar. Es la última línea de defensa para gestionar excepciones, después de que todos los demás mecanismos (como los métodos anotados @ExceptionHandler) hayan tenido la oportunidad de gestionar la excepción.

En el contexto de un controlador anotado, puede tener métodos específicamente anotados con @ExceptionHandler para manejar ciertos tipos de excepción. DispatchExceptionHandler busca estos métodos para manejar las excepciones correspondientes. También puede configurar globalmente los manejadores de excepciones a través de @ControllerAdvice.

Con enrutadores funcionales, el manejo de excepciones se puede lograr usando funciones como onErrorResume() directamente en el flujo reactivo. La configuración global de un manejador de excepciones como hacemos con @ControllerAdvice en un controlador anotado es menos común y requiere más configuración manual. Dicho esto, DispatchExceptionHandler siempre se aplica como último recurso para excepciones no manejadas, tanto si estás utilizando un controlador anotado como un enrutador funcional.

Por ejemplo:

Controlador anotado

Suponga que tiene un controlador anotado que procesa las solicitudes para recuperar detalles sobre un usuario.

```
@RestController
public class UserController6 {
  @GetMapping("/user/{id}")
  public Mono<User> getUser(@PathVariable String id) {
    if ("error".equals(id)) {
      return Mono.error(new IllegalArgumentException(
             "Invalid User ID"));
    }
    return Mono.just(new User(id, "Sample User"));
  }
  @ExceptionHandler(IllegalArgumentException.class)
  public Mono<ResponseEntity<String>>
            handleIllegalArgumentException(
```

```
                    IllegalArgumentException ex) {
        return Mono.just(ResponseEntity.badRequest()
                .body(ex.getMessage()));
    }
}
```

En el ejemplo anterior, si una excepción `IllegalArgumentException` es lanzada, será manejada por el método `handleIllegalArgumentException()`.

Enrutador funcional

Supongamos que usted tiene un enrutador funcional que hace esencialmente lo mismo que el controlador anotado anteriormente.

```
@Bean
public RouterFunction<ServerResponse> userRouter() {
    return RouterFunctions.route(RequestPredicates.GET("/user/
{id}"), request -> {
        String id = request.pathVariable("id");
        if ("error".equals(id)) {
            return ServerResponse.badRequest().bodyValue("Invalid
User ID");
        }
        return ServerResponse.ok().bodyValue(new User(id,
"Sample User"));
    });
}
```

Con un enrutador funcionando, generalmente no usas `@ExceptionHandler`. En su lugar, puedes manejar las excepciones directamente usando métodos como `onErrorResume()` en el flujo reactivo, o, en este ejemplo, nosotros simplemente hemos manejado el error directamente en el código del enrutador.

7.16 Resolución de vistas

En Spring WebFlux, la resolución de vistas funciona de forma un poco diferente que en el Spring MVC tradicional, pero conserva algunos conceptos familiares. No vamos a entrar en demasiados detalles ya que estamos utilizando principalmente WebFlux en un contexto de servidor REST.

Al igual que en Spring MVC, Spring WebFlux utiliza la interfaz `ViewResolver` para resolver vistas. Sin embargo, las vistas en WebFlux deben ser no bloqueantes. Las implementaciones comunes de `ViewResolver` en WebFlux incluyen `ThymeleafReactiveViewResolver` para Thymeleaf y `FreeMarkerViewResolver` para FreeMarker, entre otras.

En un controlador anotado, puede devolver una cadena que represente el nombre de la vista, al igual que lo haría en Spring MVC.

```
@RestController
public class ViewController {

    @GetMapping("/view")
    public String getView() {
        return "viewName";  // Nombre del modelo a resolver por
el ViewResolver
    }
}
```

Con el enrutador funcional, la resolución de vistas también es posible, pero esto implica utilizar la clase `ModelAndView` o crear manualmente una respuesta con el nombre de la vista.

```
@Bean
public RouterFunction<ServerResponse> viewRouter() {
    return RouterFunctions.route(RequestPredicates.GET("/view"),
request -> {
        Map<String, Object> model = new HashMap<>();
        model.put("key", "value");
        return ServerResponse.ok().render("viewName", model);
// Nombre y modelo del modelo a resolver
    });
}
```

Con el enrutador funcional, usted tiene un control más explícito sobre la respuesta. Puede definir con precisión las cabeceras, el estado y el cuerpo de la respuesta.

7.17 Redirecciones

Las redirecciones en Spring WebFlux se utilizan para dirigir al cliente a una nueva URL. Esta es una técnica corriente para diversos escenarios, tales como la redirección después de un envío exitoso de un formulario. Usted puede utilizar la redirección utilizando el prefijo `redirect:`.

Controlador anotado

En un controlador anotado, simplemente devuelve una cadena con el prefijo `redirect:` seguido de la URL a la que desea redirigir.

```
@RestController
public class RedirectController {

    @PostMapping("/submitForm")
    public Mono<String> handleSubmit() {
        // ... procesar el envío del formulario
        return Mono.just("redirect:/success");
    }
}
```

Enrutador funcional

Con el enrutador en funcionamiento, usted puede utilizar el método `seeOther()` u otros métodos apropiados disponibles en la clase `ServerResponse` para realizar una redirección.

```
@Bean
public RouterFunction<ServerResponse> redirectRouter() {
    return RouterFunctions.route(RequestPredicates.POST
("/submitForm"), request -> {
        // ... procesar el envío del formulario
        return ServerResponse.seeOther(URI.create
("/success")).build();
    });
}
```

7.18 Negociación de contenido

Para la negociación de contenido, es practico poder pasar de una representación de un modelo con una plantilla HTML a otros formatos (como JSON o XML), dependiendo del tipo de contenido solicitado por el cliente. Para ello, Spring WebFlux proporciona el `HttpMessageWriterView`, que permite integrarse en cualquiera de los codecs disponibles en Spring Web, como `Jackson2JsonEncoder`, `Jackson2SmileEncoder` o `Jaxb2XmlEncoder`. A diferencia de otras tecnologías de gestión de vistas, `HttpMessageWriterView` no requiere un `ViewResolver`. En su lugar, se configura como una vista por defecto. Es posible configurar una o más de estas vistas por defecto, abarcando diferentes instancias de `HttpMessageWriter` o instancias de `Encoder`. Aquella que corresponde al tipo de contenido solicitado se utiliza en tiempo real. En la mayoría de los casos, un modelo tiene varios atributos. Para elegir cuál serializar, puede configurar `HttpMessageWriterView` con el nombre del atributo del modelo que se utilizará para la renderización. Si el modelo sólo tiene un atributo, se utilizará ese atributo.

Aquí tienes un ejemplo básico de cómo podrías responder en formato JSON o XML en función del header `Accept` para un controlador anotado y para un enrutador funcional en Spring WebFlux.

Controlador anotado

Suponga que tiene una entidad simple `Persona`:

```
public class Person {
    private String name;
    private int age;
    // getters, setters, etc.
}
```

Aquí está el controlador asociado:

```
@RestController
@RequestMapping("/persons")
public class PersonController {

    @GetMapping("/{id}")
    public Mono<Person> getPerson(@PathVariable String id) {
        return Mono.just(new Person("John", 30)); // esto es
```

```
sólo un ejemplo estático
    }
}
```

Si accede a `"/persons/1"`con el header Accept: `application/json`, obtendrás una respuesta JSON. Con el header `Accept: application/xml`, si tiene configurado el códec adecuado (por ejemplo, JAXB), obtendrá una respuesta XML.

Enrutador funcional

Configuración del enrutador:

```
@Configuration
public class PersonRouter {

    @Bean
    public RouterFunction<ServerResponse> route(PersonHandler
personHandler) {
        return RouterFunctions
            .route(RequestPredicates.GET("/persons/{id}").
and(RequestPredicates.accept(MediaType.APPLICATION_JSON,
MediaType.APPLICATION_XML)), personHandler::getPerson);
    }
}
```

Handler:

```
@Component
public class PersonHandler {

    public Mono<ServerResponse> getPerson(ServerRequest request) {
        return ServerResponse.ok().body(Mono.just(new Person("John",
30)), Person.class);
    }
}
}
```

Con el enrutador funcional, el comportamiento es similar. Al acceder a `"/persons/1"` con el header `Accept` adecuado, se obtiene la respuesta en el formato correspondiente, ya sea JSON o XML.

No olvides que para el soporte XML, necesitas dependencias y configuraciones adicionales (JAXB, por ejemplo).

7.19 Aspect-Oriented Programming

En Spring WebFlux, al igual que en Spring MVC, puede utilizar el *Aspect-Oriented Programming* (AOP) para añadir los comportamientos transversales (*cross-cutting*) a sus componentes. AOP le permite añadir funcionalidades a los métodos sin modificar su código. He aquí cómo funciona y las diferencias entre un controlador anotado y un enrutador funcional.

Definición de un aspecto para un controlador anotado

Supongamos que desea medir el tiempo de ejecución de un método.

```
@Aspect
@Component
public class TimingAspect {

    @Around("@annotation(MyTimed)")
    public Object timeMethod(ProceedingJoinPoint joinPoint) throws
Throwable {
        long start = System.currentTimeMillis();
        Object result = joinPoint.proceed();
        long end = System.currentTimeMillis();
        System.out.println(joinPoint.getSignature() + "
executed in " + (end - start) + "ms");
        return result;
    }
}
```

▶Añade la dependencia.

```
<dependency>
    <groupId>org.springframework.boot</groupId>
    <artifactId>spring-boot-starter-aop</artifactId>
</dependency>
```

▶Definir una anotación personalizada.

```
@Target(ElementType.METHOD)
@Retention(RetentionPolicy.RUNTIME)
public @interface MyTimed {
}
```

▶ Utilice la anotación en un método de controlador.

```
@RestController
public class MyController {

    @GetMapping("/data")
    @MyTimed
    public Mono<String> getData() {
        return Mono.just("data");
    }
}
```

Con esta configuración, cada vez que se llama a `"/data"`, se registrará el tiempo de ejecución del método.

Definición de un aspecto para un enrutador funcional

Las cosas se complican un poco más con los enrutadores funcionales, ya que no se basan en anotaciones. Sin embargo, puedes seguir utilizando interceptores y filtros para conseguir funcionalidades similares.

▶ Definir un filtro de manipulación web.

```
@Component
public class TimingWebFilter implements WebFilter {

    @Override
    public Mono<Void> filter(ServerWebExchange exchange,
WebFilterChain chain) {
        long start = System.currentTimeMillis();
        return chain.filter(exchange).doFinally(signalType -> {
            long end = System.currentTimeMillis();
            System.out.println(exchange.getRequest().getURI() +
" executed in " + (end - start) + "ms");
        });
    }
}
```

▶ Configura el enrutador.

```
@Configuration
public class MyRouter {

    @Bean
    public RouterFunction<ServerResponse> route() {
        return RouterFunctions.route(RequestPredicates.
GET("/data"), req -> ServerResponse.ok().body(Mono.just("data"),
String.class));
    }
}
```

Con esta configuración, cada vez que se llama a `"/data"` a través del enrutador funcional, se registra el tiempo de ejecución de la solicitud.

7.20 Validación de beans

La validación de beans es un mecanismo esencial en Spring para garantizar que los objetos (a menudo objetos de dominio u objetos de transferencia de datos *Data Transfer Object*, DTO) cumplen ciertas restricciones antes de seguir siendo procesados. En Spring WebFlux, la validación de beans se basa en l'API de Validación de Java (JSR 380) y su implementación de referencia Hibernate Validator. Es necesario añadir las dependencias necesarias para la validación y para Hibernate Validator.

```
<dependency>
    <groupId>org.hibernate.validator</groupId>
    <artifactId>hibernate-validator</artifactId>
    <version>8.0.1.Final</version>
</dependency>
<dependency>
    <groupId>jakarta.validation</groupId>
    <artifactId>jakarta.validation-api</artifactId>
    <version>3.0.2</version>
</dependency>
```

Hibernate Validator es una implementación concreta de la API Jakarta Bean Validation (anteriormente Java EE Bean Validation). La API define estándares y firmas de métodos para la validación de beans, mientras que Hibernate Validator proporciona una implementación de estos estándares.

- `jakarta.validation:validation-api`: definición de interfaces, anotaciones y clases de excepción. Esta es la especificación.

Cuando usted escribe código que utiliza anotaciones de validación como `@NotNull`, `@Size`, etc., utiliza esta dependencia.

- `org.hibernate.validator:hibernate-validator`: implementación concreta de la API de validación. Esto significa que proporciona el motor real que comprueba sus datos en función de las anotaciones que has colocado sobre ellos.

He aquí cómo funciona y las diferencias entre un controlador anotado y un enrutador en funcional.

Controlador anotado

▶ Utilice anotaciones de validación en sus beans.

```
public class User {

    @NotBlank
    private String name;

    @Email
    private String email;

    // getters, setters...
}
```

▶ Validación en el controlador: utilice la anotación `@Valid` o `@Validated` para activar la validación cuando se vinculen los datos.

```
@RestController
public class UserController {

    @PostMapping("/users")
    public Mono<ResponseEntity<?>> createUser(@Valid
@RequestBody Mono<User> user) {
        return user.map(u -> ResponseEntity.ok().build());
```

```
        // También gestiona errores de validación
    }
}
```

Enrutador funcional

Con el estilo de enrutador funcional, el procedimiento es ligeramente diferente: hay que activar la validación manualmente. He aquí un ejemplo simplificado:

```
@Bean
public RouterFunction<ServerResponse> userRoutes(Validator
validator) {
    return route(POST("/users"), request -> {
        return request.bodyToMono(User.class)
            .flatMap(user -> {
                Set<ConstraintViolation<User>>
violations = validator.validate(user);
                if (!violations.isEmpty()) {
                    // Manejar los errores de validación aquí...
                }
                // Seguir procesando...
                return ServerResponse.ok().build();
            });
    });
}
```

Diferencias

Para el controlador anotado, la validación se activa automáticamente mediante el uso de la anotación `@Valido` `@Validated` cuando se vinculan los datos. Los errores de validación se pueden gestionar mediante un gestor de excepciones global o localmente en el controlador.

En lo que concierne el enrutador funcional, la validación debe activarse manualmente. Necesita obtener una instancia del `Validate`, usarlo para validar su objeto, y luego manejar las violaciones si es necesario.

7.21 Utilización de Springdoc

Springdoc es una biblioteca que soporta la generación automática de documentación API OpenAPI 3.0 para aplicaciones Spring Boot. Es compatible con una variedad de frameworks de Spring, incluyendo WebFlux.

Springdoc proporciona dependencias específicas para WebFlux para generar la documentación para aplicaciones reactivas. En particular, recomendamos utilizar `springdoc-openapi-webflux-core` para el soporte del núcleo y `springdoc-openapi-webflux-ui` para la integración de Swagger UI. Este último puede generar la documentación para los puntos finales de WebFlux, tanto si se definen mediante controladores anotados o enrutadores funcionales.

Dependencias que deben integrarse:

```
<dependency>
    <groupId>org.springdoc</groupId>
    <artifactId>springdoc-openapi-webflux-core</artifactId>
    <version>1.7.0</version>
</dependency>
<dependency>
    <groupId>org.springdoc</groupId>
    <artifactId>springdoc-openapi-webflux-ui</artifactId>
    <version>1.7.0</version>
</dependency>
```

También hay:

```
<dependency>
    <groupId>org.springdoc</groupId>
    <artifactId>springdoc-openapi-starter-webflux-ui </artifactId>
    <version>2.2.0</version>
</dependency>
```

Controlador anotado

Con los controladores anotados, se utilizan anotaciones familiares como `@RestController`, `@GetMapping`, `@PostMapping`, etc. Springdoc funciona automáticamente con estas anotaciones. Puede utilizar anotaciones adicionales proporcionadas por Springdoc/OpenAPI para enriquecer la documentación, como `@Operation`, `@ApiResponse`, etc.

Ejemplo:

```
@RestController
@RequestMapping("/api/items")
public class ItemController {
    @GetMapping("/{id}")
    @Operation(summary = "Get item by ID")
    public Mono<Item> getItem(@PathVariable String id) {
        // ... implementación ...
    }
}
```

Enrutador funcional

Con un enrutador funcional, usted define las rutas para su aplicación utilizando un enfoque programático. Springdoc no puede inspeccionar estos enrutadores directamente como puede hacerlo con los controladores anotados. Sin embargo, puede utilizar anotaciones en los gestores de rutas para proporcionar metadatos a Springdoc.

Ejemplo:

```
@Bean
public RouterFunction<ServerResponse>
routes(ItemHandler itemHandler) {
    return RouterFunctions.route()
        .GET("/api/items/{id}", itemHandler::getItem)
        .build();

}

@Component
public class ItemHandler {
    @Operation(summary = "Get item by ID")
    public Mono<ServerResponse> getItem(ServerRequest request) {
        String id = request.pathVariable("id");
        // ... implementación ...
    }
}
```

Springdoc funciona con WebFlux, tanto si utiliza controladores anotados como enrutadores funcionales. Con controladores anotados, la detección y la documentación son bastante automáticas. Con enrutadores funcionales, puede ser necesario añadir anotaciones directamente a los manejadores o componentes de procesamiento para guiar a Springdoc.

7.22 Gestión de la internacionalización

La gestión de la internacionalización (i18n) en una aplicación WebFlux se basa en conceptos similares a los del ecosistema Spring MVC tradicional. A continuación, le explicamos cómo puede gestionarlo y las diferencias entre un controlador anotado y un enrutamiento funcional.

7.22.1 Configuración

He aquí cómo configurar el i18n en WebFlux.

- `MessageSource`: al igual que con Spring MVC, es necesario definir un `MessageSource` para proporcionar mensajes localizados. Esto se hace normalmente utilizando un `ReloadableResourceBundleMessageSource` que apunta a sus archivos de propiedades.

```
@Bean
public ReloadableResourceBundleMessageSource messageSource() {
    ReloadableResourceBundleMessageSource messageSource =
new ReloadableResourceBundleMessageSource();
    messageSource.setBasename("classpath:i18n/messages");
    messageSource.setDefaultEncoding("UTF-8");
    return messageSource;
}
```

Entonces tendrá archivos como `i18n/messages_fr.properties`, `i18n/messages_en.properties`, etc.

- `LocaleResolver`: para determinar la configuración `Local` actual de un utilizador, es necesario definir un `LocaleResolver`. En WebFlux, se utiliza `AcceptHeaderLocaleContextResolver`, que determina la configuración regional a partir del encabezado `Accept-Language` del cliente.

Controlador anotado

En un controlador anotado, puede inyectar el MessageSourcedirectamente para recuperar mensajes localizados. Además, puede utilizar @Value para inyectar valores de propiedad específicos.

```
@RestController
public class MyController2 {
  @Autowired
  private MessageSource messageSource;
  @GetMapping("/greet")
  public Mono<String> greet(Locale locale) {
    return Mono.just(messageSource
    .getMessage("greeting", null, locale));
  }
}
```

Enrutador funcional

Con un enrutador en funcionamiento, no utilizas anotaciones directamente. En su lugar, pasas las dependencias necesarias (como MessageSource) a su gestor o su servicio.

```
    @Component
    public class GreetingHandler {

        private final MessageSource messageSource;

        @Autowired
        public GreetingHandler(MessageSource messageSource) {
            this.messageSource = messageSource;
        }

        public Mono<ServerResponse> greet(ServerRequest request) {
            Locale locale =
request.exchange().getLocaleContext().getLocale();
            String greeting = messageSource.getMessage("greeting",
null, locale);
            return ServerResponse.ok().bodyValue(greeting);
        }
    }
```

Y el enrutador:

```
    @Bean
    public RouterFunction<ServerResponse> route(GreetingHandler
greetingHandler) {
        return RouterFunctions.route(GET("/greet"),
greetingHandler::greet);
    }
```

7.22.2 Mensajes de error

La gestión de mensajes de error en una aplicación WebFlux, al igual que la internacionalización, puede variar ligeramente dependiendo de si se utiliza un controlador anotado o un enrutador funcional. A continuación, te explicamos cómo puedes gestionar los mensajes de error internacionalizados utilizando los dos enfoques.

Configurar los mensajes de error para la internacionalización requiere en primer lugar, como se ha mencionado anteriormente, definir un `MessageSource` para proporcionar mensajes localizados.

En cuanto a la gestión de errores, es probable que desee un enfoque centralizado para gestionar las excepciones y devolver mensajes de error internacionalizados.

Controlador anotado

Puedes utilizar `@ExceptionHandler` para manejar excepciones a nivel de controlador. En el manejador de excepciones, puede recuperar el mensaje de error internacionalizado en función de la configuración `Local` actual.

```
@RestController
public class MyController {
  @Autowired
  private MessageSource messageSource;
  @GetMapping("/someEndpoint")
  public Mono<String> someEndpoint() {
    //...
    return Mono.just("Su respuesta aquí");
  }
  @ExceptionHandler(SomeException.class)
  public Mono<ResponseEntity<String>> handleSomeException(
          SomeException ex, Locale locale) {
```

```
    String errorMessage = messageSource.getMessage(
            "error.someError", null, locale);
    return Mono.just(ResponseEntity
            .badRequest()
            .body(errorMessage));
  }
}
```

Enrutador funcional

```
  @Autowired
  private MessageSource messageSource;
  RouterFunction<ServerResponse> route2() {
    return RouterFunctions
      .route(GET("/foo"), request -> {
        Locale locale = request.exchange().getRequest().
getHeaders().getAcceptLanguageAsLocales().get(0);
        return Mono.error(new DataNotFoundException(messageSource.
getMessage("data.notfound", null, "Default message", locale)));
      })
      .andRoute(GET("/bar"), request -> {
        Locale locale = request.exchange().getRequest().
getHeaders().getAcceptLanguageAsLocales().get(0);
        return Mono.error(new DataNotFoundException(messageSource.
getMessage("data.notfound", null, "Default message", locale)));
      })
      .filter(dataNotFoundToBadRequest2());
  }

  private HandlerFilterFunction<ServerResponse, ServerResponse>
dataNotFoundToBadRequest2() {
    return (request, next) -> next.handle(request)
      .onErrorResume(DataNotFoundException.class,
e -> ServerResponse.badRequest().body(BodyInserters.
fromValue(e.getMessage())));
  }
```

7.23 Configuración de WebFlux

Ya hemos visto algunos de los elementos que intervienen en la configuración de un servidor Spring WebFlux.

Aquí tiene información adicional.

`WebConfig` implementa `WebFluxConfigurer` y `WebFluxConfigurationSupport`, que son dos enfoques diferentes para configurar una aplicación Spring WebFlux.

WebConfig implementa WebFluxConfigurer

En este enfoque, se crea una clase de configuración personalizada (`WebConfig`) y se implementa la interfaz `WebFluxConfigurer`. Esta interfaz proporciona métodos predeterminados que se pueden utilizar para personalizar diversos aspectos de la infraestructura WebFlux de la aplicación.

Por ejemplo, puedes utilizar `WebFluxConfigurer` para configurar códecs HTTP, gestores de vistas, gestores de recursos, etc. Puedes elegir qué métodos quieres implementar para personalizar específicamente ciertos aspectos de tu aplicación.

WebFluxConfigurationSupport

`WebFluxConfigurationSupport` es una clase abstracta proporcionada por Spring Framework que facilita la configuración de la infraestructura necesaria para ejecutar una aplicación Spring WebFlux. Puede extender esta clase para aprovechar ciertas características predefinidas y facilitar la configuración de la aplicación.

A diferencia de `WebFluxConfigurer`, `WebFluxConfigurationSupport` proporciona métodos concretos con una implementación predeterminada para configurar ciertos componentes de la infraestructura WebFlux, como los códecs HTTP y los gestores de vistas. También puedes anular estos métodos para personalizar su comportamiento y adaptarlo a tus necesidades.

`WebFluxConfigurer` le permite personalizar específicamente ciertos aspectos de la configuración de su aplicación Spring WebFlux implementando los métodos deseados, mientras que `WebFluxConfigurationSupport` proporciona métodos concretos con una implementación por defecto para facilitar la configuración de la infraestructura WebFlux. Puede extender esta clase y anular sus métodos para personalizar el comportamiento a sus necesidades específicas.

DelegarWebFluxConfiguration

`DelegatingWebFluxConfiguration` es una clase abstracta proporcionada por Spring WebFlux que permite personalizar la configuración global de la infraestructura WebFlux en su aplicación. Se puede utilizar para personalizar varios componentes y funcionalidades como gestores de URL, gestores de recursos, conversores, codecs, filtros, resolvedores de vistas, etc.

Para utilizar `DelegatingWebFluxConfiguration`, debe crear una clase que herede de esta clase abstracta e implementar los métodos para personalizar los componentes WebFlux a sus necesidades específicas.

A continuación, se explica cómo utilizar `DelegatingWebFluxConfiguration`:

- Crear una clase de configuración personalizada mediante la extensión de `DelegatingWebFluxConfiguration`.

```
   import org.springframework.context.annotation.Configuration;
   import org.springframework.web.reactive.config.
DelegatingWebFluxConfiguration;

   @Configuration
   public class CustomWebFluxConfiguration extends
DelegatingWebFluxConfiguration {

       // Implementar aquí los métodos para personalizar
       // componentes WebFlux
       // Por ejemplo, puede personalizar los codecs,
       // conversores, handlers, etc.

   }
```

▶ Aplique métodos de personalización en función de sus necesidades.

```
    @Override
   protected void
configureHttpMessageCodecs(ServerCodecConfigurer configurer) {
        // Personalice aquí los códecs HTTP
    }

    @Override
    protected void configureViewResolvers(ViewResolverRegistry
registry) {
        // Personalice aquí los resolvedores de vistas
    }

    @Override
    protected void addResourceHandlers(ResourceHandlerRegistry
registry) {
        // Personalice aquí los manejadores de recursos
    }

    // Y así sucesivamente, para personalizar otros componentes
    // de WebFlux
```

También puede utilizar la anotación `@EnableWebFlux` en su clase de configuración personalizada para activar la configuración WebFlux.

Con `DelegatingWebFluxConfiguration`, puede personalizar fácilmente la configuración general de WebFlux en su aplicación sustituyendo métodos específicos y configurando componentes para adaptarlos a sus necesidades. Esto le permite controlar con precisión el comportamiento de la infraestructura WebFlux y adaptarla a su caso de utilización.

8. WebSocket(s) reactivo(s)

El protocolo WebSocket, RFC 6455, proporciona un medio estandarizado para establecer una comunicación bidireccional full-duplex entre cliente y servidor a través de una única conexión TCP. Aunque se trata de un protocolo TCP distinto de HTTP, está diseñado para funcionar sobre HTTP, utilizando los puertos 80 y 443, lo que permite reutilizar las reglas de cortafuegos existentes.

Una interacción WebSocket comienza con una petición HTTP que utiliza la cabecera HTTP `Upgrade` para cambiar al protocolo WebSocket.

Tras un apretón de manos satisfactorio, el socket TCP subyacente permanece abierto, lo que permite al cliente y al servidor seguir enviando y recibiendo mensajes.

Tenga en cuenta que si un servidor WebSocket se ejecuta detrás de un servidor web (como nginx), probablemente sea necesario configurarlo para transferir las solicitudes de actualización de WebSocket al servidor WebSocket. Del mismo modo, si la aplicación está alojada en un entorno cloud, deberá comprobar las instrucciones del proveedor en relación con la compatibilidad con WebSocket. Aunque WebSocket está diseñado para ser compatible con HTTP, es crucial entender que estos dos protocolos conducen a arquitecturas y modelos de programación muy diferentes. En general, con HTTP, una aplicación es modelizada con múltiples URL accesibles a través de solicitudes. En cambio, con WebSocket, suele haber una única URL para la conexión inicial, y luego todos los mensajes de la aplicación pasan por esa misma conexión, lo que sugiere una arquitectura totalmente distinta. WebSocket puede hacer que una página web sea dinámica e interactiva. Sin embargo, a menudo basta con una combinación de AJAX y HTTP streaming o sondeo prolongado (*long polling*). Por ejemplo, para noticias o correo electrónico, una actualización de algunos minutos puede ser suficiente. Pero para juegos o aplicaciones financieras, el tiempo real es esencial. También es importante tener en cuenta que, en Internet, algunos proxies restrictivos pueden impedir las interacciones WebSocket. Esto significa que utilizar WebSocket para aplicaciones internas es más sencillo que para aplicaciones destinadas al público en general.

Spring Framework proporciona una API WebSocket con la que puede desarrollar aplicaciones cliente y servidor para gestionar mensajes WebSocket.

Servidor

▶ Para configurar un servidor WebSocket, comience por crear un `WebSocketHandler`.

```
public class MonWebSocketHandler implements WebSocketHandler {

  @Override
  public Mono<Void> handle(WebSocketSession session) {
    // Maneja los mensajes entrantes y los envía de vuelta al cliente
    [...]
  }
}
```

▶ A continuación, vincúlalo a una URL.

```
@Configuration
class WebConfig {

  // Mapeo de handlers (manejadores)
  @Bean
  public HandlerMapping handlerMapping() {

    // Asociar URL con sus manejadores WebSocket
    // respectivos
    Map<String, WebSocketHandler> map = new HashMap<>();

    // Asociación de la URL "/path" a nuestro gestor
MonWebSocketHandler
    map.put("/path", new MonWebSocketHandler());

    // Un valor menor indica una prioridad mayor
    int order = -1;

    // Devuelve una instancia de SimpleUrlHandlerMapping que
    // utiliza nuestro mapa y nuestro orden. Esto le dice a Spring
    // cómo debe enrutar las solicitudes WebSocket.
    return new SimpleUrlHandlerMapping(map, order);
  }
}
```

Gestor de WebSocket

El método handle() del gestor WebSocket acepta una WebSocketSession y devuelve Mono<Void> para indicar que la aplicación ha terminado de procesar la sesión. La sesión se gestiona a través de dos flujos, uno para los mensajes entrantes y otro para los salientes. La siguiente tabla describe los dos métodos que gestionan estos flujos.

Método WebSocketSession	Descripción
Flux<WebSocketMessage> recibir()	Proporciona acceso al flujo de mensajes entrantes y finaliza cuando se cierra la conexión.
Mono<Void> send(Publisher<WebSocketMessage>)	Acepta una fuente de mensajes salientes, envía los mensajes y devuelve un Mono<Void> que termina una vez que se completa la fuente y finaliza la escritura.

Un WebSocketHandler debe integrar los flujos entrantes y salientes en un flujo unificado y devolver un Mono<Void> que indique el final de este flujo. Dependiendo de las necesidades de la aplicación, este flujo unificado termina cuando:

- Uno de los flujos de mensajes, entrantes o salientes, ha finalizado.
- El flujo entrante termina (es decir, la conexión se cierra), mientras que el saliente continúa indefinidamente.
- Esto se especifica directamente, a través del método close() de WebSocketSession.

Cuando se combinan flujos de mensajes entrantes y salientes, no es necesario comprobar si la conexión está abierta, ya que las señales de los flujos reactivos indican el final de la actividad. El flujo entrante recibe una señal de finalización o error, y el flujo saliente recibe una señal de cancelación. El ejemplo más básico de el gestor es el que maneja el flujo entrante.

He aquí un ejemplo:

```
class GestorEjemplo implements WebSocketHandler {

  @Override
  public Mono<Void> handle(WebSocketSession session) {
    // Accede al flujo de mensajes entrantes
    return session.receive()
      // Procesa cada mensaje
      .doOnNext(message -> {
        // ...
      })
      // Realiza operaciones asíncronas anidadas
      // utilizando el contenido del mensaje
      .concatMap(message -> {
        // ...
      })
      // Devuelve un Mono<Void> que termina cuando la
      // recepción se ha completado
      .then();
  }
}
```

Para operaciones asíncronas anidadas, puede ser necesario invocar `message.retain()` en servidores subyacentes que utilicen Búferes de datos agrupados (como Netty, por ejemplo). Si no se hace esto, el búfer de datos puede ser liberado antes de que haya tenido la oportunidad de leer los datos. Para más información, véase Búferes de datos y códecs.

La siguiente implementación fusiona los flujos entrantes y salientes:

```
class GestorEjemplo implements WebSocketHandler {

  @Override
  public Mono<Void> handle(WebSocketSession session) {

    Flux<WebSocketMessage> salida = session.receive()
      .doOnNext(message -> {
        // ...
      })
      .concatMap(message -> {
        // ...
      })
      .map(value -> session.textMessage("Echo " + value));
```

```
        return session.send(salida);
    }
}
```

Los flujos entrantes y salientes pueden ser independientes y sólo juntarse para su finalización, como se muestra en el siguiente ejemplo:

```
class GestorEjemplo2 implements WebSocketHandler {

  @Override
  public Mono<Void> handle(WebSocketSession session) {

    // Procesa el flujo de mensajes entrantes
    Mono<Void> entrada = session.receive()
      .doOnNext(message -> {
        // ...
      })
      .concatMap(message -> {
        // ...
      })
      .then();

    // Envía los mensajes salientes.
    Flux<String> source = ... ;
    Mono<Void> salida = session.send(source.map(session::textMessage));

    // Une los streams y devuelve un Mono<Void> que
    // termina cuando uno de los streams termina
    return Mono.zip(entrada, salida).then();
  }
}
```

El `DataBuffer` es la representación de un búfer de bytes en WebFlux. La parte de Spring Core de la referencia dice más sobre esto en la sección sobre búferes de datos y códecs. La clave para entender es que, en algunos servidores, como Netty, los Búferes de bytes son agrupados y contados por referencia, y deben ser liberados una vez consumidos para evitar fugas de memoria.

Cuando se ejecuta en Netty, las aplicaciones deben utilizar `DataBufferUtils.retain(dataBuffer` si desean retener los búferes de datos entrantes para asegurarse de que no se liberan, y luego utilizar `DataBufferUtils.release(dataBuffer)` cuando se consumen los búferes.

El `WebSocketHandlerAdapter` delega en un `WebSocketService`. Por defecto, se trata de una instancia de `HandshakeWebSocketService`, que realiza comprobaciones básicas sobre la petición WebSocket y luego utiliza `RequestUpgradeStrategy` para el servidor utilizado. Actualmente, hay soporte incorporado para Reactor Netty, Tomcat, Jetty y Undertow.

El `HandshakeWebSocketService` expone una propiedad `sessionAttributePredicate` que puede utilizarse para definir un `Predicate<String>` para extraer atributos de la `WebSession` e insertarlos en los atributos de la `WebSocketSession`.

La `RequestUpgradeStrategy` de cada servidor expone una configuración específica para el motor WebSocket subyacente del servidor. Cuando se utiliza la configuración Java WebFlux, puede personalizar estas propiedades como se indica en la sección correspondiente de la configuración WebFlux, o alternativamente, si no está utilizando la configuración WebFlux, utilice el código siguiente.

```
@Configuration
class ConfigWeb {

  // Bean para adaptar el WebSocket handler a la infraestructura
  // WebFlux
  @Bean
  public WebSocketHandlerAdapter handlerAdapter() {
    return new WebSocketHandlerAdapter(serviceWebSocket());
  }

  // Bean para el servicio WebSocket que gestiona el apretón de
  // manos (handshake) y el establecimiento de la conexión
  @Bean
  public WebSocketService serviceWebSocket() {
    // Estrategia para actualizar la solicitud con Tomcat
    TomcatRequestUpgradeStrategy  strategy =
new TomcatRequestUpgradeStrategy();
```

```
    // Fijar en 0 el tiempo máximo de inactividad de la sesión
    // (sin periodo de inactividad)
    strategy.setMaxSessionIdleTimeout(0L);

    // Devuelve el servicio WebSocket handshake con el valor
    // estrategia definida
    return new ServiceWebSocketHandshake(strategy);
  }}
```

Compruebe la estrategia de actualización de su servidor para ver las opciones disponibles. Actualmente, sólo Tomcat y Jetty disponen de estas opciones.

Para el CORS, la forma más sencilla de configurar CORS y restringir el acceso a un endpoint WebSocket es hacer que el `WebSocketHandler` implemente `CorsConfigurationSource` y devuelva una `CorsConfiguration` con los orígenes permitidos, cabeceras y otros detalles. Si no puede hacer esto, también puede establecer la propiedad `corsConfigurations` en el `SimpleUrlHandler` para especificar los parámetros CORS por patrón de URL. Si se especifican ambos, se combinan mediante el método `combine()` de `CorsConfiguration`.

A nivel de cliente, Spring WebFlux proporciona una abstracción `WebSocketClient` con implementaciones para Reactor Netty, Tomcat, Jetty, Undertow y Java estándar (es decir, JSR-356).

El cliente Tomcat es, de hecho, una extensión del cliente Java estándar con algunas funcionalidades suplementarias en la gestión de `WebSocketSession` para aprovechar la API específica de Tomcat para suspender la recepción de mensajes con contrapresión.

Para iniciar una sesión WebSocket, puede crear una instancia del cliente y utilizar sus métodos `execute()`:

```
WebSocketClient client = new ClientWebSocketReactorNetty();

URI url = new URI("ws://localhost:8080/ruta");
client.execute(url, session ->
           session.receive()
                    .doOnNext(System.out::println)
                    .then());
```

Algunos clientes, como Jetty, implementan Lifecycle y deben detenerse e iniciarse antes de poder utilizarlos. Todos los clientes tienen opciones de construcción vinculadas a la configuración del cliente WebSocket subyacente.

9. WebClient

El `WebClient` es la parte espejo del lado servidor de Spring WebFlux. También está destinado a ser utilizado con Spring MVC, ya que el `RestTemplate` corre el riesgo de desaparecer en favor del `WebClient`. El `WebClient` es una clase Spring WebFlux que permite realizar solicitudes HTTP de manera reactiva. Proporciona una interfaz fluida para realizar llamadas RESTful y recuperar respuestas de forma asíncrona.

Ya hemos visto algunos usos de WebClient en nuestros ejemplos anteriores.

A continuación, se muestra un ejemplo de uso de `WebClient` para realizar una solicitud `GET` a una API REST:

```
public class WebClientExample {

  public static void main(String[] args) {
    // Creación de un cliente WebClient
    WebClient webClient = WebClient.create("https://
api.example.com");

    // Ejemplo de solicitud GET a una API REST
    Mono<String> responseMono = webClient.get()
      .uri("/endpoint")
      .retrieve()
      .bodyToMono(String.class);

    // Suscribirse a la respuesta y procesar los datos
    responseMono.subscribe(
      response -> System.out.println("Respusta : " + response),
      error -> System.err.println("Error : " +
error.getMessage())
    );

    // Esperar al final de la ejecución para que la petición
    // tenga tiempo de finalizar
    try {
```

```
        Thread.sleep(3000);
      } catch (InterruptedException e) {
        e.printStackTrace();
      }
    }
  }
```

En este ejemplo, creamos un objeto `WebClient` usando `WebClient.create()`, luego hicimos una solicitud GETal URI `"/endpoint"` en la API REST utilizando el método `get().uri("/endpoint")`. A continuación, recuperamos la respuesta con `retrieve()` y utilizamos `bodyToMono()` para convertir la respuesta en un Mono que contiene el valor de la respuesta (en este caso, una cadena de caracteres). Finalmente, nos suscribimos al Mono resultante usando `subscribe()` para procesar la respuesta o cualquier error eventual.

Utilizar `WebClient` significa que las llamadas RESTful pueden realizarse de forma reactiva y asíncrona, lo que resulta especialmente adecuado para las aplicaciones WebFlux.

Utilizando `WebClient.builder()`, puede crear un `WebClient.Builder`, que le permite personalizar y configurar un `WebClient` antes de construirlo. El WebClient.Builder proporciona una variedad de métodos para personalizar el comportamiento del `WebClient`, incluyendo URLs, cabeceras, cookies, estrategias de intercambio, filtros, conector de cliente y más.

He aquí un resumen de las opciones que puede utilizar con `WebClient.builder()`:

- `uriBuilderFactory()`: se puede definir una fábrica de URI personalizada para el `WebClient`, que permite personalizar la construcción de URIs a partir de la URL base y las URLs relativas utilizadas en las solicitudes.
- `defaultUriVariables()`: puede especificar variables URI predeterminadas que se utilizarán para resolver modelos URI con variables en las consultas.
- `defaultHeader()`: puede añadir cabeceras por defecto que se incluirán en cada consulta enviada por el `WebClient`.
- `defaultCookie()`: puede añadir cookies por defecto que se incluirán en cada consulta enviada por el `WebClient`.

- `defaultRequest()`: puede definir parámetros de solicitud por defecto que se incluirán en cada solicitud enviada por el `WebClient`.
- `Filter()`: puede añadir filtros para personalizar el procesamiento de solicitudes y respuestas. Los filtros pueden utilizarse para añadir funcionalidades adicionales, como registro, gestión de errores, etc.
- `exchangeStrategies()`: puede definir estrategias de intercambio para personalizar el modo en que se convierten las solicitudes y respuestas entre objetos y flujos de datos. Esto puede ser útil para gestionar formatos de datos específicos, como JSON o XML.
- `clientConnector()`: puede especificar un conector de cliente personalizado para gestionar las conexiones HTTP subyacentes. Esto puede ser útil para configurar opciones de conexión específicas, como tiempos de espera y ajustes de seguridad.
- `observationRegistry()` y `observationConvention()`: puede configurar mecanismos de observación para supervisar el rendimiento y las métricas de `WebClient`.

He aquí un ejemplo sencillo de utilización del `WebClient.Builder`con `uriBuilderFactory()` y `defaultHeader()`:

```
public class WebClientBuilderExample {

  public static void main(String[] args) {
    // Crear un WebClient.Builder
    WebClient.Builder builder = WebClient.builder();

    // Configurar la fábrica de URIs
    DefaultUriBuilderFactory uriBuilderFactory =
new DefaultUriBuilderFactory("https://api.example.com");
    builder.uriBuilderFactory(uriBuilderFactory);

    // Añadir una cabecera por defecto
    builder.defaultHeader("Authorization", "Bearer your-access-token");

    // Crear el WebClient con las configuraciones personalizadas
    WebClient webClient = builder.build();

    // Usar el WebClient para realizar peticiones
    // ...
  }
}
```

En este ejemplo, hemos configurado un WebClient.`Builder` con una fábrica URI personalizada y una cabecera por defecto para la autorización. El `WebClient` final utilizará estas configuraciones cuando envíe solicitud HTTP.

9.1 MaxInMemorySize

El `MaxInMemorySize` en `WebClient` controla el tamaño máximo de datos en memoria para operaciones de lectura y escritura. Esto puede ser útil cuando se trata de grandes flujos de datos u operaciones de carga/descarga de archivos, para limitar la cantidad de memoria utilizada para almacenar temporalmente los datos. Cuando se realizan operaciones de lectura (por ejemplo, cuando se llama a una API REST para recuperar datos), el `MaxInMemorySize` define el tamaño máximo de datos en memoria que `WebClient` utilizará para almacenar la respuesta antes de empezar a procesarla. Si la respuesta supera este límite, `WebClient` utilizará un enfoque basado en streaming para leer la respuesta de forma incremental sin almacenar toda la respuesta en memoria. Del mismo modo, al realizar operaciones de escritura (por ejemplo, al enviar datos a una API REST para realizar una operación de escritura o carga (*upload*)), el `MaxInMemorySize` define el tamaño máximo de datos en memoria que `WebClient` utilizará para almacenar los datos antes de enviarlos. Si los datos a enviar superan este límite, `WebClient` también utilizará un enfoque basado en streaming para enviar los datos de forma incremental sin almacenarlos en memoria. Puede configurar el `MaxInMemorySize` para el `WebClient` utilizando el método `exchangeStrategies()` del `WebClient.Builder` y utilizando un ExchangeStrategies.Builder para configurar las estrategias de intercambio, incluyendo la propiedad `maxInMemorySize()`.

He aquí un ejemplo:

```
public class WebClientMaxInMemorySizeExample {

  public static void main(String[] args) {
    // Crear un WebClient.Builder
    WebClient.Builder builder = WebClient.builder();

    // Configurar estrategias de intercambio con
    // el MaxInMemorySize
```

```
        ExchangeStrategies strategies = ExchangeStrategies.builder()
          .codecs(configurer -> configurer.defaultCodecs()
.maxInMemorySize(1024 * 1024)) // 1 Mo
          .build();

        // Aplicar estrategias de intercambio al WebClient.Builder
        builder.exchangeStrategies(strategies);

        // Crear el WebClient con las configuraciones personalizadas
        WebClient webClient = builder.build();

        // Utilización del WebClient para hacer solicitudes
        // ...
    }
}
```

En este ejemplo, hemos configurado el `MaxInMemorySize`en 1 MB (1024 * 1024 bytes) para las operaciones de lectura y escritura del `WebClient`. Puede ajustar este valor según las necesidades de su aplicación y el tamaño de los datos que esté procesando.

9.2 Filtros

Con el `WebClient` en Spring WebFlux, puede registrar un filtro de cliente (`ExchangeFilterFunction`) a través de `WebClient.Builder`. Este filtro de cliente le permite interceptar y modificar las solicitudes salientes antes de que se envíen al servidor.

`ExchangeFilterFunction` es una interfaz que define un método `filter()` que debe implementarse. Este método es llamado para cada solicitud saliente antes de ser enviada. Se le puede añadir una lógica personalizada para modificar las cabeceras, el cuerpo de la solicitud o realizar cualquier otra transformación necesaria antes de enviarla.

A continuación, se explica cómo registrar un filtro de cliente con `WebClient`:

- Cree una instancia de `ExchangeFilterFunction`implementando el método `filter()`.

```
public class CustomWebClientConfiguration {

  // Definición de la función de filtro personalizada
  private static final ExchangeFilterFunction customFilter =
(request, next) -> {
    // Lógica personalizada para modificar la solicitud,
por ejemplo:
    ClientRequest filteredRequest = ClientRequest.from(request)
      .header("Authorization", "Bearer your-token")
      .build();

    // Llamar al siguiente filtro de la cadena de procesamiento
    return next.exchange(filteredRequest)
      // Modificar o inspeccionar la respuesta, si es necesario
      .doOnNext(clientResponse -> {
        // Por ejemplo, registrar el estado de la respuesta
        System.out.println("Status code: " +
clientResponse.statusCode());
      });
  };

  // Puedes tener otros métodos o miembros en esta
  // clase si es necesario

  // Por ejemplo, un método para obtener un WebClient con el
  // filtro aplicado
  // public WebClient customWebClient() {
  //     return WebClient.builder()
  //         .filter(customFilter)
  //         .build();
  // }
}
```

- Registrar el filtro de cliente cuando se construye WebClient utilizando el `WebClient.Builder`.

```
WebClient webClient = WebClient.builder()
    .baseUrl("https://api.example.com")
    .filter(customFilter)
    .build();
```

En este ejemplo, hemos creado un filtro de cliente personalizado que añade una cabecera `"Autorización"` que contiene un token de acceso (`"your-token"`) acada solicitud saliente. La lógica de este filtro puede adaptarse a sus necesidades específicas.

Utilizando este enfoque, puede añadir múltiples filtros de cliente para realizar diferentes acciones antes de enviar las solicitudes. Los filtros son llamados en el orden en que fueron registrados, permitiéndole construir una cadena de procesamiento flexible y modular para sus llamadas de red con `WebClient`.

Con Spring WebFlux, podemos crear un `WebClient` añadiendo un filtro personalizado para realizar operaciones adicionales en la solicitud o respuesta. Así es como se puede hacer:

- Crear una instancia de `WebClient.Builder`.

```
WebClient.Builder webClientBuilder = WebClient.builder();
```

- Añada un filtro personalizado para el `WebClient` utilizando el método `filter()`.

```
webClientBuilder.filter((request, next) -> {
    // Operaciones adicionales sobre la petición antes de enviarla
    ClientRequest filteredRequest = ClientRequest.from(request)
            .header("Authorization", "Bearer your-token")
            .build();

    // Llamar al siguiente filtro en la cadena de procesamiento
    // (si es necesario)
    return next.exchange(filteredRequest);
});
```

En este ejemplo, hemos añadido un filtro que añade una cabecera `"Authorization"` que contiene un token de acceso (`"your-token"`) a cada solicitud saliente.

- Construya el `WebClient` con el filtro personalizado.

```
WebClient webClient = webClientBuilder.baseUrl
("https://api.example.com").build();
```

- Utilice el `WebClient` para realizar una solicitud `GET`al URI especificado utilizando el método `get()`.

```
webClient.get()
        .uri("/endpoint/{monAttribut}", "valor")
        .retrieve()
        .bodyToMono(Void.class) // El cuerpo de la respuesta se
convierte en Mono<Void>
        .subscribe();
```

En este ejemplo, hemos realizado una solicitud `GET` al URI `"/endpoint/{miAtributo}"` sustituyendo `"{miAtributo}"` por el valor `"valor"`. El cuerpo de la respuesta se convierte a un `Mono<Void>`, pero dependiendo de los requisitos, podría convertirse a otros tipos de objeto utilizando los métodos `bodyToMono()` o `bodyToFlux()`.

Con este enfoque, puede personalizar las solicitudes enviadas por el `WebClient` añadiendo cabeceras, parámetros o realizando otras operaciones en la solicitud antes de que se envíe. También puede realizar operaciones en la respuesta recibida del servidor utilizando los métodos `retrieve()` y `bodyToMono()` o `bodyToFlux()`. Esto le da una gran flexibilidad en el manejo de solicitudes y respuestas con `WebClient`.

9.3 Utilizar el contexto

Ahora vamos a mostrar cómo utilizar el contexto en `WebClient` para compartir información entre diferentes llamadas.

```
WebClient client = WebClient.builder()
  .filter((request, next) ->
    Mono.deferContextual(contextView -> {
      String value = contextView.get("toto");
      // ...
      return null;
    }))
  .build();

client.get().uri("https://example.org/")
  .retrieve()
  .bodyToMono(String.class)
  .flatMap(body -> {
```

```
        // ejecuta una petición anidada (el contexto se propaga
        // automáticamente)...
    })
    .contextWrite(context -> context.put("toto", ...));
}
```

En primer lugar, se crea un objeto `WebClient` mediante el método static `builder()` de la clase `WebClient`. Se añade un filtro utilizando el método `filter()`. El filtro se define como una función que toma dos argumentos: la solicitud actual y una instancia de `ExchangeFunction` para ejecutar la siguiente consulta de la cadena. En este ejemplo, el filtro utiliza `Mono.deferContextual()` para acceder al contexto, que es una colección de valores clave que pueden ser compartidos entre diferentes llamadas. A continuación, recupera el valor asociado a la clave `'toto'` del contexto utilizando `contextView.get("toto")`. A continuación, se realiza una llamada `GET` al URI `"https://example.org/"` utilizando el método `get().uri()`. El método `retrieve()` es llamado para ejecutar la solicitud y recuperar la respuesta. Tras recibir la respuesta, se utiliza `bodyToMono(String.class)` para convertir el cuerpo de la respuesta en un `Mono<String>` que contiene el contenido de la respuesta. A continuación, se utiliza `flatMap()` para realizar una consulta anidada. La ventaja aquí es que el contexto se propaga automáticamente a la solicitud anidada, lo que significa que los valores asociados a las claves de contexto están disponibles en la consulta anidada sin tener que repetirlos explícitamente. Por último, `contextWrite()` se utiliza para añadir o actualizar el valor asociado a la clave `'toto'` del contexto. Esto permite pasar información a la consulta anidada actualizando el contexto antes de que se ejecute la solicitud.

Por lo tanto, este código muestra cómo utilizar el contexto en `WebClient` para compartir información entre diferentes llamadas. El contexto puede utilizarse para almacenar información específica de una solicitud o información que debe compartirse entre varias solicitudes, simplificando el proceso de pasaje de parámetros entre consultas.

9.4 Utilización sincrónica

Podemos utilizar el método `bloc()` para cambiar al modo síncrono.

```
// Llamada GET para recuperar un usuario (Person)
Mono<Person> usuarioMono = client.get().uri("/person/{id}",
personId)
  .retrieve().bodyToMono(Person.class);

// Llamada GET para recuperar una lista de pasiones (Hobbies) del
// usuario
Mono<List<Passion>> passionsMono = client.get().uri("/person/
{id}/passions", personId)
  .retrieve().bodyToFlux(Passion.class).collectList();

// Fusiona los resultados de las llamadas para crear un mapa de
// datos (Map)
Map<String, Object> data = Mono.zip(usuarioMono, passionsMono,
(usuario, passions) -> {
    Map<String, Object> map = new LinkedHashMap<>();
    map.put("usuario", usuario);
    map.put("passions", passions);
    return map;
  })
  .block();
```

La API reactiva Spring WebFlux es asíncrona por naturaleza. Esto significa que las llamadas al `WebClient` para recuperar un usuario y sus pasiones se realizan de forma asíncrona utilizando objetos `Mono` y `Flux`.

- `client.get().uri("/person/{id}", personId).retrieve().bodyToMono(Person.class)`: esta llamada realiza una solicitud HTTP GET para recuperar un usuario a partir de la URL `"/person/{id}"` con el identificador de usuario especificado. El resultado se encapsula en un objeto `Mono<Person>`, que representa un valor único que puede estar presente o no. El método `bodyToMono(Person.class)` indica que la respuesta debe deserializarse en un objeto de tipo `Person`.

- `client.get().uri("/persona/{id}/passions", personId) .retrieve().bodyToFlux(Passion.class).collectList()`: esta llamada realiza una solicitud HTTP GET para recuperar una lista de pasiones del usuario desde la URL `"/persona/{id}/passions"` con el ID de usuario especificado. El resultado se encapsula en un objeto `Mono<List<Passion>>` que representa una lista de valores que pueden estar presentes o no. El método `bodyToFlux(Passion.class)` indica que la respuesta debe deserializarse en una lista de objetos de tipo Pasión, luego el método `collectList()` transforma el flujo en una lista `Mono<List<Passion>>`.
- `Mono.zip(userMono, passionsMono, (usuario, passions) -> {...})`: el método `zip()` combina los resultados de las dos llamadas de Mono utilizando una función lambda para crear un mapa de datos que contenga el usuario y sus pasiones.
- `block()`: el método `block()` se utiliza para bloquear el flujo y esperar a que finalicen las dos llamadas. Esto recupera el resultado final en forma de `Map<String, Object>`.

Al utilizar `block()`, el código cambia de un enfoque reactivo asíncrono a un enfoque síncrono, esperando a que se completen las llamadas antes de continuar. Sin embargo, generalmente no se recomienda utilizar `block()` en una aplicación reactiva, ya que puede hacer que los threads se cuelguen y comprometer el rendimiento de la aplicación. En una aplicación reactiva, es preferible trabajar con flujos (de tipo `Mono` o `Flux`) y encadenar operaciones de forma asíncrona en lugar de bloquear el thread.

9.5 WebClientResponseException

Cuando se utiliza `WebClient` o `RestTemplate` para realizar llamadas a servicios web, puede ocurrir que el servidor devuelva una respuesta con un código de error HTTP, como un error `4xx` o `5xx`. En estos casos, el cliente lanzará una `WebClientResponseException`.

WebClientResponseException es una excepción específica de Spring WebFlux que extiende la clase ResponseException y se lanza cuando el servidor devuelve una respuesta de error. Esta excepción contiene información útil sobre la respuesta HTTP recibida, como el código de error, el cuerpo de la respuesta, las cabeceras, etc.

Aquí hay un ejemplo de uso de WebClient con catch para manejar excepciones WebClientResponseException:

```
public class MonApiClient {
  private WebClient webClient;

  public MonApiClient(WebClient.Builder webClientBuilder) {
    this.webClient = webClientBuilder.baseUrl("https://
api.example.com").build();
  }

  public String fetchData() {
    try {
      return webClient.get()
        .uri("/data")
        .retrieve()
        .bodyToMono(String.class)
        .block();
    } catch (WebClientResponseException ex) {
      // Maneja la excepción aquí
      int statusCode = ex.getRawStatusCode();
      String responseBody = ex.getResponseBodyAsString();
      // Otro manejo específico de excepciones
      // ...

      // También puede acceder al cuerpo de la respuesta en forma de
      // un objeto ProblemDetail o una subclase de ProblemDetail si el
      // servidor devuelve una respuesta conforme a la especificación
      // RFC 7807. Por ejemplo:
      ProblemDetail problemDetail =
ex.getResponseBodyAs(ProblemDetail.class);
      String title = problemDetail.getTitle();
      String detail = problemDetail.getDetail();
      // ...

      return null; // O devuelve un valor por defecto, una lista vacía,
etc.
    }
  }
}
```

En este ejemplo, tenemos un cliente API (`MyApiClient`) que utiliza `WebClient` para hacer una solicitud GET al endpoint `"/data"`. Si el servidor responde con un error HTTP, se produce una excepción `WebClientResponseException`.

Para manejar esta excepción, utilizamos un bloque `catch` donde podemos acceder a información de la respuesta de error, como el código de error HTTP (`getRawStatusCode()`) y el cuerpo de la respuesta (`getResponseBodyAsString()`). Además, utilizando el método `getResponseBodyAs()`, podemos deserializar el cuerpo de la respuesta en un objeto `ProblemDetail` o una subclase de `ProblemDetail`, si el servidor devuelve una respuesta conforme a la especificación RFC 7807. Esto permite recuperar detalles específicos sobre el error devuelto por el servidor. En resumen, `WebClientResponseException` se utiliza para capturar respuestas de error del servidor cuando se utiliza `WebClient` o `RestTemplate`, y proporciona acceso a la información de la respuesta de error para un manejo apropiado en el bloque `catch`.

9.6 Pruebas

Podemos configurar el `WebClient` para utilizar el servidor ficticio OkHttp (documentación aquí: https://github.com/square/okhttp#mockwebserver).

OkHttp es una biblioteca HTTP y HTTP/2 cliente eficaz para Android y Java. Sirve para aprovechar las capacidades del protocolo HTTP/2, reducir la latencia de las consultas mediante multiplexación, utilizar cabeceras HTTP comprimidas, etc. También gestiona las conexiones TCP y evita problemas comunes de conectividad en redes móviles e inalámbricas. OkHttp es robusto, fiable y rápido. Se utiliza a menudo como cliente de solicitudes en aplicaciones Android o aplicaciones Java que requieren capacidades de cliente HTTP de alto rendimiento.

MockWebServer es una parte de la biblioteca OkHttp que te permite crear fácilmente un servidor web simulado (*mock*) para probar las interacciones HTTP de tu aplicación. Se puede utilizar para probar cómo su código interactúa con un servidor mediante la simulación de las respuestas del servidor. Esto le permite escribir pruebas unitarias para su cliente HTTP sin necesidad de interactuar con un servidor real. Puedes simular respuestas, probar diferentes condiciones de respuesta (como errores HTTP), y comprobar cómo su código maneja estas situaciones.

En resumen, OkHttp es la herramienta para realizar solicitudes HTTP, mientras que MockWebServer es la herramienta para simular y probar estas peticiones en un entorno de pruebas controlado.

Necesita configurar el `WebClient` para usar la URL del servidor ficticio. Esto puede hacerse utilizando el método `baseUrl()` de `WebClient.Builder`.

En este caso, es necesario agregar la dependencia:

```
<dependency>
    <groupId>com.squareup.okhttp3</groupId>
    <artifactId>mockwebserver</artifactId>
    <version>4.11.0</version>
    <scope>test</scope>
</dependency>
```

Aquí hay un ejemplo de código para configurar el `WebClient` con la URL del servidor ficticio:

```
public class WebClientTest {

  @Test
  public void testWebClientInitialization() throws Exception {
    // Inicializar el MockWebServer
    MockWebServer mockServer = new MockWebServer();

    // Su código
    WebClient webClient = WebClient.builder()
      .baseUrl(mockServer.url("/").toString())
      .build();

    // Supongamos que sólo queremos comprobar si webClient
    // no es nulo después de la inicialización
    assertNotNull(webClient);
```

```
        // Cerrar el MockWebServer al final de la prueba
        mockServer.shutdown();
    }
}
```

Ahora que el `WebClient` está configurado para utilizar el servidor ficticio, puede realizar consultas HTTP como de costumbre utilizando los métodos del `WebClient`.

He aquí un ejemplo de código para realizar una solicitud `GET` con el `WebClient`:

```
Mono<Person> personMono = webClient.get()
        .uri("/person/{id}", personId)
        .retrieve()
        .bodyToMono(Person.class);
```

Puede utilizar los métodos de MockWebServer para comprobar las solicitudes enviadas por el `WebClient`, como `takeRequest()` para obtener la primera petición pendiente, `getRequestCount()` para obtener el número total de consultas recibidas, etc.

He aquí un ejemplo de código para comprobar la solicitud `GET` enviada por el `WebClient`:

```
RecordedRequest request = mockServer.takeRequest();
assertEquals("/person/123", request.getPath());
assertEquals("GET", request.getMethod());
```

He aquí un ejemplo de prueba unitaria para probar el `WebClient`:

```
import okhttp3.mockwebserver.MockResponse;
import okhttp3.mockwebserver.MockWebServer;
import org.junit.jupiter.api.AfterEach;
import org.junit.jupiter.api.BeforeEach;
import org.junit.jupiter.api.Test;
import org.springframework.web.reactive.function.client.WebClient;
import reactor.core.publisher.Mono;

import java.io.IOException;

import static org.junit.jupiter.api.Assertions.assertEquals;

public class WebClientTest {
```

```
    private MockWebServer mockServer;
    private WebClient webClient;

    @BeforeEach
    public void setup() throws IOException {
        // Cree una instancia del servidor ficticio (MockWebServer)
        mockServer = new MockWebServer();

        // Configura la respuesta del servidor ficticio para una
        // solicitud GET
        String jsonResponse = "{\"name\": \"John Doe\", \"age\": 30}";
        MockResponse response = new MockResponse()
                .setResponseCode(200)
                .setHeader("Content-Type", "application/json")
                .setBody(jsonResponse);
        mockServer.enqueue(response);

        // Configurar el WebClient para que utilice la URL
       // servidor ficticio
        webClient = WebClient.builder()
                .baseUrl(mockServer.url("/").toString())
                .build();
    }

    @AfterEach
    public void tearDown() throws IOException {
        // Detener el servidor ficticio después de cada prueba
        mockServer.shutdown();
    }

    @Test
    public void testGetPerson() {
        // Realiza una solicitud GET con el WebClient
        Mono<Person> personMono = webClient.get()
                .uri("/person/123")
                .retrieve()
                .bodyToMono(Person.class);

        // Esperar a que se complete la consulta y obtener
        // el resultado
        Person person = personMono.block();

        // Comprobar el resultado
        assertEquals("John Doe", person.getName());
        assertEquals(30, person.getAge());
    }
}
```

En esta prueba unitaria, utilizamos MockWebServer para simular el servidor remoto y configurar una respuesta JSON para una petición `GET`. A continuación, configuramos el `WebClient` para utilizar la URL del servidor simulado y realizamos una petición `GET` con el `WebClient`. Por último, comprobamos el resultado verificando el contenido de la respuesta JSON recibida.

9.7 Pruebas con WebTestClient

He aquí un ejemplo de prueba unitaria utilizando WebTestClient para probar el `WebClient`:

```
@WebFluxTest
public class WebClientTest3 {

  // Inyecta una instancia de WebTestClient para realizar las consultas HTTP
  @Autowired
  private WebTestClient webTestClient;

  @Test  // Indica que el método debe ser tratado como un caso de prueba JUnit
  public void testGetPerson() {
    // Configurar la respuesta ficticia del servidor para una solicitud GET
    String jsonResponse = "{\"name\": \"John Doe\", \"age\": 30}";

    // Utilizar WebTestClient para realizar una solicitud GET
    // y validar la respuesta
    webTestClient.get()               // Realizar una consulta GET
      .uri("/person/123")             // Definir el URI para la solicitud
      .exchange()                     // Realizar el intercambio
                                      // (solicitando y obteniendo
                                      // la respuesta)
      .expectStatus().isOk()          // Esperar un código
                                      // statut HTTP 200 (OK)
      .expectBody(Person.class)       // Definir el tipo de
                                      // el objeto esperado en
                                      // el cuerpo de la respuesta
      .consumeWith(response -> {      // Procesa la respuesta
        Person person = response.getResponseBody();
        // Comprueba que la respuesta coincide con las expectativas
        assertEquals("John Doe", person.getName());
        assertEquals(30, person.getAge());
      });
  }
}
```

En esta prueba unitaria, utilizamos `WebTestClient` para probar el comportamiento del `WebClient`. `WebTestClient` simula la llamada a los endpoints de la aplicación sin lanzar realmente el servidor. Configuramos la respuesta JSON esperada del servidor ficticio para una solicitud `GET` y realizamos la consulta con `WebTestClient`. A continuación, comprobamos el estado de la respuesta y el cuerpo de la respuesta JSON para asegurarnos de que los datos se recuperan correctamente.

10. RSocket

RSocket es un protocolo innovador diseñado para la comunicación entre aplicaciones, que permite intercambios bidireccionales a través de diferentes modos de transporte como TCP y WebSocket. Es un protocolo de aplicación que ofrece una semántica de flujo reactiva. Funciona, por ejemplo, como alternativa a HTTP.

Propone cuatro modelos principales de interacción:

- Solicitud-Respuesta: se envía un mensaje y se espera una respuesta.
- Solicitud -Flow: se envía un mensaje que da lugar a un flujo de respuestas.
- Canal: intercambio continuo y bidireccional de mensajes.
- Enviar y olvidar: envía un mensaje sin esperar respuesta.

Una vez establecida la conexión, no hay distinción estricta entre cliente y servidor; ambos pueden iniciar cualquier interacción. Esto da simetría, utilizándose los términos "solicitante" y "respondedor" para describirlos. Estas interacciones pueden denominarse "flujos de consultas" o simplemente "consultas".

Las ventajas de RSocket son numerosas, como la gestión reactiva de flujos, la regulación de solicitudes, la posibilidad de reanudar sesiones tras interrupciones, etc. Se basa en tecnologías como Reactor para sus implementaciones Java.

La conexión comienza cuando un cliente se conecta a un servidor a través de un transporte y envía una trama de configuración denominada SETUP. Una vez aceptada esta trama, pueden comenzar libremente los intercambios entre ambas partes. Cada solicitud enviada está marcada por una trama específica, y el respondedor devuelve tramas PAYLOAD como respuesta.

Los mensajes RSocket se componen de datos y metadatos, que pueden tener diversas funciones, como especificar una ruta o transmitir un token de seguridad. Los metadatos suelen ser específicos de una solicitud y se envían en el primer mensaje de esa solicitud. Algunas extensiones del protocolo definen formatos estándar para los metadatos, lo que permite, por ejemplo, combinar varias entradas de metadatos o especificar la ruta de una solicitud.

La implementación Java de RSocket está basada en Reactor. Los transportes para TCP y WebSocket se basan en Reactor Netty. Como biblioteca de flujos reactivos, Reactor simplifica la implementación de protocolos. Para aplicaciones, tiene sentido usar `Flux`y `Mono`con operadores declarativos y soporte transparente de contrapresión. La API de RSocket Java es intencionadamente minimalista. Se centra en la funcionalidad del protocolo y deja el modelo de programación de aplicaciones (por ejemplo, La generación de código RPC frente a otra) como una preocupación superior e independiente. El contrato principal `io.rsocket.RSocket` modela los cuatro tipos de interacción de solicitud con `Mono` representando una promesa para un único mensaje, `Flux` un flujo de mensajes, y `io.rsocket.Payload` el mensaje real con acceso a datos y metadatos en forma de búferes de bytes. El contrato RSocket se utiliza de forma simétrica.

Las fuentes del proyecto para la versión Java están aquí:
https://github.com/rsocket/rsocket-java

Spring ha añadido soporte para RSocket para simplificar la codificación.

Estas dependencias deben añadirse:

```
<dependency>
    <groupId>org.springframework.boot</groupId>
    <artifactId>spring-boot-starter-rsocket</artifactId>
</dependency>
<dependency>
    <groupId>org.springframework.boot</groupId>
    <artifactId>spring-boot-starter-security</artifactId>
</dependency>
<dependency>
    <groupId>org.springframework.security</groupId>
    <artifactId>spring-security-rsocket</artifactId>
</dependency>
<dependency>
    <groupId>org.springframework.security</groupId>
    <artifactId>spring-security-messaging</artifactId>
</dependency>
<dependency>
    <groupId>org.springframework</groupId>
    <artifactId>spring-web</artifactId>
    <version>6.0.11</version>
</dependency>
```

Esto incluye de manera transitiva las dependencias ligadas a RSocket como `rsocket-core` y `rsocket-transport-netty`.

Entonces tenemos a nuestra disposición:

- `RSocketRequester`, una API fluida para realizar consultas a través de un `io.rsocket.RSocket` con codificación/decodificación de datos y metadatos.
- Los Respondedores anotados, métodos de gestión en forma de anotaciones `@MessageMapping` para responder.

El módulo `spring-web` contiene implementaciones `Encoder`y `Decoder` como Jackson CBOR/JSON y Protobuf. También contiene la clase `PathPatternParser` para la correspondencia eficiente de rutas.

Spring Boot admite la configuración de un servidor RSocket a través de TCP o WebSocket. También hay soporte de cliente y autoconfiguración para un `RSocketRequester.Builder`y `RSocketStrategies`.

Spring Security ofrece compatibilidad con RSocket.

Spring Integration proporciona pasarelas de entrada y salida para interactuar con clientes y servidores RSocket.

Spring Cloud Gateway también admite conexiones RSocket.

10.1 RSocketRequester

El `RSocketRequester` proporciona una API fluida para realizar solicitudes RSocket, aceptando y devolviendo objetos para datos y metadatos en lugar de búferes de datos de bajo nivel. Se puede utilizar de forma simétrica.

Para obtener un `RSocketRequester` en el lado del cliente, es necesario conectarse a un servidor, lo que implica el envío de una trama `SETUP` con los parámetros de conexión. La conexión no es inmediata. Cuando se realizan solicitudes, se establece una conexión compartida de forma transparente.

Configuración de la conexión

`RSocketRequester.Builder` ofrece varios métodos para personalizar el marco inicial `SETUP`:

Método	Objetivo
`dataMimeType(MimeType)`	Define el tipo `MIME` para los datos de conexión.
`metadataMimeType(MimeType)`	Define el tipo `MIME` para los metadatos de la conexión.
`setupData(Object)`	Datos a incluir en `SETUP`.
`setupRoute(String, Object...)`	Ruta en los metadatos que se incluirán en `SETUP`.
`setupMetadata(Object, MimeType)`	Otros metadatos que deben incluirse en el `SETUP`.

El `RSocketRequester.Builder` acepta un `RSocketStrategies` para configurar el solicitante que utilizará para proporcionar codificadores y decodificadores para la (de)serialización de datos y valores de metadatos. Por defecto, sólo se registran los codecs básicos de `spring-core` para `String`, `byte[]` y `ByteBuffer`. Añadir `spring-web` proporciona acceso a más códecs, que pueden registrarse de la siguiente manera:

```
RSocketStrategies strategies = RSocketStrategies.builder()
    .encoders(encoders -> encoders.add(new Jackson2CborEncoder()))
    .decoders(decoders -> decoders.add(new Jackson2CborDecoder()))
    .build();

RSocketRequester requester = RSocketRequester.builder()
    .rsocketStrategies(strategies)
    .tcp("localhost", 7000);
```

El `RSocketRequester.Builder`se puede utilizar para configurar los respondedores a las solicitudes del servidor.

Tiene la posibilidad de emplear gestores con anotaciones para las respuestas del lado del cliente. Este método se basa en la misma estructura que el del servidor, pero el registro se realiza de esta forma:

```
// Creación de estrategias para RSocket con la configuración deseada
RSocketStrategies strategies = RSocketStrategies.builder()
    .routeMatcher(new PathPatternRouteMatcher())
    .build();

// Inicializar un socket acceptor para responder
// a los mensajes del lado del cliente
SocketAcceptor responder =
    RSocketMessageHandler.responder(strategies,
new ClientHandler());

// Crear un RSocket requester para establecer la conexión
// con el servidor
RSocketRequester requester = RSocketRequester.builder()
    // Configurar el conector para utilizar el aceptor
    // de socket definido anteriormente
    .rsocketConnector(connector -> connector.acceptor(responder))
    // Establecer la conexión vía TCP a la dirección
    // y puerto especificados
    .tcp("localhost", 7000);
```

O si están en la configuración Spring:

```
// Recuperar la instancia de RSocketMessageHandler desde
// el contexto de la aplicación
RSocketMessageHandler handler =
context.getBean(RSocketMessageHandler.class);


// Recuperar la instancia de RSocketMessageHandler desde
// el contexto de la aplicación
RSocketMessageHandler handler =
context.getBean(RSocketMessageHandler.class);

// Crear un RSocket requester para establecer la conexión
// con el servidor
RSocketRequester requester3 = RSocketRequester.builder()
    // Configurar el conector para utilizar el gestor
    // de mensajes RSocket como aceptador
    .rsocketConnector(connector ->
connector.acceptor(handler.responder()))
    // Establecer la conexión vía TCP a la dirección y puerto
    // especificado
    .tcp("localhost", 7000);
```

El `RSocketRequesterBuilder` proporciona una función callback para exponer el `io.rsocket.core.RSocketConnector` subyacente para más opciones de configuración.

```
RSocketRequester requester4 = RSocketRequester.builder()
.rsocketConnector(connector -> {
    // ...
})
.tcp("localhost", 7000);
```

Consultor de servidor

Para realizar solicitudes de un servidor hacia los clientes conectados, se trata de obtener el solicitante para el cliente conectado desde el servidor.

En los respondedores anotados, los métodos `@ConnectMapping`y `@MessageMapping` admiten un argumento `RSocketRequester`. Utilízalo para acceder al solicitante de la conexión. Ten en cuenta que los métodos `@ConnectMapping` son esencialmente gestores de `SETUP` que deben ser procesados antes de que las solicitudes puedan comenzar. Por lo tanto, las consultas al principio deben ser desacopladas del manejo. Por ejemplo:

```
@ConnectMapping
Mono<Void> handle(RSocketRequester requester) {
    requester.route("status").data("5")
        .retrieveFlux(StatusReport.class)
        .subscribe(bar -> {
            // ...
        });
    return ...
}
```

Solicitudes

Una vez que tenga una solicitud de cliente o servidor, puede realizar solicitudes de la siguiente manera:

```
ViewBox viewBox = ... ;

Flux<AirportLocation> locations =
requester.route("locate.radars.within")
    .data(viewBox)
    .retrieveFlux(AirportLocation.class);
```

El tipo de interacción se determina implícitamente a partir de la cardinalidad de la entrada y la salida. El ejemplo anterior es una solicitud de tipo `Stream`, porque se envía un valor y se recibe un flujo de valores. En su mayoría, no es necesario pensar en esto siempre que la elección de entrada y salida coincida con un tipo de interacción RSocket y con los tipos de entrada y salida esperados por el receptor. El único ejemplo de combinación inválida es varios-a-uno.

El método data(Object) también acepta cualquier editor de flujo reactivo, incluyendo Flux y Mono, así como cualquier otro productor de valores registrado en el ReactiveAdapterRegistry. Para un editor multivalor como Fluxque produce los mismos tipos de valores, considere usar uno de los métodos data() sobrecargados para evitar tener comprobaciones de tipo y una búsqueda de codificador en cada elemento. Los métodos en cuestión:

```
data(Object producer, Class<?> elementClass);
data(Object producer, ParameterizedTypeReference<?>
elementTypeRef);
```

La etapa data(Object) es opcional. Ignórelo para las solicitudes que no envíen datos:

```
Mono<AirportLocation> location =
requester.route("find.radar.EWR"))
    .retrieveMono(AirportLocation.class);
```

Se pueden añadir valores de metadatos adicionales si se utilizan metadatos compuestos (por defecto) y si los valores son gestionados por un codificador registrado. Por ejemplo:

```
String securityToken = ... ;
ViewBox viewBox = ... ;
MimeType mimeType =
MimeType.valueOf("message/x.rsocket.authentication.bearer.v0");

Flux<AirportLocation> locations =
requester.route("locate.radars.within")
    .metadata(securityToken, mimeType)
    .data(viewBox)
    .retrieveFlux(AirportLocation.class);
```

- Para Fire-and-Forget, utilice el método send(), que devuelve Mono<Void>. Tenga en cuenta que mono sólo indica que el mensaje se ha enviado correctamente, no que se haya procesado.

- Para Metadata-Push, utilice el método sendMetadata() con un valor de retorno Mono<Void>.

Respondedores anotados

Los respondedores RSocket pueden implementarse como métodos `@MessageMapping` y `@ConnectMapping`. Los métodos `@MessageMapping` manejan solicitudes individuales mientras que los métodos `@ConnectMapping` manejan eventos a nivel de conexión (configuración y envío de metadatos). Los respondedores anotados se soportan simétricamente, para responder en el lado del servidor y para responder en el lado del cliente.

Para utilizar encuestados anotados en el lado del servidor, siga estos pasos.

- Añade `RSocketMessageHandler` a tu configuración de Spring para detectar los beans `@Controller` con los métodos `@MessageMapping` y `@ConnectMapping`.

```
@Configuration
static class ServerConfig {

    @Bean
    public RSocketMessageHandler rsocketMessageHandler() {
        RSocketMessageHandler handler =
new RSocketMessageHandler();
        handler.routeMatcher(new PathPatternRouteMatcher());
        return handler;
    }
}
```

- A continuación, inicie un servidor RSocket a través de la API Java RSocket y conecte el `RSocketMessageHandler` para el respondedor de la siguiente manera:

```
ApplicationContext context = ... ;
RSocketMessageHandler handler =
context.getBean(RSocketMessageHandler.class);

CloseableChannel server =
    RSocketServer.create(handler.responder())
        .bind(TcpServerTransport.create("localhost", 7000))
        .block();
```

`RSocketMessageHandler` soporta metadatos compuestos y de enrutamiento por defecto. Puede configurar su `MetadataExtractor` si necesita cambiar a un `MIME` diferente o registrar varios `MIME` de metadatos adicionales.

Deberá definir las instancias de `Encodery` `Decoder` necesarias para los formatos de metadatos y datos que se van a admitir.

Interfaz RSocket

La interfaz de Spring Framework permite definir un servicio RSocket como una interfaz Java con métodos anotados para los intercambios RSocket. A continuación, puede generar un proxy que implemente esta interfaz y realice los intercambios. Esto ayuda a simplificar el acceso remoto RSocket envolviendo el uso del `RSocketRequester` subyacente.

- Declarar una interfaz con métodos `@RSocketExchange`.

```
interface ServiceRadar {
    @RSocketExchange("radares")
    Flux<LocalisationAeroport> obtenerRadares(@Payload
SolicitudTarjeta solicitar);

    // otros métodos de intercambio RSocket...
}
```

- Crear un proxy para realizar los intercambios RSocket declarados.

```
RSocketRequester solicitante = ... ;
RSocketServiceProxyFactory fabrica =
RSocketServiceProxyFactory.builder(solicitante).build();

ServicePausa service = fabrica.crearCliente(ServiceRadar.class);
```

Parámetros de método: los métodos de intercambio RSocket anotados admiten firmas de método flexibles con los siguientes parámetros de método.

Argumento metodológico	Descripción
`@DestinationVariable`	Añade una variable de ruta que se pasará a `RSocketRequester` con la ruta de anotación `@RSocketExchange` para ampliar los marcadores de posición del modelo en la ruta. Esta variable puede ser una cadena o cualquier objeto, que luego se formatea utilizando `toString()`.
`@Payload`	Define el(los) contenido(s) de entrada para la solicitud. Puede ser un valor concreto o cualquier productor de valores que pueda adaptarse a un editor de flujo reactivo mediante `ReactiveAdapterRegistry`.
Objeto, si va seguido de `MimeType`	El valor de una entrada de metadatos en el contenido de la entrada. Puede ser cualquier objeto siempre que el siguiente argumento sea el `MimeType` de la entrada de metadatos. El valor puede ser un valor concreto o cualquier productor de un valor único que se puede adaptar a un editor de flujo reactivo a través de `ReactiveAdapterRegistry`.
`MimeType`	El `MimeType` para una entrada de metadatos. Se asume que el argumento del método precedente es el valor de los metadatos.

Valores de retorno: los métodos de intercambio RSocket anotados admiten valores de retorno que son valores concretos, o cualquier productor de valor(es) que pueda adaptarse a un editor de flujo reactivo a través de `ReactiveAdapterRegistry`.

10.2 Ejemplo práctico

Vamos a crear una aplicación que muestre el número de plazas de aparcamiento. Tendremos un cliente y un servidor.

10.2.1 Cliente

Configuración a través del archivo application.yaml :

```
spring:
  rsocket:
    server:
      port: 7000
```

Bean de configuración:

```
@Configuration
// Configuración del cliente RSocket
public class ClientConfiguration {
  // Recupere el puerto del servidor de las propiedades
  @Value("spring.rsocket.server.port")
  private int port;

  @Bean
  // Crea y devuelve un RSocketRequester para la comunicación con el cliente
  public RSocketRequester getRSocketRequester(){
    // Inicializa el constructor RSocketRequester
    RSocketRequester.Builder builder = RSocketRequester.builder();

    return builder
      // Configuración de reconexión en caso de pérdida de conexión
      .rsocketConnector(
        rSocketConnector ->
          rSocketConnector.reconnect(Retry.fixedDelay(2,
Duration.ofSeconds(2)))
      )
      // Definir el tipo MIME para el envío de datos
      .dataMimeType(MimeTypeUtils.APPLICATION_JSON)
      // Configurar la conexión TCP con el servidor
      .tcp("localhost", port);
  }
}
```

Configuramos el cliente, con un reintento de conexión todos los dos segundos.

El controlador:

```
// Controlador REST para gestionar la información relativa
// a los datos de aparcamiento
@RestController
public class ParkingDataRestController {

  // Instancia de Random para generar datos aleatorios
  private final Random random = new Random();

  // Dependencia de RSocketRequester para la comunicación RSocket
  private final RSocketRequester rSocketRequester;

  // Constructor para inyectar la dependencia RSocketRequester
  public ParkingDataRestController(RSocketRequester
rSocketRequester) {
    this.rSocketRequester = rSocketRequester;
  }

  /**
   * Modelo . Solicitud/Respuesta
   */
  // Método para obtener los datos actuales de
  // una plaza de aparcamiento específica
  @GetMapping(value = "/current/{place}")
  public Publisher<ParkingData> current(@PathVariable("place") String place) {
    // Utilización de RSocket para recuperar los datos actuales
    // del aparcamiento
    return rSocketRequester
      .route("currentParkingData")
      .data(new ParkingDataRequest(place))
      .retrieveMono(ParkingData.class);
  }

  /**
   * Modelo . "Fire and Forget"
   */
  // Método para enviar datos sin esperar respuesta
  @GetMapping(value = "/collect")
  public Publisher<Void> collect() {
    // Enviar datos de aparcamiento sin esperar respuesta
    return rSocketRequester
      .route("collectParkingData")
      .data(getParkingData())
      .send();
  }

  /**
   * Modelo . "Streaming de solicitudes"
```

```
    */
  // Método para recuperar un flujo de datos de aparcamiento
  @GetMapping(value = "/feed/{place}", produces =
MediaType.TEXT_EVENT_STREAM_VALUE)
  public Publisher<ParkingData> feed(@PathVariable("place")
String place) {
    // Recuperar un feed de datos de aparcamiento para un lugar
    // específico
    return rSocketRequester
      .route("feedParkingData")
      .data(new ParkingDataRequest(place))
      .retrieveFlux(ParkingData.class);
  }

  // Gestor de excepciones para gestionar errores
  @MessageExceptionHandler
  public Mono<ParkingData> handleException(Exception e) {
    // Convierte la excepción en datos de aparcamiento
    return Mono.just(ParkingData.fromException(e));

  }

  // Método para generar aleatoriamente datos de aparcamiento
  private ParkingData getParkingData() {
    return new ParkingData("X", random.nextInt(10));
  }
}
Le ParkingDataRequest :
@Data
@AllArgsConstructor
@NoArgsConstructor
public class ParkingDataRequest {

  private String place;
}
```

ParkingData:

```
@Data
@AllArgsConstructor
@NoArgsConstructor
public class ParkingData {

  private String place;
  private int currentPrice;

  public static ParkingData fromException(Exception e) {
    ParkingData parkingData = new ParkingData();
    parkingData.setPlace(e.getMessage());
```

```
    return parkingData;
  }
}
```

El lanzador:

```
@SpringBootApplication
public class ClientApplication {

  public static void main(String[] args) {
    new SpringApplicationBuilder()
      .main(ClientApplication.class)
      .sources(ClientApplication.class)
      .profiles("client")
      .run(args);

  }
}
```

10.2.2 Servidor

Configuración a través del archivo application.yaml :

```
spring:
  rsocket:
    server:
      port: 7000
```

El `ParkingDataRestController`:

```
// Controlador para gestionar la información relacionada con
// los datos de aparcamiento
@RestController
public class ParkingDataRestController {

  // Referencia al repositorio de datos de aparcamiento.
  private final ParkingDataRepository parkingDataRepository;

// Constructor para inyectar el repositorio de datos de aparcamiento.
  public ParkingDataRestController(ParkingDataRepository
parkingDataRepository) {
    this.parkingDataRepository = parkingDataRepository;  }

  /**
   * Modelo . Solicitud/Respuesta
   */
  // Método de gestión de las solicitudes para obtener los datos
```

```
  // del aparcamiento actual
  @MessageMapping("currentParkingData")
  public Mono<ParkingData> currentParkingData(ParkingDataRequest
parkingDataRequest) {
    // Recuperar datos del repositorio en función de la ubicación
solicitada
    return parkingDataRepository.getOne(parkingDataRequest.getPlace());
  }

  /**
   * Modelo . "Fire and Forget"
   */
  // Solicitar método de gestión para añadir datos de aparcamiento
  @MessageMapping("collectParkingData")
  public Mono<Void> collectParkingData(ParkingData parkingData) {
    // Añadir datos de aparcamiento al repositorio
    parkingDataRepository.add(parkingData);
    // Devolver un Mono vacío indicando que la operación ha finalizado
    return Mono.empty();
  }

  /**
   * Modelo . "Streaming de solicitudes"
   */
  // Método para recuperar un flujo de datos de aparcamiento para
  // una ubicación específica
  @MessageMapping("feedParkingData")
  public Flux<ParkingData> feedParkingData(ParkingDataRequest
parkingDataRequest) {
    // Recuperar todos los datos de aparcamiento del repositorio
    // para una ubicación determinada
    return parkingDataRepository.getAll(parkingDataRequest.getPlace());
  }

  // Gestor de excepciones para gestionar errores
  @MessageExceptionHandler
  public Mono<ParkingData> handleException(Exception e) {
    // Convierte una excepción en datos de aparcamiento.
    return Mono.just(ParkingData.fromException(e));
  }
}
```

El `ParkingDataRepository`:

```
@Slf4j
@Component
public class ParkingDataRepository {

  private static final int BOUND = 100;

  private Random random = new Random();

  public Flux<ParkingData> getAll(String stock) {
    return Flux.fromStream(Stream.generate(() ->
getParkingDataResponse(stock)))
        .log()
        .delayElements(Duration.ofSeconds(1));
  }

  public Mono<ParkingData> getOne(String stock) {
    return Mono.just(getParkingDataResponse(stock));
  }

  public void add(ParkingData marketData) {
    log.info("New market data: {}", marketData);
  }

  private ParkingData getParkingDataResponse(String stock) {
    return new ParkingData(stock, random.nextInt(BOUND));
  }
}
```

Este es un directorio de memoria para la prueba.

El `ParkingDataRequest`:

```
@Data
@AllArgsConstructor
@NoArgsConstructor
public class ParkingDataRequest {

  private String place;
}
```

El ParkingData es el mismo que para el cliente.

Este ejemplo ilustra los distintos modos.

11. Conclusión

En conclusión, la utilización de la pila web reactiva de Spring con WebFlux, WebSocket y RSocket ofrece numerosas ventajas para el desarrollo de aplicaciones modernas de alto rendimiento. La programación reactiva permite gestionar eficazmente un gran número de conexiones simultáneas con un uso óptimo de los recursos de hardware, lo que la convierte en una solución ideal para aplicaciones web de alto rendimiento.

Con Spring WebFlux, podemos desarrollar aplicaciones reactivas que cumplan los requisitos de escalabilidad y reactividad de los entornos modernos. Los flujos reactivos (`Mono` y `Flux`) permiten gestionar las operaciones asíncronas de forma elegante y concisa, proporcionando una mejor experiencia de usuario.

La integración de WebSockets en la pila reactiva de Spring permite crear aplicaciones en tiempo real, facilitando la comunicación bidireccional entre servidor y cliente. Esto permite implementar funcionalidades en tiempo real como notificaciones, chat en directo, paneles de control dinámicos, etc.

RSocket proporciona comunicación reactiva entre microservicios con características únicas como gestión de peticiones y respuestas, soporte de recuperación de conexiones y mucho más. RSocket mejora la eficiencia de la comunicación entre microservicios y ofrece una mejor gestión de los errores y la congestión de la red.

Utilizando esta pila web reactiva, los desarrolladores pueden crear aplicaciones de alto rendimiento, escalables y con capacidad de respuesta, aprovechando al mismo tiempo la simplicidad y la potencia del framework Spring. Ya sea para aplicaciones en tiempo real, API de alto rendimiento, microservicios o aplicaciones reactivas, la pila web reactiva de Spring con WebFlux, WebSocket y RSocket ofrece una solución sólida y moderna para las necesidades de desarrollo de aplicaciones web actuales y futuras.

Capítulo 5

Bases de datos reactivas

1. Acceso a datos en modo reactivo

Una base de datos reactiva es una base de datos que respalda los principios de la programación reactiva, y que permite una gestión eficaz de los flujos de datos asíncronos. A diferencia de las bases de datos tradicionales, las bases de datos reactivas están diseñadas para responder rápidamente a las solicitudes en tiempo real, manteniendo al mismo tiempo una baja latencia, una alta escalabilidad y resistencia a los fallos. Suelen utilizar modelos de suscripción u observadores para detectar y reaccionar a los cambios de datos en tiempo real, y se utilizan a menudo en aplicaciones que requieren una actualización continua de los datos, como las aplicaciones de streaming en tiempo real, los sistemas de mensajería instantánea, los paneles de mando en tiempo real, etc. Las bases de datos reactivas desempeñan un papel esencial en las arquitecturas de aplicaciones reactivas, ya que permiten a las aplicaciones gestionar eficazmente los flujos de datos continuos de forma asíncrona y sin bloqueos.

Reactivos de principio a fin

La reactividad de extremo a extremo es importante para un servidor REST que utiliza una base de datos reactiva con el fin de aprovechar al máximo las ventajas de la programación reactiva y garantizar una mejor escalabilidad y rendimiento de la aplicación.

Esto permite:

- evitar bloqueos: la programación reactiva permite gestionar eficazmente las operaciones asíncronas, evitando bloqueos y esperas innecesarias en la aplicación. Esto garantiza que el servidor pueda seguir procesando otras peticiones mientras una operación de entrada/salida (como una consulta a la base de datos) está en curso;
- mejor uso de los recursos: cuando una aplicación es reactiva, puede procesar de forma eficiente muchas peticiones simultáneamente con un número mínimo de threads, lo que significa que los recursos del sistema pueden utilizarse de forma más eficiente;
- escalabilidad: la programación reactiva permite a una aplicación adaptarse mejor a los picos de carga y hacer frente a un gran número de solicitudes simultáneas sin sobrecargar los recursos del sistema;
- reactividad: con un enfoque reactivo, los clientes obtienen respuestas más rápidamente, ya que la aplicación procesa las solicitudes lo antes posible sin esperar a que se produzcan largas operaciones de entrada/salida;
- fácil composición de operaciones asíncronas: en un entorno reactivo, es más fácil componer y encadenar operaciones asíncronas, lo que facilita la creación de flujos de datos y la gestión de flujos de datos continuos;
- gestión de errores más eficaz: la programación reactiva ofrece potentes mecanismos para gestionar errores de forma asíncrona, lo que permite tratar los errores sin bloquear todo el proceso de ejecución;
- Una mejor experiencia de usuario: al responder de principio a fin, los usuarios se benefician de una experiencia más fluida y rápida al utilizar la aplicación.

En resumen, la reactividad de extremo a extremo para un servidor REST que utiliza una base de datos reactiva mejora el rendimiento, la escalabilidad y la capacidad de respuesta de la aplicación, lo que se traduce en una mejor experiencia de usuario y un uso más eficiente de los recursos del sistema independientemente de la carga.

Acceder y procesar datos de forma reactiva es importante. MongoDB, Redis y Cassandra tienen soporte reactivo nativo en Spring Data. Muchas bases de datos relacionales (Postgres, Microsoft SQL Server, MySQL, H2 y Google Spanner) tienen soporte reactivo a través de R2DBC. En el mundo de la mensajería, Spring Cloud Stream también admite el acceso reactivo a plataformas como RabbitMQ y Kafka.

2. Bases NoSQL utilizables

La forma más sencilla es utilizar bases de datos NoSQL que dispongan de un controlador (*driver*) de Spring Data reactivo.

Existen varias bases de datos NoSQL compatibles con Spring Reactor y reactivas, que permiten aprovechar las ventajas de la programación reactiva. Estas son algunas de las bases de datos NoSQL que se utilizan habitualmente con Spring Reactor.

- MongoDB: Base de datos NoSQL de tipo documento. Spring Data MongoDB ofrece soporte reactivo que se puede utilizar con Spring Reactor para realizar operaciones asíncronas con MongoDB.
- Cassandra: base de datos NoSQL de tipo columnar. Spring Data Cassandra proporciona soporte reactivo para utilizar Cassandra de forma reactiva con Spring Reactor.
- Couchbase: base de datos NoSQL de documentos y clave-valor. Spring Data Couchbase ofrece soporte reactivo para interactuar con Couchbase de forma reactiva.
- Redis: base de datos NoSQL clave-valor en memoria. Spring Data Redis ofrece soporte para comunicarse con Redis de manera reactiva.
- Apache Geode (antes Pivotal GemFire): base de datos NoSQL en memoria de tipo clave-valor y objeto. Spring Data Geode ofrece soporte para trabajar con Apache Geode de manera reactiva.
- Elasticsearch: base de datos NoSQL de tipo de búsqueda e indexación. Spring Data Elasticsearch proporciona soporte para interactuar con Elasticsearch de manera réactiva.

Estas bases de datos ofrecen funcionalidades específicas adaptadas a diferentes casos de utilización. La elección de la base de datos dependerá, por tanto, de las necesidades específicas de su aplicación y de vuestra preferencia por una base de datos NoSQL en particular.

3. Ejemplo con MongoDB

Aquí hay un ejemplo de un servidor CRUD con una entidad de `Usuario` usando MongoDB con Spring WebFlux.

Clase de `Usuario`:

```
import org.springframework.data.annotation.Id;
import org.springframework.data.mongodb.core.mapping.Document;
@Document(collection = "usuarios")
public class Usuario {
        @Id
        private String id;
        private String nombre;
        private int edad;
        // Getters and Setters
}
```

`Directorio UsuarioRepository`, que utiliza Spring Data MongoDB Reactive:

```
import org.springframework.data.mongodb.repository.
ReactiveMongoRepository;

public interface UsuarioRepository extends
ReactiveMongoRepository< User, String> {
}
```

Implementación de operaciones CRUD dentro de un servicio `UsuarioService`:

```
import org.springframework.stereotype.Service;
import reactor.core.publisher.Flux;
import reactor.core.publisher.Mono;

@Service
public class UsuarioService {
```

```
    private final UsuarioRepository usuarioRepository;

    public UsuarioService(UsuarioRepository
usuarioRepository) {
        this.usuarioRepository = usuarioRepository;
    }

    public Flux<Usuario> getAllUsuarios() {
        return usuarioRepository.findAll();
    }

    public Mono<Usuario> getUsuarioById(String id) {
        return usuarioRepository.findById(id);
    }

    public Mono<Usuario> createUsuario(Usuario
usuario) {
        return usuarioRepository.save(usuario);
    }

    public Mono<Void> deleteUsuario(String id) {
        return usuarioRepository.deleteById(id);
    }
}
```

Controlador `UsuarioController`, que expone puntos finales CRUD:

```
import org.springframework.web.bind.annotation.*;
import reactor.core.publisher.Flux;
import reactor.core.publisher.Mono;

@RestController
@RequestMapping("/usuarios")
public class UsuarioController {

    private final UsuarioService usuarioService;

    public UsuarioController(UsuarioService
usuarioService) {
        this.usuarioService = usuarioService;
    }

    @GetMapping
```

```
    public Flux<Usuario> getAllUsuarios() {
        return usuarioService.getAllUsuarios();
    }

    @GetMapping("/{id}")
    public Mono<Usuario> getUsuarioById(@PathVariable
String id) {
        return usuarioService.getUsuarioById(id);
    }

    @PostMapping
    public Mono<Usuario> createUsuario(@RequestBody
Usuario usuario) {
        return usuarioService.createUsuario(usuario);
    }

    @DeleteMapping("/{id}")
    public Mono<Void> deleteUsuario(@PathVariable String id) {
        return usuarioService.deleteUsuario(id);
    }
}
```

Con estas clases, tiene un servidor CRUD completo para la entidad `Usuario` usando MongoDB con Spring WebFlux. Puede probar las distintas operaciones CRUD usando los endpoints expuestos por el `UsuarioController`.

4. R2DBC

Si aun así necesita utilizar una base de datos SQL, existe una solución: R2DBC.

R2DBC (*Reactive Relational Database Connectivity*) es una especificación y una API de programación para el acceso reactivo a bases de datos relacionales en el mundo Java. A diferencia de JDBC (*Java Database Connectivity*), que sigue un enfoque basado en las E/S bloqueantes, R2DBC permite interactuar con las bases de datos de manera reactiva, lo que resulta especialmente adecuado para aplicaciones reactivas y basadas en el flujo de datos.

Los principales conceptos de R2DBC son los siguientes:

- Fluxing (Flux y Mono): R2DBC devuelve resultados en forma de `Flux` y `Mono`, que son tipos reactivos de Reactor. `Flux` se utiliza para representar un flujo de cero a varios elementos, mientras que `Mono` representa un flujo de cero o un solo elemento.
- Callbacks reactivas: en lugar de utilizar las callbacks tradicionales para procesar los resultados, R2DBC utiliza callbacks reactivas. Estas callbacks se activan cuando los datos están disponibles, y se puede reaccionar en consecuencia utilizando operadores reactivos como `map()`, `filter()`, etc.
- `ConnectionFactory`: R2DBC introduce una interfaz `ConnectionFactory` para obtener conexiones a bases de datos. Esto permite gestionar las conexiones de forma eficiente y garantiza su reutilización para las operaciones de la base de datos.
- Tipos SQL reactivos: R2DBC introduce tipos SQL reactivos para representar operaciones SQL comunes como `SELECT`, `INSERT`, `UPDATE`, `DELETE`, etc.

Con R2DBC, los desarrolladores pueden escribir aplicaciones reactivas que interactúan con las bases de datos sin bloquear los threads, lo que permite un alto rendimiento y una mayor escalabilidad de las aplicaciones reactivas.

He aquí un ejemplo para una base H2.

Necesita tener las siguientes dependencias en su archivo pom.xml (o build.gradle) para utilizar R2DBC con H2:

```
<dependencies>
    <!-- Spring Boot WebFlux con R2DBC -->
    <dependency>
        <groupId>org.springframework.boot</groupId>
        <artifactId>spring-boot-starter-webflux</artifactId>
    </dependency>

    <!-- R2DBC por H2 -->
    <dependency>
        <groupId>io.r2dbc</groupId>
        <artifactId>r2dbc-h2</artifactId>
        <version>1.0.0-RC3</version>
    </dependency>
</dependencies>
```

Crear una clase `Usuario` para representar la entidad en la base de datos:

```
public class Usuario {
    private Long id;
    private String nombre;
    private String email;

    // Getters and setters
}
```

Crear una interfaz `UsuarioRepository` para interactuar con la base de datos:

```
import org.springframework.data.repository.reactive.ReactiveCrudRepository;

public interface UsuarioRepository extends
ReactiveCrudRepository<Usuario, Long> {
}
```

Definir un controlador `UsuarioController` para gestionar las peticiones HTTP:

```
import org.springframework.web.bind.annotation.*;
import reactor.core.publisher.Flux;
import reactor.core.publisher.Mono;

@RestController
@RequestMapping("/usuarios")
public class UsuarioController {

    private final UsuarioRepository usuarioRepository;

    public UsuarioController(UsuarioRepository
usuarioRepository) {
        this.usuarioRepository = usuarioRepository;
    }

    @GetMapping
    public Flux<Usuario> getAllUsuarios() {
        return usuarioRepository.findAll();
    }

    @GetMapping("/{id}")
    public Mono<Usuario> getUsuarioById(@PathVariable
Long id) {
```

```
        return usuarioRepository.findById(id);
    }

    @PostMapping
    public Mono<Usuario> createUsuario(@RequestBody
Usuario usuario) {
        return usuarioRepository.save(usuario);
    }

     @PutMapping("/{id}")
    public Mono<Usuario> updateUsuario(@PathVariable
Long id, @RequestBody Usuario usuario) {
        usuario.setId(id);
        return usuarioRepository.save(usuario);
    }

    @DeleteMapping("/{id}")
    public Mono<Void> deleteUsuario(@PathVariable Long id) {
        return usuarioRepository.deleteById(id);
    }
}
```

Por último, inicie la aplicación Spring Boot:

```
import org.springframework.boot.SpringApplication;
import org.springframework.boot.autoconfigure.SpringBootApplication;

@SpringBootApplication
public class Application {
    public static void main(String[] args) {
        SpringApplication.run(Application.class, args);
    }
}
```

Ahora tu aplicación Spring Boot está lista para exponer operaciones CRUD para la entidad `Usuario` vía Spring WebFlux con R2DBC y la base de datos H2 en memoria. Puedes utilizar herramientas como Postman para probar los endpoints CRUD.

Capítulo 6
Los diferentes reactores extendidos

1. Introducción

Reactor es una biblioteca de programación reactiva que ofrece un enfoque basado en el flujo para la programación asíncrona. Se utiliza para crear aplicaciones reactivas en Java. A continuación, se detallan los distintos proyectos de Reactor.

- Reactor solo (reactor-core): como su nombre indica, es el corazón de la biblioteca Reactor. Proporciona los principales tipos de datos reactivos, tales como `Flux` y `Mono`, así como las operaciones para transformarlos, filtrarlos y combinarlos. Se trata de la base sobre la cual se construyen los demás proyectos de Reactor.
- Reactor Netty (reactor-netty): integración de Reactor con Netty, que es un framework de red escalable para Java. Reactor Netty proporciona una implementación reactiva para operaciones de comunicación en red, tales como llamadas HTTP, servidores TCP y clientes WebSocket. Permite una comunicación de red de alto rendimiento y asíncrona.
- Reactor RabbitMQ (reactor-rabbitmq): biblioteca que proporciona integración reactiva con RabbitMQ, que es un sistema de mensajería orientado a mensajes. Reactor RabbitMQ permite publicar y consumir mensajes RabbitMQ utilizando objetos `Flux` y `Mono`, haciendo que las interacciones con RabbitMQ sean reactivas.

- Reactor Kafka (reactor-kafka): proyecto que proporciona integración reactiva con Apache Kafka, una plataforma de streaming de datos distribuidos. Reactor Kafka permite publicar y consumir mensajes de Kafka utilizando `flux` y `Mono`, lo que permite procesar flujos de datos de manera reactiva.

Reactor Core es el núcleo de la biblioteca reactiva Java, mientras que Reactor Netty, Reactor RabbitMQ y Reactor Kafka son proyectos que proporcionan integraciones reactivas con componentes de red (Netty), sistemas de mensajería (RabbitMQ) y plataformas de streaming de datos (Kafka). Estos proyectos facilitan la creación de aplicaciones reactivas escalables y de alto rendimiento utilizando los modelos de programación reactiva de Reactor.

2. Reactor Netty

Hemos visto que es posible programar con Netty, pero que es tedioso y hay mucho código *boilerplate*.

Observación

El término código boilerplate("« código repetitivo » o « código pastel » en español") hace referencia a partes de código que deben escribirse en varios lugares de un programa, a menudo de la misma forma o de forma muy similar. Estas partes de código no contribuyen directamente a la lógica de negocio de la aplicación, pero son necesarias para que funcione correctamente, como la inicialización de variables, el manejo de excepciones, la configuración, etc. El código boilerplate puede hacer que el código sea más largo, menos legible y más propenso a errores, porque los desarrolladores tienen que copiar y pegar o reescribir el mismo código varias veces. También puede resultar tedioso de mantener, ya que cualquier cambio debe aplicarse en varios lugares. Para superar este problema, algunos frameworks y bibliotecas ofrecen herramientas para generar automáticamente código boilerplate, lo que ahorra tiempo y reduce el riesgo de errores. Por ejemplo, utilizando anotaciones o generadores de código, podemos evitar escribir manualmente determinadas partes de código repetitivo. Esto permite a los desarrolladores concentrarse en la lógica de negocio de la aplicación y hacer que su código sea más limpio y fácil de mantener.

Spring, por su parte, encapsula el código boilerplate exponiendo sólo las partes variables y unificando las API por familia tecnológica. Spring también intenta guiarnos hacia las mejores prácticas y los estándares comunes.

Spring ha decidido tener una versión especial de su Reactor basada en Netty, que le permite extender el Reactor Core (que es más sencillo).

Este Spring Reactor Netty a su vez se utiliza en bloques de nivel superior como RSocket, que es una superposición.

3. Programación Netty con Spring

Reactor Netty es un framework para el desarrollo de aplicaciones de red asíncronas basadas en eventos. Proporciona funcionalidades de cliente y servidor para los protocolos TCP, HTTP y UDP, que son no bloqueantes y soportan la contrapresión. Este framework está construido sobre la sólida base del framework Netty.

Reactor Netty es el servidor por defecto utilizado por Spring WebFlux. Cuando se crea una aplicación WebFlux con Spring, el servidor Reactor Netty se configura automáticamente para gestionar solicitudes y las respuestas asíncronas mediante programación reactiva. También puede configurar otros servidores si lo desea. Sin embargo, como Reactor Netty es la opción por defecto, se recomienda aprovechar al máximo la reactividad en Spring WebFlux.

Podemos usar la librería Spring Reactor Netty para hacer programación en red en un estilo funcional, como hacíamos antes con un motor como Vert.x, antes de que Spring Reactor Netty estuviera disponible.

Observación

La contrapresión nos permite advertir al llamante de que nos está llamando con demasiada frecuencia, o bien impulsar un clúster elástico para que añada nodos dinámicamente.

Para nuestros ejemplos, utilizamos Java 17 LTS porque 21 es, en el momento de escribir esto, incompatible con Lombok. Reactor funciona con Java 8 y posteriores, pero nosotros utilizamos Spring 6, que se basa en Java 17 y Jakarta EE 9.

Utilizamos las versiones transitivas de las siguientes dependencias en los ejemplos del libro:

- Reactive Streams v1.0.4 (26 de mayo de 2022)
- Reactor Core v3.5.8 (11 de julio de 2023)
- Netty 4.1.96.Final (27 de julio de 2023)

Configuración de un proyecto Reactor Netty

Es preferible utilizar una BOM para disponer de un conjunto coherente de versiones.

Estamos utilizando BOM `reactor-bom` 2022.0.9 (11 de julio de 2023).

```
<dependencyManagement>
    <dependencies>
        <dependency>
            <groupId>io.projectreactor</groupId>
            <artifactId>reactor-bom</artifactId>
              <version>2022.0.9</version>
            <type>pom</type>
            <scope>import</scope>
        </dependency>
    </dependencies>
</dependencyManagement>

<dependencies>
    <dependency>
        <groupId>io.projectreactor.netty</groupId>
        <artifactId>reactor-netty-core</artifactId>
    </dependency>
</dependencies>
<dependencies>
    <dependency>
        <groupId>io.projectreactor.netty</groupId>
        <artifactId>reactor-netty-http</artifactId>
    </dependency>
</dependencies>
```

4. Protocolo TCP

Reactor puede utilizarse para diseñar una aplicación TCP para:

- Cree aplicaciones de comunicación en tiempo real, tales como servidores de chat, sistemas de mensajería instantánea o aplicaciones de streaming de datos en continuo.
- Implementar microservicios con comunicación basada en el protocolo TCP. Esto permite que los distintos microservicios se comuniquen entre sí de forma eficiente y reactiva.
- Exponer datos a través de un protocolo TCP. Esto puede ser útil cuando se necesita proporcionar acceso directo a los datos para los clientes u otros sistemas.
- Integrar sistemas heterogéneos utilizando protocolos de comunicación estándar tales como TCP/IP. Esto permite conectar sistemas dispares y facilitar el intercambio de datos entre ellos.
- Creación de juegos multijugador en línea en los que la comunicación en tiempo real es esencial. Esto permite a los jugadores conectarse e interactuar con el servidor del juego de forma ágil.

Reactor Netty proporciona una herramienta fácil de usar y configurar. Se trata de la clase `TcpServer`, que oculta la mayor parte de la funcionalidad de Netty necesaria para crear un servidor TCP, a la vez que añade una contrapresión Reactive Streams.

Vamos a empezar con un par cliente/servidor que utilizaremos para explicar el comportamiento y las posibles variantes con más detalle más adelante. Vamos a utilizar reactor-netty como parte de una aplicación Spring-boot.

El lanzador:

```
@SpringBootApplication
public class ReactorNettyServerApplication implements CommandLineRunner {

  public static void main(String[] args) {
    SpringApplication.run(ReactorNettyServerApplication.class, args);
  }

  @Override
  public void run(String... args) throws Exception {
```

```
    }
}
```

El servidor:

```
@Slf4j
@Component
public class ServerSimple {

  // Inyecta el valor del puerto del servidor desde application.properties
  @Value("${server.port}")
  private int PORT;

  // Inyecta el valor de wiretap desde application.properties
  @Value("${server.wiretap}")
  private boolean WIRETAP;

  // Inyecta el valor de la longitud máxima de trama desde application.properties
  @Value("${server.maxframelength}")
  private int MAXFRAMELENGTH;

  private TcpServer server;

  // Método llamado después de crear el bean para iniciar el servidor
  @PostConstruct
  public void start() throws UnknownHostException {
    log.info("Inicio...");

    // Obtener el nombre del host
    String hostName = InetAddress.getLocalHost().getHostName();

    // Creation y configuration del servidor
    server = TcpServer.create()
      .port(PORT)  // Configurar el puerto
      .wiretap(WIRETAP)  // Configurar el wiretap
      .doOnConnection(connection ->  // Lambda: (Connection)
         connection.addHandlerLast(new DelimiterBasedFrameDecoder(MAXFRAMELENGTH,
Delimiters.lineDelimiter())))
      .handle((in, out) -> {  // Lambda: (NettyInbound, NettyOutbound)
        // Creacion del flujo de bienvenida
        Flux<String> welcomeFlux =
           Flux.just("Conectado a:" + hostName + "!\r\n", "date: " + new Date() +
"\r\n");

        // Creación del flujo de respuestas
        Flux<String> responses =
           in.receive()
             .asString()
             .takeUntil("fin"::equalsIgnoreCase)
             .map(text -> {  // Lambda: (String)
               String response = "Pedido enviado:'" + text + "'?\r\n";
               if (text.isEmpty()) {
                 response = "Enviar un pedido.\r\n";
               } else if ("fin".equalsIgnoreCase(text)) {
                 response = "Fin de la conexión:" + new Date() + "\r\n";
               }
               return response;
             });
```

```
        // Enviar el Flux concatenado como respuesta
        return out.sendString(Flux.concat(welcomeFlux, responses));
      });

  }

  // Método llamado antes de destruir el bean para detener el servidor
  @PreDestroy
  public void stop() throws UnknownHostException {
    server.bindNow()
       .onDispose()
       .block();
  }
}
```

Esta es una aplicación sencilla, por lo que vamos a añadir un archivo logback.xml para configurar los registros.

Archivo Logback.xml:

```
<configuration>
    <!-- ... otras configuraciones ... -->

    <!-- Nivel de registro para Reactor-Netty -->
    <logger name="reactor.netty" level="DEBUG" />

    <!-- Configuracion de appender y de layout -->
    <appender name="STDOUT" class="ch.qos.logback.core.ConsoleAppender">
        <layout class="ch.qos.logback.classic.PatternLayout">
            <pattern>%d{HH:mm:ss.SSS} [%thread] %-5level %logger{36}
- %msg%n</pattern>
        </layout>
    </appender>

    <root level="DEBUG">
        <appender-ref ref="STDOUT" />
    </root>
</configuration>
```

4.1 Servidor simple

He aquí un ejemplo de servidor TCP sencillo:

```
@Slf4j
public class ServerSimple {
  static final int PORT = 8993;
  static final int MAXFRAMELENGTH = 8092;
  static final boolean WIRETAP = true;

  public static void main(String[] args) throws UnknownHostException {
    log.info("Iniciando..");

    // Recuperar el nombre del host local
    String hostName = InetAddress.getLocalHost().getHostName();

    // Configurar el servidor tcp
    TcpServer server =
       TcpServer.create()
          .port(PORT)
          .wiretap(WIRETAP)

          // Añade un gestor para delimitar tramas basado
          // en el delimitador de línea
          .doOnConnection(connection ->
             connection.addHandlerLast(new DelimiterBasedFrameDecoder(MAXFRAMELENGTH,
                 Delimiters.lineDelimiter())))

          // Procesar conexiones entrantes
          .handle((in, out) -> {
            // in : ByteBufFlux, out : NettyOutbound

            // Creación de un flujo con un mensaje de bienvenida
            Flux<String> welcomeFlux =
               Flux.just("Connecté sur:" + hostName + "!\r\n", "date: " + new
Date() +
                         "\r\n");

            // Crea un flujo con las respuestas del servidor en función
            // de la entrada del cliente
            Flux<String> responses =
               in.receive()
                  .asString() // Convierte el flujo ByteBuf en una cadena
de caracteres
                  // Detiene el flujo cuando el cliente envía "stop"
                  .takeUntil("stop"::equalsIgnoreCase)
                  // Transforma cada texto recibido en una respuesta apropiada
                  .map(text -> {
                   String response = "Pedido enviado:'" + text + "'?\r\n";
                    if (text.isEmpty()) {
                      response = "Enviar un pedido.\r\n";
                    } else if ("bye".equalsIgnoreCase(text)) {
                      response = "Fin de la conexión:" + new Date() + "\r\n";
                    }
                    return response;
                  });

            // Concatenar el mensaje de bienvenida y las respuestas, y enviar
            // todo al cliente
```

```
            return out.sendString(Flux.concat(welcomeFlux, responses));
          });

      // Vincular el servidor a la dirección y puerto especificados,
      // y esperar a que se cierre
      server.bindNow()
         .onDispose()
         .block();
   }
}
```

Este código describe una clase Java llamada `ServerSimple` que representa un servidor TCP simple. Esta clase está marcada como un componente de Spring (mediante la anotación `@Component`), lo que significa que puede ser gestionada por el contenedor de Spring y sus métodos de ciclo de vida pueden ser llamados automáticamente por Spring.

4.1.1 Anotaciones y variables de instancia

Las anotaciones `@Value` se utilizan para inyectar valores de propiedades configuradas en el archivo application.properties de la aplicación Spring Boot. Por ejemplo, el valor del puerto en el que escucha el servidor se inyecta desde la propiedad `server.port`.

4.1.2 Método Start()

Este método está precedido por la anotación `@PostConstruct`, lo que significa que se ejecutará automáticamente después de que el bean haya sido inicializado. Recupera el nombre de host local e inicializa un servidor TCP utilizando la API `TcpServer`. El servidor está configurado para escuchar en un puerto específico, utilizar wiretap (para depuración) y procesar cada nueva conexión. Para cada nueva conexión, el servidor añade un gestor para delimitar los mensajes recibidos, basándose en delimitadores de línea. Cuando llegan nuevos datos, el servidor envía un mensaje de bienvenida, luego escucha los mensajes entrantes y envía las respuestas apropiadas.

4.1.3 Método stop()

Anotado con `@PreDestroy`, este método se ejecutará automáticamente antes de que se destruya el bean. Activa la vinculación con el servidor y se bloquea hasta que se cierra el servidor.

Esta clase define un servidor TCP simple que envía un mensaje de bienvenida a cada cliente conectado, escucha los mensajes de los clientes y envía respuestas. Utiliza el framework Reactor Netty para crear el servidor y se integra en una aplicación Spring Boot utilizando anotaciones Spring.

4.2 Cliente único

Este es el código de cliente correspondiente:

```
@SpringBootApplication // Indica que se trata de una aplicación Spring Boot.
public class ReactorNettyClientApplication implements CommandLineRunner {

  // Inyecta el valor del host desde las propiedades de Spring.
  @Value("${server.host}")
  private String HOST;

  // Inyecta el valor del puerto desde las propiedades de Spring.
  @Value("${server.port}")
  private int PORT;

  // Inyecta el valor de wiretap de las propiedades de Spring.
  @Value("${server.wiretap}")
  private boolean WIRETAP;

  // Punto de entrada principal de la aplicación Spring Boot.
  public static void main(String[] args) {
    SpringApplication.run(ReactorNettyClientApplication.class, args);
  }

  // Implementación del método run() de la interfaz CommandLineRunner
  // para ejecutar la lógica una vez iniciada la aplicación.
  @Override
  public void run(String... args) throws Exception {
    // Crea un cliente Tcp con la configuración dada.
    TcpClient client =
       TcpClient.create()
           .host(HOST)
           .port(PORT)
           // Añade un delimitador a cada conexión.
           .doOnConnected(connection ->  // (Connection connection)
```

```
            connection.addHandlerLast(
                new DelimiterBasedFrameDecoder(8192,
Delimiters.lineDelimiter())))
         .wiretap(WIRETAP);

    // Establece la conexión con el servidor.
    Connection conn = client.connectNow();

    // Escucha los mensajes entrantes desde el servidor.
    conn.inbound()
       .receive()
       .asString(StandardCharsets.UTF_8)  // Convierte los datos
en String.
       .doOnNext(System.out::println) // (String message)
       .subscribe();

    // Crear un escáner para leer la entrada del usuario.
    Scanner scanner = new Scanner(System.in,
StandardCharsets.UTF_8.name());
    while (scanner.hasNext()) {
      String text = scanner.nextLine(); // Lee la entrada del usuario.
      // Envía el texto del usuario al servidor.
      conn.outbound()
         .sendString(Mono.just(text + "\r\n")) // (Mono<String>)
         .then()
         .subscribe();
      // Si el usuario escribe "fin", finaliza el bucle.
      if ("fin".equalsIgnoreCase(text)) {
        break;
      }
    }

    // Bloquea hasta que se cierra la conexión.
    conn.onDispose()
       .block();
  }
}
```

4.2.1 Anotaciones y declaración de clases

```
@SpringBootApplication
    public class ReactorNettyClientApplication implements CommandLineRunner {
```

@SpringBootApplication es una anotación de conveniencia de Spring Boot que combina varias otras anotaciones. Significa que esta clase es el principal punto de entrada a una aplicación Spring Boot.

La clase ReactorNettyClientApplication implementa la interfaz CommandLineRunner, que permite a la aplicación ejecutar la lógica después de que se haya iniciado la aplicación Spring Boot.

4.2.2 Configuración mediante propiedades

Las variables precedidas por @Value serán inyectadas con valores de las propiedades de la aplicación Spring. Estas propiedades pueden definirse en archivos como application.properties o application.yml.

```
@Value("${server.host}")
private String HOST;

@Value("${server.port}")
private int PORT;

@Value("${server.wiretap}")
private boolean WIRETAP;
```

Punto de entrada del programa:

```
public static void main(String[] args) {
  SpringApplication.run(ReactorNettyClientApplication.class, args);
}
```

Este es el punto de entrada estándar para una aplicación Java. Inicia la aplicación Spring Boot.

4.2.3 Lógica de cliente TCP

El método `run()` está definido por la interfaz `CommandLineRunner`. Se ejecuta después de que la aplicación Spring Boot se haya iniciado por completo.

Configuración del cliente

La configuración del cliente TCP se define con `TcpClient.create()`. Métodos como `host()`, `port()`, etc., se utilizan para configurar el cliente.

Escuchar los mensajes entrantes

Tras establecer una conexión, el cliente comienza a escuchar los mensajes entrantes del servidor. Los mensajes se reciben, se convierten en cadenas de caracteres y se muestran en la consola.

Envío de mensajes

Se utiliza un objeto de tipo `Scanner`para leer las entradas del usuario desde la consola. Cada entrada se envía al servidor. Si el usuario introduce la palabra "end", el cliente deja de enviar mensajes y finaliza el bucle.

Cierre de la conexión

Tras salir del bucle (cuando se introduce la palabra "end"), se cierra la conexión.

Este código describe una aplicación Spring Boot que actúa como cliente TCP. Cuando se inicia, se conecta a un servidor (cuyos detalles de HOST y PORT son proporcionados por las propiedades de la aplicación), escucha los mensajes del servidor y envía la entrada del usuario al servidor hasta que se introduce la palabra "end".

4.2.4 Consumir datos

Para recibir datos de un cliente conectado, es necesario adjuntar un gestor de entrada/salida (E/S). Éste tiene acceso a la API `NettyInbound` para leer datos.

Ciclo de vida

Se proporcionan los siguientes recordatorios del ciclo de vida para permitirle extender TcpServer:

Volver a llamar	Descripción
`doOnBind()`	Llamada cuando el canal del servidor está a punto de enlazarse
`doOnBound()`	Llamada cuando el canal del servidor está vinculado
`doOnChannelInit()`	Llamada cuando se inicializa el canal
`doOnConnection()`	Llamada cuando se conecta un cliente remoto
`doOnUnbound()`	Llamada cuando el canal del servidor no está vinculado

A continuación se muestra un ejemplo de uso de los callbacks `doOnBind()`, `doOnBound()`, `doOnChannelInit()`, `doOnConnection()`y `doOnUnbound()` con Reactor Netty :

```
server = TcpServer.create()
  .port(PORT)
  .wiretap("reactor.netty.tcp.server", LogLevel.DEBUG,
    AdvancedByteBufFormat.TEXTUAL)
  .metrics(true) // Habilitar las métricas Micrometer
  .bindAddress(() -> new DomainSocketAddress(
    "/tmp/test.sock"))
  .doOnBind(serverBootstrap -> {
    // Acción a realizar justo antes de que el servidor se
    // vincule al puerto.
    log.info("El servidor está a punto de vincularse");
  })
  .doOnBound(disposableServer -> {
    // Acción a ejecutar después de que el servidor se haya
    // vinculado con éxito al puerto.
    log.info("El servidor se ha vinculado con éxito al puerto: "
```

```
    + disposableServer.port());
})
.doOnChannelInit((connectionObserver, channel, remoteAddress) -> {
  // Acción a ejecutar cuando se inicializa un nuevo canal.
  log.info("Se inicializa un nuevo canal");
  channel.pipeline().addFirst(new LoggingHandler("cap06"));
})
.doOnConnection(connection -> {
  // Acción a ejecutar cuando se establece una nueva conexión.
  log.info("Se establece una nueva conexión");
  connection.addHandlerLast(new DelimiterBasedFrameDecoder(
    MAXFRAMELENGTH, Delimiters.lineDelimiter()));
  connection.addHandlerFirst(new ReadTimeoutHandler(
    SERVERTIMEOUT, TimeUnit.SECONDS));
})
.doOnUnbound(disposableServer -> {
  // Acción a realizar antes de que el servidor se desvincule del puerto.
  log.info("El servidor está a punto de ser detenido");
})
.handle((in, out) -> {
  // Gestiona la comunicación entrante y saliente para
  // cada conexión de cliente.
  // Envía un mensaje de bienvenida al cliente cuando
  // se establece la conexión.
  Flux<String> welcomeFlux =
    Flux.just("Conectado a:" + hostName +
      "!\r\n", "date: " + new Date() + "\r\n");
  // Gestiona los mensajes recibidos del cliente.
  Flux<String> responses =
    in.receive()
      .asString()
      .takeUntil("fin"::equalsIgnoreCase)
      .map(text -> {
        // Procesa y da forma a la respuesta según
        // el mensaje del cliente.
        String response = " Pedido enviado:'"
          + text + "'?\r\n";
        if (text.isEmpty()) {
          response = " Enviar un pedido.\r\n";
        } else if ("fin".equalsIgnoreCase(text)) {
          response = " Fin de la conexión:"
            + new Date() + "\r\n";
        }
        return response;
      });
  // Envía la respuesta al cliente.
  return out.sendString(Flux.concat(welcomeFlux, responses));
});
```

La línea `channel.pipeline().addFirst(new LoggingHandler("cap06"));` está vinculada a la configuración de Netty. Cuando se establece una conexión en Netty, está representada por un canal (*channel*). Este canal tiene una cadena de tratamiento (*pipeline*) que es una secuencia de gestores (*handlers*). Estos handlers procesan eventos y mensajes hacia y desde el canal. Cada handler en esta cadena de procesamiento puede realizar una determinada acción o transformación en los datos.

El método `addFirst()` añade un handler al inicio de esta cadena de procesamiento.

`new LoggingHandler("cap06")` crea una nueva instancia de `LoggingHandler`, que es un handler proporcionado por Netty para registrar (*log*) eventos y mensajes del canal.

En otras palabras, esta línea añade un handler de registro al inicio del canal para registrar toda la actividad en ese canal. Esto es útil para depurar y monitorizar, ya que puedes ver exactamente lo que está ocurriendo durante la conexión, como datos entrantes, datos salientes, eventos de conexión/desconexión, etc.

En la conexión:

- `connection.addHandlerLast(new DelimiterBasedFrameDecoder(MAXFRAMELENGTH, Delimiters.lineDelimiter()));` añade un `DelimiterBasedFrameDecoder` al final (*last*) de la cadena de procesamiento de la conexión.
- `DelimiterBasedFrameDecoder` es un decodificador utilizado por Netty para decodificar mensajes basados en uno o más delimitadores. En este caso, el delimitador es el final de línea (`Delimiters.lineDelimiter()`), lo que significa que este descodificador lee los datos entrantes hasta que encuentra un final de línea para formar una *frame* completa (mensaje o trama).
- `MAXFRAMELENGTH` es la longitud máxima que puede tener una *frame*. Si un marco excede esta longitud sin encontrar el delimitador, se lanzará una excepción. Se trata de una medida de seguridad para evitar que datos demasiado grandes o mal formados sobrecarguen el sistema.

- `connection.addHandlerFirst(new ReadTimeoutHandler (SERVERTIMOUT, TimeUnit.SECONDS));`añade un `ReadTimeout Handler` al principio (*first*) de la cadena de procesamiento de la conexión.
- `ReadTimeoutHandler` es un gestor que activa un evento de tiempo de espera (*timeout*) si no se han leído mensajes en la conexión durante un periodo especificado.
- `SERVERTIMOUT` es el tiempo en segundos antes de que se agote el timeout. Si no se lee ningún mensaje durante este periodo, el `ReadTimeoutHandler` generará una excepción `ReadTimeoutException`, que puede ser tratada en otro lugar de la aplicación (por ejemplo, para cerrar una conexión inactiva o para señalar un error).

Estas dos líneas configuran la conexión para descodificar los mensajes en función de los delimitadores y gestionar los timeouts de lectura, mejorando así la robustez y seguridad de la aplicación.

Este código crea un servidor TCP con Reactor Netty y añade callbacks en las distintas etapas del ciclo de vida del servidor y de la conexión. Cada callback se utiliza para realizar acciones específicas en un momento determinado.

4.2.5 Configuraciones a nivel TCP

Existen tres tipos de configuración a nivel TCP:

- Configurar las opciones de canal: puede definir opciones específicas para los canales TCP.
- Wire Logger: puede activar el *wire logging* para rastrear los mensajes intercambiados en la red.
- Event Loop Group: puede configurar un grupo de bucle de eventos para gestionar las conexiones TCP.

4.2.6 Configurar las opciones de canal

Por defecto, el servidor TCP está configurado con las siguientes opciones:

```
// Esta clase se encarga de configurar el servidor TCP.
public class TcpServerBind() {
  // Definimos opciones específicas para los canales hijos
  // (las conexiones clientes).
  // Usamos un objeto Map para almacenar estas opciones.
  Map<ChannelOption<?>, Boolean> childOptions =
new HashMap<>(MapUtils.calculateInitialCapacity(2));

  // Configuramos la opción AUTO_READ para los canales hijos en
  // false, lo que significa que los canales no leerán
  // automáticamente los datos entrantes.
  childOptions.put(ChannelOption.AUTO_READ, false);

  // Configuramos la opción TCP_NODELAY para los canales hijo,
  // en true lo que desactiva el mecanismo nagle para mejorar
  // el rendimiento reduciendo el retardo de los paquetes.
  childOptions.put(ChannelOption.TCP_NODELAY, true);

  // Creamos un objeto TcpServerConfig utilizando las opciones
  // configuradas anteriormente y una función lambda que devuelve
  // la dirección y puerto por defecto a utilizar para
  // el servidor.
  this.config = new TcpServerConfig(
    // Configuramos la opción SO_REUSEADDR para el canal padre a
    // true, lo que permite reutilizar la dirección local del
    // socket si está disponible.
    Collections.singletonMap(ChannelOption.SO_REUSEADDR, true),
    // Pasamos las opciones específicas para los canales hijos que
    // hemos configuramos previamente.
    childOptions,
    // Usamos una función lambda para definir la dirección y
    // el puerto del servidor por defecto para el servidor.
    // En este ejemplo, simplemente usamos el puerto por defecto.
    () -> new InetSocketAddress(DEFAULT_PORT)
  );
}
```

Observación

Tenga en cuenta que este código es un ejemplo simplificado para ilustrar la configuración del servidor TCP. En una aplicación real, generalmente es necesario configurar más opciones dependiendo de las necesidades específicas del proyecto.

Supongamos que necesita añadir opciones adicionales o modificar las opciones actuales para satisfacer las necesidades específicas de su proyecto, he aquí como puede proceder:

```
TcpServer.create() // Crea una instancia de TcpServer
    // Establece la opción CONNECT_TIMEOUT_MILLIS a 10000 ms
    .option(ChannelOption.CONNECT_TIMEOUT_MILLIS, 10000)
    .bindNow(); // Inicia el servidor enlazando el puerto especificado
```

Este código muestra cómo crear e iniciar un servidor TCP usando Reactor Netty. El método `TcpServer.create()` crea una instancia de TcpServer. Luego, podemos usar el método option() para configurar opciones específicas para el servidor, en este ejemplo hemos establecido la opción `CONNECT_-TIMEOUT_MILLIS` a 10,000 ms.

Se pueden configurar otras opciones.

Los elementos `ChannelOption sono`pciones de configuración que puedes establecer para los canales en el framework Netty. Permiten personalizar el comportamiento de los canales de comunicación de red, como los servidores TCP o UDP, mediante la definición de distintos parámetros.

Opciones comunes de ChannelOption y Socket

Estas son opciones generales que se utilizan para configurar canales para todas las implementaciones del framework Netty. Estas opciones se aplican a los canales que utilizan controladores nativos (como Epoll y KQueue), así como a los canales que utilizan el controlador Java predeterminado.

Las opciones comunes incluyen `SO_BACKLOG`, que especifica el tamaño de la cola de conexiones en espera.

La clase `EpollChannelOption` representa las opciones específicas del controlador nativo Epoll. Epoll es una implementación específica de Linux para operaciones de E/S asíncronas. Algunas opciones específicas de Epoll, como `TCP_QUICKACK` o `SO_REUSEPORT`, controlan el comportamiento del canal cuando se utiliza con Epoll.

La clase `KQueueChannelOption` representa opciones específicas del controlador nativo KQueue, que se utiliza principalmente en sistemas BSD tales como macOS. Las opciones de KQueue permiten configurar el comportamiento de los canales cuando se utilizan con el controlador de KQueue.

Las opciones de socket son opciones específicas a nivel de socket. Permiten configurar las propiedades del socket utilizado por el canal de comunicación. Por ejemplo, `IP_TTL` permite especificar el tiempo de vida (*Time-to-Live*, TTL) de los paquetes IP, mientras que `IP_TOS` permite especificar el tipo de servicio (*Type of Service*, ToS) de los paquetes IP.

Aquí tienes una lista de opciones:

Valor	Significado
`ASIGNADOR`	Opción para configurar el asignador `ByteBuf`
`RCVBUF_ALLOCATOR`	Opción para configurar el asignador del búfer de recepción (`RecvByteBufAllocator`)
`ESTIMADOR_TAMAÑO_MENSAJE`	Opción para estimar el tamaño del mensaje
`CONNECT_TIMEOUT_MILLIS`	Tiempo máximo de espera en milisegundos para establecer una conexión
`MAX_MESSAGES_PER_READ`(obsoleto)	Número máximo de mensajes a leer por reproducción
`MAX_MESSAGES_PER_WRITE`	Número máximo de mensajes a escribir por entrada
`WRITE_SPIN_COUNT`	Número de intentos de escribir antes de abandonar

Valor	Significado
`WRITE_BUFFER_HIGH_WATER_MARK` (obsoleto)	Umbral alto para el búfer de escritura
`WRITE_BUFFER_LOW_WATER_MARK` (obsoleto)	Umbral bajo para el búfer de escritura
`WRITE_BUFFER_WATER_MARK`	Marca de agua para bloc de notas
`PERMITIR_MEDIO_CIERRE`	Indica si está autorizado el bloqueo semidúplex
`AUTO_READ`	Si está activada, la reproducción es solicitada automáticamente por el canal tras la finalización de una reproducción anterior.
`AUTO_CLOSE`	Si es true, el canal se cierra automática e inmediatamente en caso de escritura fallida.
`SO_BROADCAST`	Opción de autorizar la difusión de paquetes
`SO_KEEPALIVE`	Habilita la comprobación de conexión keep-alive
`SO_SNDBUF`	Tamaño del búfer de envío
`SO_RCVBUF`	Tamaño del búfer de recepción
`SO_REUSEADDR`	Permite la reutilización de direcciones
`SO_LINGER`	Tiempo de latencia para cerrar la conexión
`SO_BACKLOG`	Número máximo de conexiones pendientes
`SO_TIMEOUT`	Tiempo de espera para una operación de socket
`IP_TOS`	Opción para definir el tipo de servicio o DSCP

Valor	Significado
`DIRECCIÓN_IP_MULTICAST`	Dirección de multicast IP
`IP_MULTICAST_IF`	Interfaz para multicast IP
`IP_MULTICAST_TTL`	Tiempo de vida (TTL) para paquetes multicast IP
`IP_MULTICAST_LOOP_DISABLED`	Si es true, se desactiva el bucle de recepción multicast
`TCP_NODELAY`	Desactiva el algoritmo de Nagle (para paquetes pequeños, se elimina el retardo)
`TCP_FASTOPEN_CONNECT`	Activa la opción TCP `FastOpen` para el cliente
`TCP_FASTOPEN`	Opción del lado del servidor para TCP `FastOpen`
`DATAGRAM_CHANNEL_ACTIVE_ON_REGISTRATION` (amortizado)	Si es true, el canal de datagramas está activo en el momento del registro
`UN_EJECUTOR_EVENTUAL_POR_GRUPO`	Si es true, utiliza un único `EventExecutor` por grupo

Tenga en cuenta que algunas opciones son específicas a determinados protocolos o usos. Por lo tanto, es importante comprender su finalidad antes de modificarlas o activarlas.

Gracias a estas opciones de canal, puede adaptar el comportamiento del framework Netty en función de sus necesidades específicas, ya sea para optimizar el rendimiento, mejorar la estabilidad o admitir determinadas funciones avanzadas de red.

4.2.7 Registro de conexiones

Reactor Netty ofrece una funcionalidad de registro de conexiones para permitir la inspección del tráfico entre pares. Por defecto, este registro está deshabilitado. Para habilitarlo, puede establecer el nivel de registro de `reactor.netty.tcp.TcpServer` a `DEBUG` y aplicar la siguiente configuración:

```
TcpServer.create()
        .wiretap(true) // Habilita el registro
        .bindNow();
```

El método `wiretap(true)` se utiliza para habilitar el registro de conexiones entre pares.

Los formateadores de Wire Logger (*wiretap formatters*) son herramientas proporcionadas por Reactor Netty para registrar conexiones de red. Estos muestran los datos intercambiados entre pares en un formato legible para depurar y analizar los intercambios de red.

A continuación, se ofrece una breve descripción de cada formateador Wire Logger:

- `AdvancedByteBufFormat#HEX_DUMP` (por defecto): este formateador muestra los datos en representación hexadecimal. Los datos se muestran en columnas hexadecimales con su correspondencia en caracteres ASCII, lo que permite visualizar el contenido en bruto de los mensajes intercambiados.
- `AdvancedByteBufFormat#SIMPLE`: este formateador muestra los datos de forma simplificada. Los datos se muestran como cadenas de caracteres ASCII, lo que los hace más legibles que la representación hexadecimal.
- `AdvancedByteBufFormat#TEXTUAL`: este formateador muestra los datos en formato de texto. Los datos se descodifican como texto ASCII o UTF-8, lo que facilita la lectura de los mensajes intercambiados.

Estos formateadores pueden utilizarse con el método `wiretap()` para permitir el registro de las conexiones de red en el formato deseado. Esto proporciona a los desarrolladores una mejor comprensión del tráfico entre pares y facilita el diagnóstico de cualquier problema con los intercambios de red.

Por ejemplo, para utilizar el modo AdvancedByteBufFormat#TEXTUAL:

```
server = TcpServer.create()
    .port(PORT)
    .wiretap("reactor.netty.tcp.server", LogLevel.DEBUG,
AdvancedByteBufFormat.TEXTUAL)
    .doOnBind(serverBootstrap -> {
      // Acción a realizar justo antes de enlazar el servidor al puerto
      log.info("El servidor está a punto de enlazarse");
    })
```

En este ejemplo, usamos Reactor Netty para crear un servidor TCP con el formateador Wire Logger por defecto (AdvancedByteBufFormat#TEXTUAL).

4.2.8 Grupo de bucles de eventos

Por defecto, el servidor TCP utiliza un grupo de bucle de *eventos(event loop group)* que tiene el mismo número de threads de trabajo que el número de procesadores disponibles para el entorno de ejecución (*runtime*) en la inicialización. Sin embargo, existe un valor mínimo de cuatro threads para el grupo de bucle de eventos. Si necesita una configuración diferente, puede utilizar uno de los métodos proporcionados por LoopResource#create().

Los valores por defecto son los siguientes:

```
/
 * Número por defecto de threads de trabajo, utilizado en caso de
 * disponibilidad (pero con un valor mínimo de 4
 */
public static final String IO_WORKER_COUNT =
"reactor.netty.ioWorkerCount";

/
 * Número predeterminado de threads de selección, utilizado cuando
 * hay procesadores disponibles (pero con un valor predeterminado
 * de -1, que indica que no hay threads de selección configurados)
 * <p><strong>Nota:</strong> En la mayoría de los casos, utilizar
 * un thread de trabajo como threads de selección funciona
 * bien. Un posible caso de uso para especificar un threads
 * elección separado puede ser cuando los threads de trabajo están
 * ocupados y las conexiones no pueden ser aceptadas
 * lo suficientemente rápido.
 * <p><strong>Nota:</strong> Aunque es posible
configurar más de un
 * threads de selección, en realidad sólo se utilizará
```

```
 * un thread como thread de selección.
 *
 */
public static final String IO_SELECT_COUNT =
"reactor.netty.ioSelectCount";

/
 * Número predeterminado de threads de trabajo para UDP, utilizado
 * en caso de disponibilidad del procesador (pero con
 * un valor mínimo de 4)
 */
public static final String UDP_IO_THREAD_COUNT =
"reactor.netty.udp.ioThreadCount";

/
 * Período de silencio predeterminado que garantiza que la liberación
 * de recursos del bucle subyacente no se produzca,
 * utilizado en ausencia de un valor configurado, con un valor de
 * fallback de 2 segundos.
 */
public static final String SHUTDOWN_QUIET_PERIOD =
"reactor.netty.ioShutdownQuietPeriod";

/
 * Tiempo máximo de espera por defecto antes de liberar
 * recursos del bucle subyacente independientes de la presentación
 * una tarea durante el periodo de silencio,
 * utilizado si no hay ningún valor configurado, con un valor
 * de fallback de 15 segundos.
 */
public static final String SHUTDOWN_TIMEOUT =
"reactor.netty.ioShutdownTimeout";

/
 * Valor por defecto que indica que el transporte nativo (epoll,
 kqueue) será preferido, con un valor fallback indicando que
 * será preferido si está disponible
 */
public static final String NATIVE = "reactor.netty.native";
```

Estos valores pueden modificarse:

```
LoopResources loop = LoopResources.create("event-loop", 1, 4,
true);

// Configura e inicializa el servidor TCP.
```

```
server = TcpServer.create()
   // Utiliza el grupo de bucle de eventos personalizado
   .runOn(loop)
   .doOnBind(serverBootstrap -> {
     // Acción a realizar justo antes de que el servidor se
     // vincule al puerto.
     log.info("El servidor está a punto de enlazarse");
   })
```

Detalles de los parámetros de creación de `loop`:

- `"event-loop"`: prefijo para nombres de threads creados para bucles de eventos. Esto puede ser útil para la depuración, ya que puede identificar fácilmente los threads de bucle de eventos en los dumps de threads o herramientas de monitorización.
- 1: Es el número de bucles de eventos dedicados a aceptar conexiones. En términos de Netty, esto correspondería al número de threads `NioEventLoopGroup` para el *boss group*.
- 4: es el número de bucles de eventos para gestionar las conexiones una vez aceptadas, es decir, para leer y escribir datos y gestionar otros eventos NIO. Correspondería al número de threads `NioEventLoopGroup` para el *worker group*.
- `true`: este valor booleano determina si los bucles de eventos creados son demonios (`true`) o no (`false`). Los threads demonios son threads en segundo plano que no bloquean la parada de la JVM. Si todos los threads de una JVM son threads demonios, la JVM se detendrá. Si establece este valor a `false`, asegúrese de manejar correctamente la detención de estos bucles de eventos cuando cierre su aplicación.

En resumen, esta línea crea recursos de bucle de eventos con un thread para aceptar conexiones, cuatro threads para manejar conexiones y todos estos threads son threads demonio.

4.2.9 Seguridad de las comunicaciones a través de SSL y TLS

Puede utilizar las siguientes opciones para configurar SSL o TLS:

- Por defecto, si OpenSSL está disponible en el sistema, se utilizará el proveedor `SslProvider.OPENSSL` para las conexiones seguras. Si OpenSSL no está disponible, el proveedor `SslProvider.JDK` se utilizará en su lugar.
- También puede especificar el proveedor de SSL que se utilizará mediante `SslContextBuilder` o estableciendo la propiedad del sistema `-Dio.netty.handler.ssl.noOpenSsl=true` para forzar el uso de `SslProvider.JDK`.

El `BouncyCastle` debe añadirse a las dependencias si es necesario.

Para el cliente:

```
SslContext sslContext;
try {
  sslContext = SslContextBuilder
     .forClient()
     .sslProvider(SslProvider.JDK) // Utiliza el proveedor JDK para SSL
     .ciphers(Arrays.asList("TLS_ECDHE_RSA_WITH_AES_128_GCM_SHA256"))
     .build();
} catch (Exception e) {
  throw new RuntimeException("Error al crear el contexto SSL", e);
}
```

Creación de clientes

```
TcpClient client =
   TcpClient.create()
       .host(HOST)
       .port(PORT)
       .secure(spec -> spec.sslContext(sslContext))
       .wiretap(WIRETAP);
```

Para el servidor:

```
    server = TcpServer.create()
       // Utiliza el grupo de bucle de eventos personalizado
       .runOn(loop)
       .port(PORT)
       .secure(spec -> spec.sslContext(TcpSslContextSpec
.forServer(ssc.certificate(), ssc.privateKey())))
[...]
```

4.2.10 Indicación del nombre del servidor

En Reactor Netty, es posible configurar el servidor TCP con varios `SslContext` asociados a dominios específicos. Esto significa que se pueden utilizar diferentes certificados y claves privadas dependiendo del nombre de dominio proporcionado por el cliente cuando se establece la conexión SSL.

Los mapeos SNI (*Server Name Indication*) se utilizan para asociar cada nombre de dominio especificado con su `SslContext` correspondiente. Un nombre de dominio exacto o un nombre de dominio que contenga un carácter genérico puede ser utilizado durante la configuración del mapeo SNI.

Esto permite al servidor TCP utilizar el `SslContext` correcto en función del nombre de dominio recibido del cliente, lo que significa que varios dominios con diferentes certificados SSL pueden ser gestionados eficientemente en el mismo servidor.

El mapeo SNI es un mecanismo utilizado en las conexiones TLS/SSL para permitir que un servidor TCP gestione varios certificados SSL asociados a nombres de dominio específicos. Cuando un cliente inicia una conexión TLS con el servidor, envía el nombre de dominio deseado en la extensión SNI del mensaje `ClientHello`. A continuación, el servidor utiliza esta información para seleccionar el certificado SSL adecuado para negociar la conexión segura.

Observación

El mensaje `ClientHello` forma parte del protocolo de negociación de seguridad (TLS/SSL) utilizado cuando un cliente se conecta a un servidor seguro. Lo envía el cliente al servidor para iniciar el proceso de negociación de la conexión segura. El mensaje `ClientHello` contiene información importante como las versiones del protocolo TLS/SSL soportadas por el cliente, los algoritmos de cifrado y hash soportados y otros parámetros de configuración. El mensaje `ClientHello` permite al cliente comunicar al servidor sus capacidades y preferencias de seguridad, permitiendo al servidor elegir la configuración adecuada para establecer una conexión segura. A continuación, el servidor responde con un mensaje `ServerHello`, que contiene la configuración de seguridad seleccionada para la conexión, incluido el certificado SSL que se utilizará para establecer la confianza entre el cliente y el servidor. El mensaje `ClientHello` es esencial en el proceso de negociación de la conexión segura, ya que permite al cliente y al servidor ponerse de acuerdo sobre los parámetros de seguridad para establecer una comunicación cifrada y fiable.

Con el mapeo de SNI, un servidor TCP puede gestionar varios dominios con certificados SSL independientes en la misma dirección IP y puerto. Esto permite alojar varios sitios web seguros en una única infraestructura de servidor, lo que simplifica la gestión de certificados y conexiones seguras.

El mapeo SNI se utiliza habitualmente en entornos de alojamiento compartido o virtualizado, donde varios sitios web comparten la misma dirección IP. Gracias al mapeo SNI, el servidor puede identificar el dominio solicitado por el cliente y proporcionar el certificado SSL correspondiente, garantizando una conexión segura para cada sitio web.

```
    TcpSslContextSpec tcpSslContextDomain1 =
TcpSslContextSpec.forServer(certDomain1, keyDomain1);
    TcpSslContextSpec tcpSslContextDomain2 =
TcpSslContextSpec.forServer(certDomain2, keyDomain2);
    // Configura e inicializa el servidor TCP.
    server = TcpServer.create()
       // Utiliza el grupo de bucle de eventos personalizado
       .runOn(loop)
       .port(PORT)
       .secure(spec -> spec.sslContext(tcpSslContextDomain1)
          .addSniMapping("*.test.com",
             testDomainSpec ->
testDomainSpec.sslContext(tcpSslContextDomain2)))
```

En este ejemplo, configuramos el servidor TCP con dos `TcpSslContextSpecs`, uno para cada dominio (por ejemplo, `"dominio1.com"` y `"dominio2.com"`).
Utilizamos `TcpSslContextSpec.forServer(cert, key)` para crear cada `TcpSslContextSpec`, que representa la especificación de contexto SSL para cada dominio.

A continuación, usamos `TcpServer.create().secure()` para crear el servidor TCP seguro usando SNI mappings. Los mapeos SNI asocian cada dominio especificado con su `TcpSslContextSpec` correspondiente. Esto permite al servidor seleccionar el contexto SSL correcto basándose en el nombre de dominio enviado por el cliente al establecer la conexión SSL.

4.2.11 Métrica

El servidor TCP en Reactor Netty expone una variedad de métricas `Micrometer` que pueden ser utilizadas para monitorizar el rendimiento y comportamiento del servidor. Aunque no detallamos estas métricas en este contexto, ofrecen la posibilidad de configurar Reactor de forma óptima para diferentes situaciones de uso.

Reactor puede configurarse con gran precisión, lo que le permite adaptarse eficazmente a casos de utilización específicos. A diferencia de los servidores TCP tradicionales, esta flexibilidad permite adaptar el rendimiento del servidor a las necesidades de la aplicación.

Es necesario añadir la dependencia `spring-boot-starter-actuator` para obtener las dependencias de `Micrometer`.

La activación de métricas `Micrometer` para el servidor TCP mediante el método `metrics(true)`:

```
import reactor.netty.DisposableServer;
import reactor.netty.tcp.TcpServer;

public class Application {

    public static void main(String[] args) {
        DisposableServer server =
                TcpServer.create()
```

```
                                .metrics(true) // Habilitar métricas
Micrometer
                                .bindNow();

        server.onDispose()
             .block();
    }
}
```

4.2.12 Sockets de dominio Unix

La utilización de sockets de dominio Unix (*Unix Domain Sockets*, UDS) con transporte nativo en Spring Reactor Netty facilita la comunicación entre los componentes de la aplicación que se ejecutan en la misma máquina, especialmente para la comunicación entre procesos: los sockets de dominio Unix permiten la comunicación directa entre diferentes procesos de una misma máquina. Puede utilizarlos para establecer comunicaciones rápidas y eficientes entre aplicaciones que se ejecutan en la misma máquina, sin pasar por la red.

He aquí una serie de usos y ventajas de los sockets de dominio Unix.

- Aplicaciones multicomponente: cuando se tiene una aplicación formada por varios componentes o servicios que se ejecutan en la misma máquina, la utilización de sockets de dominio Unix puede simplificar la comunicación entre estos componentes. Esto puede incluir la comunicación entre un servidor y uno o varios clientes, la comunicación entre servicios backend y frontend, etc.
- Aplicaciones contenedorizadas: en los entornos de contenedorizacion, donde múltiples contenedores se ejecutan en una misma máquina host, el uso de sockets de dominio Unix puede ser útil para facilitar la comunicación entre estos contenedores. Esto puede incluir la comunicación entre un contenedor frontend y un contenedor backend, la comunicación entre microservicios contenedorizadas, etc.
- Mayor seguridad: los sockets de dominio Unix se limitan a la comunicación local en la misma máquina, lo que puede mejorar la seguridad de sus comunicaciones. Si tienes requisitos de seguridad estrictos y no quieres exponer tus servicios a través de la red, utilizar sockets de dominio Unix puede ser una opción atractiva.

– Rendimiento optimizado: en comparación con los sockets de red, los sockets de dominio Unix pueden ofrecer un rendimiento mejorado, ya que la comunicación tiene lugar directamente a nivel del sistema operativo, sin pasar por las capas de red. Esto puede ser beneficioso para aplicaciones que requieren baja latencia o alto rendimiento.

El siguiente ejemplo muestra cómo configurar el servidor TCP para que admita UDS:

```
server = TcpServer.create()
    .bindAddress(() -> new DomainSocketAddress("/path/to/unix/socket"))
    .bindNow();
```

Esto se consigue utilizando el método `bindAddress()` con una instancia de `DomainSocketAddress` que representa la ruta del socket Unix. Esto se puede utilizar, por ejemplo, para optimizar el rendimiento de los microservicios que se ejecutan en la misma máquina.

De hecho, a veces se agrupan conjuntos de microservicios.

4.3 Datos del cliente

Los datos se envían utilizando el objeto `NettyOutbound` en Reactor Netty. Del mismo modo, los datos se consumen utilizando el objeto `NettyInbound`. Para cerrar explícitamente la conexión, es necesario llamar al método `dispose()` del objeto `Connection`.

Podemos utilizar diferentes métodos de sobrecarga para el `TcpClient` para añadir acciones específicas a ciertas etapas del proceso de conexión.

Volver a llamar	Descripción
`doAfterResolve()`	Llamada después de que la dirección remota se haya resuelto con éxito
`doOnChannelInit()`	Llamada cuando se inicializa el canal
`doOnConnect()`	Llamada cuando el canal está a punto de conectar

Volver a llamar	Descripción
doOnConnected()	Invocada tras la conexión del canal
doOnDisconnected()	Invocada tras la desconexión del canal
doOnResolve()	Llamada cuando la dirección remota está a punto de resolverse
doOnResolveError()	Llamada si la dirección remota no ha sido resuelta con éxito

Ejemplo de sobrecarga:

```
TcpClient client =
   TcpClient.create()
      .host(HOST)
      .port(PORT)
      // Se ejecuta cuando se inicializa el canal
      .doOnChannelInit((connection, channel, address) -> {
        System.out.println("Initialisation du canal");
      })
      // Se ejecuta cuando se establece una conexión
      .doOnConnect(connection -> {
        System.out.println("Conexión establecida");
      })
      // Se ejecuta cuando la conexión está conectada (realmente establecida)
      .doOnConnected(connection ->
         connection.addHandlerLast(new DelimiterBasedFrameDecoder(8192,
Delimiters.lineDelimiter())))
      // Se ejecuta cuando se desconecta la conexión
      .doOnDisconnected(connection -> {
        System.out.println("Conexión desconectada");
      })
      // Se ejecuta cuando se ha resuelto la dirección IP
      .doOnResolve((connection) -> {
        System.out.println("Dirección IP resuelta");
      })
      // Se ejecuta en caso de error al resolver la dirección IP
      .doOnResolveError((address, throwable) -> {
        System.out.println("Error al resolver la dirección IP");
      })
      // Se ejecuta después de resolver la dirección IP
      .doAfterResolve((address, connection) -> {
        System.out.println("Dirección IP resuelta: " + address);
      })
      .wiretap(WIRETAP);
```

Recomendamos configurar el cliente TCP a nivel de TCP para permitir la personalización a través de la configuración.

Por ejemplo, en el siguiente código, creamos un cliente TCP con opciones específicas utilizando la clase `TcpClientConfig` para definir las opciones proporcionadas, como el `proveedor(provider)`, las opciones de canal (`ChannelOption`) y la dirección a la que conectarse.

Ya hemos listado los `ChannelOption` precedentemente (véase la subsección Configuración de las opciones de canal).

```
TcpClient.create()
    .host("example.com") // Dirección del servidor a contactar
    .port(80) // Puerto del servidor a contactar
    // Opción específica: tiempo de espera de conexión
    .option(ChannelOption.CONNECT_TIMEOUT_MILLIS, 10000)
    .connectNow(); // Conexión inmediata
```

En este ejemplo, utilizamos la opción `ChannelOption.CONNECT_-TIMEOUT_MILLIS` para establecer el tiempo de espera de la conexión en 10.000 milisegundos (es decir, 10 segundos) y nos conectamos inmediatamente utilizando `connectNow()`. La conexión se cierra entonces usando `onDispose().block()`.

4.3.1 Registro de conexiones

Reactor Netty ofrece una funcionalidad de registro de conexiones, que es útil para monitorizar el tráfico entre pares.

Por defecto, este registro está deshabilitado. Para activarlo, debe establecer el nivel de registro de `TcpClient` en `DEBUG`y aplicar la configuración adecuada.

```
TcpClient.create()
        .wiretap(wiretapEnabled)
        .host("example.com")
        .port(80)
        .connectNow();
```

En este ejemplo, la variable `wiretapEnabled` utiliza la anotación `@Value`.

4.3.2 "Entrenadores Wire Logger"

Al igual que con el servidor, los "Entrenadores Wire Logger " de Reactor Netty se usan para controlar la manera cómo se registran los datos binarios cuando fluyen entre pares (por ejemplo, entre cliente y servidor). Reactor Netty soporta tres entrenadores diferentes para el registro de datos binarios.

- `AdvancedByteBufFormat#HEX_DUMP`: es el valor por defecto del entrenador. Muestra los datos binarios en representación hexadecimal, mostrando los bytes individuales de cada dato.
- `AdvancedByteBufFormat#SIMPLE`: este entrenador muestra los datos binarios de una forma más simple y concisa, mostrando sólo una parte de la información binaria, lo que resulta más fácil de leer para los desarrolladores.
- `AdvancedByteBufFormat#TEXTUEL`: este entrenador muestra los datos binarios como texto legible, siempre que sea posible. Intenta descifrar los datos binarios en texto para una mejor comprensión visual.

También podemos configurar los parámetros de `wiretap()`:

```
        AdvancedByteBufFormat formateur = AdvancedByteBufFormat.SIMPLE;

        DisposableServer server =
                TcpServer.create()
// activación del registro con el formateador elegido
                        .wiretap("logger-name", LogLevel.DEBUG, formateador)
                        .bindNow();

        server.onDispose().block();
    }
}
```

4.3.3 Grupo de bucles de eventos

Por defecto, el cliente TCP utiliza un "Event Loop Group", donde el número de threads de trabajo es igual al número de procesadores disponibles para el runtime en la inicialización (pero con un valor mínimo de 4). Si es necesario, puedes configurar el "Event Loop Group" utilizando un método de la clase `LoopResources`, como `LoopResources#create()`. La configuración por defecto es válida en la mayoría de los casos. Generalmente no es aconsejable definir un número de threads mayor que el número de procesadores disponibles, ya que esto puede provocar problemas de rendimiento. Para aplicaciones críticas, es preferible priorizar el rendimiento e invertir en procesadores de gama alta con tantos núcleos como sea posible, aunque esto pueda representar un mayor coste.

Al igual que con el servidor, podemos ajustar estos parámetros:

```
LoopResources loop = LoopResources.create("event-loop", 1, 4, true);

// Crea un cliente TCP especificando el host y el puerto de destino.
// Configura el cliente para que se ejecute en el grupo de bucles
// de eventos personalisados.
Connection connection =
    TcpClient.create()
        .host("example.com")
        .port(80)
        .runOn(loop)
        .connectNow();
```

4.3.4 Grupo de conexión

Por defecto, `TcpClient` utiliza un pool de conexiones de tamaño fijo con un límite de 500 canales activos y autoriza hasta 1.000 intentos adicionales de adquisición de canales suplementarios en espera. Esto significa que, si se han creado y gestionado menos de 500 canales por el pool, se establece una nueva conexión cuando alguien intenta adquirir un canal.

Cuando se alcanza el número máximo de canales en el pool, se ponen en cola hasta 1.000 nuevos intentos de adquisición de canales hasta que se cierra un canal, liberando un slot para abrir una nueva conexión. Cualquier otro intento que supere este número serán rechazados con un error.

Es importante tener en cuenta que las conexiones utilizadas por `TcpClient` nunca se devuelven al pool, sino que se cierran. Cuando se cierra una conexión, se libera un slot en el pool, permitiendo abrir una nueva conexión si es necesario. Este comportamiento es específico de `TcpClient` y es intencionado, ya que sólo el usuario o el framework saben si el protocolo actual es compatible con la reutilización de conexiones. Por otro lado, en el caso de `HttpClient`, donde el protocolo es conocido, Reactor Netty puede devolver la conexión al pool siempre que sea posible.

Si necesita cambiar la configuración por defecto, puede configurar el `ConnectionProvider` de la siguiente manera:

```
// Crea un proveedor de conexiones con una política "fija"
// (número fijo de conexiones).
// Permite un máximo de 50 conexiones.
// Si una adquisición de conexión está pendiente
// durante 60 segundos, sera abandonada.
ConnectionProvider provider =
    ConnectionProvider.builder("fixed")
                  .maxConnections(50)
                  .pendingAcquireTimeout(Duration.ofSeconds(60)) (1)
                  .build();

// Crear un cliente TCP utilizando el proveedor de conexión personalizado.
Connection connection =
    TcpClient.create(provider)
             .host(HOST)
             .port(PORT)
             .connectNow();
```

Aquí creamos un proveedor de conexión personalizado utilizando la estrategia `"fixed"`, que permite un número fijo de conexiones. El proveedor permite hasta 50 conexiones como máximo y si una adquisición de conexión está en espera durante 60 segundos, se abandona. A continuación, creamos un cliente TCP utilizando este proveedor de conexión personalizado, lo que significa que el cliente utiliza las conexiones gestionadas por este proveedor. Por último, esperamos a que se cierre la conexión antes de terminar la aplicación.

Tenemos diferentes opciones de configuración para el proveedor de conexión (`ConnectionProvider`) en Reactor Netty:

- `disposeInactivePoolsInBackground()`: cuando esta opción está activada, el pools de conexiones se comprueban regularmente en segundo plano, y las que están vacías e inactivas durante un tiempo especificado pasan a ser elegibles para su eliminación. Por defecto, la eliminación en segundo plano de los pools inactivos es desactivada.
- `disposeTimeout()`: cuando se llama a `ConnectionProvider#dispose()` o `ConnectionProvider#disposeLater()`, se desencadena un apagado progresivo de los pools de conexiones. A partir de ese momento, todas las llamadas para adquirir una conexión fallan rápidamente con una excepción. Sin embargo, durante el tiempo previsto, las adquisiciones pendientes tendrán una oportunidad de ser servidas.

Observación

El rechazo de nuevas adquisiciones y el periodo de gracia comienzan inmediatamente, independientemente de la suscripción Mono devuelta por `ConnectionProvider#disposeLater()`. Las llamadas posteriores devuelven el mismo `Mono`, obteniendo efectivamente las notificaciones de la primera llamada de eliminación e ignorando los tiempos de expiración proporcionados a partir de entonces. Por defecto, el tiempo de expiración para la eliminación no se especifica.

- `maxConnections`: el número máximo de conexiones (por pool de conexiones) antes del arranque. Por defecto, este número es el doble del número de procesadores disponibles, con un valor mínimo de 16.
- `metrics`: activa/desactiva la integración con Micrometer. `ConnectionProvider.MeterRegistrar` se puede proporcionar para la integración con otro sistema de métricas. Por defecto, las métricas no están activadas.
- `pendingAcquireMaxCount()`: el número máximo de intentos adicionales de adquirir una conexión para mantenerla pendiente en una cola. Si se especifica -1, el tamaño de la lista de espera no tiene límite superior. Por defecto, este número es el doble del número máximo de conexiones.

- `pendingAcquireTimeout()`: el tiempo máximo antes del cual debe completarse una adquisición pendiente debe terminarse; de lo contrario, se lanza una `TimeoutException` (resolución: ms). Si se especifica -1, no se aplica ningún tiempo de espera. Por defecto, este tiempo es de 45 segundos.

4.3.5 Métrica

El pool `ConnectionProvider` de Reactor Netty soporta la integración con `Micrometer`, que expone varias métricas para el seguimiento de las estadísticas de conexión. Estas métricas están disponibles bajo el prefijo `reactor.netty.connection.provider`. No entraremos en detalles aquí sobre las muchas métricas disponibles.

Puede utilizar estas métricas para supervisar el rendimiento y la gestión de conexiones de su aplicación.

4.3.6 Indicación del nombre del servidor

Por defecto, cuando un cliente TCP establece una conexión SSL/TLS con un servidor remoto, envía el nombre del host remoto (DNS) como nombre del servidor durante la extensión SNI. Esto permite al servidor saber a qué recurso específico quiere acceder el cliente, lo que puede ser importante cuando un servidor aloja varios sitios web con distintos certificados SSL/TLS.

Por ejemplo:

```
    // Crear un contexto SSL/TLS para un cliente sin ninguna
    // configuración adicional
    SslContext sslContext =     SslContextBuilder.forClient().build();
    // Crear un cliente TCP con el host y puerto de destino especificados
    // y configurar la conexión para que sea segura con el contexto
    ///SSL/TLS creado anteriormente.
    // Además, especificar manualmente el nombre del servidor SNI a
"prueba.com".
        Connection connection =
                TcpClient.create()
                        .host("127.0.0.1") // Dirección IP del servidor
                        .port(8080) // Puerto del servidor
                        .secure(spec -> spec.sslContext(sslContext)
                                // Especifica el nombre del servidor SNI
                                            .serverNames(new
SNIHostName("test.com")))
                        .connectNow();
```

Este código ilustra un ejemplo donde usamos Reactor Netty para crear un cliente TCP seguro con SSL/TLS. Esto es lo que significa cada parte del código:

`SslContext sslContext = SslContextBuilder.forClient() .build();`: creamos un contexto SSL/TLS sin ninguna configuración adicional para un cliente. Esto permite al cliente establecer conexiones seguras.

`Connection connection = TcpClient.create() ... .secure (spec -> spec.sslContext(sslContext).serverNames(new SNIHostName("test.com"))) ... .connectNow();`: creamos un cliente TCP especificando la dirección IP y el puerto del servidor remoto. Configuramos la conexión para que sea segura (SSL/TLS) utilizando el contexto SSL/TLS que creamos anteriormente (`sslContext`). Especificamos manualmente el nombre del servidor SNI como `"test.com"`. Esto significa que cuando se establezca la conexión SSL/TLS, el cliente enviará el nombre de servidor SNI "test.com" al servidor remoto.

Por lo tanto, podemos configurar un cliente TCP para establecer una conexión segura con un servidor utilizando SSL/TLS. También utilizamos el nombre de servidor SNI para especificar el nombre de dominio deseado al establecer la conexión segura.

4.3.7 Soporte para proxies

Reactor Netty ofrece soporte integrado para la funcionalidad proxy proporcionada por Netty, permitiendo especificar los hosts no proxy a través del generador `ProxyProvider`. Cuando se utiliza el proxy HTTP de Netty, el método `CONNECT` se utiliza sistemáticamente para establecer un túnel al proxy especificado, independientemente del esquema utilizado (http o https). Este enfoque a veces puede plantear un problema, ya que algunos proxies no soportan el método `CONNECT` cuando se utilizan con el esquema HTTP, o requieren una configuración específica para soportar este modo de comunicación. Por lo tanto, es importante comprobar la documentación del proxy para determinar si admite el método `CONNECT` o si requiere una configuración adicional para poder utilizarlo.

Si el proxy no es compatible con el método `CONNECT`, puede que no sea posible establecer una conexión a través del proxy, por lo que deberán considerarse soluciones alternativas.

He aquí un ejemplo:

```
private static final Function<String, String> PASSWORD_1 = username ->
" password";
[...]

TcpClient client =
   TcpClient.create(provider)
      .proxy(
         proxy ->
            proxy.type(ProxyProvider.Proxy.HTTP)
               .address(new InetSocketAddress("proxy.example.com", 8080))
// Especifique el nombre de usuario del proxy (opcional)
               .username("username")
// Especifique la contraseña del proxy (opcional)
               .password(PASSWORD_1)) .runOn(loop)
```

En este ejemplo, creamos un cliente TCP para conectarse al host `"example.com"` y al puerto 80. El cliente está configurado para utilizar un proxy HTTP especificando el tipo de proxy con `proxy(proxy -> proxy.type(ProxyProvider.Proxy.HTTP))`. También especificamos la dirección del proxy y el puerto con `address("proxy.example.com", 8080)`.

También puede especificar el nombre de usuario y la contraseña del proxy si es necesario mediante los métodos `username("username")` y `password("password")`.

4.3.8 Sockets de dominio Unix

Los sockets de dominio Unix (*Unix Domain Sockets* o UDS) son un mecanismo de comunicación entre procesos (IPC) utilizado en los sistemas operativos de tipo Unix. Permiten que los procesos que se ejecutan en la misma máquina se comuniquen utilizando archivos especiales en el sistema de archivos en lugar de utilizar la red. Esto permite una comunicación más rápida y eficiente entre procesos.

Reactor Netty soporta sockets de dominio Unix cuando se utiliza transporte nativo. El transporte nativo se refiere al uso de Netty de implementaciones nativas de funciones de red, como epoll en Linux o kqueue en macOS.

A continuación, se muestra un ejemplo de cómo configurar un cliente TCP con sockets de dominio Unix utilizando Reactor Netty:

Del lado del servidor:

```
DisposableServer server = TcpServer.create()
                                   .bindAddress(() -> new
DomainSocketAddress("/tmp/test.sock"))
                            .bindNow();:
```

Por parte del cliente:

```
Connection connection = TcpClient.create()
                        .remoteAddress(() -> new
DomainSockeAddress("/tmp/test.sock"))
                              .connectNow();
```

Es importante tener en cuenta que la utilización de sockets de dominio Unix con Reactor Netty requiere el uso de transporte nativo, que debe estar soportado en su sistema operativo. Además, asegúrese de que el servidor al que se está conectando también soporta sockets de dominio Unix para una comunicación exitosa.

4.3.9 Resolución de nombres de host

Por defecto, `TcpClient`utiliza la resolución de nombres de dominio asíncrona de Netty para resolver nombres de dominio. Esto permite que las operaciones de resolución se lleven a cabo de una manera no bloqueante, ofreciendo una mejor reactividad y rendimiento mejorado en comparación con la resolución bloqueante incorporada de la JVM.

Si necesita cambiar estos parámetros por defecto, puede configurar `TcpClient` utilizando los métodos apropiados. Para especificar una resolución de nombres de dominio personalizado, puede utilizar el método `resolver()` de `TcpClient`. Este método le permite proporcionar una instancia del `AddressResolverGroup` de Netty personalizada que implemente la resolución de nombres de dominio de acuerdo con sus necesidades específicas. Para configurar opciones específicas relacionadas con la resolución de nombres de dominio, puede utilizar el método `option()` de `TcpClient` especificando la opción apropiada.

Por ejemplo, puede utilizar la opción `ChannelOption.IP_TOS` para definir el tipo de servicio IP que se utilizará al resolver nombres de dominio.

He aquí un ejemplo de cómo configurar `TcpClient` con una resolución de nombre de dominio personalizada y una opción específica:

```
Supplier<SocketAddress> addressSupplier = () -> {
  // Aquí devolvemos una dirección estática, pero en realidad,
  // podría basarse en una lógica más dinámica o
  // configurable.
  return new InetSocketAddress("localhost", 8080);
};
// Crea un cliente Tcp con la configuración dada.
TcpClient client =
   TcpClient.create(provider)
       .host(HOST)
       .port(PORT)
       .resolver(spec -> {
         spec.queryTimeout(Duration.ofMillis(500));
         spec.bindAddressSupplier(addressSupplier);
[...]
       })
```

Esto significa que puede utilizar los métodos `TcpClient` adecuados y personalizar fácilmente la resolución de nombres de dominio según sus necesidades específicas y configurar las opciones relacionadas con la resolución para conseguir un comportamiento adaptado a su aplicación.

Aquí está la lista de configuraciones disponibles para el resolver DNS en Reactor Netty, con sus descripciones:

- `cacheMaxTimeToLive()`: el tiempo de vida máxima (en segundos) de los registros de recursos DNS almacenados en caché. Si el tiempo de vida devuelta por el servidor DNS es mayor que este valor, el resolver utiliza la duración máxima. Por defecto: `Integer.MAX_VALUE`.
- `cacheMinTimeToLive()`: el tiempo de vida mínima (en segundos) de los registros de recursos DNS almacenados en caché. Si el tiempo de vida devuelto por el servidor DNS es menor que este valor, el resolver utiliza el tiempo de vida mínimo. Por defecto: 0.
- `cacheNegativeTimeToLive()`: tiempo de vida de la caché (en segundos) para solicitudes DNS fallidas. Por defecto: 0.

- `completeOncePreferredResolved()`: cuando está habilitado, el resolvedor informa de que se han completado todas las solicitudes para el tipo de dirección preferido; en caso contrario, informa de que todas las direcciones posibles son completas. Por defecto: activado.
- `dnsAddressResolverGroupProvider()`: define una función personalizada para crear un `DnsAddressResolverGroup`utilizado por `DnsNameResolverBuilder`.
- `disableOptionalRecord()`: desactiva la inclusión automática de un registro opcional para dar al servidor DNS una indicación de cuántos datos puede leer el resolvedor por respuesta. Por defecto: activado.
- `disableRecursionDesired()`: especifica si el resolver debe enviar una consulta DNS con el indicador de recursividad deseada (*Recursion Desired*, RD) activado. Por defecto: activado.
- `hostsFileEntriesResolver()`: permite definir un `HostsFileEntriesResolver`personalizado que se utilizará para las entradas en el archivo hosts. Por defecto: `DefaultHostsFileEntriesResolver`.
- `maxPayloadSize()`: define la capacidad del búfer de paquetes de datagramas (en bytes). Por defecto: 4096.
- `maxQueriesPerResolve()`: define el número máximo de solicitudes DNS que se enviarán al resolver un nombre de host. Por defecto: 16.
- `Ndots()`: define el número de puntos que deben aparecer en un nombre antes de que se realice una consulta absoluta inicial. Por defecto es: -1 (utiliza el valor del sistema operativo en Unix o 1 en caso contrario).
- `queryTimeout()`: define el tiempo de expiración para cada consulta DNS realizada por el resolver (en milisegundos). Por defecto: 5000.
- `resolvedAddressTypes()`: lista de familias de protocolos para las direcciones resueltas.
- `resolveCache()`: la caché utilizada para almacenar las entradas DNS resueltas.
- `bindAddressSupplier()`: el proveedor de la dirección local a enlazar.
- `roundRobinSelection()`: permite la selección aleatoria de direcciones de destino si el servidor de nombres proporciona varias. Por defecto: `DnsAddressResolverGroup`.

- `runOn()`: se comunica con los servidores DNS de los `LoopResources`. Por defecto, utiliza los `LoopResources`especificados a nivel de cliente.
- `searchDomains()`: lista de dominios de búsqueda del resolvedor. Por defecto, esta lista se rellena con los dominios de búsqueda DNS del sistema.
- `trace()`: Logger y nivel de registro específicos que se utilizarán para generar información de seguimiento detallada en caso de fallo de resolución.

Estas configuraciones le permiten personalizar el comportamiento del DNS resolver a sus necesidades específicas cuando se utiliza Reactor Netty.

Ejemplo para cambiar el resolver integrado en la JVM:

```
// Crear un cliente TCP y configurarlo para
// utilizar DefaultAddressResolverGroup.INSTANCE
TcpClient tcpClient = TcpClient.create()
    .resolver(DefaultAddressResolverGroup.INSTANCE);

Connection connection = tcpClient
    .host("example.com")
    .port(80)
    .connectNow();
```

5. Servidor HTTP

En general, la utilización del servidor HTTP de Spring Reactor Netty es limitado, puesto que ya disponemos de WebFlux para ello. El servidor HTTP Spring Reactor Netty suele reservarse para casos concretos, tales como los cercanos a Vert.x o en escenarios con múltiples puertos con fines de simulación (como mocks).

Una de las ventajas de utilizar Spring Reactor Netty para un servidor HTTP es la posibilidad de gestionar la contrapresión. Esto permite controlar mejor el flujo de datos entre el servidor y los clientes, evitando problemas de sobrecarga o congestión.

Sin embargo, es importante señalar que Spring ha creado un proyecto dedicado específicamente a satisfacer esta necesidad: Spring WebFlux. Spring WebFlux es la versión reactiva del Spring MVC tradicional y ofrece una solución completa para gestionar aplicaciones reactivas y servidores HTTP.

En la mayoría de los casos, se recomienda utilizar Spring WebFlux en lugar del servidor HTTP Spring Reactor Netty, ya que esto le permite beneficiarse de todas las funcionalidades y ventajas de un enfoque totalmente reactivo.

La utilización del servidor HTTP Spring Reactor Netty se limitará a casos muy concretos fuera del alcance de este libro, tales como escenarios que requieran HTTP 2.0 o una optimización específica para los Server-Sent Events. Para la mayoría de las aplicaciones reactivas, Spring WebFlux sigue siendo la mejor solución global para gestionar servidores HTTP.

He aquí un ejemplo de servidor HTTP para que se haga una idea:

```
DisposableServer server =
   HttpServer.create()
      .host("localhost")
      .port(8080)
      .route(routes -> {
        // Ruta GET para devolver "¡Hola!"
        // (request: HttpServerRequest, response: HttpServerResponse)
        routes.get("/hola",
              (request, response) ->
response.sendString(Mono.just("¡Hola!")))

           // Ruta POST para hacer eco del cuerpo de la solicitud
           // (request: HttpServerRequest, response: HttpServerResponse)
           .post("/echo",
              (request, response) ->
response.send(request.receive().retain()))

           // Ruta GET con un parámetro para personalizar la respuesta
           // (request: HttpServerRequest, response: HttpServerResponse)
           .get("/bonjour/{param}",
              (request, response) ->
                 response.sendString(Mono.just("Hola "
                                              + request.param("param")
+ "!")));
      })
      .bindNow();
```

Inicio del servidor: el código comienza registrando un mensaje de registro que indica que el servidor se ha iniciado. A continuación, inicializa un servidor HTTP utilizando `HttpServer.create()`. El servidor está configurado para escuchar en la dirección `"localhost"` y el puerto 8080.

Definición de rutas: el método `route()` se utiliza para definir las rutas (endpoints) que gestiona el servidor HTTP. La primera ruta, `"/hola"`, es una ruta `GET` que simplemente responde con el mensaje `"¡Hola!` La segunda ruta, "/`echo"`, es una ruta `POST` que devuelve exactamente lo que recibe. Es como un eco del cuerpo de la petición entrante. La tercera ruta, `"/hola/{param}"`, es también una ruta `GET`. Toma un parámetro (representado por `{param}` en la URL) y responde con `"Hola"` seguido del valor de este parámetro. Por ejemplo, si accede a `"/hola/Maria"`, responderá con `"¡Hola Maria!`

Arranque efectivo del servidor: una vez definidas las rutas, se llama al método `bindNow()` para arrancar el servidor y enlazarlo al puerto y dirección especificados.

Esperar a que el servidor se apague: finalmente, `server.onDispose().block();` bloquea el hilo de ejecución actual hasta que el servidor se apague. Esto garantiza que el servidor siga escuchando las solicitudes entrantes y no se detenga inmediatamente después de iniciarse.

Este código define e inicia un servidor HTTP simple con tres rutas, escucha en `localhost:8080`, y espera a que el servidor se cierre.

6. Servidor UDP

Reactor Netty también ofrece la opción de crear servidores UDP. El servidor UDP es muy similar al servidor TCP en términos de implementación y configuración. Sin embargo, existen diferencias fundamentales entre UDP (*User Datagram Protocol*) y TCP (*Transmission Control Protocol*).

UDP es un protocolo de comunicación de red que permite enviar datagramas de manera no fiable y sin conexión. A diferencia de TCP, que garantiza la entrega de paquetes en orden y gestiona las retransmisiones en caso de pérdida, UDP no ofrece mecanismos de garantía de entrega o retransmisión.

La ligereza y velocidad de UDP lo convierten en una opción atractiva para ciertas aplicaciones en las que la pérdida de unos pocos paquetes no es crítica, como las aplicaciones multimedia en streaming o los juegos online. Sin embargo, esta velocidad y ligereza pueden provocar la pérdida de datos en caso de congestión o interrupción de la red.

Aunque el servidor UDP de Reactor Netty ofrece una alternativa ligera y rápida para algunas aplicaciones específicas, es importante tener en cuenta las limitaciones de UDP en términos de entrega fiable de paquetes y ordenación de mensajes.

He aquí cinco casos de uso comunes para un servidor UDP con Spring Reactor Netty:

- Servidor de juegos en tiempo real: un servidor UDP puede utilizarse para la comunicación en tiempo real entre los jugadores de un juego en línea. Permite un intercambio rápido de datos sin preocuparse por las garantías de entrega, algo esencial para los juegos que requieren una latencia mínima.
- Sistema de telemetría: se puede utilizar un servidor UDP para recibir datos de telemetría proveniente de sensores o dispositivos IoT. Los datos pueden enviarse rápidamente al servidor a través de UDP para su análisis en tiempo real.
- Servidor de streaming de vídeo: UDP se utiliza a menudo para el streaming de vídeo en directo, ya que permite la transmisión rápida de paquetes sin necesidad de garantizar la entrega. Un servidor UDP puede utilizarse para recibir paquetes de vídeo y transmitirlos a los clientes de streaming.
- Servidor de recopilación de registros: UDP puede utilizarse para la recolección de registros a gran escala. Las aplicaciones pueden enviar registros al servidor a través de UDP, que los almacena o los reenvía a otros sistemas de procesamiento de registros.
- Sistema de seguimiento de localización en tiempo real: se puede utilizar un servidor UDP para recibir actualizaciones de localización en tiempo real de diferentes dispositivos o aplicaciones. Puede utilizarse para el seguimiento de flotas, de entregas, geolocalización en tiempo real, etc.

Estos casos de utilización ilustran la polivalencia de un servidor UDP con Spring Reactor Netty para aplicaciones que requieren una comunicación rápida y ligera.

He aquí un ejemplo de servidor UDP:

```
// Crear una instancia de un servidor UDP.
UdpServer udpServer =
   UdpServer.create()
      .port(8080)
      .wiretap(true)
      .handle((in, out) -> // 'in' es de tipo UdpInbound y
                           // 'out' es de tipo UdpOutbound
         out.sendObject(
            in.receiveObject()
               .map(o -> { // 'o' es de tipo Object
                 // Comprueba si el objeto recibido es un DatagramPacket.
                 if (o instanceof DatagramPacket) {
                   // Cast el objeto en un DatagramPacket
                   DatagramPacket p = (DatagramPacket) o;
                   // Devuelve al remitente el contenido del paquete recibido.
                   return new DatagramPacket(p.content().retain(), p.sender());
                 } else {
                   // Si el mensaje recibido no es un DatagramPacket,
                   // genera un error.
                   return Mono.error(new Exception("mensaje de tipo desconocido: "
+ o));
                 }
               })
         )
      );
```

El servidor muestra en la consola los mensajes que recibe.

He aquí un ejemplo de cliente UDP:

```
UdpClient udpClient = UdpClient.create()
   .host("localhost")
   .port(8080)
   .wiretap(true);

// Establece una conexión con el servidor y envía un paquete.
Connection connection = udpClient.connectNow();

// Envía un mensaje "¡Hola!" al servidor.
connection.outbound()
   .sendString(Mono.just("¡Hola!"), StandardCharsets.UTF_8)
   .then()
   .block();

// Recibe la respuesta del servidor y la muestra
String response = connection.inbound()
```

```
    .receive()
    .asString(StandardCharsets.UTF_8)
    .blockFirst();

System.out.println("Respuesta del servidor: " + response);

// Cierra la conexión una vez enviados y recibidos los paquete.
connection.disposeNow();
}
```

El cliente envía el mensaje "¡Hola!".

7. Conclusión sobre el Reactor Netty

En conclusión, Reactor Netty es una potente biblioteca que ofrece un enfoque reactivo para construir servidores y clientes de red de alto rendimiento. Gracias a su arquitectura basada en el modelo de programación reactiva, Reactor Netty permite gestionar eficazmente muchos clientes simultáneos manteniendo un uso óptimo de los recursos.

Las características que ofrece Reactor Netty, como la gestión de conexiones asíncronas, el soporte de diversos protocolos de red (TCP, UDP), la personalización detallada de los parámetros de red y la compatibilidad con herramientas de monitorización como `Micrometer`, lo convierten en una opción ideal para aplicaciones con requisitos exigentes de rendimiento y escalabilidad.

El uso de Reactor Netty es especialmente relevante en el contexto de la programación reactiva, donde la gestión del flujo de datos es primordial. Su perfecta integración con el framework Spring también permite aprovechar al máximo las capacidades reactivas del ecosistema Spring.

Sin embargo, es importante tener en cuenta que Reactor Netty puede ser más complejo de utilizar que algunas alternativas para casos de uso más sencillos. Por ello, su uso está especialmente recomendado para escenarios que requieran una gestión avanzada de las conexiones, un alto rendimiento y escalabilidad.

Reactor Netty es, por tanto, una potente herramienta para crear aplicaciones de red reactivas, que ofrece un alto rendimiento, una escalabilidad impresionante y una integración transparente con el ecosistema Spring. Con su enfoque reactivo, puede gestionar eficazmente grandes cargas de trabajo al tiempo que garantiza una experiencia de usuario fluida y reactiva.

8. Reactor Rabbit MQ

RabbitMQ es un sistema de mensajería de código abierto basado en el protocolo AMQP (*Advanced Message Queuing Protocol*), que facilita el intercambio de mensajes fiables y asíncronos entre diferentes aplicaciones o componentes de un sistema distribuido. Utiliza colas que permiten a los productores enviar mensajes y a los consumidores recuperarlos y procesarlos. RabbitMQ garantiza la entrega segura de mensajes y ofrece características como la persistencia de mensajes, el enrutamiento flexible, los modelos avanzados de mensajería, la extensibilidad mediante plugins, el alto rendimiento y mecanismos de gestión de lista de espera. Se utiliza ampliamente en arquitecturas distribuidas para la comunicación entre servicios, gestión de lista de espera de tareas, implementación de flujos de trabajo, etc., ofreciendo una solución fiable y escalable para sistemas que requieren comunicación asíncrona y entrega garantizada de mensajes.

8.1 Uso de la parte de servidor de RabbitMQ

8.1.1 Configuración del servidor

En la línea de comandos: https://www.rabbitmq.com/management-cli.html

Tenemos una parte servidor y una parte cliente. El servidor puede instalarse de forma independiente o ejecutarse en un contenedor como Docker.

Podemos utilizar Docker:

Para ejecutar RabbitMQ en un contenedor Docker, puede utilizar la imagen oficial de RabbitMQ disponible en Docker Hub.

```
docker run -it --rm --name mi_rabbitmq -p 5672:5672 -p
15672:15672 rabbitmq:3.12-management
```

- La opción `-d` lanza el contenedor en modo separado (en segundo plano).
- `--name my_rabbitmq` define el nombre del contenedor como `"my_rabbitmq"` (puede elegir un nombre diferente si lo desea).
- `-p 5672:5672`expone el puerto 5672 del contenedor (el puerto por defecto de RabbitMQ) al puerto 5672 de su máquina host, permitiendo que aplicaciones externas se conecten a RabbitMQ.
- `-p 15672:15672` expone el puerto contenedor 15672, que se utiliza para la interfaz de gestión web de RabbitMQ.
- `rabbitmq:3-management` especifica la imagen Docker a usar, en este caso la imagen oficial de RabbitMQ con el plugin de gestión.

Después de ejecutar el comando, RabbitMQ se descargará de Docker Hub y se lanzará en un contenedor. Puede comprobar el estado del contenedor en ejecución con el comando `docker ps`.

Para acceder a la interfaz de gestión web de RabbitMQ, abra su navegador y vaya a la siguiente URL: http://localhost:15672/. Los datos de acceso por defecto son los siguientes:

- Nombre de usuario: guest
- Contraseña: guest

RabbitMQ se está ejecutando ahora en un contenedor Docker, listo para ser utilizado para la comunicación entre sus aplicaciones a través del protocolo AMQP. Asegúrese de detener el contenedor cuando haya terminado usando el comando: `docker stop mon_rabbitmq`.

8.1.2 Gestión a través de la interfaz web

Consola de administración:

La consola de administración se encuentra en http://localhost:15672/#/. A continuación, se ofrece una visión general:

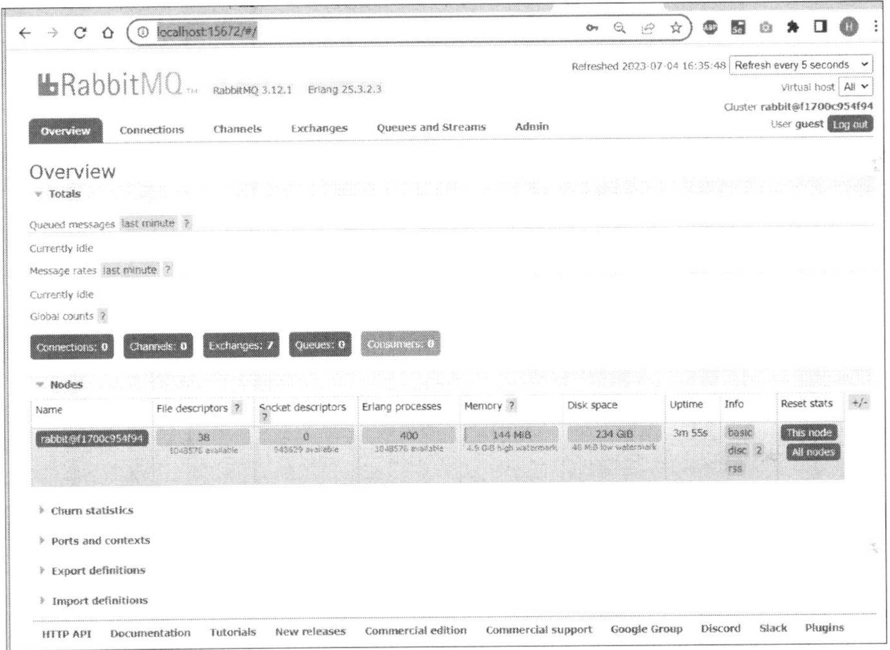

8.1.3 Gestión de la línea de comandos

Podemos usar la línea de comandos para gestionar el servidor RabbitMQ. Esta es una alternativa a la interfaz web.

Para gestionar el servidor RabbitMQ desde la línea de comandos, puede utilizar el comando `rabbitmqctl` que es proporcionado con la instalación de RabbitMQ. Sin embargo, es importante tener en cuenta que `rabbitmqctl` debe ejecutarse dentro del contenedor Docker donde RabbitMQ se está ejecutando.

▶ Para gestionar el servidor RabbitMQ desde la línea de comandos, abra un símbolo del sistema o terminal y ejecute el siguiente comando. Esto lanza `rabbitmqctl` dentro del contenedor.

```
docker exec -it mi_rabbitmq rabbitmqctl <comando>
```

Estos son algunos ejemplos de comandos que puedes utilizar con `rabbitmqctl`:

– Visualización de la información del nodo RabbitMQ :

```
docker exec -it mi_rabbitmq rabbitmqctl status
```

– Ver la lista de colas:

```
docker exec -it mi_rabbitmq rabbitmqctl list_queues
```

– Ver la lista de intercambios:

```
docker exec -it mi_rabbitmq rabbitmqctl list_exchanges
```

– Ver la lista de conexiones:

```
docker exec -it mi_rabbitmq rabbitmqctl list_connections
```

– Ver la lista de usuarios:

```
docker exec -it mi_rabbitmq rabbitmqctl list_users
```

– Añadir un nuevo usuario:

```
docker exec -it mi_rabbitmq rabbitmqctl add_user mi_usuario
mi_contraseña
```

– Conceder privilegios a un usuario en un vhost:

```
docker exec -it mi_rabbitmq rabbitmqctl set_permissions -p
mi_vhost mi_usuario ".*" ".*" ".*"
```

Cuando haya terminado de gestionar RabbitMQ, puede detener el contenedor con el siguiente comando:

```
docker stop mi_rabbitmq
```

Con estos comandos `rabbitmqctl`, puede gestionar y administrar el servidor RabbitMQ desde la línea de comandos en el contenedor Docker.

8.2 Programación con RabbitMQ

Tenemos varios niveles de programación con RabbitMQ :

- programación AMQP sencilla
- desarrollo con Spring AMQP

8.2.1 Programación AMQP sencilla

AMQP (*Advanced Message Queuing Protocol*) es un protocolo de comunicaciones estándar utilizado para la mensajería asíncrona. Fue desarrollado para facilitar el intercambio de mensajes entre diferentes aplicaciones y sistemas, proporcionando un medio fiable e interoperable de comunicación basada en mensajería. AMQP fue desarrollado originalmente por una organización sin ánimo de lucro llamada AMQP Working Group, que se formó en 2003. El grupo incluía a varias grandes empresas y proveedores de mensajería, como JPMorgan Chase, Cisco, IBM, Microsoft y Red Hat. El objetivo era crear un protocolo de mensajería abierto y estandarizado que evitara la dependencia de un solo proveedor y facilitara el intercambio de mensajes entre distintos sistemas.

AMQP se utiliza para la comunicación asíncrona entre aplicaciones distribuidas. Resulta especialmente útil en arquitecturas orientadas a microservicios, en las que distintas partes de la aplicación pueden comunicarse entre sí de forma fiable y robusta.

Estos son algunos casos comunes de utilización de AMQP:

- Mensajería: AMQP se utiliza ampliamente para la mensajería entre aplicaciones. Los mensajes pueden enviarse de forma asíncrona, lo que permite desacoplar los componentes del sistema y evolucionar de forma independiente.
- Integración de sistemas: AMQP facilita la integración de sistemas heterogéneos al ofrecer un protocolo normalizado para el intercambio de mensajes.
- Lista de espera: La lista de espera AMQP pueden utilizarse para gestionar los flujos de mensajes entrantes y salientes, garantizando la entrega de mensajes incluso si un componente funciona temporalmente mal.

– Event Sourcing: AMQP se utiliza a menudo para implementar el modelo de programación event sourcing, en el que los eventos se almacenan y se utilizan para reconstruir el estado de la aplicación.

AMQP es un protocolo abierto y estandarizado, lo que significa que puede utilizarse con una gran variedad de proveedores y bibliotecas de mensajería, permitiendo la interoperabilidad entre diferentes sistemas. Esto lo convierte en una opción popular para aplicaciones distribuidas y arquitecturas basadas en microservicios.

Un mensaje AMQP consta de dos partes principales: la cabecera (*header*) y el cuerpo (*body*). La cabecera contiene información adicional sobre el mensaje, como la ruta, el tipo de contenido, la prioridad, etc. El cuerpo contiene el contenido real del mensaje. El cuerpo contiene el contenido real del mensaje. He aquí un ejemplo de mensaje AMQP.

Cabecera:

```
Modo de entrega: 2 (Persistente)
Tipo de contenido: application/json
Id de mensaje: 123456789
```

Cuerpo:

```
{
  "username": "john_doe",
  "action": "login",
  "timestamp": "2023-07-01 10:30:00"
}
```

En este ejemplo, el mensaje AMQP contiene información en la cabecera que indica que el mensaje es persistente (`Delivery Mode: 2`) y que está en formato JSON (`Content Type: application/json`). Tiene un identificador único (`Message Id:`123456789). El cuerpo del mensaje es un objeto JSON que contiene información sobre una acción de conexión realizada por el usuario `"john_doe"`.

Este mensaje puede ser enviado y recibido por aplicaciones que utilizan el protocolo AMQP para la comunicación asíncrona. Las listas de espera AMQP se utilizan a menudo para almacenar mensajes hasta que son procesados por el destinatario apropiado. El protocolo AMQP garantiza una entrega fiable de los mensajes, lo que lo convierte en una opción popular para sistemas distribuidos y arquitecturas orientadas a microservicios.

He aquí un ejemplo de programa Java que utiliza RabbitMQ sin utilizar Spring:

```
import com.rabbitmq.client.Channel;
import com.rabbitmq.client.Connection;
import com.rabbitmq.client.ConnectionFactory;
import com.rabbitmq.client.DeliverCallback;

public class RabbitMQExample {

    private final static String QUEUE_NAME = "hello";

    public static void main(String[] args) throws Exception {
        ConnectionFactory factory = new ConnectionFactory();
        factory.setHost("localhost");

        try (Connection connection = factory.newConnection();
             Channel channel = connection.createChannel()) {

            channel.queueDeclare(QUEUE_NAME, false, false, false, null);
            String message = "Hello, RabbitMQ!";

            // Publicar un mensaje
            channel.basicPublish("", QUEUE_NAME, null,
message.getBytes());
            System.out.println("Sent: '" + message + "'");

            // Consumo de un mensaje
            DeliverCallback deliverCallback = (consumerTag,
delivery) -> {
                String receivedMessage = new String(delivery.getBody(),
"UTF-8");
                System.out.println("Received: '" + receivedMessage + "'");
            };
            channel.basicConsume(QUEUE_NAME, true, deliverCallback,
consumerTag -> {});
        }
    }
}
}
```

Este programa establece una conexión con RabbitMQ, crea una lista de espera llamada "hello", publica un mensaje en la lista de espera y consume los mensajes de la lista de espera en cuanto están disponibles.

8.2.2 Primera integración con Spring AMQP

Spring AMQP es un proyecto del framework Spring que simplifica el uso de RabbitMQ, un sistema de mensajería basado en el protocolo AMQP, en aplicaciones Java. Proporciona abstracciones de alto nivel para el envío y recepción de mensajes, así como una configuración declarativa para la gestión de recursos AMQP. El modelo propuesto por Spring AMQP permite crear productores y consumidores de mensajes de una forma más intuitiva, utilizando POJO (*Plain Old Java Objects*) basados en mensajes. Estos POJOs son gestionados por un contenedor de escucha que facilita su uso en la aplicación. Al integrar Spring AMQP, los desarrolladores pueden aprovechar la inyección de dependencias y la configuración declarativa que ofrece el framework Spring, haciendo que el desarrollo de soluciones de mensajería basadas en AMQP sea más elegante y mantenible. Para facilitar el uso de RabbitMQ, Spring AMQP está construido sobre el cliente Java RabbitMQ, que proporciona una integración perfecta entre el sistema de mensajería y las aplicaciones Java.

Podemos implementar un ejemplo de la siguiente manera:

- Crea un proyecto spring-boot y añade la dependencia de maven.

```
<dependency>
    <groupId>org.springframework.boot</groupId>
    <artifactId>spring-boot-starter-amqp</artifactId>
</dependency>.
```

- Configure las propiedades de la conexión RabbitMQ en el archivo application.yaml.

```
spring:
  rabbitmq:
    host: localhost
    username: guest
    password: guest
    port: 5672
```

▶ Crear un productor para enviar mensajes.

```
import org.springframework.amqp.core.AmqpTemplate;
import org.springframework.beans.factory.annotation.Autowired;
import org.springframework.stereotype.Component;

@Component
public class MessageProducer {

    private final AmqpTemplate amqpTemplate;

    @Autowired
    public MessageProducer(AmqpTemplate amqpTemplate) {
      . this.amqpTemplate = amqpTemplate;
    }

    public void sendMessage(String message) {
        amqpTemplate.convertAndSend("my-exchange",
"my-routing-key", message);
    }
}
```

▶ Crear un consumidor para recibir mensajes.

```
import org.springframework.amqp.rabbit.annotation.RabbitListener;
import org.springframework.stereotype.Component;

@Component
public class MessageConsumer {

    @RabbitListener(queues = "my-queue")
    public void receiveMessage(String message) {
        System.out.println("Received message: " + message);
    }
}
```

▶ Configure el intercambio, la lista de espera y el enlace en una clase de configuración.

```
import org.springframework.amqp.core.*;
import org.springframework.context.annotation.Bean;
import org.springframework.context.annotation.Configuration;

@Configuration
public class RabbitConfig {

    @Bean
    public Exchange myExchange() {
        return new DirectExchange("my-exchange");
    }

    @Bean
    public Queue myQueue() {
        return new Queue("my-queue");
    }

    @Bean
    public Binding binding() {
        return BindingBuilder.bind(myQueue()).to(myExchange())
.with("my-routing-key").noargs();
    }
}
```

En este ejemplo, el productor puede enviar mensajes llamando a `messageProducer.sendMessage("¡Hello, RabbitMQ!")`, y el consumidor recibirá los mensajes y los mostrará en la consola.

Spring AMQP facilita la configuración y la utilización de RabbitMQ en aplicaciones Java, proporcionando abstracciones y anotaciones prácticas para gestionar intercambios, lista de espera y enlaces. Esto permite implementar rápidamente arquitecturas basadas en mensajería asíncrona y comunicarse de forma eficiente entre las diferentes partes de un sistema distribuido.

8.3 Desarrollo con Reactor-rabbit-mq

El proyecto padre, Reactor, implementa dos editores, `Flux<T>` y `Mono<T>`, que soportan ambos la contrapresión no bloqueante. Esta característica permite que los datos se intercambien entre threads con un uso de memoria bien definido, evitando cualquier necesidad de almacenamiento en búfer o bloqueo intermedio innecesario.

El proyecto Spring Reactor RabbitMQ es una biblioteca reactiva altamente optimizada diseñada para crear aplicaciones eficientes, basadas en mensajes y sin bloqueos, basadas en la especificación Reactive Streams de la JVM. Con este enfoque, las tasas de mensajes pueden ser muy altas mientras se mantiene una pequeña huella de memoria, lo que las hace especialmente adecuadas para implementar aplicaciones eficientes basadas en eventos con una arquitectura de microservicios. Esta biblioteca es especialmente adecuada para aplicaciones de tamaño medio. Sin embargo, en casos más complejos, o cuando se requiere una mayor escalabilidad, Spring Reactor Netty puede ser la opción preferida. Reactor RabbitMQ ofrece una API reactiva para RabbitMQ, basada en Reactor y que utiliza el cliente Java subyacente de RabbitMQ. Esta API permite utilizar RabbitMQ como bus de mensajes o una plataforma de streaming, facilitando la integración con otros sistemas y permite la creación de un pipeline reactivo de extremo a extremo.

Una de las mayores fortalezas de Spring es su capacidad para utilizar programación funcional y proporcionar un nivel de abstracción solido en relación con RabbitMQ mismo. Para aplicaciones desarrolladas en un estilo funcional, esta API hace mucho más fácil integrar interacciones con RabbitMQ, sin necesidad de incorporar API de producción o consumo no funcionales en la lógica de la aplicación. Esto permite una mejor gestión de los recursos y ofrece un enfoque más elegante y modular para el manejo de mensajes.

8.3.1 Contrapresión

La API Reactor RabbitMQ se aprovecha de la contrapresión de no-bloqueo ofrecida por Reactor. Esta característica es particularmente beneficioso en el contexto de un pipeline, donde los mensajes de una fuente externa (por ejemplo, un proxy HTTP) se publican en RabbitMQ. Aplicando fácilmente backpressure a todo el pipeline, es posible limitar el número de mensajes en proceso y controlar eficazmente el uso de memoria. Los mensajes fluyen a través del pipeline a medida que están disponibles, mientras que Reactor se encarga de regular el flujo para evitar desbordamientos, simplificando así la lógica de la aplicación.

Los pipelines reactivos de extremo a extremo son particularmente ventajosos cuando se utiliza Reactor Netty con un RabbitMQ dedicado. Al reutilizar un bus existente, es posible conectar Reactor RabbitMQ de manera eficiente, lo que permite un uso óptimo de los recursos para aplicaciones que implican múltiples interacciones externas utilizando este bus.

He aquí un ejemplo de código para que se haga una idea de cómo funciona todo:

La dependencia maven:

```
<dependency>
    <groupId>io.projectreactor.rabbitmq</groupId>
    <artifactId>reactor-rabbitmq</artifactId>
    <version>1.5.6</version>
</dependency>
```

Emisor (productor):

```
@SpringBootApplication
public class RabbitMQProducerClient implements CommandLineRunner {

  public static void main(String[] args) {
    SpringApplication.run(ApplicationServer.class, args);
  }

  @Override
  public void run(String... args) throws Exception {
    Sender sender = RabbitFlux.createSender();

    // Crear un mensaje para enviar.
```

```
    String message = "¡Hello, RabbitMQ!";

    // Crea un flujo Mono para enviar el mensaje.
    Mono<Void> outboundMono = sender.send(Mono.just(
       new OutboundMessage("exchange-name", "routing-key",
message.getBytes())
    ));

    // Suscribirse al flujo para activar el envío del mensaje.
    outboundMono.subscribe(
       result -> {
         System.out.println("¡Mensaje enviado con éxito!");
       },
       error -> {
         System.err.println("Error: " + error.getMessage());
       }
    );
  }
}
```

Este código representa un productor RabbitMQ simple enviando un mensaje a una lista de espera específica.

Instanciar el emisor RabbitMQ: la primera etapa es crear un emisor para RabbitMQ usando el método `RabbitFlux.createSender()`. Esta instancia, `sender`, se utilizará para enviar los mensajes a RabbitMQ.

Definición del mensaje a enviar: el código especifica el mensaje en forma de cadena de caracteres, que es `"¡Hello, RabbitMQ!`

Creación de un flujo de tipo `Mono` para enviar el mensaje: con el mensaje en la mano, el código crea un `Mono` (un tipo de flujo de Reactor que representa una secuencia asíncrona que transmite hasta un único elemento) para enviar el mensaje. El mensaje se envía mediante el método `sender.send()`, que toma como parámetro un objeto `OutboundMessage`. Este objeto contiene los detalles del mensaje, como el nombre del `intercambio(exchange-name)`, la clave de enrutamiento(`routing-key`) y el contenido del propio mensaje.

Suscripción al flujo para el envió efectivo del mensaje: una de las particularidades de la programación reactiva es que no ocurre nada hasta que se suscriba al flujo. Así, para activar el envío efectivo del mensaje a RabbitMQ, el código se suscribe al `Mono outboundMono`. Si el mensaje se envía correctamente, muestra `"¡Mensaje enviado correctamente!"` en la consola. En caso contrario, si se produce un error al enviar el mensaje, muestra un mensaje de error que describe la naturaleza del error.

Receptor (consumidor):

```
@Slf4j
@Component
public class RabbitMQConsumer {
  @PostConstruct
  public void start () {
    // Crear un receptor RabbitMQ usando la factory.
    Receiver receiver = RabbitFlux.createReceiver();

    // Crear un flujo de tipo Flux para recibir mensajes.
    Flux<Delivery> incomingFlux = receiver.consumeAutoAck("queue-name");

    // Suscribirse al flujo para procesar los mensajes entrantes.
    incomingFlux.subscribe(
       message -> {
         String body = new String(message.getBody());
         log.info("Mensaje recibido: {}", body);
       },
       error -> {
         log.error("Error al recibir el mensaje: {}",
error.getMessage());
       }
    );

    // Esperar a que el flujo siga recibiendo mensajes.
    try {
      Thread.sleep(5000);
    } catch (InterruptedException e) {
      log.error("Exception:" + e);
    }

    // Cerrar el receptor una vez que haya terminado de recibir
    // los mensajes.
    receiver.close();
  }
}
```

Este ejemplo muestra cómo crear un emisor (productor) y un receptor (consumidor) de mensajes RabbitMQ usando Reactor RabbitMQ. El productor envía un mensaje al intercambio "exchange-name" con la clave de enrutamiento "routing-key", mientras que el consumidor escucha los mensajes de la cola "queue-name".

Veamos con más detalle cómo funciona la dependencia reactor-rabbit-mq.

Las clases

reactor.rabbitmq.Sender para publicar mensajes en RabbitMQ.

reactor.rabbitmq.Receiver para consumir mensajes de RabbitMQ.

Las opciones

Para crear un Sender, utilizamos una instancia de reactor.rabbit-mq.SenderOptions para configurar las opciones del Sender.

Creación de SenderOptions:

```
SenderOptions senderOptions = new SenderOptions();
Sender sender = RabbitFlux.createSender(senderOptions);
```

Creamos una nueva instancia de SenderOptions. Esta clase permite especificar diferentes opciones de configuración para el Sender.

Configuración de ConnectionFactory:

```
ConnectionFactory connectionFactory = new ConnectionFactory();
connectionFactory.setHost("localhost");
connectionFactory.useNio(); // Utilizar NIO para las conexiones
senderOptions.connectionFactory(connectionFactory);
```

Cree un objeto ConnectionFactory, proporcionado por RabbitMQ Java Client, para gestionar las conexiones al (*bróker*) RabbitMQ. Establezca las propiedades del ConnectionFactory, tales como el host del broker (localhosten este ejemplo). Usando connectionFactory.useNio();, indicamos que las conexiones deben usar el modelo de entrada/salida no bloqueante (NIO) para operaciones de red más eficientes. Luego asociamos esta instancia de ConnectionFactory con las opciones del Sender usando el método connectionFactory().

Las otras opciones posibles para el constructor `SenderOptions` son:

- `resourceManagementScheduler()`: un planificador para la gestión de recursos. Si se define, es responsabilidad del desarrollador cerrarlo.
- `connectionSubscriptionScheduler()`: un planificador utilizado cuando se crea una conexión. Es responsabilidad del desarrollador cerrarlo si está definido.
- `connectionSupplier()`: esta opción se utiliza para definir una llamada de retorno (*callback*) que se utilizará para crear una conexión a partir de una `ConnectionFactory`.
- `connectionMono()`: esta opción se utiliza para definir un `Mono`que será utilizado por el `Emisor` para sus operaciones.
- `channelMono()`: establece `Mono` del canal que se utilizará en los métodos de envío.
- `channelCloseHandler()`: define la lógica de cierre del canal.
- `channelPool()`: define el pool de canales que se utilizará para enviar mensajes.
- `connectionMonoConfigurator()`: una función utilizada para personalizar la conexión `Mono` utilizada en la instancia de `Sender` creada.
- `resourceManagementChannelMono()`: esta opción define un `Mono` para la gestión de recursos.
- `connectionClosingTimeout()`: un tiempo de espera para cerrar la conexión con el `Sender`. El valor predeterminado es 30 segundos, pero puede configurarse mediante esta opción.

Hay muchas opciones para la `ConnectionFactory`.

Configuración de la conexión:

- `setHost(String host)`: establece el host por defecto que se utilizará para las conexiones.
- `setPort(int port)`: establece el puerto de destino predeterminado que se utilizará para las conexiones.
- `setUsername(String username)`: define el nombre de usuario que se utilizará al conectarse al broker.

- `setPassword(String password)`: establece la contraseña que se utilizará al conectarse al broker.
- `setCredentialsProvider(CredentialsProvider credentialsProvider)`: define un proveedor de credenciales personalizado.
- `setVirtualHost(String virtualHost)`: establece el host virtual que se utilizará al conectarse al broker.
- `setUri(URI uri)`: método práctico para definir los campos de un URI AMQP.
- `setUri(String uriString)`: método práctico para definir los campos de una URI AMQP en forma de cadena.
- `setQuery(String rawQuery)`: método práctico para definir determinados campos a partir de los parámetros de la consulta.
- `setConnectionTimeout(int timeout)`: establece el tiempo de espera de la conexión TCP.
- `setHandshakeTimeout(int timeout)`: establece el tiempo de espera para el establecimiento del protocolo AMQP 0-9-1.
- `setShutdownTimeout(int shutdownTimeout)`: establece el tiempo de espera del apagado.
- `connectionClosingTimeout`: tiempo de espera para cerrar la conexión del `Sender`.

Configuración de propiedades y límites:

- `setRequestedChannelMax(int requestedChannelMax)`: establece el número máximo de canales solicitados.
- `setRequestedFrameMax(int requestedFrameMax)`: establece el tamaño máximo de trama solicitado.
- `setRequestedHeartbeat(int requestedHeartbeat)`: establece el tiempo de expiración del latido solicitado.
- `setClientProperties(Map<String, Object> clientProperties)`: reemplaza la estructura de datos de las propiedades del cliente.

Configuración SSL:

- `useSslProtocol()`: método práctico para configurar TLS con un conjunto predeterminado de protocolos TLS.
- `useSslProtocol(String protocol)`: método práctico para configurar TLS utilizando el protocolo proporcionado.
- `useSslProtocol(String protocol, TrustManager trustManager)`: método práctico para configurar TLS con el protocolo y el gestor de confianza proporcionados.
- `useSslProtocol(SSLContext context)`: configura TLS con un SSLContext inicializado.
- `setSaslConfig(SaslConfig saslConfig)`: establece la configuración SASL que se utilizará durante la autenticación.

Configuración de ejecutores y fábricas:

- `setSharedExecutor(ExecutorService executor)`: establece el ejecutor para las operaciones de consumo.
- `setShutdownExecutor(ExecutorService executor)`: establece el ejecutor para cerrar la conexión.
- `setHeartbeatExecutor(ScheduledExecutorService executor)`: ejecutor para las tramas de latidos de corazón.
- `setSocketFactory(SocketFactory factory)`: fábrica de sockets para nuevas conexiones.
- `setSocketConfigurator(SocketConfigurator socketConfigurator)`: configurador de socket.
- `setThreadFactory(ThreadFactory threadFactory)`: fábrica de threads para nuevos threads.
- `setExceptionHandler(ExceptionHandler exceptionHandler)`: manejador de excepciones para nuevas conexiones.

Creación del `Sender`:

```
Sender sender = RabbitFlux.createSender(senderOptions);
```

Por último, creamos el `Sender`usando el método estático `RabbitFlux.createSender(SenderOptions options)` de la clase `RabbitFlux`. Le pasamos las opciones de configuración que definimos anteriormente.

Una vez creado el Sender con las opciones de configuración especificadas, se puede utilizar para enviar mensajes a una lista de espera RabbitMQ utilizando varios métodos como:

- `send()`: envío simple.
- `sendWithPublishConfirms()`: publica un flujo de mensajes y espera las confirmaciones. Este método utiliza la extensión Publisher Confirms de RabbitMQ para comprobar si los mensajes salientes han llegado o no al broker. También es posible averiguar si un mensaje ha sido enrutado al menos a una lista de espera activando la bandera mandatory (*obligatoria*). Por defecto, esta bandera no se utiliza.
- `sendWithTypedPublishConfirms()`: publica un flujo de la subclase `OutboundMessage` y espera confirmaciones. Este método puede ser útil en comparación con `sendWithPublishConfirms(Publisher)` cuando es necesario publicar instancias de `OutboundMessage` de una clase personalizada y luego recuperarlas del flujo `OutboundMessageResult`. Una clase personalizada de este tipo puede contener datos de correlación útiles para gestionar la confirmación. Tenga en cuenta que la clase `CorrelableOutboundMessage` se proporciona si se requiere una propiedad adicional a `OutboundMessage`. Este método utiliza la extensión Publisher Confirms de RabbitMQ para asegurar que los mensajes salientes han llegado o no al broker.

El `Sender` gestiona las conexiones con el broker de forma transparente y utiliza la clase `Scheduler` de Reactor para realizar las operaciones de envío de forma asíncrona, lo que permite un uso eficiente de los recursos y una gestión reactiva de los mensajes.

Secuencias de mensajes

Para enviar un `Flux<OutboundMessage>` con Reactor RabbitMQ, puede utilizar el `Sender` para publicar los mensajes contenidos en el flux a una lista de espera RabbitMQ.

En primer lugar, debe crear una instancia de `Sender`configurando las opciones e `Remitente`, como se ha explicado anteriormente. Asegúrate de que tienes un `Flux<OutboundMessage>` que contiene los mensajes que quieres enviar.

A continuación, debe utilizar `send()` o `sendWithRoutingKey()`. Una vez que tenga el `Sender` y el `Flux<OutboundMessage>`:

```
// Crear un flujo que contenga una lista de mensajes en forma de
// cadenas de caracteres.
Flux<String> fluxOfString = Flux.just("message1", "message2",
"message3");

// Especificación de la clave de intercambio y enrutamiento para el mensaje.
String exchange = "exchange-name";
String routingKey = "routing-key";

// Transformación del flujo de cadenas de caracteres en un flujo de mensajes
OutboundMessage.
// Cada mensaje se construye con el intercambio, la clave de enrutamiento,
// las propiedades y el cuerpo del mensaje.
Flux<OutboundMessage> messageFlux = fluxOfString.map(str -> {
// Convertir la cadena en una estructura de datos de bytes.
  byte[] body = str.getBytes(StandardCharsets.UTF_8);
// Inicializar las propiedades del mensaje (se pueden enriquecer
// más tarde si es necesario).
  AMQP.BasicProperties properties = new AMQP.BasicProperties();
// Crear el mensaje.
  return new OutboundMessage(exchange, routingKey, properties, body);
});

// Envío del flujo de mensajes mediante el remitente (sender) y
// subscribe para activar el envío.
sender.send(messageFlux)
   .subscribe();
```

El método send() se utiliza para enviar mensajes sin especificar una clave de enrutamiento. Cada mensaje del flujo se publica en la lista de espera sin estar asociada a una clave de particular.

Como las operaciones de envío son asíncronas, debe suscribirse al flujo resultante utilizando el método subscribe(). Esto desencadena el envío de los mensajes y su publicación en la lista de espera RabbitMQ.

Es importante tener en cuenta que la gestión de conexiones y recursos es gestionada de forma transparente por el Sender. No tienes que preocuparse de gestionar conexiones o almacenar mensajes. El Sender se encarga de esto por ti, utilizando las opciones de configuración que proporcionaste cuando fue creado.

Con este enfoque, puede enviar fácilmente un flujo de mensajes con reactividad a una lista de espera RabbitMQ usando Reactor RabbitMQ. Esto le permite crear aplicaciones reactivas y de alto rendimiento para la gestión de mensajería basada en RabbitMQ.

El Sender también puede declarar y eliminar recursos AMQP de forma reactiva:

```
//Crea una instancia de ConnectionFactory y configúrala según
//sus requisitos
ConnectionFactory connectionFactory = new ConnectionFactory();
connectionFactory.setHost("localhost");
connectionFactory.setPort(5672);
connectionFactory.setUsername("guest");
connectionFactory.setPassword("guest");

//Cree un Reactor Sender usando SenderOptions con
//la ConnectionFactory
SenderOptions senderOptions =
new SenderOptions().connectionFactory(connectionFactory);
Sender sender = RabbitFlux.createSender(senderOptions);

//Declarar un intercambio de forma reactiva
ExchangeSpecification exchangeSpecification =
new ExchangeSpecification()
   .exchange("mi_exchange") // Nombre del intercambio
   .type("direct") // Tipo de intercambio
   .durable(true); // Definir el intercambio como duradero
Mono<AMQP.Exchange.DeclareOk> exchangeDeclareMono =
sender.declareExchange(exchangeSpecification);
```

```
// Declare una lista de espera de forma reactiva
QueueSpecification queueSpecification = new QueueSpecification()
   .queue("mi_lista_de_espera") // Nombre de la lista de espera
   .durable(true); // Defina la lista de espera como duradera
Mono<AMQP.Queue.DeclareOk> queueDeclareMono =
sender.declareQueue(queueSpecification);

// Suscribirse a los objetos Mono para ejecutar
// las declaraciones cuando se establezca
// la conexión y obtener los resultados de las declaraciones
exchangeDeclareMono.subscribe(declareOk -> {
  log.info("El intercambio se ha declarado correctamente: " + declareOk);
}, throwable -> {
  log.info("Error al declarar el intercambio:
" + throwable.getMessage());
});

queueDeclareMono.subscribe(declareOk -> {
  log.info("La lista de espera se ha declarado correctamente:
" + declareOk);
}, throwable -> {
  log.info("Error al declarar la lista de espera:
" + throwable.getMessage());
});
```

En este ejemplo, creamos un `Sender`reactivo utilizando `SenderOptions` con una `ConnectionFactory`. Luego declaramos un intercambio y una cola usando las especificaciones correspondientes (`ExchangeSpecification` y `QueueSpecification`) y los métodos declarativos (`declareExchange()` y `declareQueue()`) del `Sender`. Las declaraciones se realizan cuando nos suscribimos a los objetos `Mono` resultantes, lo que ocurre cuando se establece la conexión. Finalmente, esperamos un poco antes de cerrar la conexión. Ten en cuenta que, en una aplicación real, probablemente querrás usar el `Sender` y las declaraciones de manera más apropiada dependiendo de las necesidades específicas de tu aplicación.

De hecho, para reducir la verbosidad del código, Reactor RabbitMQ ofrece una clase de fábrica llamada `ResourcesSpecification` que permite declarar los recursos AMQP (intercambios, lista de espera, enlaces) de forma más concisa. Importando estáticamente esta clase, puedes acceder a sus métodos directamente sin tener que especificar el nombre de la clase cada vez, lo que simplifica aún más el código.

Combinando `ResourcesSpecification` con los operadores de encadenamiento de `Mono` y los métodos abreviados de `Sender`, puedes conseguir una sintaxis aún más condensada y expresiva para las declaraciones de recursos. Por ejemplo, así es como podría declarar un intercambio y una lista de espera utilizando este enfoque:

```
ConnectionFactory connectionFactory = new ConnectionFactory();
connectionFactory.setHost("localhost");
connectionFactory.setPort(5672);
connectionFactory.setUsername("guest");
connectionFactory.setPassword("guest");

// Crear un Reactor Sender usando SenderOptions con
// la ConnectionFactory
SenderOptions senderOptions =
new SenderOptions().connectionFactory(connectionFactory);
Sender sender = RabbitFlux.createSender(senderOptions);

// Declare un intercambio y una lista de espera de manera reactiva
// con sintaxis condensada
Mono<AMQP.Exchange.DeclareOk> exchangeDeclareMono =
sender.declareExchange(exchange("mi_intercambio").type("direct")
.durable(true));
Mono<AMQP.Queue.DeclareOk> queueDeclareMono =
sender.declareQueue(queue("mi_lista_de_espera").durable(true));

// Suscribirse a los objetos para ejecutar realmente las
// declaraciones cuando se establece la conexión
// y obtener los resultados de las declaraciones
exchangeDeclareMono.subscribe(declareOk -> {
  log.info("El intercambio se ha declarado correctamente: " + declareOk);
}, throwable -> {
  log.info("Error al declarar el intercambio:
" + throwable.getMessage());
});

queueDeclareMono.subscribe(declareOk -> {
  log.info("La lista de espera se ha declarado correctamente:
" + declareOk);
}, throwable -> {
  log.info("Error al declarar la lista de espera:
" + throwable.getMessage());
});
```

Usando `import static reactor.rabbitmq.ResourcesSpecification.*`, podemos llamar a los métodos de declaración de intercambio y lista de espera directamente sin especificar el nombre de la clase `ResourcesSpecification`. Esto reduce el código repetitivo y hace las declaraciones más concisas y claras. El uso de `Mono`para las declaraciones de recursos facilita el manejo de resultados y errores durante las declaraciones, y la utilización de `subscribe()` permite ejecutar las declaraciones cuando se establece la conexión.

Complementos para la publicación confiable de mensajes

En el contexto de RabbitMQ, la publicación fiable de mensajes es un mecanismo importante para garantizar que los mensajes enviados por un editor son realmente recibidos y registrados por el broker antes de que el editor considere que el envío se ha realizado correctamente. Esto es particularmente útil en situaciones donde la entrega fiable de mensajes es crucial, como en sistemas de mensajería donde los mensajes perdidos no son aceptables. El Sender RabbitMQ Reactor proporciona una forma de publicar mensajes de forma fiable utilizando el mecanismo de confirmación (*confirm*) proporcionado por RabbitMQ. El método `sendWithPublishConfirms()` permite enviar mensajes y recibir confirmaciones del broker por cada mensaje publicado.

Así es como funciona:

- El editor (`Sender`) envía un mensaje al broker RabbitMQ utilizando el método `sendWithPublishConfirms()`.
- El broker RabbitMQ recibe el mensaje e intenta procesarlo guardándolo en la lista de espera apropiada.
- Una vez que el broker ha registrado correctamente el mensaje, devuelve una confirmación (mediante el método `confirm()`) al editor indicando que el mensaje ha sido recibido y registrado correctamente.
- El editor reacciona a la confirmación recibida y puede actuar en consecuencia, por ejemplo, eliminando el mensaje de la lista de espera local de mensajes por enviar.

Mediante el uso de confirmaciones, el editor puede estar seguro de que el broker RabbitMQ ha recibido el mensaje y lo ha registrado correctamente. Si no se recibe una confirmación en un tiempo determinado, el publicador puede optar por reenviar el mensaje para garantizar una entrega fiable. El uso del método `sendWithPublishConfirms()` es esencial en casos donde la integridad del mensaje es crucial y la pérdida del mensaje es inaceptable. Esto asegura una publicación fiable y garantiza que los mensajes son procesados correctamente por el broker RabbitMQ.

He aquí un ejemplo simplificado de cómo utilizar `sendWithPublishConfirms()`:

```
// Creación del Sender con las opciones de configuración adecuadas
Sender sender = RabbitFlux.createSender();

// Flujo de mensajes a enviar
Flux<OutboundMessage> messageFlux = Flux.just(
   new OutboundMessage("", "mi_lista_en_espera", "Message 1"
.getBytes()),
   new OutboundMessage("", "mi_lista_en_espera", "Message 2"
.getBytes())
);

// Utilisacion de sendWithPublishConfirms() para enviar
// los mensajes
sender.sendWithPublishConfirms(messageFlux)
    .doOnNext(outboundMessageResult -> {
      // Reacción cuando se reciben confirmaciones
      if (outboundMessageResult.isAck()) {
        System.out.println("Mensaje enviado correctamente:
" + outboundMessageResult.getOutboundMessage());
      } else {
        System.out.println("Mensaje enviado sin éxito:
" + outboundMessageResult.getOutboundMessage());
      }
    })
    .blockLast(); // Espera a que se envíen los mensajes

// Cierra el Sender
sender.close();
```

En este ejemplo, creamos un `Sender`con las opciones de configuración por defecto. A continuación, definimos un `flux` de mensajes que queremos enviar a una lista de espera RabbitMQ. Usando `sendWithPublishConfirms()`, enviamos los mensajes y reaccionamos a las confirmaciones recibidas para cada mensaje. Si `isAck()` devuelve `true`, significa que el mensaje ha sido confirmado con éxito por el broker RabbitMQ. En caso contrario, significa que el mensaje no ha podido ser enviado.

8.3.2 Recepción de mensajes

`reactor.rabbitmq.Receiver` es una clase proporcionada por Reactor RabbitMQ que permite consumir (es decir, recibir) mensajes de una cola RabbitMQ. El `Receiver` opera de forma reactiva, emitiendo mensajes en forma de `Flux` o de `Mono`, permitiendo que sean procesados de manera no bloqueante y gestionando la contrapresión de forma eficiente.

A continuación se explica cómo utilizar `reactor.rabbitmq.Receiver` para consumir mensajes RabbitMQ:

Creación de `Receiver`:

```
Receptor receiver = RabbitFlux.createReceiver();
```

Se crea un nuevo objeto `Receiver` usando el método estático `RabbitFlux.createReceiver()`. Este `Receiver` se utilizará para consumir mensajes de una lista de espera RabbitMQ.

Definición de la lista de espera a consumir:

```
String queueName = "my-queue";
```

Definimos el nombre de la lista de espera RabbitMQ de la que queremos consumir mensajes.

Consumo de mensajes:

```
Flux<Delivery> messageFlux = receiver.consumeAutoAck(queueName);
```

Usamos el método `consumeAutoAck(String queue)` de `Receiver` para empezar a consumir mensajes de la lista de espera especificada. Este método devuelve un `Flux<Delivery>`, donde `Delivery` representa un mensaje recibido de RabbitMQ.

Gestión de mensajes:

```
    messageFlux.subscribe(
        delivery -> {
          String messageBody = new String(delivery.getBody());
          System.out.println("Mensaje recibido: " + messageBody);
        },
        error -> {
          System.err.println("Error al consumir el mensaje: " +
error.getMessage());
        }
    );
```

Nos suscribimos al `Flux<Delivery>` para procesar los mensajes recibidos. Cada vez que el `Flux` envía un mensaje, se ejecuta la lambda especificada en `subscribe()` para procesar el mensaje. En este ejemplo, convertimos el cuerpo del mensaje en una cadena y la mostramos en la consola.

Cierre del `Receiver`(opcional) :

```
    receiver.close();
```

Una vez que haya terminado de utilizar el `Receiver`, es aconsejable cerrarlo para liberar recursos. Esto puede hacerse cuando haya terminado de consumir mensajes de la cola.

Con `reactor.rabbitmq.Receiver`, puede consumir fácilmente mensajes de RabbitMQ de forma reactiva y no bloqueante, lo que le permite gestionar de forma eficiente grandes cantidades de mensajes e implementar canalizaciones de procesamiento de mensajes robustas y eficientes.

8.3.3 El modelo de threading

El modelo de threading (gestión de los threads) de Reactor RabbitMQ es una característica importante que afecta a cómo se gestionan las operaciones de entrada/salida (IO) cuando se interactúa con RabbitMQ.

Por defecto, Reactor RabbitMQ está configurado para usar el modelo NIO (*Non-Blocking IO*) proporcionado por el cliente RabbitMQ Java. Esto significa que sólo se usa un thread para gestionar las operaciones IO, tales como leer y escribir mensajes a/desde RabbitMQ. Este enfoque está optimizado para entornos en los que el número de conexiones y operaciones IO es relativamente bajo.

Sin embargo, esta configuración por defecto puede cambiarse especificando un `ConnectionFactory` personalizado en las `SenderOptions`. El `ConnectionFactory`es responsable de crear conexiones con el broker RabbitMQ y puede configurarse para utilizar un modelo de threading diferente, por ejemplo, utilizando múltiples threads para manejar operaciones IO simultáneamente.

El `Sender` utiliza dos schedulers para gestionar las tareas relacionadas con las conexiones y los recursos. Uno se utiliza para la suscripción cuando se crea la conexión con RabbitMQ, mientras que el otro schedulers se utiliza para gestionar recursos como intercambios, listas de espera y enlaces.

Por defecto, el `Sender` utiliza dos schedulers de tipo `elásticos` con límites de capacidad para las operaciones asíncronas. Sin embargo, estos valores por defecto pueden ser remplazados especificando otros planificadores en las `SenderOptions`. Es importante tener en cuenta que el `Sender` se encarga de cerrar los planificadores por defecto cuando se cierra. Si se utilizan planificadores personalizados, es responsabilidad del desarrollador cerrarlos adecuadamente cuando ya no sean necesarios para evitar fugas de recursos.

El modelo de threading de Reactor RabbitMQ es por tanto altamente personalizable gracias al uso de `ConnectionFactory` y `Scheduler`. Permite a los desarrolladores ajustar el comportamiento según las necesidades específicas de su aplicación, teniendo en cuenta consideraciones de rendimiento y gestión de recursos.

Gestión de errores durante la publicación

Cuando se publican mensajes con Reactor RabbitMQ, es importante tener en cuenta la gestión de errores para asegurar una comunicación fiable con el broker RabbitMQ. Existen varios mecanismos para gestionar errores y fallos al publicar mensajes:

- Retorno asíncrono: cuando se utiliza el método `sendWithPublishConfirms()` del `Sender`, se puede obtener un retorno asíncrono en forma de `Flux<OutboundMessageResult>`. Cada elemento de este flujo representa el resultado de la publicación de un mensaje específico. Puede suscribirse a este flujo para gestionar las confirmaciones de publicación y cualquier error.
- Confirmación de publicación: cuando se utiliza el método `sendWithPublishConfirms()`, cada mensaje enviado al broker RabbitMQ se asocia a una confirmación de publicación. Si el mensaje se publica correctamente en RabbitMQ, se recibe una confirmación de publicación positiva. Si se produce un error durante la publicación, se devuelve una confirmación de publicación negativa. Puede utilizar estas confirmaciones para tomar medidas en caso de fallos de publicación.
- Gestión de errores con operadores Reactor: puede utilizar operadores Reactor tales como `onErrorResume()` o `onErrorReturn()` para gestionar errores en el propio flujo de mensajes. Estos operadores permiten especificar una lógica de fallback o un procesamiento alternativo en caso de error.

Ejemplo de gestión de errores al publicar mensajes con Reactor RabbitMQ :

```
// Utilizar el método sendWithPublishConfirms para publicar
// los mensajes con retorno asíncrono
Flux<OutboundMessageResult> results =
sender.sendWithPublishConfirms(messages);

// Suscribirse al flujo de resultados para gestionar las
// confirmaciones de publicación y de los errores
results.subscribe(
   result -> {
     if (result.isAck()) {
       // La publicación fue exitosa, procesamiento de
       // confirmaciones positivas
       log.info("Mensaje publicado con éxito en RabbitMQ");
     } else {
       // Publicación fallida, confirmaciones procesadas négativas
```

```
            System.err.println("No publicación del mensaje en RabbitMQ");
          }
        },
        error -> {
          // Tratamiento de errores ligados a la publicación
          System.err.println("Error luego de publicar mensaje:
" + error.getMessage());
        },
        () -> {
          // Manejo cuando el flujo se ha completado
          log.info("Publicacion terminada");
        }
);
```

Gestión de errores durante la publicación de mensajes con Reactor RabbitMQ se basa en confirmaciones de publicación, en flujos de resultados asíncronos y operadores Reactor para gestionar errores en el flujo de mensajes. Estos mecanismos aseguran una comunicación fiable con el broker RabbitMQ y permiten tomar las medidas adecuadas en caso de fallos en la publicación.

El comportamiento por defecto de Reactor RabbitMQ ante un fallo de conexión es reintentarlo cada 200 milisegundos durante un periodo de 10 segundos. Esto significa que si la conexión con el broker RabbitMQ falla, el cliente intentará automáticamente reconectarse a intervalos regulares durante 10 segundos antes de considerar que el intento de conexión ha fallado.

La recuperación automática de la conexión está activada por defecto, lo que significa que el cliente intentará activamente reabrir la conexión tras un problema de red o una desconexión. Mientras el cliente intenta reconectarse, el flujo de mensajes salientes no se bloqueará por completo, sino que esperará a que la conexión se recupere antes de reanudar automáticamente el envío de mensajes.

Este comportamiento por defecto pretende encontrar un compromiso entre reactividad y robustez. Al reintentar periódicamente, el cliente puede recuperarse automáticamente de errores temporales sin bloquear completamente el flujo de mensajes salientes, manteniendo así un cierto nivel de capacidad de respuesta en la aplicación.

Sin embargo, puede personalizar el comportamiento de reintento en caso de fallo de conexión definiendo su propia instancia de `RetrySendingExceptionHandler` en las `SenderOptions`. Esto le permite especificar sus propias reglas para reintentar conexiones. Por ejemplo, puede decidir reintentar durante un periodo más largo de 20 segundos cada 500 milisegundos para escenarios específicos que requieran diferentes parámetros.

He aquí un ejemplo de personalización del comportamiento de reintento:

```
Sender sender = RabbitFlux.createSender();
sender.send(outboundFlux, new SendOptions().exceptionHandler(
   new ExceptionHandlers.RetrySendingExceptionHandler(
       Duration.ofSeconds(30), Duration.ofMillis(600),
       ExceptionHandlers.CONNECTION_RECOVERY_PREDICATE
   )
));
```

Usamos Reactor RabbitMQ para crear un emisor (`Sender`) mensajes a RabbitMQ. El `Sender` se crea usando el método estático `RabbitFlux.createSender()`, que crea una instancia del emisor con las opciones por defecto. A continuación, usamos el método `send()` del emisor para enviar un flujo (`Flux<OutboundMessage>`) de mensajes salientes (`OutboundMessage`) a RabbitMQ. El flujo de mensajes salientes está representado por la variable `outboundFlux`.

En este ejemplo, también especificamos un objeto `SendOptions`, que nos permite personalizar la forma en que se envían los mensajes. En `SendOptions`, definimos un gestor de excepciones personalizado (`ExceptionHandler`) para manejar errores al enviar mensajes. El gestor de excepciones utilizado es `ExceptionHandlers.RetrySendingExceptionHandler`, proporcionado por Reactor RabbitMQ. Este gestor de excepciones se utiliza para configurar un mecanismo de reintento automático en caso de fallo en el envío de mensajes.

Los parámetros de `RetrySendingExceptionHandler` son los siguientes:

- `Duration.ofSeconds(30)`: es el tiempo durante el cual se realizan los nuevos reintentos en caso de fallo. En este ejemplo, los reintentos se realizan durante 30 segundos.
- `Duration.ofMillis(600)`: intervalo entre cada nuevo intento de envío. En este ejemplo, los reintentos se realizan cada 600 milisegundos.
- `ExceptionHandlers.CONNECTION_RECOVERY_PREDICATE`: predicado que define qué excepciones deben considerarse recuperables. En este ejemplo, el predicado `CONNECTION_RECOVERY_PREDICATE` significa que las excepciones relacionadas con la conexión al broker RabbitMQ (como excepciones de conexión, excepciones de autenticación, etc.) están sujetas al mecanismo de reintento automático.

Al utilizar este gestor de excepciones personalizado en `SendOptions`, nos aseguramos de que cualquier fallo temporal en el envío de mensajes debido a problemas de conexión sea recuperado automáticamente por el sistema de reintentos, y se realicen nuevos reintentos durante un periodo de 30 segundos cada 600 milisegundos hasta que la conexión se restablezca con éxito.

Esto permite garantizar que los mensajes se envíen con cierto grado de solidez, evitando que errores temporales de conexión que puedan bloquear por completo el flujo de mensajes salientes y permitiendo que el sistema se recupere automáticamente de los problemas de conexión.

8.4 Gestión a través de la RPC

RPC son las siglas de *Remote Procedure Call*. Esto permite a un programa ejecutar un procedimiento (una función) en otro espacio de direcciones (a menudo en otra máquina). En el contexto de RabbitMQ, el cliente envía una solicitud RPC con una "cola de respuesta" a la que el servidor debe enviar la respuesta. El servidor recibe la solicitud, procesa la función y envía el resultado a la "cola de respuesta". El cliente espera la respuesta de la "cola de respuesta" antes de continuar. Puedes implementar un modelo RPC utilizando flujos reactivos. Esto significa que puede enviar una solicitud RPC y suscribirse a la respuesta, permitiendo un modelo asíncrono, no bloqueante.

8.5 Solicitudes/respuestas receptivas

Reactor RabbitMQ soporta el modelo de solicitud/respuesta reactivo, también conocido como RPC (*Remote Procedure Call*). Este modelo se implementa comúnmente con un broker de mensajería como RabbitMQ. En el modelo RPC, los clientes envían solicitudes que se enrutan a una lista de espera de servidor de larga duración, conocida como lista de espera RPC. Los servidores RPC consumen solicitudes de esta lista de espera y envían respuestas a cada cliente utilizando una cola nombrada específicamente por el cliente en la cabecera de la respuesta. Para mejorar el rendimiento y optimizar la gestión de respuestas en el modelo RPC, Reactor RabbitMQ utiliza la funcionalidad de respuesta directa (*direct reply-to*). En lugar de utilizar una lista de espera específica para cada cliente, esta funcionalidad permite a los servidores RPC responder directamente a la lista de espera de cada cliente, sin pasar por una cola intermedia. Al usar la respuesta directa superior, Reactor RabbitMQ evita la sobrecarga asociada a la creación y gestión de numerosas lista de espera específicas para cada cliente RPC, mejorando así el rendimiento global del sistema.

Reactor RabbitMQ facilita la configuración de un sistema reactivo de solicitud/respuesta con RabbitMQ utilizando la respuesta directa superior, ofreciendo un rendimiento optimizado y una gestión eficiente de la respuesta para clientes y servidores RPC.

8.5.1 Cliente RPC

Vamos a crear un cliente RPC usando la clase RpcClient proporcionada por Reactor RabbitMQ. El cliente envía una petición RPC y espera una respuesta del servidor:

```
String queue = "rpc.server.queue";
Sender sender = RabbitFlux.createSender();

// Crear una instancia RpcClient a partir de un Sender
RpcClient rpcClient = sender.rpcClient("", queue);

// Enviar una solicitud y obtener una respuesta
Mono<Delivery> reply = rpcClient.rpc(Mono.just(new RpcClient
.RpcRequest("hello".getBytes())));

// Esperar la respuesta del servidor
reply.subscribe(delivery -> {
```

```
        String response = new String(delivery.getBody());
        System.out.println("Respuesta recibida del servidor: " + response);
      }, throwable -> {
        System.err.println("Se ha producido un error durante la
llamada RPC: " + throwable.getMessage());
      }, () -> {
        // Cerrar el RpcClient cuando haya terminado
        rpcClient.close();
        sender.close();
      });
    }
```

En este ejemplo, hemos creado un `RpcClient` utilizando `RpcClient rpcClient = sender.rpcClient("", queue);`. La cadena vacía `""` en el primer parámetro significa que no estamos especificando un prefijo para los nombres de las listas de espera, ya que estamos utilizando la respuesta directa superior. A continuación, creamos una consulta RPC `RpcClient.RpcRequest("hello".getBytes())` con el contenido `"hello"`. Enviamos esta solicitud usando `rpcClient.rpc(Mono.just(request))`, y obtenemos un `Mono<Delivery>` como respuesta. Luego suscribimos el `Mono<Delivery>` para esperar la respuesta del servidor. Cuando se recibe la respuesta, mostramos el contenido de la misma. Si se produce un error durante la llamada RPC, mostramos el mensaje de error correspondiente. Finalmente, cerramos el `RpcClient` y el `Sender` cuando hemos terminado usando `rpcClient.close()` y `sender.close()`. Esto libera los recursos utilizados por el cliente RPC y el emisor.

8.5.2 Servidor RPC

He aquí algunos ejemplos de aplicación.

Versión con RabbitMQ únicamente

```
@Slf4j
public class Server_RPC_AMQP {
  private static final String RPC_QUEUE_NAME = "rpc.server.queue";

  // Un método que procesa la petición (por ejemplo, devuelve la
  // solicitud en mayúsculas)
  private static String handleRequest(String request) {
    return request.toUpperCase();
  }

  public static void main(String[] args) throws Exception {
```

```
    ConnectionFactory factory = new ConnectionFactory();
    factory.setHost("localhost");  // Ajuste si es necesario

    try (Connection connection = factory.newConnection();
         Channel channel = connection.createChannel()) {

      channel.queueDeclare(RPC_QUEUE_NAME, true, false, false, null);
      channel.basicQos(1);

      log.info(" [x] Esperando consulta RPC");

      DeliverCallback deliverCallback = (consumerTag, delivery) -> {
        AMQP.BasicProperties replyProps = new AMQP.BasicProperties
          .Builder()
          .correlationId(delivery.getProperties().getCorrelationId())
          .build();

        String response = "";

        try {
          String message = new String(delivery.getBody(), "UTF-8");
          log.info("Réception:"+message);
          response = handleRequest(message);
        } catch (RuntimeException e) {
          log.info(" [.] " + e.toString());
        } finally {
          channel.basicPublish("", delivery.getProperties().getReplyTo(),
replyProps, response.getBytes("UTF-8"));
          channel.basicAck(delivery.getEnvelope().getDeliveryTag(), false);
        }
      };

      channel.basicConsume(RPC_QUEUE_NAME, false, deliverCallback,
(consumerTag -> { }));
      // Estamos esperando llamadas RPC aquí, así que estamos bloqueando
      // el thread principal para evitar terminar el programa
      while (true) {
        synchronized (deliverCallback) {
          try {
            deliverCallback.wait();
          } catch (InterruptedException e) {
            e.printStackTrace();
          }
        }
      }
    }
  }
}
```

En este ejemplo, utilizamos RabbitMQ para gestionar la comunicación entre el cliente y el servidor.

- ConstanteRPC_QUEUE_NAME: nombre de la lista de espera utilizada para RPC. Los clientes envían consultas a esta lista de espera y el servidor escucha para procesar estas solicitudes.
- handleRequest(): método simple que toma una cadena como entrada y la devuelve convertida a mayúsculas.
- ConnectionFactory: clase de la API Java de RabbitMQ utilizada para establecer una conexión con un broker de RabbitMQ. Aquí, configuramos el servidor en el que se ejecuta RabbitMQ (en este ejemplo, "localhost"). El bloque try-with-resourcesse usa para asegurar que la Connection y el Channelse cierran correctamente, incluso en caso de error.
- channel.queueDeclare(): aquí declaramos una lista de espera llamada RPC_QUEUE_NAME. Si la cola ya existe, esta operación no tiene ningún efecto.
- channel.basicQos(1): se utiliza para indicar que el servidor sólo debe procesar un mensaje cada vez. Esto asegura que el servidor procese las solicitudes de una en una.
- DeliverCallback: interfaz funcional utilizada para definir qué debe hacer el servidor cuando recibe una consulta RPC del cliente. Cuando se recibe un mensaje, las propiedades de la respuesta se definen con el ID de correlación del mensaje recibido. Se extrae el contenido del mensaje, se procesa mediante el método handleRequest() y se envía la respuesta al cliente mediante channel.basicPublish(). Por último, se envía un acuse de recepción (*acknowledgement*) a RabbitMQ para informarle de que el mensaje se ha procesado correctamente.
- channel.basicConsume(): indica que el servidor debe empezar a consumir (escuchar) mensajes en la lista de espera RPC.
- Bucle while (true): mantiene el programa en ejecución indefinidamente. El servidor espera continuamente a que se procesen las solicitudes RPC.
- deliverCallback.wait(): se utiliza para pausar el thread hasta que se recibe un nuevo mensaje.

Este servidor espera mensajes en una lista de espera RabbitMQ, procesa estos mensajes convirtiéndolos a mayúsculas y, a continuación, envía la respuesta al cliente.

Versión con reactor-rabbitmq

```
@Slf4j
@SpringBootApplication
public class Server_RPC_AMQP_Reactor implements CommandLineRunner {

  public static void main(String[] args) {
    SpringApplication.run(Server_RPC_AMQP_Reactor.class, args);
  }

  private static final String RPC_QUEUE_NAME = "rpc.server.queue";

  // Un método que procesa la consulta (por ejemplo, devuelve
  // la solicitud en mayúsculas)
  private static Mono<String> handleRequest(String request) {
    log.info("Procesamiento de "+request);
    return Mono.just("!!!"+request.toUpperCase()+"!!!");
  }

  @Override
  public void run(String... args) throws Exception {

  ConnectionFactory connectionFactory = new ConnectionFactory();
      connectionFactory.setHost("localhost");

      ReceiverOptions receiverOptions =
new ReceiverOptions().connectionFactory(connectionFactory);
      SenderOptions senderOptions =
new SenderOptions().connectionFactory(connectionFactory);

      Sender sender = RabbitFlux.createSender(senderOptions);

      RabbitFlux.createReceiver(receiverOptions)
        .consumeAutoAck(RPC_QUEUE_NAME)
        .flatMap(delivery -> {
          String message = new String(delivery.getBody());
          return handleRequest(message)
            .flatMap(response -> {
              AMQP.BasicProperties replyProps = new AMQP.BasicProperties
                .Builder()
                .correlationId(delivery.getProperties().getCorrelationId())
                .build();
              OutboundMessage replyMessage = new OutboundMessage(
                "",
                delivery.getProperties().getReplyTo(),
```

```
                    replyProps,
                    response.getBytes()
                  );
                  return sender.send(Mono.just(replyMessage));
                })
                .doOnError(e -> log.error("Error processing request", e))
                .then(Mono.just(delivery));
            })
            .doOnNext(delivery -> log.info("Processed {}",
new String(delivery.getBody())))
            .subscribe();

        // Para mantener el servidor activo
        while (true) {
          // Aquí, podrías implementar lógica para detener el servidor
limpiamente
        }
    }

}
```

Este código es una versión reactiva del servidor RPC usando RabbitMQ. Utiliza la biblioteca Reactor y `reactor-rabbitmq`para interactuar con RabbitMQ de forma no bloqueante.

- Constante `RPC_QUEUE_NAME`: nombre de la lista de espera de solicitudes RPC.
- `handleRequest()`: en lugar de devolver simplemente un `String` como en el ejemplo anterior, este método devuelve un `Mono<String>`, un contenedor reactivo para un elemento único o nulo. La solicitud se procesa y se devuelve como respuesta envuelta en un `Mono`.
- `run()`: método que se ejecuta al iniciar la aplicación.
  - `ReceiverOptions` y `SenderOptions` se configuran utilizando `ConnectionFactory` de RabbitMQ.
  - Se crea un `Sender` reactivo para enviar mensajes.
  - `RabbitFlux.createReceiver(receiverOptions)` crea un consumidor reactivo para RabbitMQ.
  - `consumeAutoAck(RPC_QUEUE_NAME)` comienza a consumir mensajes de la lista de espera RPC y los reconoce automáticamente.

- `flatMap()` se utiliza para procesar los mensajes. Para cada `delivery`, se extrae la solicitud y se procesa mediante el método `handleRequest()`. Se crea una respuesta con las propiedades adecuadas y se devuelve al cliente.
- Si se produce un error durante el procesamiento, se registra mediante `doOnError()`. `doOnNext()` registra el mensaje una vez procesado.
- `subscribe()` inicia el consumidor reactivo y procesa los mensajes entrantes.
- `Bucle while` se utiliza al final para mantener el servidor en funcionamiento.

Este ejemplo escucha solicitudes RPC en una lista de espera RabbitMQ, las procesa de forma reactiva (no bloqueante) y envía las respuestas de vuelta al cliente. El código es más simple y conciso que la versión sin `reactor-rabbitmq`.

Veremos el receptor RabbitMQ responsivo con más detalle en el próximo capítulo.

8.6 Reactive RabbitMQ Receiver

Los mensajes almacenados en las lista de espera de RabbitMQ se consumen utilizando el receptor reactivo llamado `reactor.rabbitmq.Receiver`. Cada instancia de este `Receiver` está vinculada a una única instancia de `Connection`, generada por el `ConnectionFactory` especificado en las opciones. Para instanciar un receptor, se utiliza un conjunto de opciones de configuración denominado reactor.`rabbitmq.ReceiverOptions`. Los atributos de `ReceiverOptions` incluyen el `ConnectionFactory`, responsable de establecer conexiones con el broker, y así también con el planificador Reactor dedicado a crear estas conexiones.

Por ejemplo:

```
// Crear una nueva instancia de ConnectionFactory
ConnectionFactory connectionFactory = new ConnectionFactory();

// Utilizar el modo NIO (non-blocking I/O) para la conexión
connectionFactory.useNio();
```

```
// Configurar las opciones del receptor, incluida la
// factory de conexiones y programador para la suscripción
// a la conexion
ReceiverOptions receiverOptions =  new ReceiverOptions()
  .connectionFactory(connectionFactory)
  .connectionSubscriptionScheduler(Schedulers.boundedElastic());

// Configurar las opciones del expeditor, incluida la factory
// de conexión, el proveedor de conexión y el programador
// para la gestión de recursos
SenderOptions senderOptions =  new SenderOptions()
  .connectionFactory(connectionFactory)
  .connectionSupplier(cf -> cf.newConnection(
    new Address[] {new Address("192.168.0.1")},
    "reactive-sender"))
  .resourceManagementScheduler(Schedulers.boundedElastic());

// Crear un flujo reactivo para recibir mensajes de la
// lista de espera "reactive.queue" sin contraprestación
Flux<Delivery> inboundFlux =
RabbitFlux.createReceiver(receiverOptions)
  .consumeNoAck("reactive.queue");
```

La clase `Receiver` ofrece diferentes variantes del método `receive*()`, cada una de las cuales puede tener en cuenta una instancia de `ConsumeOptions`. Estas son las diferentes opciones:

Opción	Utilidad
`overflowStrategy ()`	La estrategia utilizada al crear el flujo de mensajes. Por defecto es `BUFFER`.
`qos()`	El número de mensajes por defecto cuando el acuse de recibo está activado. El valor por defecto es `250`.
`consumerTag()`	Etiqueta utilizada para registrar al consumidor. Por defecto, el servidor genera un identificador.

Opción	Utilidad
`hookBeforeEmitBiFunction()`	Una `BiFunction<Long, ? super Delivery, Boolean>` para decidir si un mensaje debe emitirse en aval o no. Por defecto, siempre se entrega.
`stopConsumingBiFunction ()`	Una `BiFunction<Long, ? super Delivery, Boolean>` para decidir si el flujo debe completarse después de que se haya enviado el mensaje. Por defecto, nunca se completará.

Recepción y acuse de recepción

La clase `Receiver` tiene varios métodos `receive*()` que difieren según la manera en que los consumidores acusan recibo de los mensajes al broker. El modo de acuse de recepción de los mensajes puede tener efectos significativos sobre el rendimiento y el consumo de memoria.

- `consumeNoAck()`: el broker no tiene memoria de un mensaje una vez que ha sido enviado al consumidor. Utilice este modo si sus suscriptores en aval son muy rápidos, o al menos más rápidos que el flujo de mensajes entrantes. Si los suscriptores no pueden manejar el flujo de mensajes, éstos se acumularán en la memoria del proceso JVM, provocando errores de falta de memoria. Tenga en cuenta que este modo utiliza el modo de acuse de recepción automática al registrar el consumidor RabbitMQ.
- `consumeAutoAck()`: en este modo, los mensajes se reconocen justo después de ser recibidos, en la llamada de retorno `Flux#doOnNext()`. Esto puede ayudar a gestionar el flujo de mensajes, evitando que los suscriptores en aval se vean desbordados. Tenga en cuenta que este modo no utiliza el modo de acuse de recepción automático al registrar el consumidor RabbitMQ. En este caso, `consumeAutoAck()` significa que los mensajes son automáticamente reconocidos por la biblioteca en uno de los hooks de `Flux`.

- `consumeManualAck()`: este método devuelve un `Flux<AcknowgableDelivery>` y los mensajes deben ser reconocidos o rechazados manualmente en aval con `AcknowledledgableDelivery#ack()` o `AcknowledgableDelivery#nack()` respectivamente. Este modo permite al desarrollador reconocer los mensajes de la forma más eficiente, por ejemplo reconociendo varios mensajes al mismo tiempo con `AcknowledgableDelivery#ack(true)` y dejando que Reactor controle el tamaño del lote con uno de los métodos `Flux#buffer()`.

Gestión de la desconexión de red

Las desconexiones de red entre el broker y el cliente pueden producirse. Afortunadamente, la reconexión automática del cliente Java de RabbitMQ hace que estas desconexiones sean transparentes para los consumidores. No obstante, estas desconexiones afectan al envío de datos, en particular al acuse de recepción, que se considera una operación de envío.

- Modo `Receiver#consumeAutoAck()`: en caso de desconexión, los acuses de recibo se vuelven a intentar, por ejemplo, cada 200 milisegundos durante 10 segundos. Si desea ajustar este comportamiento, modifique el `gestorde` excepciones de `BiConsumer<Receiver.AcknowledgmentContext, Exception>` en `ConsumeOptions`.

Ejemplo:

```
Flux<Delivery> inboundFlux = RabbitFlux
  .createReceiver()
  .consumeAutoAck("reactive.queue", new ConsumeOptions()
    .exceptionHandler(new
ExceptionHandlers.RetryAcknowledgmentExceptionHandler(
      Duration.ofSeconds(20), Duration.ofMillis(500),
      ExceptionHandlers.CONNECTION_RECOVERY_PREDICATE
    ))
  );
```

- Modo Receiver#consumeManualAck(): la gestión del acuse de recepción es responsabilidad del desarrollador. Los métodos AcknowledgableDelivery#ack() y AcknowledgableDelivery#nack() gestionan automáticamente los intentos de retorno basándose en el gestor de excepciones ConsumeOptions. De esta forma, el desarrollador no tiene que gestionar manualmente los intentos en caso de fallo y se beneficia automáticamente de los mecanismos de reintento de Reactor RabbitMQ al recepciónar el acuse.

En caso de que se produzca un fallo en el acuse de recepción, tenga en cuenta que el gestor de excepciones es un BiConsumer<Receiver.AcknowledgmentContext, Exception>. Esto significa que puede gestionar este fallo como considere oportuno.

En el ejemplo siguiente, hemos optado por un reintento. Usando ExceptionHandlers.CONNECTION_RECOVERY_PREDICATE, elige reintentar sólo en caso de desconexiones inesperadas, confiando en que el cliente Java AMQP recree automáticamente una nueva conexión en segundo plano. Si desea refinar su manejo de errores, puede proporcionar un Predicate<Throwable> en lugar de ExceptionHandlers.CONNECTION_RECOVERY_PREDICATE.

Ejemplo:

```
Receiver receiver = RabbitFlux.createReceiver();
BiConsumer<Receiver.AcknowledgmentContext, Exception> exceptionHandler =
  new ExceptionHandlers.RetryAcknowledgmentExceptionHandler(
    Duration.ofSeconds(20), Duration.ofMillis(500),
    ExceptionHandlers.CONNECTION_RECOVERY_PREDICATE
  );
receiver.consumeManualAck("queue",
    new ConsumeOptions().exceptionHandler(exceptionHandler))
  .subscribe(msg -> {
    // ...
    msg.ack();
  });
```

8.7 Utilización avanzados

Esta sección cubre los usos avanzados de la API RabbitMQ Reactor.

8.7.1 Personalización de la creación de conexiones

Es posible especificar únicamente un `ConnectionFactory` para los `Sender/ReceiverOptions` y dejar que Reactor RabbitMQ cree la conexión partir de `ConnectionFactory`. Internamente, Reactor RabbitMQ crea una `Mono<Connection>` para realizar sus operaciones y la conexión sólo se establece si es necesario.

Cuando el desarrollador permite a Reactor RabbitMQ crear una `Mono<Connection>`, la biblioteca asegura las siguientes acciones para cada instancia de `Sendery Receiver`:

- Uso de una caché para evitar crear varias conexiones (usando `Mono#cache()`).
- Registro de la `Mono<Connection>` en `connectionSubscriptionScheduler` (con `Mono#subscribeOn`).
- Cierra la conexión cuando `Sender/Receiver#close()` se cierra.

Reactor RabbitMQ propone dos métodos para controlar la creación de la conexión, por ejemplo, para proporcionar un nombre o para conectarse a diferentes nodos:

- Utilizar un proveedor de conexión (opción más sencilla, sin API reactiva implicada).
- Utilizar una `Mono<Connection>` personalizada (implica la API reactiva, pero ofrece más control).

El siguiente extracto muestra cómo crear conexiones con un nombre personalizado:

```
// Crear una instancia de ConnectionFactory
ConnectionFactory connectionFactory = new ConnectionFactory();

// Utilizar NIO para la conexión
connectionFactory.useNio();

// Crear un objeto Sender con una conexión personalizada
```

```
// denominada "sender"
Sender sender = RabbitFlux.createSender(new SenderOptions()
  .connectionFactory(connectionFactory)
  .connectionSupplier(cf -> cf.newConnection("sender"))
);

// Crear un objeto Receiver con una conexión personalizada denominada
// "receiver"
Receiver receiver = RabbitFlux.createReceiver(new ReceiverOptions()
  .connectionFactory(connectionFactory)
  .connectionSupplier(cf -> cf.newConnection("receiver"))
);
```

La atribución de nombres personalizados a las conexiones en sistemas tales como RabbitMQ ofrece una serie de ventajas.

Trazabilidad: tener conexiones con nombres distintos facilita su trazabilidad en los registros de actividad o en las herramientas de supervisión. Si hay problemas con una conexión, es mucho más fácil identificar rápidamente cuál está causando el problema si tiene un nombre único y descriptivo.

Gestión de recursos: en algunos entornos, es posible que desee tener políticas o restricciones específicas basadas en el nombre de la conexión. Por ejemplo, puede tener reglas especiales para gestionar el tráfico, la prioridad o las cuotas para conexiones con nombres específicos.

Diagnóstico: cuando se detectan problemas de rendimiento u otras anomalías, saber qué conexión (por su nombre) es la posible causa del problema puede ayudar mucho al proceso de diagnóstico.

Claridad en el código: al leer o mantener el código, ver nombres de conexión descriptivos puede hacer que el código sea más legible. Da una mejor idea del propósito o uso previsto de cada conexión.

Configuración diferenciada: en algunos casos, distintas conexiones pueden tener configuraciones o comportamientos ligeramente diferentes. Denominarlas de forma diferente garantiza que el comportamiento correcto se asocie a la conexión correcta.

Aunque no es estrictamente necesario asignar nombres personalizados a las conexiones, puede ser de gran ayuda en la gestión, trazabilidad y diagnóstico de sistemas complejos.

8.7.2 Creación de una conexión con un Mono personalizado

La creación de una conexión con un Monopersonalizado ofrece mayor flexibilidad y un control aumentado respecto a la forma en que se gestionan las conexiones en una aplicación que utiliza la API RabbitMQ Reactor.

Por ejemplo:

```
// Crear un objeto Sender usando un Mono personalizado para la
// conexión. El Mono crea una conexión llamada "sender" y la
// almacena en caché para su uso futuro
Sender sender = RabbitFlux.createSender(new SenderOptions()
  .connectionMono(
    Mono.fromCallable(() -> connectionFactory.newConnection("sender"))
.cache())
);
// Crear un objeto Receiver usando un Mono personalizado para la
// conexión. El Mono crea una conexión llamada "receiver" y
// la pone en la carpeta para uso futuro
Receiver receiver = RabbitFlux.createReceiver(new ReceiverOptions()
  .connectionMono(
    Mono.fromCallable(() ->
connectionFactory.newConnection("receiver")).cache())
);
```

Las ventajas se describen a continuación.

Flexibilidad con Reactor: al utilizar un Mono personalizado, se pueden aprovechar todas las funcionalidades que ofrece la API de Reactor. Por ejemplo, en el código proporcionado, se utiliza `cache()`, lo que significa que la conexión se almacena en caché y se reutiliza el mismo objeto de conexión cada vez que se suscribe. Esto puede ser útil para reducir la sobrecarga asociada con el establecimiento frecuente de nuevas conexiones.

Control sobre la creación de la conexión: tiene un control total sobre la lógica de creación de la conexión, lo que le permite añadir pasos adicionales, como registros personalizados, mediciones u otras operaciones antes o después de crear la conexión.

Gestión de recursos: al tiempo que gestiona la creación de la conexión, también usted controla su cierre. Esto significa que puede decidir cómo y cuándo se cierra la conexión, lo que te proporciona una gestión de recursos más detallada.

Nombre específico de la conexión: en este ejemplo, se dan nombres específicos (`"sender"`y `"receiver"`) a las conexiones, lo que puede facilitar la depuración o la supervisión al identificar claramente el uso de cada conexión en los registros o las herramientas de supervisión.

Reactor RabbitMQ no almacena en caché la `Mono<Connection>` proporcionada, ni la utiliza en un planificador, ni la cierra automáticamente. Por lo tanto, depende de usted, como desarrollador, gestionar estas acciones si son relevantes en su contexto.

Aunque proporcionar un `Mono` personalizado para la conexión añade complejidad adicional, ofrece mayor flexibilidad y control a los desarrolladores que tienen requisitos específicos para gestionar las conexiones en sus aplicaciones.

8.8 Conclusión sobre Reactor RabbitMQ

El uso de Reactor RabbitMQ proporciona un enfoque reactivo y eficiente para interactuar con RabbitMQ, un sistema de mensajería basado en AMQP. Gracias a su integración transparente con el framework Reactor, Reactor RabbitMQ permite crear aplicaciones reactivas y no bloqueantes en la JVM, a la vez que ofrece una gestión avanzada de los recursos AMQP. Los editores y receptores reactivos de Reactor RabbitMQ permiten intercambiar mensajes de forma asíncrona y sin bloqueos, a la vez que soportan contrapresión para controlar el uso de memoria y evitar desbordamientos. Los métodos de publicación y consumo de mensajes son flexibles, lo que permite a los desarrolladores adaptar su comportamiento a las necesidades específicas de sus aplicaciones.

El uso de la gestión de errores, las confirmaciones de publicación y la recuperación automática de la conexión añaden solidez a las comunicaciones entre aplicaciones, mientras que la personalización de las opciones del receptor proporciona un control adicional sobre el comportamiento del consumo de mensajes. Al aprovechar el modelo reactivo de Reactor RabbitMQ, las aplicaciones pueden beneficiarse de pipelines reactivos de extremo a extremo, con una planificación de capacidad predecible para un rendimiento de baja latencia y alto rendimiento.

Esto permite la implementación de aplicaciones eficientes basadas en eventos, particularmente en arquitecturas de microservicios donde la reactividad y la escalabilidad son esenciales.

Reactor RabbitMQ es, por tanto, una potente herramienta para crear aplicaciones reactivas y de alto rendimiento que explotan las ventajas de RabbitMQ en un entorno reactivo. Su compatibilidad con la especificación Reactive Streams y su perfecta integración con el framework Reactor hacen de Reactor RabbitMQ una opción sólida para los desarrolladores que deseen explotar la potencia de RabbitMQ en un entorno reactivo y sin bloqueos.

9. Reactor Kafka

9.1 Introducción

Kafka es una solución de mensajería distribuida altamente escalable y de alto rendimiento. Gracias a su baja latencia y a su capacidad para gestionar flujos de mensajes de alta velocidad, Kafka se ha convertido en un popular servicio de mensajería, así como en una potente plataforma para el tratamiento continuo de flujos de eventos en tiempo real.

Apache Kafka ofrece tres API principales para facilitar su utilización.

- Producer API/Consumer API (API Productor/Consumidor): esta API permite a las aplicaciones publicar mensajes en temas (*topics*) de Kafka y consumir mensajes de estos temas. Los productores envían datos a los temas, mientras que los consumidores leen estos datos de los temas para procesarlos o almacenarlos.
- Connect API (API de conexión): esta API permite extraer datos de los sistemas de almacenamiento de datos existentes y cargarlos en Kafka o, a la inversa, empujar datos de los sujetos de Kafka a otros sistemas de datos. Esto facilita la integración de Kafka con diferentes ecosistemas de datos.

- Streams API (API streams): esta API permite transformar y analizar en tiempo real los flujos de eventos publicados en Kafka. Permite a los desarrolladores construir pipelines de procesamiento continuo de datos, realizando operaciones de transformación, filtrado, agregación y análisis de flujos de datos.

Apache Kafka ofrece, por tanto, un conjunto de API flexibles y potentes que permiten a los desarrolladores crear sistemas de mensajería, integración de datos y procesamiento en tiempo real, satisfaciendo las necesidades de una gran variedad de escenarios de aplicación.

9.2 API reactiva para Kafka

Reactor Kafka es una API reactiva diseñada específicamente para Kafka, basada en los principios de Reactor y en los de las APIs Kafka Producer/Consumer. Mediante el uso de APIs funcionales y a la contrapresión no bloqueante, la API Reactor Kafka permite a las aplicaciones basadas en Reactor interactuar con Kafka de forma reactiva. Esta integración reactiva permite a los desarrolladores utilizar Kafka como bus de mensajes o plataforma de streaming en sus aplicaciones reactivas. Gracias a una gestión eficaz de la contrapresión, Reactor Kafka permite gestionar de forma óptima los flujos de mensajes entrantes, evitando problemas de sobrecarga y bloqueo. En comparación con RabbitMQ y Spring Reactor RabbitMQ, Kafka destaca por su potencia y escalabilidad. Puede manejar cargas de trabajo masivas y es ideal para aplicaciones que requieren alta disponibilidad y capacidad de procesamiento.

Sin embargo, es importante señalar que Kafka también puede ser más complejo de configurar y gestionar debido a su naturaleza distribuida. Requiere un conocimiento profundo de sus conceptos y arquitectura para ser aprovechado al máximo.

Reactor Kafka ofrece una potente solución para integrar Kafka en aplicaciones reactivas. Su enfoque reactivo permite gestionar los flujos de mensajes de forma eficiente aprovechando la potencia y escalabilidad de Kafka. Sin embargo, su uso puede requerir conocimientos más avanzados debido a la complejidad asociada a la gestión de Kafka en modo distribuido.

9.3 Motivaciones

Reactor Kafka es una API Java funcional diseñada específicamente para interactuar con Kafka. Gracias a esta API, las aplicaciones escritas en un estilo funcional pueden integrar fácilmente interacciones con Kafka sin necesidad de utilizar API de producción o consumo asíncronas no funcionales dentro de la lógica de la aplicación.

Una de las ventajas clave de la API de Reactor Kafka es que se beneficia de la contrapresión no bloqueante proporcionada por Reactor. Esto significa que en una pipeline en la que los mensajes se reciben de una fuente externa, como un proxy HTTP, y se publican en Kafka, la contrapresión se puede aplicar fácilmente a todo el pipeline. Esta contrapresión se utiliza para limitar el número de mensajes que se procesan y controlar el uso de memoria, evitando así cualquier riesgo de desbordamiento. En este contexto, los mensajes fluyen por el canal a medida que están disponibles. Reactor regula el flujo para evitar cualquier congestión o cuello de botella, manteniendo la lógica de la aplicación simple y eficiente. Mediante el uso de la API funcional de Reactor Kafka, los desarrolladores pueden crear aplicaciones reactivas que interactúan de forma óptima con Kafka mientras disfrutan de las ventajas de la contrapresión y la simplicidad de la programación funcional. Esto permite que los flujos de mensajes se gestionen de forma eficiente sin comprometer la reactividad y el rendimiento de la aplicación.

Reactor Kafka ofrece una propuesta de valor centrada en el uso eficiente de recursos en aplicaciones con múltiples interacciones externas, donde Kafka juega un papel clave entre los sistemas externos. La API permite construir una-pipeline reactiva de extremo a extremo que se benefician de la contrapresión no bloqueante y de una utilización óptima de los threads, lo que se traduce en una gestión eficiente de un gran número de solicitudes simultaneas.

Gracias a las optimizaciones proporcionadas por Reactor, es posible desarrollar aplicaciones reactivas económicas con una planificación de capacidad predecible, garantizando pipelines de baja latencia y alto rendimiento.

Es importante señalar que Reactor Kafka no pretende sustituir a las APIs de Kafka existentes. Por el contrario, su objetivo es proporcionar una alternativa reactiva para aplicaciones dirigidos por eventos. Esto significa que los desarrolladores pueden elegir el enfoque que mejor se adapte a su caso de uso específico, aprovechando al mismo tiempo la reactividad que ofrece Reactor Kafka cuando este sea el apropiado. Esta flexibilidad permite que Kafka se integre de manera transparente dentro del ecosistema reactivo más amplio de la aplicación.

Para aplicaciones no reactivas, Kafka ofrece la API Producer/Consumer, que proporciona una interfaz de baja latencia para publicar mensajes en Kafka y consumir mensajes a partir de Kafka. Sin embargo, las aplicaciones que utilizan Kafka como bus de mensajes pueden considerar el cambio a Reactor Kafka si se implementan con un estilo funcional. Mediante el uso de esta API, pueden integrar fácilmente interacciones con Kafka sin necesidad de incorporar APIs de producción o consumo asíncronas no funcionales en su lógica.

Otras API clave de Kafka incluyen Kafka Connect, que permite una fácil migración de mensajes desde un sistema de datos externo a uno o más sujetos de Kafka utilizando los conectores existentes. Si se dispone de una API reactiva para el sistema de datos externo y se requieren transformaciones de datos, las aplicaciones que utilizan la API Connect pueden plantearse cambiar a Reactor Kafka. Gracias a la contrapresión de extremo a extremo no bloqueante que proporciona Reactor, las transformaciones que implican otras E/S pueden llevarse a cabo de forma más eficiente, evitando bloqueos de E/S. El modelo pull de Reactor también controla la temporización de los mensajes en el pipeline, optimizando la utilización de threads y memoria sin necesidad de gestionar el desbordamiento en la aplicación.

Por último, Kafka Streams proporciona varias API ligeras para crear aplicaciones de procesamiento de flujos que procesan datos almacenados en Kafka utilizando conceptos de steaming estándar y primitivas de transformación. Este modelo funciona bien cuando las transformaciones no implican interacciones externas y no requieren contrapresión.

Para aplicaciones de flujo que procesan datos de Kafka y utilizan interacciones externas para transformaciones (por ejemplo, obtener datos adicionales de una base de datos), Reactor Kafka es particularmente útil. En este caso, Reactor puede proporcionar una contrapresión no bloqueante de extremo a extremo, combinada con una mejor utilización de los recursos, adoptando el modelo reactivo para todas las interacciones externas. Esto optimiza la gestión del flujo de datos y mejora el rendimiento de la aplicación reactiva.

9.4 Dependencias

Para utilizar Reactor Kafka, es necesario añadir una dependencia al proyecto Spring Boot:

```
<dependency>
    <groupId>io.projectreactor.kafka</groupId>
    <artifactId>reactor-kafka</artifactId>
    <version>1.3.19</version>
</dependency>
```

9.5 Utilización del producto Kafka

Para mantener las cosas simples, estamos usando Kafka en Docker. También puedes utilizar una instalación completa, que se configura como se describe en el sitio web https://kafka.apache.org/quickstart.

Configuramos un broker de Kafka en un único nodo, que satisface la mayoría de nuestras necesidades para los ejemplos.

Observación

Para experimentar más, puede utilizar, por ejemplo, la excelente versión gratuita de konductor (https://www.conduktor.io/get-started/).

9.5.1 Configuración de docker-compose.yml

Para iniciar un servidor Apache Kafka, primero necesitamos iniciar un servidor Zookeeper. Esta dependencia se puede configurar en un archivo docker-compose.yml, que garantiza que el servidor Zookeeper siempre se inicie antes que el servidor Kafka y se detenga después de él. Vamos a crear un simple archivo docker-compose.yml con dos servicios: Zookeeper y Kafka.

Archivo docker-compose.yml:

```
version: '2'
services:
  zookeeper:
    image: confluentinc/cp-zookeeper:latest
    environment:
      ZOOKEEPER_CLIENT_PORT: 2181
      ZOOKEEPER_TICK_TIME: 2000
    ports:
      - 22181:2181

  kafka:
    image: confluentinc/cp-kafka:latest
    depends_on:
      - zookeeper
    ports:
      - 29092:29092
    environment:
      KAFKA_BROKER_ID: 1
      KAFKA_ZOOKEEPER_CONNECT: zookeeper:2181
      KAFKA_ADVERTISED_LISTENERS:
PLAINTEXT://kafka:9092,PLAINTEXT_HOST://localhost:29092
      KAFKA_LISTENER_SECURITY_PROTOCOL_MAP:
PLAINTEXT:PLAINTEXT,PLAINTEXT_HOST:PLAINTEXT
      KAFKA_INTER_BROKER_LISTENER_NAME: PLAINTEXT
      KAFKA_OFFSETS_TOPIC_REPLICATION_FACTOR: 1
```

En esta configuración, nuestro servidor Zookeeper escucha en el puerto 2181 para el servicio Kafka, definido en la misma configuración del contenedor. Sin embargo, un cliente que se ejecuta en el host se expone en el puerto 22181.

Del mismo modo, el servicio Kafka se expone a las aplicaciones host a través del puerto 29092, pero en realidad se anuncia en el puerto 9092 dentro del entorno del contenedor, según lo configurado por la propiedad KAFKA_ADVERTISED_LISTENERS.

9.5.2 Inicio del servidor Kafka

Vamos a lanzar el servidor Kafka utilizando el comando docker-compose.

```
docker-compose up -d
Creating network "kafka_default" with the default driver
Creating kafka_zookeeper_1 ... done
Creating kafka_kafka_1     ... done
```

Una vez instalado, puedes comprobar que funciona:

```
docker ps
CONTAINER ID   IMAGE                                  COMMAND
CREATED         STATUS           PORTS
                                  NAMES
051f542cd0b1   confluentinc/cp-kafka:latest          "/etc/confluent/dock..."
2 minutes ago   Up 2 minutes   9092/tcp, 0.0.0.0:29092->29092/tcp
                                  docker_kafka_1
e79a5a7941b4   confluentinc/cp-zookeeper:latest      "/etc/confluent/dock..."
2 minutes ago   Up 2 minutes   2888/tcp, 3888/tcp, 0.0.0.0:22181->2181/tcp
                                  docker_zookeeper_1
```

Con esto, nuestra configuración de Kafka está lista para usar.

9.5.3 Conexión mediante Kafka Tool

Finalmente, utilicemos la utilidad Kafka Tool GUI para establecer una conexión con nuestro recién creado servidor Kafka, y ver esta configuración. Puedes descargar la herramienta aquí https://kafkatool.com/download.html

Introduzcamos un nombre de clúster, por ejemplo "solo", en localhost:11181 y vayamos a las opciones avanzadas para establecer localhost:29092 en el servidor Bootstrap.

A continuación, la aplicación de administración Offset Explorer se conecta al servidor Kafka.

9.5.4 Supervisión de registros

Para monitorizar los logs podemos utilizar el comando:

```
docker-compose logs kafka
```

9.6 Ejemplo de uso de Reactor Kafka

Aquí hay un ejemplo de un consumidor y productor codificado con reactor-kafka para tener una idea inicial.

Un productor:

```
@Slf4j
public class ReactorKafkaProducer {

  public static void main(String[] args) throws Exception {
    // Definir el número de mensajes a producir
    int count = 20;

    // Inicializar un CountDownLatch para sincronizar
    // las operaciones asíncronas
    CountDownLatch latch = new CountDownLatch(count);

    // Crear una instancia del productor Kafka Reactor
    ReactorKafkaProducer producer = new ReactorKafkaProducer();

    // Empezar a enviar mensajes y obtener una instancia
    // del remitente para finalizar el envío más tarde
    KafkaSender<Integer, String> sender =
producer.sendMessages("mon-topic", count, latch);

    // Esperar a que se envíen todos los mensajes o hasta que el
    // haya transcurrido el tiempo especificado
    latch.await(10, TimeUnit.SECONDS);

    // Cerrar el emisor para liberar los recursos
    sender.close();
  }

  public KafkaSender<Integer, String> sendMessages(String topic,
int count, CountDownLatch latch) throws InterruptedException {
    // Crea un map para almacenar las configuraciones
    // del productor Kafka
    Map<String, Object> props = new HashMap<>();
    props.put(ProducerConfig.BOOTSTRAP_SERVERS_CONFIG,
```

```
"localhost:29092");
    props.put(ProducerConfig.CLIENT_ID_CONFIG, "productor");
    props.put(ProducerConfig.ACKS_CONFIG, "all");
    props.put(ProducerConfig.KEY_SERIALIZER_CLASS_CONFIG,
IntegerSerializer.class);
    props.put(ProducerConfig.VALUE_SERIALIZER_CLASS_CONFIG,
StringSerializer.class);

    // Crear opciones de envío a partir de la configuración
    SenderOptions<Integer, String> senderOptions =
SenderOptions.create(props);

    // Inicializar el productor Kafka con las opciones de envío
    KafkaSender<Integer, String> sender =
KafkaSender.create(senderOptions);

    // Formatear la fecha para mostrar marcas los timestamps
    DateTimeFormatter dateFormat =
DateTimeFormatter.ofPattern("HH:mm:ss:SSS z dd MMM yyyy");

    // Empezar a enviar mensajes en el topic especificado sender
    sender.<Integer>send(Flux.range(1, count)
        .map(i -> {
          // Crear un registro para cada mensaje
          return SenderRecord.create(new ProducerRecord<>(topic,
i, "Message_" + i), i);
        }))
      .doOnError(e -> {
        // Gestiona y registra los errores de envío
        log.error("Envoie en echec :", e);
      })
      .subscribe(r -> {
        // Recupera los metadatos del mensaje enviado
        RecordMetadata metadata = r.recordMetadata();

        // Convierte el timestamp del mensaje en una instancia Instant
        Instant timestamp =
Instant.ofEpochMilli(metadata.timestamp());

        // Formatear el mensaje para el registro
        String message = String.format("Mensaje %d envio avec
succés, topic-partition=%s-%d offset=%d timestamp=%s\n",
          r.correlationMetadata(),
          metadata.topic(),
          metadata.partition(),
          metadata.offset(),
          timestamp);
```

```
        // Guardar el mensaje formateado
        log.info(message);

        // Informar de que se ha enviado otro mensaje
        latch.countDown();
      });

    // Devolver la instancia del remitente para su utilizacion
    // más tarde
    return sender;
  }
}
```

El código es muy estándar y se parece a su homólogo RabbitMQ.

Y un ejemplo de consumidor:

```
@Slf4j
public class ReactorKafkaConsumer {

  public static void main(String[] args) throws Exception {
    // Definir el número de mensajes a consumir
    int count = 20;

    // Inicializar un CountDownLatch para sincronizar
    // las operaciones asíncronas
    CountDownLatch latch = new CountDownLatch(count);

    // Crear una instancia del consumidor Kafka Reactor
    ReactorKafkaConsumer consumer = new ReactorKafkaConsumer();

    // Comenzar a consumir los mensajes y obtener una referencia
    // para poder finalizar el consumo más tarde
    Disposable disposable = consumer.consumeMessages("mon-topic", latch);

    // Esperar a que se consuman todos los mensajes o hasta que
    // transcurra el tiempo especificado
    latch.await(10, TimeUnit.SECONDS);

    // Liberar los recursos asociados al consumo
    disposable.dispose();
  }

  public Disposable consumeMessages(String topic, CountDownLatch latch) {
    // Crear un Map para almacenar las configuraciones del consumidor Kafka
    Map<String, Object> props = new HashMap<>();
    // Configurar la dirección del servidor Kafka
    props.put(ConsumerConfig.BOOTSTRAP_SERVERS_CONFIG, "localhost:29092");
    // Configuración del ID del cliente consumidor
    props.put(ConsumerConfig.CLIENT_ID_CONFIG, "consumidor");
```

```
    // Configuración del grupo consumidor
    props.put(ConsumerConfig.GROUP_ID_CONFIG, "exemples");
    // onfiguración de la clase de deserialización para la clave
    props.put(ConsumerConfig.KEY_DESERIALIZER_CLASS_CONFIG,
IntegerDeserializer.class);
    // Configuración de la clase de deserialización para el valor
    props.put(ConsumerConfig.VALUE_DESERIALIZER_CLASS_CONFIG,
StringDeserializer.class);
    // Configuración del desplazamiento inicial si no se encuentra ningún
desplazamiento
    props.put(ConsumerConfig.AUTO_OFFSET_RESET_CONFIG, "earliest");

    // Creación de las opciones del receptor a partir de la configuración
    ReceiverOptions<Integer, String> receiverOptions =
ReceiverOptions.create(props);

    // Formatear la fecha para mostrar los timestamps
    DateTimeFormatter dateFormat = DateTimeFormatter.ofPattern("HH:mm:ss:SSS
z dd MMM yyyy");

    // Modificar las opciones del receptor para incluir la suscripción al topic
    // y añadir escuchas de asignación y revocación
    ReceiverOptions<Integer, String> options =
receiverOptions.subscription(Collections.singleton(topic))
      .addAssignListener(partitions -> log.debug("onPartitionsAssigned {}",
partitions))
      .addRevokeListener(partitions -> log.debug("onPartitionsRevoked {}",
partitions));

    // Crear un flujo Reactor a partir de los mensajes Kafka recibidos
    Flux<ReceiverRecord<Integer, String>> kafkaFlux =
KafkaReceiver.create(options).receive();

    // Suscribirse al flujo y procesar cada mensaje recibido
    return kafkaFlux.subscribe(record -> {
      // Obtener el offset del mensaje para acusar recibo
      ReceiverOffset offset = record.receiverOffset();

      // Convertir el timestamp del mensaje en una instancia Instant
      Instant timestamp = Instant.ofEpochMilli(record.timestamp());

      // Formatear el mensaje para el registro
      String message = String.format("Recibir mensaje:
topic-partition=%s offset=%d timestamp=%s key=%d value=%s\n",
        offset.topicPartition(),
        offset.offset(),
        timestamp,
        record.key(),
        record.value());

      // Registrar el mensaje formateado
```

```
        log.info(message);

        // Acusar recibo del mensaje offset
        offset.acknowledge();

        // Señal de que se ha procesado otro mensaje
        latch.countDown();
      });
    }
  }
```

Al igual que con el productor, el código del consumidor es muy estándar y se parece a su homólogo RabbitMQ.

9.7 API Reactor Kafka

Esta sección describe la API Reactiva para producir y consumir mensajes usando Apache Kafka. Hay dos interfaces principales en Reactor Kafka:

- `reactor.kafka.sender.KafkaSender` para publicar mensajes en Kafka,
- `reactor.kafka.receiver.KafkaReceiver` para consumir mensajes de Kafka.

9.7.1 Publicar mensajes

`KafkaSender` es una clase proporcionada por Reactor Kafka que representa un productor Kafka. Esto permite enviar mensajes a un topic de Kafka de forma asíncrona y reactiva.

Para utilizar `KafkaSender`, siga los siguientes pasos:

- Crear una instancia de `KafkaSender`. Para ello, utilice el método estático `create()` de la clase `KafkaSender`. Especifique las propiedades de configuración necesarias, tales como las direcciones de los brokers de Kafka y cualquier otra opción de configuración avanzada.

- Prepare un flujo de mensajes para enviar. Para ello, cree un `Flux` de mensajes que se enviarán al topic de Kafka. Cada elemento del `Flux` representa un mensaje que se va a enviar, y puede tener una clave y un valor asociados. Puede utilizar operaciones de transformación y filtrado en el `Flux` para preparar los mensajes antes de enviarlos.

- Enviar mensajes: una vez preparado el flujo de mensajes, se puede utilizar el método `send()` de `KafkaSender` para enviar mensajes al topic de Kafka. El método `send()` toma como parámetro el flujo de mensajes a enviar. El envío de mensajes es asíncrono, lo que significa que la llamada al método `send()` no bloquea la ejecución del programa. Los mensajes serán enviados en segundo plano por Reactor Kafka.

- Gestionar la reactividad: como Reactor Kafka se basa en la programación reactiva, puede encadenar operaciones en el `Flux` de mensajes para gestionar la reactividad de su aplicación. Por ejemplo, puedes utilizar operaciones de transformación, filtrado o agrupación para gestionar respuestas o errores vinculados al envío de mensajes.

- Cerrar el `KafkaSender`: una vez hayas terminado de utilizar el `KafkaSender`, ciérralo para liberar los recursos asociados. Para ello, llame al método `close()` del KafkaSender.

La clase `KafkaSender` se utiliza para enviar mensajes de forma asíncrona a un topic de Kafka utilizando programación reactiva. Facilita el envío de mensajes a Kafka al mismo tiempo que ofrece una gestión reactiva de los flujos de datos y un uso eficiente de los recursos.

Los remitentes (`KafkaSender`) en Reactor Kafka son thread-safe, lo que significa que pueden ser utilizados simultáneamente por varios threads con total seguridad, sin riesgo de corromper datos o causar conflictos.

El código thread-safe tiene varias ventajas:

- Utilización de Multithreading: los remitentes thread-safe permiten a las aplicaciones utilizar threads de forma eficiente para enviar mensajes a Kafka de forma concurrente. Esto puede mejorar el rendimiento y la producción, sobre todo en aplicaciones con un uso intensivo de mensajes.

- Paralelismo: los remitentes thread-safe permiten enviar mensajes a diferentes temas o particiones en paralelo, lo que puede acelerar el procesamiento de mensajes y mejorar la escalabilidad de la aplicación.
- Concurrencia segura: las aplicaciones que utilizan varios threads para enviar mensajes no tienen que preocuparse por problemas de sincronización o conflictos de datos, ya que los remitentes thread-safe se encargan de ello de forma transparente.

Para que los remitentes sean thread-safe, Reactor Kafka utiliza mecanismos internos de bloqueo y gestión de threads. Esto garantiza que las operaciones de envío de mensajes se ejecuten de forma coherente y segura.

Es importante señalar que la thread-safety emisores no garantiza el orden de envío de los mensajes. Esto significa que cuando varios threads envían mensajes en paralelo, los mensajes pueden ser recibidos por el broker en un orden diferente al que fueron enviados. Sin embargo, Kafka garantiza que los mensajes enviados a la misma partición se almacenarán en el orden en que se reciban.

Para utilizar remitentes de manera thread-safe en su aplicación:

- Crear un único emisor por aplicación: se recomienda crear un único emisor Kafka por instancia de aplicación. Puede crearlo al iniciar la aplicación y cerrarlo correctamente al detener la aplicación.
- Utilice instancias separadas para diferentes threads: si tiene varios threads enviando mensajes a Kafka, utilice instancias separadas del mismo remitente para cada thread. Esto evitará problemas de concurrencia.
- Cerrar correctamente el emisor: asegúrese de cerrar correctamente el emisor Kafka cuando ya no sea necesario para liberar los recursos asociados.

Siguiendo estas prácticas recomendadas, puede utilizar los remitentes de forma eficiente y segura en su aplicación de Kafka, aprovechando el multithreading y el paralelismo a la vez que evita problemas de concurrencia.

Opciones a través de SenderOptions

La clase `KafkaSender` proporciona opciones a través de `reactor.kafka.sender.SenderOptions`.

`SenderOptions` es una interfaz para configurar las opciones del productor de Kafka (`KafkaSender`). Define las opciones de envío de un productor de Kafka en un entorno reactivo.

Métodos de creación

- `create()`: crea una instancia de `SenderOptions` con propiedades por defecto.
- `create(Map<String, Object> configProperties)`: crea una instancia de `SenderOptions` anulando ciertas propiedades para el productor Kafka subyacente utilizando un objeto `Map`.
- `create(Properties configProperties)`: una sobrecarga del método create que acepta propiedades en forma de `Properties`.

Propiedades del productor

- `producerProperties()`: devuelve las propiedades de configuración del productor Kafka subyacente.
- `producerProperty(String name)`: devuelve el valor de una propiedad de configuración específica para el productor Kafka.
- `producerProperty(String name, Object value)`: define una propiedad de configuración específica para el productor Kafka.

Serialización

- `keySerializer()` y `valueSerializer()`: devuelven las instancias serializadoras configuradas para las claves y los valores respectivamente.
- `withKeySerializer(Serializer<K> keySerializer)` y `withValueSerializer(Serializer<V> valueSerializer)`: configuran los serializadores a utilizar para claves y valores.

Planificación

- `scheduler()`: devuelve el planificador utilizado para publicar los resultados del envío.
- `scheduler(Scheduler scheduler)`: define el planificador que se utilizará para publicar los resultados de los envíos.

Envíos competidores

- `maxInFlight()`: devuelve el número máximo de registros en vuelo (es decir, que se están enviando pero aún no se han confirmado).
- `maxInFlight(int maxInFlight)`: configura el número máximo de grabaciones en vuelo.

Gestión de errores

- `stopOnError()`: indica si una operación de envío debe finalizar cuando se encuentra un error.
- `stopOnError(boolean stopOnError)`: configura la gestión de errores para la operación de envío.

Duración del cierre

- `closeTimeout()`: devuelve el periodo de gracia del remitente para el cierre.
- `closeTimeout(Duration timeout)`: configura el tiempo de espera para el cierre voluntario.

Auriculares del productor

- `producerListener()`: devuelve el auricular que se aplicará después de añadir y eliminar un productor.
- `producerListener(ProducerListener listener)`: define un auricular que se utilizará cuando se añadan o eliminen productores.

Transacciones

- `isTransactional()`: indica si los remitentes creados con estas opciones son transaccionales.
- `transactionalId()`: devuelve el ID de transacción configurado.

Excepciones fatales

- `fatalException(Throwable t)`: indica si una excepción dada se considera como fatal.

ProducerListener (interfaz anidada)

Esta interfaz está diseñada para ser utilizada por los oyentes que deseen recibir notificaciones cuando se añadan o eliminen productores.

- `producerAdded(String id, Producer<?, ?> producer)`: se ejecuta cuando se crea un nuevo productor.
- `producerRemoved(String id, Producer<?, ?> producer)`: se ejecuta cuando se elimina un productor existente.

Todas estas opciones permiten personalizar el comportamiento del productor de Kafka en diferentes situaciones y gestionar el rendimiento, la robustez y la gestión de errores al publicar mensajes.

He aquí un ejemplo de cómo valorar estas opciones:

```
    // Configuración del productor Kafka
    SenderOptions<String, String> senderOptions =
SenderOptions.<String,
String>create()
        .maxInFlight(5) // Limita el número de mensajes que se envían
simultáneamente a 5
        .scheduler(Schedulers.single()) // Utiliza un programador
single-threaded para tareas asíncronas
        .producerProperty("bootstrap.servers", "localhost:9092")
// Propiedades adicionales del productor Kafka
        .producerProperty("key.serializer",
StringSerializer.class) // Serializador para la clave del mensaje
        .producerProperty("value.serializer",
StringSerializer.class); // Serializador para el valor del mensaje

    // Crea el productor Kafka con las opciones configuradas
    KafkaSender<String, String> kafkaSender =
KafkaSender.create(senderOptions);
```

En este ejemplo, hemos configurado el productor Kafka con las siguientes opciones:

- `maxInFlight(5)`: limita a 5 el número de mensajes que se envían simultáneamente.
- `scheduler(Schedulers.single())`: utiliza un scheduler single-threaded para tareas asíncronas.
- `producerProperty()`: añade propiedades adicionales al productor de Kafka, como direcciones de brokers y serializadores para claves y valores de mensajes.

Estas opciones permiten controlar la velocidad de envío de los mensajes, optimizar el rendimiento y personalizar el comportamiento del productor de Kafka para adaptarlo a las necesidades específicas de la aplicación.

Los productores (`KafkaProducer`) en Apache Kafka se configuran mediante un objeto `ProducerConfig`, que permite especificar varias propiedades de configuración para controlar el comportamiento del productor al enviar mensajes a Kafka.

Estas propiedades pueden establecerse en forma de cadenas de caracteres o, mejor aún, a través de sus constantes asociadas, que deben buscarse en los archivos de configuración. La variable existe en forma de cadena de caracteres y para cada una de estas cadenas existe una constante java (en mayúsculas) en los ficheros de configuración. Es preferible utilizar la constante.

Hay tres niveles de importancia para estos parámetros: alto, medio y bajo.

Altos niveles de importancia

- `key.serializer`: clase de serialización para la clave que implementa la interfaz `org.apache.kafka.common.serialization.Serializer`.
- `value.serializer`: clase de serialización para el valor que implementa la interfaz `org.apache.kafka.common.serialization.Serializer`.

- bootstrap.servers: una lista de pares host-puerto que se utilizarán para establecer la conexión inicial con el clúster Kafka. El cliente utiliza todos los servidores independientemente de los especificados aquí para el arranque. Esta lista sólo afecta a los hosts iniciales utilizados para descubrir el conjunto completo de servidores. Debe tener la forma host1:port1,host2:port2... Estos servidores sólo se utilizan en la conexión inicial para descubrir todos los miembros del cluster (que pueden cambiar dinámicamente).
- buffer.memory: el número total de bytes de memoria que el productor puede utilizar para almacenar en el buffer los registros que esperan ser enviados al servidor. Si los registros se envían más rápido de lo que pueden entregarse, el productor se bloquea durante max.block.ms, tras lo cual se lanza una excepción.
- compression.type: el tipo de compresión para todos los datos generados por el productor. Los valores válidos son none, gzip, snappy, lz4 o zstd.
- retries: establecer un valor superior que cero significa que el cliente reenviará cualquier registro que falle en el envío con un error potencialmente transitorio. Las solicitudes de producción fallan antes de que se agote el número de reintentos si el tiempo de espera establecido por delivery.timeout.ms expira primero.
- ssl.key.password: la contraseña de la clave privada en el archivo de Keystore o la clave PEM especificada en ssl.keystore.key.
- ssl.keystore.certificate.chain: cadena de certificado en el formato especificado por ssl.keystore.type.
- ssl.keystore.key: clave privada en el formato especificado por ssl.keystore.type. Si la clave está cifrada, la contraseña de la clave debe especificarse con ssl.key.password.
- ssl.keystore.location: ubicación del archivo del keystore de claves. Esto es opcional para el cliente.
- ssl.keystore.password: la contraseña del archivo del keystore de claves.
- ssl.truststore.certificates: certificados de confianza en el formato especificado por ssl.truststore.type.

- `ssl.truststore.location`: ubicación del archivo en el almacén de confianza.
- `ssl.truststore.password`: la contraseña para el archivo en el almacén de confianza.

Niveles medios de importancia

`batch.size`: el productor intenta agrupar los registros en menos solicitudes cuando se envían varios registros a la misma partición. Esto mejora el rendimiento tanto del cliente como del servidor. Esta configuración controla el tamaño de lote por defecto en bytes.

No se intenta agrupar los registros mayores de este tamaño.

Las solicitudes enviadas a los brokers contienen varios lotes, uno por cada partición con datos disponibles para enviar.

Un tamaño de lote pequeño hace que la agrupación sea menos común y puede reducir el rendimiento (un tamaño de lote de cero desactiva la agrupación por completo). Un tamaño de lote muy grande puede desperdiciar un poco más de memoria, ya que siempre asignamos un búfer del tamaño especificado en previsión de registros adicionales.

Observación

Este parámetro establece el límite superior del tamaño del lote a enviar. Si hemos acumulado menos bytes que este valor para esta partición, esperamos el tiempo definido por `linger.ms` a que aparezcan otros registros. Este parámetro `linger.ms` tiene un valor por defecto de 0, lo que significa que enviamos inmediatamente un registro aunque el tamaño del lote acumulado sea inferior a este parámetro `batch.size`.

`client.dns.lookup`: controla la manera cómo utiliza el cliente las búsquedas DNS. Si se establece en `"use_all_dns_ips"`, se conecta a cada dirección IP devuelta en secuencia hasta que se establece una conexión con éxito. Tras una desconexión, se utiliza la siguiente IP. Una vez que se han utilizado todas las IPs, el cliente resuelve la IP de nuevo a partir del nombre de host (sin embargo, la JVM y el SO almacenan en caché las búsquedas de nombres DNS). Si se establece a `"resolve_canonical_bootstrap_servers_only"`, resuelve cada dirección bootstrap a una lista de nombres canónicos.

Después de la fase de arranque, esto se comporta de la misma manera que "use_all_dns_ips".

`client.id`: una cadena de identificación que se enviará al servidor cuando se envíen las solicitudes. El objetivo es poder rastrear el origen de las solicitudes más allá de la IP/puerto permitiendo incluir un nombre de aplicación lógico en el registro de solicitudes del lado del servidor.

`connections.max.idle.ms`: cierra las conexiones inactivas tras el número de milisegundos especificado por esta configuración.

`delivery.timeout.ms`: límite temporal superior para señalar de éxito o fracaso tras la devolución de una llamada a `send()`. Esto limita el tiempo total que un registro se retrasa antes de ser enviado, el tiempo para esperar una confirmación del broker (si se espera), y el tiempo permitido para fallos de envío reintentables. El productor puede informar de un registro de envío fallido antes de esta configuración si se encuentra un error irrecuperable, si se han agotado los intentos o si el registro se añade a un lote que ha alcanzado una fecha de caducidad de envío anterior. El valor de esta configuración debe ser mayor o igual que la suma de `request.timeout.ms` y `linger.ms`.

`linger.ms`: el productor agrupa todos los registros que llegan entre transmisiones de solicitudes en una única solicitud agrupada. Normalmente, esto sólo ocurre bajo carga cuando los registros llegan más rápido de lo que pueden enviarse. Sin embargo, en determinadas circunstancias, el cliente puede querer reducir el número de solicitudes incluso con una carga moderada. Este parámetro lo permite añadiendo un pequeño retardo artificial, es decir, en lugar de enviar un registro inmediatamente, el productor espera hasta el momento dado para permitir que se envíen otros registros, de modo que los envíos puedan agruparse. Esto puede considerarse como análogo al algoritmo de Nagle en TCP. Este parámetro da el límite superior al retardo para la reagrupación: una vez que hemos alcanzado el valor de `batch.size` para una partición, se envía inmediatamente, independientemente de este parámetro. Si tenemos menos de esta cantidad de bytes acumulados para esta partición, esperamos el tiempo especificado para la posible llegada de más registros. El valor por defecto de este parámetro es 0 (es decir, no hay retardo). Establecer `linger.ms` a 5, por ejemplo, tendría el efecto de reducir el número de peticiones enviadas, pero añadiría hasta 5ms de latencia a los registros enviados en ausencia de carga.

`max.block.ms`: esta configuración controla cuánto tiempo los métodos `send()`, `partitionsFor()`, `initTransactions()`, `sendOffsetsToTransaction()`, `commitTransaction()` y `abortTransaction()` de `KafkaProducer` se bloquean. Para `send()`, este tiempo de espera limita el tiempo de espera total tanto para la recuperación de metadatos como para la asignación de búferes (el bloqueo en serializadores o particionadores suministrados por el usuario no se cuenta en este tiempo de espera). Para `partitionsFor()`, este retardo limita el tiempo de espera de los metadatos si no están disponibles. Los métodos relacionados con transacciones son siempre bloqueantes, pero pueden expirar si el coordinador de la transacción no pudo ser descubierto o no respondió dentro del tiempo de espera.

`max.request.size`: el tamaño máximo de una solicitud en bytes. Este parámetro limita el número de lotes de registros que el productor envía en una sola solicitud, para evitar consultas enormes. También limita el tamaño máximo del lote de registros sin comprimir. Tenga en cuenta que el servidor tiene su propio límite en el tamaño del lote de registros (después de la compresión si la compresión está activada) que puede ser diferente de esto.

`partitioner.class`: clase que se utilizará para determinar a qué partición se enviarán los registros cuando se produzcan. Las opciones disponibles son:

- Si no se define, se utiliza la lógica de particionado por defecto. Esta estrategia intenta permanecer en una partición hasta que se produzcan al menos bytes `batch.size` para la partición. Funciona según la estrategia:
  - Si no se especifica ninguna partición, pero hay una clave, elige una partición basada en un hash de la clave.
  - Si no hay partición o clave, elige la partición pegajosa que cambia cuando se producen al menos bytes `batch.size` para la partición.
- `org.apache.kafka.clients.producer.RoundRobinPartitioner`: esta estrategia de particionado consiste en enviar cada registro de una serie de registros consecutivos a una partición diferente (independientemente de si se suministra la clave o no), hasta que nos quedemos sin particiones y volvamos a empezar.

Observación

Existe un problema conocido que provoca una distribución desigual cuando se crea un nuevo lote. Consulte KAFKA-9965 para obtener más detalles.

- La implementación de la interfaz `org.apache.kafka.clients.producer.Partitioner` permite integrar un particionador personalizado.

`partitioner.ignore.keys`: si es `true`, el productor no utiliza las claves de registro para elegir una partición. Si es `false`, el productor elige una partición basándose en un hash de claves cuando hay una clave presente. Nota: este parámetro no tiene efecto si se utiliza un particionador personalizado.

`receive.buffer.bytes`: el tamaño del búfer de recepción `TCP (SO_RCVBUF)` que se utilizará al leer datos. Si el valor es -1, se utiliza el valor por defecto del sistema operativo.

`request.timeout.ms`: esta configuración controla el tiempo máximo que el cliente espera la respuesta a una solicitud. Si la respuesta no se recibe antes de que expire el tiempo de espera, el cliente reenvía la petición si es necesario o falla la solicitud si se han agotado los intentos. Este tiempo debe ser mayor que `replica.lag.time.max.ms` (una configuración del broker) para reducir la posibilidad de mensajes duplicados debido a intentos innecesarios por parte del productor.

`sasl.client.callback.handler.class`: nombre completo de una clase de cliente SASL que implemente la interfaz `AuthenticateCallbackHandler`.

`sasl.jaas.config`: parámetros de contexto de conexión JAAS para conexiones SASL en el formato utilizado por los archivos de configuración JAAS. El formato del valor es: `loginModuleClass controlFlag (optionName=optionValue)*;`. Para los brokers, la configuración debe estar precedida por el prefijo del listener y el nombre del mecanismo SASL en minúsculas. Por ejemplo, `listener.name.sasl_ssl.scram-sha-256.sasl.jaas.config=com.example.ScramLoginModule required;`.

`sasl.kerberos.service.name`: el nombre Kerberos principal bajo el que se ejecuta Kafka. Puede definirse en la configuración de JAAS de Kafka o en la configuración de Kafka.

`sasl.login.callback.handler.class`: el nombre completo de una clase de gestor de devolución de llamada de conexión SASL que implemente la interfaz `AuthenticateCallbackHandler`. Para los brokers, la configuración del gestor de devolución de llamada de conexión debe ir precedida del prefijo listener y del nombre del mecanismo SASL en minúsculas.
Por ejemplo, `listener.name.sasl_ssl.scram-sha-256.sasl.login.callback.handler.class=com.example.CustomScramLoginCallbackHandler`.

`sasl.login.class`: nombre completo de una clase que implemente la interfaz `Login`. Para los brokers, la configuración de la conexión debe ir precedida por el código del listener y el nombre del mecanismo SASL en minúsculas. Por ejemplo: `listener.name.sasl_ssl.scram-sha-256.sasl.login.class=com.example.CustomScramLogin`.

`sasl.mechanism`: Mecanismo SASL utilizado para las conexiones cliente. Puede ser cualquier mecanismo para el que esté disponible un proveedor de seguridad. GSSAPI es el mecanismo por defecto.

`sasl.oauthbearer.jwks.endpoint.url` : URL del proveedor OAuth/OIDC desde el que se puede recuperar el conjunto de claves web JSON (JWKS) del proveedor. JWKS (*JSON Web Key Set*) del proveedor. La URL puede estar basada en HTTP(S) o en archivos. Si la URL está basada en HTTP(S), los datos JWKS se recuperan del proveedor OAuth/OIDC a través de la URL configurada al iniciar el broker. Todas las claves actuales se almacenan en caché en el broker para las solicitudes entrantes. Si se recibe una solicitud de autenticación para un JWT que incluye un valor de reivindicación de cabecera `"kid"` que aún no está en la caché, el punto final JWKS se sondea de nuevo a solicitud. Sin embargo, el intermediario sondea la URL cada `sasl.oauthbearer.jwks.endpoint.refresh.ms` milisegundos para refrescar la caché con las próximas claves antes de que se reciban solicitudes JWT que las incluyan. Si la URL está basada en un archivo, el broker carga el archivo JWKS desde una ubicación configurada al inicio. Si el JWT incluye un valor de reivindicación de cabecera `"kid"` que no se encuentra en el archivo JWKS, el intermediario rechaza el JWT y la autenticación falla.

`sasl.oauthbearer.token.endpoint.url` : URL del proveedor de identidad OAuth/OIDC. Si la URL está basada en HTTP(S), es la URL del punto final de token del emisor al que se realizan las solicitudes para conectarse en función de la configuración en sasl.jaas.config. Si la URL está basada en un archivo, especifica un archivo que contiene un token de acceso (en forma JWT serializada) emitido por el proveedor de identidad OAuth/OIDC que se utilizará para la autorización.

`security.protocol`: protocolo utilizado para comunicarse con los brokers. Los valores válidos son: `PLAINTEXT`, `SSL`, `SASL_PLAINTEXT`, `SASL_SSL`.

`send.buffer.bytes`: tamaño del buffer de envío TCP (SO_SNDBUF) que se utilizará al enviar datos. Si el valor es `-1`, se utiliza el valor por defecto del sistema operativo.

`socket.connection.setup.timeout.max.ms`: tiempo máximo mientras que el cliente espera a que se establezca la conexión de socket. El tiempo de espera de establecimiento de la conexión aumenta exponencialmente por cada fallo de conexión consecutivo hasta este máximo. Para evitar tormentas de conexión, se aplicará un factor de aleatorización de 0,2 al retardo, lo que resultará en un rango aleatorio entre un 20% por debajo y un 20% por encima del valor calculado.

`socket.connection.setup.timeout.ms`: tiempo durante el cual el cliente espera a que se establezca la conexión de socket. Si la conexión no se establece antes de que expire el tiempo de espera, los clientes cierran el canal de socket.

`ssl.enabled.protocols`: lista de protocolos habilitados para conexiones SSL. El valor por defecto es 'TLSv1.2, TLSv1.3' cuando se ejecuta con Java 11 o posterior, 'TLSv1.2' en caso contrario. Con el valor predeterminado para Java 11, los clientes y los servidores prefieren TLSv1.3 si ambos lo admiten y vuelven a TLSv1.2 en caso contrario (suponiendo que ambos admitan al menos TLSv1.2). Este valor por defecto debería ser adecuado en la mayoría de los casos. Consulte también la documentación de configuración de `ssl.protocol`.

`ssl.keystore.type`: formato del archivo keystore. Es opcional para el cliente. Los valores actualmente soportados por `ssl.engine.factory.class` por defecto son [JKS, PKCS12, PEM].

`ssl.protocol`: el protocolo SSL utilizado para generar el `SSLContext`. El valor por defecto es 'TLSv1.3' cuando se ejecuta con Java 11 o una versión posterior, 'TLSv1.2' en caso contrario. Este valor debería ser apropiado en la mayoría de los casos. Los valores autorizados en las JVM recientes son 'TLSv1.2' y 'TLSv1.3'. TLS', 'TLSv1.1', 'SSL', 'SSLv2' y 'SSLv3' pueden estar soportados en JVMs más antiguas, pero no se recomienda su uso debido a vulnerabilidades de seguridad conocidas. Con el valor por defecto de esta configuración y `ssl.enabled.protocols`, los clientes cambian a 'TLSv1.2' si el servidor no soporta 'TLSv1.3'. Si esta configuración se establece en 'TLSv1.2', los clientes no utilizarán 'TLSv1.3' incluso si este es uno de los valores en ssl.`enabled.protocols` y el servidor sólo soporta 'TLSv1.3'.

`ssl.provider`: nombre del proveedor de seguridad utilizado para las conexiones SSL. El valor por defecto es el proveedor de seguridad por defecto de la JVM.

`ssl.truststore.type`: formato del archivo truststore. Los valores actualmente soportados por ssl.`engine.factory.class` por defecto son [JKS, PKCS12, PEM].

Niveles de importancia bajos

- `acks`: número de acuses de recepción que el productor exige del líder antes de considerar que una solicitud ha sido completada. Esto controla la durabilidad de los registros enviados. Se permiten los siguientes parámetros:
  - `acks=0`: si este valor es cero, el productor no espera ningún acuse de recepción del servidor. El registro se añade inmediatamente al búfer del socket y se considera enviado. No se puede garantizar que el servidor haya recibido el registro en este caso, y la configuración de reintento no tiene ningún efecto. El offset devuelto para cada registro se establece siempre en -1.

- `acks=1`: esto significa que el líder escribe el registro en su diario local, pero responde sin esperar el reconocimiento completo de todos los seguidores. En este caso, si el líder falla justo después de un acuse de recepción, pero antes de que los seguidores hayan respondido, el registro se pierde.
- `acks=all`: esto significa que el líder espera a que todo el conjunto de réplicas sincronizadas acuse recepción del registro. Esto garantiza que la grabación no se pierda mientras al menos una réplica sincronizada siga viva. Se trata de la mayor garantía disponible. Es equivalente a la configuración `acks=-1`.

Observación

Es importante destacar que la activación de la idempotencia requiere que este valor de configuración es all. Si se definen configuraciones contradictorias son definidas y que la idempotencia no se activa explícitamente, la idempotencia se desactiva.

- `auto.include.jmx.reporter` : obsoleto. Especifica si se debe incluir automáticamente `JmxReporter` aunque no aparezca en `metric.reporters`. Esta configuración se elimina en Kafka 4.0. En su lugar, los usuarios deben incluir `org.apache.kafka.common.metrics.JmxReporter` en metric.reporters para habilitar `JmxReporter`.
- `enable.idempotence`: cuando se establece en `true`, el productor garantiza que sólo una copia de cada mensaje se escribe en el flujo. Si es `false`, los intentos del productor debidos a fallos del broker, etc., pueden escribir duplicados del mensaje reintentado en el flujo. Tenga en cuenta que activar la idempotencia requiere que `max.in.flight.requests.per.connection` sea menor o igual a 5, que los intentos sean mayores que 0 y que los acks sean `all`.

La idempotencia está activada por defecto si no hay configuraciones contradictorias definidas. Si se definen configuraciones contradictorias y la idempotencia no está explícitamente habilitada, la idempotencia está deshabilitada. Si la idempotencia está explícitamente habilitada y se definen configuraciones contradictorias, se lanza una `ConfigException`.

- `interceptor.classes`: lista de clases que se utilizarán como interceptores. Implementar la interfaz `org.apache.kafka.clients.producer.ProducerInterceptor` permite interceptar (y posiblemente mutar) los registros recibidos por el productor antes de publicarlos en el clúster de Kafka. Por defecto, no hay interceptores.
- `max.in.flight.requests.per.connection`: el número máximo de solicitudes no reconocidas que el cliente envía en una única conexión antes de bloquearse. Tenga en cuenta que si esta configuración es definida mayor que 1 y `enable.idempotence` está definido en `false`, existe el riesgo de que los mensajes se reordenen tras un envío fallido debido a los reintentos (es decir, si los reintentos están activados); si los reintentos están desactivados o `enable.idempotence está definido` en `true`, el orden se conservará.
- `metadata.max.age.ms`: tiempo en milisegundos tras el cual forzamos una actualización de metadatos, aunque no hayamos observado ningún cambio en el liderazgo de la partición para descubrir proactivamente nuevos brokers o particiones.
- `metadata.max.idle.ms`: controla el tiempo que el productor guardará en caché los metadatos de un tema inactivo. Si el tiempo transcurrido desde la última producción a un tema supera el tiempo de inactividad de metadatos, entonces los metadatos para este tema se olvidan y el próximo acceso a él forzará una solicitud de recuperación de metadatos.
- `metric.reporters`: lista de clases que se utilizarán como reportadoras de métricas. Implementar la interfaz `org.apache.kafka.common.metrics.MetricsReporter` permite conectar clases que recibirán notificaciones cuando se creen nuevas métricas. El `JmxReporter` siempre se incluye para registrar las estadísticas JMX.
- `metrics.num.samples`: el número de muestras retenidas para calcular las métricas.

- `metrics.recording.level`: el nivel de registro más alto para las métricas.
- `metrics.sample.window.ms`: la ventana de tiempo sobre la que se calcula una muestra de métricas.
- `partitioner.adaptive.partitioning.enable`: si está en `true`, el productor intenta adaptarse al rendimiento del broker y produce más mensajes a las particiones alojadas en brokers más rápidos. Si es `false`, el productor intenta distribuir los mensajes uniformemente.

Observación

Este parámetro no tiene efecto si se utiliza un particionador personalizado.

- `partitioner.availability.timeout.ms`: si un broker no puede procesar consultas de producción para una partición durante el tiempo de espera `partitioner.availability.timeout.ms`, el particionador considera que esta partición no está disponible. Si el valor es 0, esta lógica está desactivada.

Observación

Este parámetro no tiene efecto si se utiliza un particionador personalizado o si `partitioner.adaptive.partitioning.enable` está establecido en `false`.

- `reconnect.backoff.max.ms`: el tiempo máximo, en milisegundos, a esperar cuando se reconecta a un broker que ha fallado repetidamente en la conexión. Si se proporciona, el tiempo de espera por host aumenta exponencialmente por cada conexión fallida consecutiva, hasta este máximo. Tras calcular el incremento del tiempo de espera, se añade una variación aleatoria del 20% para evitar tormentas de conexión.
- `reconnect.backoff.ms`: el tiempo de base a esperar antes de intentar reconectarse a un host dado. Esto evita conectarse repetidamente a un host en un bucle cerrado. Este tiempo de espera se aplica a todos los intentos del cliente de conectarse a un brokers.
- `retry.backoff.ms`: el tiempo a esperar antes de intentar relanzar una solicitud fallida a una partición de topic dada. Esto evita enviar solicitudes repetidamente en un bucle cerrado en determinados escenarios de fallo.

- sasl.kerberos.kinit.cmd: ruta del comando kinit de Kerberos (por defecto: /usr/bin/kinit).
- sasl.kerberos.min.time.before.relogin: tiempo de espera del thread de conexión entre intentos de actualización.
- sasl.kerberos.ticket.renew.jitter: porcentaje de variación aleatoria añadido al tiempo de renovación.
- sasl.kerberos.ticket.renew.window.factor: el thread de conexión duerme hasta que se alcanza el factor de ventana de tiempo especificado desde la última actualización hasta la caducidad del ticket, momento en el que intenta renovar el ticket.
- sasl.login.connect.timeout.ms: El valor (opcional) en milisegundos para el tiempo de espera de conexión del proveedor de autenticación externa. Actualmente sólo se aplica a OAUTHBEARER.
- sasl.login.read.timeout.ms: valor opcional en milisegundos para el tiempo de espera de lectura del proveedor de autenticación externo. Actualmente sólo se aplica a OAUTHBEARER.
- sasl.login.refresh.buffer.seconds: el tiempo de búfer antes de la expiración de los identificadores que se conservará al actualizar un identificador, en segundos. Si una actualización debe producirse normalmente más cerca de la expiración que el número de segundos de búfer, entonces la actualización se adelanta para preservar tanto de este tiempo de búfer como sea posible. Los valores legales están comprendidos entre 0 y 3600 (1 hora); si no se especifica ningún valor, se utiliza un valor por defecto de 300 (5 minutos). Este valor y el de sasl.login.refresh.min.period.seconds se ignoran si su suma supera el tiempo de vida restante de un identificador. Actualmente esto sólo se aplica a OAUTHBEARER.
- sasl.login.refresh.min.period.seconds: duración mínima deseada para que el thread de actualización de inicio de sesión espere antes de actualizar un identificador, en segundos. Los valores legales están entre 0 y 900 (15 minutos); si no se especifica ningún valor, se utiliza un valor predeterminado de 60 (1 minuto). Este valor y el de sasl.login.refresh.buffer.seconds se ignoran si su suma excede el tiempo de vida restante de un identificador. Actualmente esto sólo se aplica a OAUTHBEARER.

- sasl.login.refresh.window.factor: el thread de actualización de la conexión duerme hasta que se alcanza el factor de ventana especificado en relación con el tiempo de vida del identificador, momento en el que intenta actualizar el identificador. Los valores legales están entre 0,5 (50%) y 1,0 (100%); si no se especifica ningún valor, se utiliza un valor predeterminado de 0,8 (80%). Actualmente sólo se aplica a OAUTHBEARER.
- sasl.login.refresh.window.jitter: valor máximo del valor aleatorio relativo al tiempo de vida del inicio de sesión que se añade al tiempo de espera del thread de actualización del inicio de sesión. Los valores legales están entre 0 y 0,25 (25%); si no se especifica ningún valor, se utiliza un valor por defecto de 0,05 (5%). Actualmente, esto sólo se aplica a OAUTHBEARER.
- sasl.login.retry.backoff.max.ms: valor (opcional) en milisegundos para la espera máxima entre intentos de conexión al proveedor de autenticación externo. La conexión utiliza un algoritmo de espera exponencial con una espera inicial basada en el parámetro sasl.login.retry.backoff.ms y duplica la duración de la espera entre intentos hasta una duración de espera máxima especificada por el parámetro sasl.login.retry.backoff.max.ms. Actualmente esto sólo se aplica a OAUTHBEARER.
- sasl.login.retry.backoff.ms: valor (opcional) en milisegundos para la espera inicial entre intentos de inicio de sesión en el proveedor de autenticación externo. La conexión utiliza un algoritmo de espera exponencial con una espera inicial basada en el parámetro sasl.login.retry.backoff.ms y duplica la duración de la espera entre intentos hasta una duración máxima especificada por el parámetro sasl.login.retry.backoff.max.ms. Actualmente esto sólo se aplica a OAUTHBEARER.
- sasl.oauthbearer.clock.skew.seconds: valor (opcional) en segundos para permitir diferencias entre la hora del proveedor de identidad OAuth/OIDC y el broker.

- `sasl.oauthbearer.expected.audience`: parámetro (opcional)delimitado por comas que utilizará el broker para comprobar que el JWT se ha emitido para uno de los públicos esperados. El JWT se inspecciona en busca de la reivindicación estándar de OAuth `"aud"` y, si se establece este valor, el broker compara el valor de la reivindicación `"aud" del` JWT para ver si hay una coincidencia exacta. Si no hay coincidencia, el intermediario rechaza el JWT y la autenticación falla.
- `sasl.oauthbearer.expected.issuer`: parámetro (opcional) que el broker utiliza para comprobar que el JWT ha sido creado por el emisor esperado. Se inspecciona el JWT en busca de la reivindicación OAuth estándar `"iss"` y, si se establece este valor, el intermediario lo compara exactamente con lo que hay en la reivindicación `"iss" del` JWT. Si no hay coincidencia, el intermediario rechaza el JWT y la autenticación falla.
- `sasl.oauthbearer.jwks.endpoint.refresh.ms`: valor (opcional) en milisegundos para que el broker espere entre actualizaciones de su caché JWKS que contiene las claves para verificar la firma JWT.
- `sasl.oauthbearer.jwks.endpoint.retry.backoff.max.ms`: valor (opcional) en milisegundos para la espera máxima entre los intentos de recuperar JWKS del proveedor de autenticación externo. La recuperación de JWKS utiliza un algoritmo de espera exponencial con una espera inicial basada en el parámetro `sasl.oauthbearer.jwks.endpoint.retry.backoff.ms` y se duplica en longitud de espera entre intentos hasta una longitud de espera máxima especificada por el parámetro `sasl.oauthbearer.jwks.endpoint.retry.backoff.max.ms`.
- `sasl.oauthbearer.jwks.endpoint.retry.backoff.ms`: valor (opcional) en milisegundos para la espera inicial entre intentos de recuperar JWKS del proveedor de autenticación externo. La recuperación de JWKS utiliza un algoritmo de recuperación exponencial con una espera inicial basada en el parámetro `sasl.oauthbearer.jwks.endpoint.retry.backoff.ms` y duplica la duración de la espera entre reintentos hasta una duración de espera máxima especificada por el parámetro `sasl.oauthbearer.jwks.endpoint.retry.backoff.max.ms`.

- `sasl.oauthbearer.scope.claim.name`: la reivindicación OAuth para el ámbito a menudo se llama `"ámbito"`, pero este parámetro (opcional) puede proporcionar un nombre diferente que se utilizará para el ámbito incluido en las reivindicaciones de contenido JWT si el proveedor OAuth/OIDC utiliza un nombre diferente para esta reivindicación.
- `sasl.oauthbearer.sub.claim.name`: la reivindicación OAuth para el sujeto a menudo se llama `"sub"`, pero este parámetro (opcional) puede proporcionar un nombre diferente que se utilizará para el sujeto incluido en las reivindicaciones de contenido JWT si el proveedor OAuth/OIDC utiliza un nombre diferente para esta reivindicación.
- `security.providers`: lista de clases creadoras configurables que devuelven un proveedor que implementa algoritmos de seguridad. Estas clases deben implementar la interfaz `org.apache.kafka.common.security.auth.SecurityProviderCreator`.
- `ssl.cipher.suites`: lista de conjuntos de cifrado. Se trata de una combinación nombrados de algoritmo de autenticación, cifrado, MAC e intercambio de claves que se utiliza para negociar los parámetros de seguridad de una conexión de red mediante el protocolo de red TLS o SSL. Por defecto, se admiten todas las suites de cifrado disponibles.
- `ssl.endpoint.identification.algorithm`: el algoritmo de identificación del punto final para validar el nombre de host del servidor utilizando el certificado del servidor.
- `ssl.engine.factory.class` : clase de tipo `org.apache.kafka.common.security.auth.SslEngineFactory` para proporcionar objetos `SSLEngine`. El valor por defecto es org.apache.`kafka.common.security.ssl.DefaultSslEngineFactory`.
- `ssl.keymanager.algorithm`: el algoritmo utilizado por la clase `KeyManagerFactory` para las conexiones SSL. El valor por defecto es el algoritmo de fábrica del gestor de claves configurado para la máquina virtual Java.
- `ssl.secure.random.implementation`: la implementación PRNG SecureRandom que se utilizará para las operaciones criptográficas SSL.

- `ssl.trustmanager.algorithm`: el algoritmo utilizado por `TrustManagerFactory` para las conexiones SSL. El valor predeterminado es el algoritmo de trust manager factory configurado para la máquina virtual Java.
- `transaction.timeout.ms`: el tiempo máximo en ms que el coordinador de transacciones espera una actualización del estado de la transacción del productor antes de cancelar proactivamente la transacción actual. Si este valor es mayor que el parámetro `transaction.max.timeout.ms` del broker, la solicitud falla con un error `InvalidTxnTimeoutException`.
- `transactional.id`: el ID transaccional que se utilizará para la entrega transaccional. Esto permite una semántica de fiabilidad que abarca múltiples sesiones de productor, ya que permite al cliente asegurarse de que las transacciones que utilizan el mismo ID transaccional se han completado antes de iniciar nuevas transacciones. Si no se proporciona un ID de transacción, el productor se limita a la entrega idempotente. Si se configura un ID de transacción, `enable.idempotence` está implícito. Por defecto, el ID de transacción no está configurado, lo que significa que no se pueden utilizar transacciones. Tenga en cuenta que, por defecto, las transacciones requieren un cluster de al menos tres brokers, que es la configuración recomendada para producción; para desarrollo, puede cambiar esto ajustando el parámetro `transaction.state.log.replication.factor` del broker.

Otra faceta de la configuración se consigue definiendo los tipos genéricos de los parámetros `SenderOptions<K, V>` y `KafkaSender<K, V>`. Estos tipos genéricos, `K` y `V`, corresponden a los tipos de clave y valor de los registros productores enviados a través de `KafkaSender`, y los serializadores apropiados deben especificarse en la instancia `SenderOptions` antes de crear el `KafkaSender`.

Este es un ejemplo de cómo configurar un productor Kafka con Reactor Kafka:

```
// Configurar las propiedades del productor Kafka
Map<String, Object> producerProps = new HashMap<>();
// Especificar los servidores Kafka
producerProps.put(
ProducerConfig.BOOTSTRAP_SERVERS_CONFIG, bootstrapServers);
producerProps.put(ProducerConfig.KEY_SERIALIZER_CLASS_CONFIG,
IntegerSerializer.class); // Especifica el serializador para las claves
producerProps.put(ProducerConfig.VALUE_SERIALIZER_CLASS_CONFIG,
StringSerializer.class); // Especifica el serializador para los valores
```

```
// Crear opciones para el emisor reactivo de Kafka
SenderOptions<Integer, String> senderOptions = SenderOptions.<Integer,
String>create(producerProps)
                                              .maxInFlight(1024);
// Establece el número máximo de registros que se envían simultáneamente
```

En este ejemplo, configuramos las propiedades del productor Kafka utilizando un Map llamado `producerProps`. Especificamos el servidor o servidores Kafka de inicio utilizando la clave `ProducerConfig.BOOTSTRAP_SERVERS_CONFIG`, y luego especificamos los serializadores para las claves y valores con las claves `ProducerConfig.KEY_SERIALIZER_CLASS_CONFIG` y `ProducerConfig.VALUE_SERIALIZER_CLASS_CONFIG`, respectivamente.

A continuación, creamos las opciones para el sender reactivo de Kafka utilizando el método estático `create()` de `SenderOptions`. Pasamos las propiedades del productor `producerProps` como parámetro para configurar el sender reactivo. Además, utilizamos el método `maxInFlight()` para definir el número máximo de registros que se envían simultáneamente. Esto controla la velocidad a la que se envían los registros y optimiza el rendimiento del productor.

Envío del mensaje

Sólo queda enviar el mensaje:

```
// Crear la instancia KafkaSender con las opciones configuradas
KafkaSender<Integer, String> sender = KafkaSender.create(senderOptions);
```

9.7.2 Publicar una secuencia de mensajes

Para enviar una secuencia de mensajes, utilizamos un `SenderRecord` que es un objeto Reactor Kafka específico utilizado para representar un registro de Productor (`ProducerRecord`) que luego se envía a Kafka. Contiene los datos necesarios para enviar un mensaje a un sujeto específico en Kafka y para recuperar los resultados del envío de ese mensaje.

Más concretamente, un `SenderRecord se compone` de los siguientes elementos:

- `ProducerRecord`: es un registro de productor estándar de la biblioteca Kafka. Contiene una clave, un valor y el nombre del tema Kafka al cual enviar el mensaje. También puede especificar una partición a la cual enviar el mensaje, o utilizar un particionador configurado para elegir una partición. Si no se especifica la marca de tiempo en el registro, el productor asigna la marca de tiempo actual al mensaje.
- Metadatos de correlación (*correlation metadata*) : se trata de una información adicional añadida por Reactor Kafka para hacer coincidir los resultados del envío con su registro correspondiente. Estos metadatos no se envían a Kafka, sino que son utilizados localmente por Reactor Kafka para asociar los resultados del envío con los mensajes originales. Esto es particularmente útil cuando los resultados de envío de varios mensajes pueden estar intercalados, por ejemplo, cuando se envían a diferentes particiones.

Usando el `SenderRecord`, Reactor Kafka puede enviar asíncronamente mensajes a Kafka manteniendo una correspondencia entre los mensajes enviados y los resultados del envío. Esto permite que las respuestas de Kafka sean procesadas eficientemente y que se tomen acciones en caso de un envío fallido o exitoso.

Por ejemplo:

```
// Configuración del productor Kafka
Map<String, Object> producerProps = new HashMap<>();
producerProps.put(ProducerConfig.BOOTSTRAP_SERVERS_CONFIG,
"localhost:9092");
producerProps.put(ProducerConfig.KEY_SERIALIZER_CLASS_CONFIG,
IntegerSerializer.class);
producerProps.put(ProducerConfig.VALUE_SERIALIZER_CLASS_CONFIG,
StringSerializer.class);

// Crear opciones para el sender reactivo de Kafka
SenderOptions<Integer, String> senderOptions =
SenderOptions.create(producerProps)
  .maxInFlight(1024);

// Crear el KafkaSender
KafkaSender<Integer, String> sender =
```

```
KafkaSender.create(senderOptions);

// Crear una secuencia de mensajes para enviar a Kafka
Flux<SenderRecord<Integer, String, Integer>> messageFlux =
Flux.range(1, 10)
  .map(i -> SenderRecord.create(new ProducerRecord<>("topic1",
i, "Message " + i), i));

// Enviar mensajes a Kafka
sender.send(messageFlux) [...]
```

Creamos un flujo de mensajes para enviar a Kafka utilizando `Flux.range()`. Cada elemento del flujo se transforma en un `SenderRecord` mediante `SenderRecord.create()`, que contiene un `ProducerRecord` con el mensaje y los metadatos de correlación. Por último, utilizamos el método `send()` de `KafkaSender` para enviar los mensajes a Kafka. Utilizamos `subscribe()` para activar el envío. Una vez enviados todos los mensajes, cerramos el `KafkaSender` con `sender.close()`.

La información de correlación adicional incluida en el `SenderRecord` no se transmite a Kafka cuando se envía el mensaje. Sin embargo, es utilizada por Reactor Kafka para realizar un seguimiento de los resultados de envío asociados a cada registro. Cuando la operación de envío se completa o falla, se genera un `SendResult` para ese registro.

Dado que los mensajes pueden enviarse a diferentes particiones en paralelo, los resultados del envió pueden llegar en un orden diferente al de los registros originales. Los metadatos de correlación desempeñan un papel crucial en la correspondencia de cada `SendResult` con el `SenderRecord` original correcto.

Los metadatos de correlación permiten a Reactor Kafka realizar un seguimiento de la relación entre los registros del productor y sus resultados de envío, lo que facilita la gestión de los mensajes enviados a Kafka y la toma de decisiones basadas en los resultados de envío. Esto asegura una gestión fiable y consistente de los mensajes en escenarios donde los envíos pueden ser concurrentes o procesados de forma asíncrona.

Aquí tiene un ejemplo comentado usando Reactor Kafka para enviar mensajes a Kafka usando `SenderRecord` y metadatos de correlación:

```
// Secuencia de mensajes para enviar a Kafka
Flux<SenderRecord<String, String, Integer>> messages = Flux.range(1, 10)
  .map(i -> SenderRecord.create(new ProducerRecord<>("my_topic",
"key" + i, "message" + i), i));

// Envio de mensajes a Kafka
Flux<SenderResult<Integer>> results = sender.send(messages);

// Suscribirse a los resultados del envío
results.subscribe(result -> {
  if (result.exception() != null) {
    System.out.println("Error al enviar del registro"
+ result.correlationMetadata());
  } else {
    System.out.println("Registro enviad correctamente a la partición"
+ result.recordMetadata().partition());
  }
});
```

Creamos una secuencia de mensajes para enviar a Kafka utilizando `Flux.range()` para generar registros con una clave y un valor correspondientes. Cada mensaje está representado por un `SenderRecord` que contiene un `ProducerRecord` con los datos del mensaje y un metadato de correlación (en este caso, un número entero). A continuación, utilizamos `sender.send(messages)` para enviar los mensajes a Kafka. El método `send()` devuelve un Flux de `SenderResult` que representa los resultados del envío de cada mensaje. Nos suscribimos a este `Flux` para procesar los resultados,mostrando la información de partición de los registros enviados correctamente y gestionando los errores de envío.

Gracias a los metadatos de correlación incluidos en `SenderRecords`, podemos hacer coincidir los resultados del envío con los registros originales, incluso si los resultados llegan en un orden diferente debido al envío asíncrono a diferentes particiones. Esto garantiza una gestión fiable y coherente de los mensajes enviados a Kafka.

9.7.3 Gestión de errores

El método stopOnError(boolean stopOnError) de SenderOptions permite especificar si cada secuencia de envío debe fallar inmediatamente si no se ha podido entregar un registro a Kafka tras el número de intentos configurado, o si debe esperar hasta que se hayan procesado todos los registros. Esta opción puede utilizarse junto con las configuraciones ProducerConfig.ACKS_CONFIG y ProducerConfig.RETRIES_CONFIG para definir la calidad de servicio requerida.

El método send(Publisher<SenderRecord<K, V, T>> outboundRecords) de KafkaSender permite enviar una secuencia de SenderRecords, donde cada registro de salida está representado por un SenderRecord. Si el valor stopOnError es false, se devuelve una respuesta de éxito o error para cada registro de salida. En caso de error, la excepción de Kafka que indica el motivo del envío fallido se encapsula en el SenderResult y puede recuperarse mediante SenderResult.exception(). El flujo falla con un error después de intentar enviar todos los registros publicados a outboundRecords. Si outboundRecords es un Flux sin terminar, send() sigue enviando registros publicados en ese Flux hasta que el usuario cancela explícitamente el flujo de resultados.

Por otro lado, si stopOnError es true, se devuelve una respuesta para el primer fallo de envío y el flujo de resultados se termina inmediatamente con un error. Dado que varios mensajes salientes pueden estar en proceso de envío en un momento dado, es posible que algunos mensajes se entreguen con éxito a Kafka después de que se haya detectado el primer fallo.

La opción SenderOptions.maxInFlight() puede configurarse para limitar el número de mensajes que se envían a la vez. De este modo se controla la velocidad de envío de las grabaciones y se optimiza el rendimiento del productor.

Por ejemplo:

```
// Flujo de SenderRecord
Flux<SenderRecord<String, String, String>> outboundRecords =
Flux.fromIterable(records);

// Envío de mensajes a Kafka
Flux<SenderResult<String>> sendResultFlux =
sender.send(outboundRecords);

// Suscribirse al proceso de envío de resultados
sendResultFlux.subscribe(
  senderResult -> {
    if (senderResult.exception() == null) {
      System.out.println("Envío correcto:
" + senderResult.recordMetadata());
    } else {
      System.err.println("Error al enviar:
" + senderResult.exception());
    }
  },
  throwable -> System.err.println("Error enviando:
" + throwable.getMessage()),
  () -> {
    System.out.println("Envío completado.");
    sender.close(); // Cierra el KafkaSender una vez enviado

  });
```

En este ejemplo, establecemos `stopOnError` a `true`, lo que significa que, si se produce el primer fallo de envío, el flujo de resultados se termina inmediatamente con un error. Al envío de cada `SenderRecord` le sigue la gestión de los resultados mediante el método `subscribe()`. Si el envío tiene éxito, mostramos los metadatos del registro (`recordMetadata()`). Si el envío falla, mostramos la excepción que ha provocado el fallo (`exception()`). Una vez enviados todos los mensajes, cerramos el `KafkaSender mediante` el método `close()` para liberar recursos. El uso de `stopOnError` con `SenderOptions` permite personalizar el comportamiento del envío de mensajes a Kafka para adaptarlo a las necesidades de tu aplicación.

Si no se necesitan resultados individuales para cada solicitud de envío a Kafka, los `ProducerRecords` se pueden enviar sin proporcionar metadatos de correlación utilizando la interfaz `KafkaOutbound`. La interfaz `KafkaOutbound` permite enviar registros de forma asíncrona sin tener que esperar a los resultados de cada envío. Esto significa que la aplicación no se bloquea por cada mensaje enviado y puede seguir procesando otras operaciones en paralelo. El método principal para enviar registros sin esperar resultados es `send()` de la interfaz `KafkaOutbound`.

Este método toma como entrada un publisher `ProducerRecord`, que permite enviar varios registros a la vez en un flujo reactivo. El uso de la interfaz `KafkaOutbound` es adecuado para escenarios en los que la aplicación no necesita gestionar cada registro enviado individualmente y en los que el seguimiento detallado de los resultados no es un requisito. Esto puede ser útil en casos en los que la aplicación simplemente necesita publicar mensajes en Kafka para su consumo por otras partes sin necesidad de respuestas específicas para cada mensaje.

He aquí un ejemplo de cómo se puede utilizar `KafkaOutbound` para enviar `ProducerRecords` sin metadatos de correlación:

```
Flux<SenderRecord<Integer, String, Integer>> messageFlux = Flux.range(1, count)
  .map(i -> {
    // Crear un registro para cada mensaje sin identificador
    return SenderRecord.create(new ProducerRecord<>(topic, "Message_" + i), i);
  });

// Empezar a enviar mensajes al topic especificado
sender.send(messageFlux)
```

En Kafka, cuando un productor envía un mensaje (*record*) a un topic, generalmente utiliza un objeto `ProducerRecord` para especificar el topic, posiblemente una clave, y el propio mensaje. Sin embargo, hay situaciones en las que el productor puede enviar `ProducerRecords` sin metadatos de correlación explícitos. He aquí algunas razones por las que esto puede hacerse:

- **Simplicidad**: para muchos casos de utilización, la única información necesaria es el propio mensaje. Los productores pueden no necesitar o no querer gestionar claves u otros metadatos de correlación.
- **Rendimiento**: la omisión de datos innecesarios reduce el tamaño de los mensajes, lo que repercute positivamente en el rendimiento, sobre todo cuando se producen grandes volúmenes de datos.

- **Separación las preocupaciones**: en algunos casos, la lógica de correlación o agregación es gestionada en aval, por los consumidores u por otro componente del sistema. En estos casos, el productor no necesita enviar metadatos de correlación.
- **Partición por defecto**: si el productor no envía una clave con el `ProducerRecord`, la partición (la decisión sobre a qué partición del topic debe enviarse el registro) es efectuada. Para algunos casos de utilización, esta partición por defecto es suficiente.
- **Menor complejidad en el procesamiento semántico**: si usted no necesita garantías sobre el orden de los mensajes para una clave determinada, o si no necesita una partición semántica basada en la clave, puede ignorar la clave. Esto puede reducir la complejidad del código y la configuración.
- **Almacenamiento y costes**: los metadatos adicionales aumentan el tamaño de los mensajes, lo que conlleva un mayor uso del almacenamiento y posiblemente costes adicionales, sobre todo en sistemas a gran escala.

Es importante señalar que si la correlación, el orden de los mensajes para una clave específica u otros aspectos semánticos relacionados con la clave son importantes para su aplicación, debes incluir metadatos de correlación como clave en su `ProducerRecord`. Cada caso de uso es diferente, y la decisión de incluir o no metadatos depende de los requisitos específicos de la aplicación.

9.7.4 Modelo de threading

El KafkaProducer utiliza un thread de red independiente para enviar solicitudes y procesar respuestas con el fin de garantizar la eficiencia y reactividad del Productor Kafka. Esto permite al productor gestionar eficientemente un gran número de solicitudes de envío simultáneas y respuestas asíncronas sin bloquear el thread principal de la aplicación. El funcionamiento del `KafkaProducer se` basa en un modelo asíncrono. Cuando la aplicación llama al método send() para enviar un registro a Kafka, el productor crea una tarea (llamada tarea de producción) para procesar el envío de forma asíncrona. Esta tarea de producción se envía a un thread de red dedicado, que se encarga de enviar las solicitudes al servidor Kafka y de gestionar las respuestas. El uso de un thread de red independiente permite que el productor siga funcionando sin ser bloqueado por los retrasos en el envío o las respuestas del servidor Kafka.

Esto significa que el thread principal de la aplicación puede seguir realizando otras tareas mientras el productor procesa los envíos y las respuestas en segundo plano. Además, cuando el servidor Kafka responde con una confirmación de envió (*acknowledgment*) para un registro, la tarea de producción procesa esta respuesta y actualiza el estado del envío en el `KafkaProducer`. Si la aplicación desea esperar las confirmaciones de envió para cada registro, puede hacerlo utilizando la configuración adecuada (por ejemplo, estableciendo `acks` a un valor específico). Sin embargo, gracias al thread de red independiente, el productor no se bloquea al tener que esperar confirmaciones para cada registro, lo que le permite continuar enviando otros registros de forma asíncrona.

Por lo tanto, la utilización de un thread de red separado del `KafkaProducer` garantiza un rendimiento y una capacidad de respuesta óptimos del productor de Kafka al gestionar de forma eficiente los envíos y respuestas asíncronos sin bloquear el thread principal de la aplicación. Esto permite al productor manejar un gran número de transmisiones simultáneas manteniendo un uso eficiente de los recursos del sistema.

Para garantizar que el thread de red del productor nunca sea bloqueado por las aplicaciones al procesar los resultados, `KafkaSender` ofrece una solución proporcionando respuestas a las aplicaciones a través de un planificador separado. Por defecto, este planificador es un planificador agrupado de un solo thread, que se libera una vez que ya no es necesario. Sin embargo, si es necesario, el planificador puede personalizarse. Por ejemplo, es posible sustituir el planificador predeterminado por un planificador paralelo cuando los envíos de Kafka forman parte de una pipeline más complejo. Para ello, basta con utilizar el método `scheduler(Scheduler scheduler)` en la instancia `SenderOptions` antes de crear la instancia `KafkaSender`. Al proporcionar otro planificador adaptado a las necesidades específicas de la aplicación, es posible optimizar el procesamiento de los resultados y garantizar que el thread de red del productor siga funcionando de forma eficiente y reactiva.

Contrapresión sin bloqueo

La contrapresión no bloqueante es un mecanismo para controlar la velocidad de producción de datos para que coincida con la velocidad de consumo, con el fin de evitar desbordamientos de memoria y caídas del sistema. En el contexto de Kafka, este mecanismo puede controlarse tanto mediante las opciones del `KafkaProducer` como mediante la opción `maxInFlight()` del `KafkaSender` utilizado en una pipeline reactiva.

Opciones de `KafkaProducer`:

- `buffer.memory`: esta opción especifica la cantidad total de memoria que el `KafkaProducer` puede utilizar para almacenar en búfer las grabaciones en espera de ser enviadas a Kafka. Cuando el búfer está lleno, el productor ralentiza la producción hasta que haya espacio disponible en el búfer, evitando así desbordamientos de memoria. Ajustando esta opción, usted puede controlar la cantidad de memoria utilizada por el productor para gestionar la producción de datos.
- `max.block.ms`: esta opción especifica el tiempo máximo que el `KafkaProducer` está dispuesto a esperar cuando el búfer está lleno. Si el búfer está lleno y el productor no puede enviar nuevos registros a Kafka, estos pueden bloquear a la persona que llama hasta que haya espacio disponible en el búfer, o lanzar una excepción. Especificando un valor para `max.block.ms`, puede controlar el comportamiento del productor cuando se enfrenta a un búfer lleno.

Opción `KafkaSender`:

- `maxInFlight()`: esta opción especifica el número máximo de registros enviados simultáneamente por el `KafkaSender`. Cuando se utiliza `KafkaSender` en una pipeline que es reactiva, esta opción permite controlar la velocidad a la que se envían los registros a Kafka. Al limitar el número de registros que se envían, se evita sobrecargar el sistema Kafka y se garantiza que la velocidad de envío se adapta a la capacidad de procesamiento de Kafka.

Combinando estas opciones, puede implementar un mecanismo eficaz de contrapresión no bloqueante para controlar tanto la memoria como el uso de threads al producir y enviar datos a Kafka. Esto asegura que la pipeline reactiva se ejecute de forma fluida y eficiente, garantizando que la velocidad de producción de datos esté equilibrada con la capacidad de procesamiento de Kafka.

9.7.5 Acceso al KafkaProducer subyacente

En ocasiones, las aplicaciones pueden necesitar acceder directamente al `KafkaProducer` subyacente en lugar de limitarse a utilizar la interfaz `KafkaSender`. Esto se debe a que la interfaz `KafkaSender` proporciona una abstracción más simple y con mayor reactividad para enviar registros a Kafka, pero puede que no cubra toda la funcionalidad y los casos de utilización específicos de `KafkaProducer`.

He aquí algunas razones por las que las aplicaciones pueden necesitar acceso al `KafkaProducer` subyacente:

- Personalización de los parámetros de `KafkaProducer`: la interfaz `KafkaSender` proporciona opciones de configuración predeterminadas para `KafkaProducer`, pero las aplicaciones pueden necesitar personalizar determinadas opciones del productor que no se exponen a través de la interfaz `KafkaSender`. Por ejemplo, las aplicaciones pueden querer configurar ajustes específicos relacionados con la compresión de mensajes, la gestión de registros duplicados o la estrategia de particionamiento.
- Gestión de transacciones: la interfaz `KafkaSender` proporciona métodos para enviar registros a Kafka de forma reactiva, pero no soporta directamente la gestión de transacciones. Si las aplicaciones necesitan implementar transacciones, tendrán que acceder a `KafkaProducer` para utilizar las funciones de gestión de transacciones que proporciona Kafka.
- Gestión de cabeceras y metadatos: la interfaz `KafkaSender` expone un conjunto limitado de métodos para enviar registros a Kafka, pero puede no proporcionar un control completo sobre las cabeceras y los metadatos asociados a los registros. En algunos casos, las aplicaciones pueden necesitar manipular cabeceras personalizadas o incluir metadatos específicos con los registros enviados a Kafka.

Para acceder al `KafkaProducer` subyacente, las aplicaciones pueden utilizar `KafkaSender#doOnProducer()`, un método que realiza una acción personalizada utilizando el `KafkaProducer` al enviar registros. Este método ofrece a los desarrolladores la posibilidad de acceder al productor para realizar acciones adicionales o utilizar funciones específicas de Kafka no expuestas por la interfaz `KafkaSender`. Es esencial tener en cuenta que el acceso directo al `KafkaProducer` subyacente debe utilizarse con precaución, ya que puede introducir complejidades adicionales y comprometer potencialmente la gestión de transacciones y la consistencia de la aplicación.

La interfaz `KafkaSender` proporciona una abstracción más sencilla y segura para el envío reactivo de registros a Kafka, y las aplicaciones deberían utilizar esta interfaz siempre que sea posible para aprovechar las ventajas de la programación reactiva.

Para acceder al sitio:

```
sender.doOnProducer(producer -> producer.partitionsFor(topic))
      .doOnSuccess(partitions -> System.out.println("Partitions " + partitions))
      .subscribe();
```

9.7.6 Recepción de mensajes

`KafkaReceiver` es una parte de la API Reactor Kafka que permite consumir grabaciones desde sujetos Kafka de forma reactiva. Proporciona una interfaz fluida para crear receptores reactivos que consumen grabaciones de diferentes particiones y sujetos, lo que permite a las aplicaciones procesar flujos de registro de forma asíncrona y eficiente.

Así es como funciona:

- Configuración: para crear un `KafkaReceiver`, primero hay que definir las propiedades del consumidor Kafka mediante un objeto `ConsumerConfig`, que contiene configuraciones específicas para el consumidor, como la dirección del servidor Kafka de inicio, el serializador para la clave y el valor, etc.
- Flujo de consumo reactivo: una vez configuradas las propiedades del consumidor, se puede crear un `KafkaReceiver` utilizando el método estático `create()` y pasando las propiedades del consumidor como parámetro. El `KafkaReceiver` es esencialmente un flujo de consumo reactivo que emite registros recibidos de las particiones y sujetos especificados.

- Consumo de registros: se pueden utilizar los distintos métodos de consumo de `KafkaReceiver` como `receive()`, `receiveAtmostOnce()`, o `receiveExactlyOnce()` para consumir registros de sujetos Kafka. Cada método proporciona diferentes garantías de procesamiento de registros y gestión de transacciones en función de las necesidades de la aplicación.
- Suscripciones a particiones: también puede utilizar el método `assign()` para especificar manualmente a qué particiones desea suscribirse para el consumo de registros. Esto le da un control preciso sobre qué particiones consumir y puede ser útil para aplicaciones que necesitan procesar particiones específicas.
- Gestión de la programación: el `KafkaReceiver` utiliza un planificador para gestionar las operaciones de consumo, lo que permite controlar la programación de los mensajes y optimizar el rendimiento evitando los cuellos de botella.

`KafkaReceiver` permite a las aplicaciones consumir grabaciones de Kafka de forma reactiva y asíncrona. Esto significa que las registros se consumen en tiempo real a medida que llegan, en lugar de tener que esperar de forma bloqueada para obtenerlas. Esto permite a las aplicaciones reaccionar rápidamente a los eventos y procesar los flujos de grabaciones de forma eficiente, optimizando el uso de los recursos. `KafkaReceiver` es útil para aplicaciones que requieren un consumo reactivo de los registros de Kafka, como aplicaciones de procesamiento de flujos en tiempo real, los pipelines de datos, los sistemas de mensajería, las aplicaciones de monitorización, etc. Permite a las aplicaciones utilizar Kafka como un potente sistema de mensajería y streaming para procesar flujos continuos de eventos de forma eficiente y escalable.

El `KafkaReceiver` no es thread-safe porque utiliza un `KafkaConsumer` subyacente para consumir registros de Kafka, y el propio `KafkaConsumer` no es thread-safe. Un `KafkaConsumer` es una clase de la biblioteca Kafka que permite consumir registros de sujetos Kafka. Sin embargo, no está diseñado para ser utilizado por múltiples threads simultáneamente, ya que no tiene mecanismos internos para gestionar el acceso concurrente a diferentes partes de su estado.

Si varios threads acceden simultáneamente al `KafkaConsumer`, se pueden producir comportamientos impredecibles y problemas de sincronización, tales como lecturas de registros duplicados, registros perdidos o errores de procesamiento. Para garantizar un funcionamiento correcto y sin errores, es esencial que el `KafkaReceiver` se utilice de forma `thread-safe`, es decir, que sólo un thread acceda a la vez a un `KafkaReceiver` determinado. Esto puede conseguirse utilizando mecanismos de bloqueo o sincronización adecuados en la aplicación. En los casos en los que varios threads necesiten consumir registros de Kafka, se recomienda crear varias instancias de `KafkaReceiver`, una para cada thread. Cada instancia puede entonces consumir registros de forma independiente y en paralelo sin interferir con las otras instancias. Es importante tener en cuenta que la gestión de la concurrencia y la paralelización en la aplicación deben tenerse en cuenta para garantizar un consumo eficiente de los registros de Kafka sin introducir problemas de sincronización o rendimiento.

Para evitar el problema de que `KafkaReceiver` no sea thread-safe, puede seguir estos pasos:

- Crear un `KafkaReceiver` por thread: si tienes varios threads que necesitan consumir registros de Kafka, crea una instancia separada de `KafkaReceiver` para cada thread. Cada instancia estará asociada a un único thread y podrá consumir registros de forma independiente.
- Utilizar un mecanismo de sincronización: si necesita compartir un `KafkaReceiver` entre varios threads, puede utilizar mecanismos de sincronización como bloqueos o semáforos para garantizar el acceso exclusivo al `KafkaReceiver` por parte de un thread cada vez. Esto garantiza que las operaciones de consumo se realicen de forma ordenada y sin conflictos.
- Usando un modelo de procesamiento por lotes: otro enfoque consiste tener un único thread dedicado a consumir los registros de Kafka usando el `KafkaReceiver` y poniendo los registros en una lista de espera compartida. A continuación, otros threads pueden recuperar los registros de la lista de espera para procesarlos. Esto reduce la complejidad de la gestión de la concurrencia, ya que sólo un thread consume los registros, mientras que los otros threads pueden concentrarse en su procesamiento específico.

- Utilizar un gestor de consumo externo: si coordinar el consumo entre varios threads es complejo, puedes plantearte utilizar un gestor de consumo externo como Apache Kafka Streams o Spring Cloud Stream. Estas herramientas abstraen la gestión de la concurrencia internamente y le permiten concentrarse en la lógica de procesamiento de las inscripciones.

Sea cual sea el enfoque elegido, es esencial implementar una gestión adecuada de la concurrencia y la sincronización para garantizar que `KafkaReceiver` se utiliza de forma segura y evitar problemas de sincronización y rendimiento.

Los ReceiverOptions

El `KafkaReceiver` se crea usando `ReceiverOptions`, que son una instancia de configuración específica para el receptor Reactor Kafka de Reactor. Una vez creado el receptor, cualquier cambio posterior realizado en las `ReceiverOptions` no será tenido en cuenta por `KafkaReceiver`. Las propiedades importantes de `ReceiverOptions`, como la lista de brokers Kafka para el arranque y deserializadores, se transfieren al `KafkaConsumer` subyacente para su configuración adecuada. Es importante tener en cuenta que estas propiedades se pueden configurar cuando se crea la instancia de `ReceiverOptions`, o mediante el método `ReceiverOptions#consumerProperty()` para configurar propiedades específicas del Consumidor Kafka después de que se haya creado el receptor.

Para las opciones que se pueden configurar a través de `ConsumerConfig`, tenemos el equivalente de `ProducerConfig`. También se enumeran por orden de importancia.

Gran importancia

- `key.deserializer` : clase de deserialización para la clave que implementa la interfaz `org.apache.kafka.common.serialization.Deserializer`.
- `value.deserializer` : clase de deserialización para el valor que implementa la interfaz `org.apache.kafka.common.serialization.Deserializer`.

- `bootstrap.servers`: una lista de pares host-puerto que se utilizarán para establecer la conexión inicial con el clúster Kafka. El cliente utiliza todos los servidores, independientemente de qué servidores se especifiquen aquí para el arranque - esta lista sólo tiene un impacto en los hosts iniciales utilizados para descubrir el conjunto completo de servidores. Esta lista debe tener la forma `host1:port1,host2:port2`,... Como estos servidores sólo se utilizan para la conexión inicial para descubrir el conjunto completo de miembros del clúster (que puede cambiar dinámicamente), esta lista no necesita contener todos los servidores (pero es preferible tener más de uno en caso de fallo de un servidor).
- `fetch.min.bytes`: la cantidad mínima de datos que el servidor debe devolver para una solicitud fetch. Si no hay suficientes datos disponibles, la solicitud espera a que se acumulen antes de responder. El valor por defecto de 1 byte significa que las solicitudes de recuperación responden tan pronto como hay un solo byte de datos disponible, o la demande de recuperación expira mientras espera a que lleguen los datos. Establecer este valor a algo mayor que 1 hace que el servidor espere a que se acumulen mayores cantidades de datos, lo que puede mejorar algo el rendimiento del servidor a expensas de una latencia adicional.
- `group.id`: una cadena única que identifica el grupo de consumidores al que pertenece este consumidor. Esta propiedad es necesaria si el consumidor utiliza la funcionalidad de gestión de grupos mediante `subscribe(topic)` o la estrategia de gestión de offsets basada en Kafka.
- `heartbeat.interval.ms`: el tiempo previsto entre latidos del corazón hacia el coordinador de consumidores cuando se utilizan las funcionalidades de gestión de grupos de Kafka. Los latidos del corazón se utilizan para garantizar que la sesión del consumidor permanece activa y para facilitar el reequilibrio cuando nuevos consumidores se unen o abandonan el grupo. El valor debe ser inferior a `session.timeout.ms`, pero generalmente no debe ser superior a un tercio de este valor. Puede ajustarse incluso por debajo para controlar el tiempo previsto para el reequilibrio normal.

- `max.partition.fetch.bytes`: la cantidad máxima de datos por partición que devuelve el servidor. El consumidor obtiene los registros por lotes. Si el primer lote de registros en la primera partición no vacía de la obtención es mayor que este límite, el lote se devuelve igualmente para garantizar que el consumidor pueda avanzar. El tamaño máximo del lote de registros aceptado por el brokers se define mediante `message.max.bytes` (`configuración` del agente) o `max.message.bytes` (configuración del asunto). Véase `fetch.max.bytes` para limitar el tamaño de la solicitud del consumidor.
- `session.timeout.ms`: tiempo de espera utilizado para detectar fallos del cliente cuando se utiliza la funcionalidad de gestión de grupos de Kafka. El cliente envía periódicamente latidos para indicar su estado de alerta al broker. Si el broker no recibe ningún latido antes de que expire este tiempo de espera de sesión, elimina a este cliente del grupo e inicia el reequilibrio. Tenga en cuenta que el valor debe estar dentro del rango permitido según lo configurado en la configuración del broker por `group.min.session.timeout.msy` `group.max.session.timeout.ms`.
- `ssl.key.password`: contraseña para la clave privada en el archivo keystore o la clave PEM especificada en `ssl.keystore.key`. Solo es necesario para los clientes si se ha configurado la autenticación bidireccional.
- `ssl.keystore.certificate.chain`: cadena de certificados en el formato especificado por `'ssl.keystore.type'`. La fábrica predeterminada del motor SSL solo admite el formato PEM con una lista de certificados X.509.
- `ssl.keystore.key`: clave privada en el formato especificado por `'ssl.keystore.type'`. El motor SSL por defecto sólo admite el formato PEM con claves PKCS#8. Si la clave está cifrada, debe especificarse la contraseña de la clave mediante `'ssl.key.password'`.
- `ssl.keystore.location`: la ubicación del archivo keystore. Es opcional para el cliente y puede utilizarse para la autenticación bidireccional del cliente.

- `ssl.keystore.password`: la contraseña del almacén para el archivo keystore. Esto es opcional para el cliente y sólo es necesario si `'ssl.keystore.location'` está configurado. La contraseña del almacén de claves no es compatible con el formato PEM.
- `ssl.truststore.certificates`: certificados de confianza en el formato especificado por `'ssl.truststore.type'`. La fábrica del motor SSL por defecto sólo admite el formato PEM con certificados X.509.
- `ssl.truststore.location`: la ubicación del archivo del almacén de confianza.
- `ssl.truststore.password`: la contraseña para el archivo del almacén. Si no se establece una contraseña, se seguirá utilizando el archivo del almacén de confianza configurado, pero se desactivará la comprobación de integridad. La contraseña del almacén de confianza no es compatible con el formato PEM.

Importancia media

- `allow.auto.create.topics`: permite la creación automática de un tema en el broker cuando un tema es suscrito o asignado. Un tema suscrito sólo se creará automáticamente si el broker lo permite mediante la configuración del broker `auto.create.topics.enable`. Esta configuración debe establecerse en `false` cuando se utilicen brokers con versiones anteriores a la 0.11.0.
- `auto.offset.reset`: indica qué hacer si no hay un desplazamiento inicial (*offset*) en Kafka o si el desplazamiento actual ya no existe en el servidor (por ejemplo porque se han borrado los datos). Las opciones son:
  - restablecimiento automático del desplazamiento a la primera posicion (*earliest offset*)
  - `latest`= restablece automáticamente el desplazamiento a la última posición (*latest offset*)
  - `none`= lanza una excepción al consumidor si no se encuentra ningún desplazamiento previo para el grupo del consumidor.
  - otra cosa: hacer una excepción con los consumidores

- client.dns.lookup: controla cómo utiliza el cliente las búsquedas DNS. Si se establece en use_all_dns_ips, se conecta a cada dirección IP devuelta en secuencia hasta que se establece una conexión con éxito. Tras una desconexión, se utiliza la siguiente IP. Una vez que todas las IPs han sido utilizadas una vez, el cliente resuelve las IPs de nuevo a partir del nombre de host (aunque la JVM y el sistema operativo almacenan en caché las búsquedas de nombres DNS). Si se establece a resolve_canonical_bootstrap_servers_only, resuelve cada dirección de arranque en una lista de nombres canónicos. Después de la fase de arranque, se comporta de la misma forma que use_all_dns_ips. Si se establece default (obsoleto), intenta conectarse a la primera dirección IP devuelta por la búsqueda, incluso si la búsqueda devuelve múltiples direcciones IP.
- connections.max.idle.ms: cierra las conexiones inactivas tras el número de milisegundos especificado por esta configuración.
- default.api.timeout.ms: especifica el tiempo de espera (en milisegundos) para las API de cliente. Esta configuración se utiliza como tiempo de espera predeterminado para todas las operaciones de cliente que no especifican un parámetro de tiempo de espera.
- enable.auto.commit: si es verdadero, el desplazamiento del consumidor se confirmará periódicamente en segundo plano.
- excluir.temas.internos: determina si los temas internos correspondientes a un motivo suscrito deben excluirse de la suscripción. Siempre es posible suscribirse explícitamente a un tema interno.
- fetch.max.bytes: la cantidad máxima de datos que el servidor debe devolver para una solicitud de obtención. Los registros son recuperados por lotes por el consumidor, y si el primer lote de registros en la primera partición no vacía de la recuperación es mayor que este valor, el lote de registros será igualmente devuelto para garantizar que el consumidor pueda avanzar. Así que no es un máximo absoluto. El tamaño máximo del lote de registros aceptado por el broker se define mediante message.max.bytes (configuración del broker) o max.message.bytes (configuración del asunto). Tenga en cuenta que el consumidor realiza varias recuperaciones en paralelo.

- `group.instance.id`: un identificador único para la instancia del consumidor suministrada por el usuario final. Sólo se permiten cadenas no vacías. Si se establece, el consumidor es tratado como un miembro estático, lo que significa que sólo una instancia con este ID se permite en el grupo de consumidores en cualquier momento. Esto se puede utilizar en combinación con un tiempo de espera de sesión más largo para evitar el reequilibrio del grupo causado por la falta de disponibilidad transitoria (por ejemplo, reinicios de procesos). Si no se establece, el consumidor se une al grupo como miembro dinámico, que es el comportamiento tradicional.
- `isolation.level`: controla la manera cómo se leen los mensajes escritos de forma transaccional. Si se establece a `read_committed`, consumer.poll() sólo devuelve mensajes transaccionales que han sido confirmados (*commit*). Si se establece a `read_uncommitted` (valor por defecto), consumer.`poll()` devuelve todos los mensajes, incluyendo los mensajes transaccionales que han sido anulados (*aborted*). Los mensajes no transaccionales se devuelven incondicionalmente en ambos modos. Los mensajes se devuelven siempre en el orden de sus offsets (desplazamientos). Así, en modo `read_committed`, `consumer.poll()` sólo devuelve mensajes hasta el último desplazamiento estable (LSO), que es el offset anterior al primer offset de una transacción abierta. En concreto, cualquier mensaje que siga a un mensaje perteneciente a una transacción abierta se retendrá hasta que se complete la transacción correspondiente. Como resultado, los consumidores en modo `read_committed` no podrán leer hasta el límite superior (*high watermark*) cuando haya transacciones en curso. Además, en modo `read_committed`, el método `seekToEnd()` devolverá el LSO.
- `max.poll.interval.ms`: el tiempo máximo entre invocaciones a `poll()` cuando se utiliza la gestión de grupos de consumidores. Esto limita la cantidad de tiempo que el consumidor puede estar inactivo antes de recuperar más registros. Si no se llama a `poll()` antes de que expire este tiempo, se considera que el consumidor ha fallado y el grupo realizará un reequilibrio para reasignar las particiones a otro miembro. Para los consumidores que utilizan un `group.instance.id` distinto de null que alcanzan este límite de tiempo, las particiones no se reasignan inmediatamente. En su lugar, el consumidor deja de enviar señales de presencia (*heartbeats*) y las particiones son reasignadas después de que el `session.timeout.ms` expire. Esto refleja el comportamiento de un consumidor estático que se ha detenido.

- max.poll.records: el número máximo de registros devueltos en una sola llamada a poll(). Tenga en cuenta que max.poll.records no afecta al comportamiento de recuperación subyacente. El consumidor almacena en caché los registros de cada solicitud de obtención y los devuelve progresivamente desde cada poll.
- partition.assignment.strategy: una lista de nombres de clases o tipos de clases, ordenados por preferencia, de estrategias de asignación de particiones soportadas que el cliente utiliza para distribuir la propiedad de las particiones entre las instancias consumidoras cuando se utiliza la gestión de grupos.
- receive.buffer.bytes: el tamaño del búfer de recepción TCP (SO_RCVBUF) que se utilizará al leer los datos. Si el valor es -1, se utiliza el tamaño por defecto del sistema operativo.
- request.timeout.ms: esta configuración controla el tiempo máximo que el cliente espera la respuesta a una solicitud. Si la respuesta no se recibe antes de que expire el tiempo de espera, el cliente reenvía la solicitud si es necesario, o la falla si se han agotado los intentos autorizados.
- sasl.client.callback.handler.class: el nombre completo de una clase de gestor de callback de cliente SASL que implemente la interfaz AuthenticateCallbackHandler.
- sasl.jaas.config: parámetros de contexto de conexión JAAS para conexiones SASL en el formato utilizado por los archivos de configuración JAAS. El formato del valor se indica a modo de ejemplo.
- sasl.kerberos.service.name: el nombre Kerberos principal bajo el que se ejecuta Kafka. Puede definirse en la configuración de JAAS de Kafka o en la configuración de Kafka.
- sasl.login.callback.handler.class: el nombre completo de una clase de gestor de callback de conexión SASL que implemente la interfaz AuthenticateCallbackHandler.
- sasl.login.class: el nombre completo de una clase que implemente la interfaz Login.
- sasl.mechanism: mecanismo SASL utilizado para las conexiones cliente. Puede ser cualquier mecanismo para el que esté disponible un proveedor de seguridad. GSSAPI es el mecanismo por defecto.

- `security.protocol`: protocolo utilizado para comunicarse con los brokers. Los valores válidos son: `PLAINTEXT`, `SSL`, `SASL_PLAINTEXT`, `SASL_SSL`.
- `send.buffer.bytes`: el tamaño del búfer de envío TCP (`SO_SNDBUF`) que se utilizará al enviar datos.
- `socket.connection.setup.timeout.max.ms`: el tiempo máximo que el cliente espera a que se establezca la conexión de socket.
- `socket.connection.setup.timeout.ms`: el tiempo que el cliente espera a que se establezca la conexión de socket.
- `ssl.enabled.protocols`: la lista de protocolos habilitados para conexiones SSL.
- `ssl.keystore.type`: el formato del archivo keystore. Es opcional para el cliente.
- `ssl.protocol`: el protocolo SSL utilizado para generar el `SSLContext`.
- `ssl.provider`: nombre del proveedor de seguridad utilizado para las conexiones SSL. El valor por defecto es el proveedor de seguridad por defecto de la JVM.
- `ssl.truststore.type`: el formato del archivo del almacén de confianza (*trust store*).

Baja importancia

- `auto.commit.interval.ms`: la frecuencia, en milisegundos, a la cual se validan automáticamente los desplazamientos de los consumidores en Kafka si `enable.auto.commit está` establecido en verdadero.
- `check.crcs`: comprueba automáticamente el CRC32 de los registros consumidos. Esto garantiza que no se ha producido ninguna corrupción de mensajes durante la transmisión o el almacenamiento. Esta comprobación añade sobrecarga, por lo que puede desactivarse en casos en los que se requiera un rendimiento extremo.
- `metrics.num.samples`: el número de muestras retenidas para calcular las métricas.
- `metrics.recording.level`: el nivel de registro más alto para las métricas.

- `metrics.sample.window.ms`: la ventana de tiempo sobre la que se calcula una muestra de métricas.
- `reconnect.backoff.max.ms`: el tiempo máximo, en milisegundos, a esperar cuando se reconecta a un broker que ha fallado la conexión varias veces. Si se proporciona, el tiempo de espera para cada host aumenta exponencialmente por cada conexión fallida consecutiva, hasta este máximo. Tras calcular el aumento del tiempo de espera, se añade un margen aleatorio del 20% para evitar tormentas de conexión.
- `reconnect.backoff.ms`: el tiempo básico a esperar antes de intentar reconectarse a un host dado. Esto evita conectarse a un host en un bucle cerrado. Este tiempo de espera se aplica a todos los intentos del cliente de conectarse a un broker.
- `retry.backoff.ms`: el tiempo que se debe esperar antes de intentar reenviar una petición fallida a una partición temática determinada. Esto evita el envío de solicitudes en un bucle cerrado en determinados escenarios de fallo.
- `sasl.kerberos.kinit.cmd`: ruta al comando Kerberos `kinit`.
- `sasl.kerberos.min.time.before.relogin`: tiempo de espera del thread de conexión entre intentos de actualización.
- `sasl.kerberos.ticket.renew.jitter`: porcentaje de margen aleatorio añadido al tiempo de renovación.
- `sasl.kerberos.ticket.renew.window.factor`: el thread de conexión duerme hasta que se alcanza el factor de ventana especificado del tiempo transcurrido desde la última actualización hasta que caduca el ticket, momento en el que intenta renovar el ticket.
- `sasl.login.refresh.buffer.seconds`: la cantidad de tiempo de búfer antes de la expiración de los identificadores a conservar durante la actualización de un identificador, en segundos. Si una actualización debe tener lugar más cerca de la expiración que el número de segundos de búfer, entonces la actualización se adelanta para conservar tanto tiempo de búfer como sea posible. Los valores legales van de 0 a 3600 (1 hora); si no se especifica ningún valor, se utiliza un valor por defecto de 300 (5 minutos). Tanto este valor como `sasl.login.refresh.min.period.seconds` se ignoran si su suma supera el tiempo de vida restante de un identificador. Actualmente sólo se aplica a `OAUTHBEARER`.

- `sasl.login.refresh.min.period.seconds`: el tiempo mínimo deseado para que el thread de actualización de conexión espere antes de actualizar un identificador, en segundos. Los valores legales van de 0 a 900 (15 minutos); si no se especifica ningún valor, se utiliza un valor predeterminado de 60 (1 minuto). Tanto este valor como `sasl.login.refresh.buffer.seconds` se ignoran si su suma excede el tiempo de vida restante de un identificador. Actualmente sólo se aplica a `OAUTHBEARER`.
- `sasl.login.refresh.window.factor`: el thread de actualización de conexión duerme hasta que se alcanza el factor de ventana especificado en relación con el tiempo de vida del identificador, momento en el que intentará renovar el identificador. Los valores legales van de 0,5 (50%) a 1,0 (100%), ambos inclusive; si no se especifica ningún valor, se utiliza un valor predeterminado de 0,8 (80%). Actualmente sólo se aplica a `OAUTHBEARER`.
- `sasl.login.refresh.window.jitter`: la cantidad máxima de margen aleatorio en relación con la duracion de vida del identificador que se añade al tiempo de espera del thread de actualización de la conexión. Los valores legales van de 0 a 0,25 (25%) inclusive; si no se especifica ningún valor, se utiliza un valor predeterminado de 0,05 (5%). Actualmente sólo se aplica a `OAUTHBEARER`.
- `security.providers`: una lista de clases creadoras configurables, cada una de las cuales devuelve un proveedor que implementa algoritmos de seguridad. Estas clases deben implementar la interfaz `org.apache.kafka.common.security.auth.SecurityProviderCreator`.
- `ssl.cipher.suites`: una lista de suites de cifrado. Se trata de una combinación con nombre de algoritmo de autenticación, cifrado, MAC e intercambio de claves que se utiliza para negociar la configuración de seguridad de una conexión de red mediante el protocolo de red TLS o SSL. Por defecto, se soportan todas las suites de cifrado disponibles.
- `ssl.endpoint.identification.algorithm`: el algoritmo de identificación del punto final para validar el nombre de host del servidor utilizando el certificado del servidor.

- `ssl.engine.factory.class`: clase de tipo `org.apache.kafka.common.security.auth.SslEngineFactory` para proporcionar objetos `SSLEngine`. El valor por defecto es `org.apache.kafka.common.security.ssl.DefaultSslEngineFactory`.
- `ssl.keymanager.algorithm`: el algoritmo utilizado por la fábrica de gestores de claves para las conexiones SSL. El valor por defecto es el algoritmo de la fábrica de gestores de claves configurado para la máquina virtual Java.
- `ssl.secure.random.implementation`: la implementación PRNG SecureRandom que se utilizará para las operaciones criptográficas SSL.
- `ssl.trustmanager.algorithm`: el algoritmo utilizado por la fábrica de gestores de confianza para las conexiones SSL. El valor por defecto es el algoritmo de la fábrica de gestores de confianza configurada para la máquina virtual Java.
- `client.id`: cadena de identidad que se transmite al servidor cuando se envían solicitudes. El objetivo es poder rastrear el origen de las solicitudes más allá de la IP/puerto, permitiendo incluir un nombre de aplicación lógico en los registros de consultas del lado del servidor.
- `cliente.rack`: un identificador de rack para este cliente. Esto puede ser cualquier valor de cadena que indique dónde se encuentra físicamente este cliente. Corresponde a la configuración de broker.`rack`.
- `fetch.max.wait.ms`: el tiempo máximo que el servidor esperará antes de responder a la solicitud de recuperación si no hay suficientes datos para satisfacer inmediatamente el requisito dado por `fetch.min.bytes`.
- `interceptor.classes`: una lista de clases que se utilizarán como interceptores. Implementar la interfaz `org.apache.kafka.clients.consumer.ConsumerInterceptor` permite interceptar (y posiblemente modificar) los registros recibidos por el consumidor. Por defecto, no hay interceptores.
- `metadata.max.age.ms`: el periodo, en milisegundos, tras el cual forzamos una actualización de metadatos, incluso si no hemos observado ningún cambio en el liderazgo de la partición, para descubrir proactivamente nuevos brokers o particiones.

- `metric.reporters`: una lista de clases que se utilizarán como informadores de métricas. La implementación de la interfaz `org.apache.kafka.common.metrics.MetricsReporter` permite conectar clases que serán informadas cuando se creen nuevas métricas. El `JmxReporter` siempre se incluye para registrar las estadísticas JMX.

A continuación, se muestran algunas `ReceiverOptions` comunes con constantes y sus respectivos valores de cadena:

- `ReceiverOptions.BOOTSTRAP_SERVERS`: permite especificar la lista de agentes de arranque de Kafka (por ejemplo, `"localhost:9092"`).
- `ReceiverOptions.GROUP_ID`: especifica el ID del grupo de consumidores al que pertenece el receptor (por ejemplo, `"my-group"`).
- `ReceiverOptions.TOPIC`: indica el nombre del tema Kafka del que el receptor consumirá mensajes (por ejemplo, `"my-topic"`).
- `ReceiverOptions.KEY_DESERIALIZER`: especifica el deserializador utilizado para deserializar las claves de registro (por ejemplo, `"org.apache.kafka.common.serialization.StringDeserializer"`).
- `ReceiverOptions.VALUE_DESERIALIZER` : indica el deserializador utilizado para deserializar los valores de los registros (por ejemplo, `"org.apache.kafka.common.serialization.StringDeserializer"`).
- `ReceiverOptions.MAX_POLL_RECORDS`: define el número máximo de registros que se pueden recuperar por cada solicitud de poll (por ejemplo, `"1000"`).
- `ReceiverOptions.AUTO_OFFSET_RESET`: especifica el comportamiento del consumo cuando el receptor parte de un punto de desplazamiento no válido (por ejemplo, el `earliest` o el `latest`).
- `ReceiverOptions.PARTITION_ASSIGNMENT_STRATEGY`: se utiliza para especificar la estrategia utilizada para asignar particiones a los consumidores del grupo (por ejemplo, `org.apache.kafka.clients.consumer.RoundRobinAssignor`).

Estas opciones se utilizan para configurar el comportamiento del `KafkaReceiver` y permiten a los usuarios personalizar la forma en que se consumen los mensajes a partir de los brokers Kafka.

Por lo tanto, `ReceiverOptions` es una herramienta para configurar el comportamiento de `KafkaReceiver`, y estas configuraciones se utilizan cuando se crea el `KafkaConsumer` subyacente para gestionar el consumo de registros de los brokers de Kafka configurados. Cualquier cambio posterior realizado en las `ReceiverOptions` después de que se haya creado el receptor no afectará a `KafkaReceiver`.

Una vez que hemos configurado las opciones de receptor necesarias en la instancia options, podemos crear una nueva instancia de KafkaReceiver utilizando estas opciones para consumir los mensajes entrantes.

El código a continuación ilustra este enfoque creando una instancia de receptor y creando un flujo entrante asociado a ese receptor. La instancia `KafkaConsumer` subyacente se crea perezosamente más tarde cuando se produce una suscripción al flujo entrante.

```
Flux<ReceiverRecord<Integer, String>> inboundFlux =
    KafkaReceiver.create(receiverOptions)
                 .receive();
```

El flujo entrante de Kafka ya está listo para ser consumido. Cada mensaje entrante está representado por un objeto `ReceiverRecord`. Cada registro de receptor es esencialmente un `ConsumerRecord` devuelto por `KafkaConsumer`, pero también incluye una instancia de `ReceiverOffset` que se puede confirmar.

El `ReceiverOffset` committable representa el desplazamiento (*offset*) del mensaje consumido en la partición Kafka. Reconocer el desplazamiento es crucial porque los desplazamientos no reconocidos no serán validados. Si se configura un intervalo de validación o un tamaño de lote de validación, los offsets reconocidos se validarán periódicamente. Sin embargo, si se requiere un control más fino de las operaciones de validación, los desplazamientos también pueden ser validados manualmente llamando a `ReceiverOffset#commit()`. Esto garantiza que los mensajes consumidos se han procesado correctamente y que los desplazamientos se actualizan en consecuencia en Kafka.

El siguiente ejemplo muestra cómo consumir mensajes de un flujo entrante, procesarlos y realizar un reconocimiento (*acknowledge*) para validar el desplazamiento en Kafka, garantizando así un consumo de mensajes fiable:

```
inboundFlux.subscribe(r -> {
  // Muestra cada registro de cliente en Kafka
  System.out.printf("Received message: %s\n", r);

  // Reconoce que el registro se ha procesado para que la compensación
pueda ser validado
  r.receiverOffset().acknowledge();
});
```

En este ejemplo, tenemos un flujo entrante llamado `inboundFlux` que contiene mensajes consumidos desde un tema Kafka. El flujo se suscribe utilizando el método `subscribe()` para recibir y procesar cada mensaje. Dentro del bloque de procesamiento, utilizamos una lambda para especificar qué se debe hacer con cada registro recibido (representado por el objeto `r` de tipo `ReceiverRecord`). En este caso, simplemente mostramos cada registro en la consola utilizando el método `printf()` para mostrar el mensaje. Luego llamamos al método `acknowledge()` del objeto `ReceiverOffset` asociado al registro `r`. Esto significa que reconocemos que el registro ha sido procesado correctamente, y ahora podemos validar el offset en Kafka para indicar que este mensaje ha sido consumido con éxito. Esto evita que el mismo mensaje se consuma de nuevo durante la recuperación si se reinicia el consumidor.

Gestión de errores

En los flujos reactivos, cuando se produce un error en el flujo entrante, esto se considera una señal terminal, lo que significa que el flujo se detiene inmediatamente y se cancela la suscripción. En el contexto del consumidor Kafka, esto significa que cualquier error encontrado mientras se consumen mensajes hace que el consumidor se detenga. Esto puede ser problemático, ya que una terminación inesperada del consumidor significa que los mensajes restantes en el flujo no serán procesados, lo que puede conducir a la pérdida de datos o problemas de procesamiento. Para aliviar este problema, podemos utilizar el operador retry`()` (o `retryWhen()` para un control más fino) en el flujo entrante. El operador `retry()` intenta automáticamente reiniciar el flujo en caso de error, permitiendo la creación de un nuevo consumidor para reanudar el procesamiento de mensajes desde el último desplazamiento conformable(committableà).

Esto significa que si se produce un error mientras se está consumiendo un mensaje, el operador `retry()` intentará reiniciar el flujo para crear un nuevo consumidor y reanudar el procesamiento de mensajes. Esto garantiza que los mensajes restantes en el flujo serán finalmente procesados y que no se perderán datos en caso de un error temporal.

El operador `retryWhen()` puede utilizarse para especificar una estrategia de reintento más refinada que`retry()`, controlando el tiempo y el número de intentos para reintentar el flujo en caso de error.

Aquí hay un ejemplo usando `retryWhen()` con una estrategia de reintento `backoff`, donde el flujo es reintentado tres veces con un retardo exponencial entre cada intento:

```
Flux<ReceiverRecord<Integer, String>> inboundFlux =
  KafkaReceiver.create(receiverOptions)
    .receive()
    .retryWhen(Retry.backoff(3, Duration.of(10L, ChronoUnit.SECONDS)));
// Suscribirse al flujo y procesar cada mensaje recibido.
```

Luego usamos `retryWhen()` con `Retry.backoff()` para especificar una estrategia de reintento en caso de error. En este caso, hemos configurado el reintento para que tenga un máximo de tres intentos con un retardo exponencial de 10 segundos entre cada intento. Esto significa que, si una operación falla, hay hasta tres reintentos, con retardos de 10 segundos, 20 segundos y 40 segundos respectivamente entre cada intento.

Con esta estrategia de reintento, el flujo intentará procesar cada valor hasta tres veces antes de pasar al siguiente si falla. Esto permite gestionar los errores temporales de forma más robusta y evita que el flujo se detenga inesperadamente.

El uso del operador `retry()` (o `retryWhen()) hace que` el consumidor sea más robusto en caso de errores temporales, asegurando que reanude automáticamente el procesamiento de mensajes después de un error, evitando así paradas inesperadas y pérdida de datos.

Al consumir mensajes de Kafka, es esencial gestionar los errores relacionados con el procesamiento de cada evento lo más cerca posible de su origen. Esto significa que cualquier error que se produzca durante el procesamiento de un evento debe gestionarse a nivel de la función u operación que gestiona ese evento específico. Al gestionar los errores lo más cerca posible del origen, evitamos que estos errores se propaguen al flujo entrante, es decir, al flujo general de procesamiento de mensajes de Kafka. Si se permite que un error se propague al flujo entrante, esto puede provocar que el flujo se detenga y que se cierre el `KafkaConsumer`. Al evitar que los errores se propaguen al flujo entrante, nos aseguramos de que el `KafkaConsumer` no se reinicie innecesariamente debido a errores de aplicación no relacionados.

De hecho, si el `KafkaConsumer` encuentra un error que no está relacionado con su funcionamiento interno, sino con el procesamiento específico de un evento, es preferible procesar este error localmente y continuar consumiendo los demás mensajes, en lugar de reiniciar todo el flujo y arriesgarse a perder datos o a tener problemas de rendimiento.

Por ejemplo:

```
messageFlux.subscribe(record -> {
  try {
    // Procesa el evento específico
    processEvent(record.value());
    // Confirma el registro después de procesarlo con éxito
    record.receiverOffset().acknowledge();
  } catch (Exception e) {
    // Maneja el error lo más cerca posible del origen
    handleError(e);
    // No confirma el registro para evitar que el error se
    // propague al flujo de entrada
  }
});
```

En este ejemplo, tenemos un `try-catch` alrededor del procesamiento de cada evento en el método `subscribe()`. Si ocurre un error mientras se procesa el evento, es capturado por el `catch` y manejado localmente en el método `handleError()`, que puede implementar la lógica apropiada de manejo de errores. El método `record.receiverOffset().acknowledge()` es llamado después de un procesamiento exitoso para confirmar que el registro ha sido procesado con éxito. En caso de error, no se acusa recibo del registro (no se llama a acknowledge()) para evitar que el error se propague al flujo entrante.

Tratar los errores lo más cerca posible de su origen garantiza, por tanto, una mayor estabilidad y fiabilidad del flujo de consumo de mensajes a partir de Kafka, evitando reinicios innecesarios de `KafkaConsumer` y minimizando las interrupciones del flujo de procesamiento. También proporciona un mejor control sobre el flujo de errores y permite gestionar problemas específicos de la aplicación de forma más eficaz.

Suscribirse a varias secciones

En Reactor Kafka, la misma API se puede utilizar para suscribirse a múltiples secciones especificando múltiples en la colección proporcionada al método `ReceiverOptions#subscription()`. Esto significa que podemos crear un único `KafkaReceiver` que sea capaz de consumir mensajes a partir de múltiples temas Kafka al mismo tiempo.

Cuando creamos una instancia de `KafkaReceiver`, podemos especificar los temas a los que queremos suscribirnos usando el método `ReceiverOptions#subscription()`. Este método toma como parámetro una colección de nombres de temas de Kafka. Por ejemplo:

```
ReceiverOptions<String, String> receiverOptions =
ReceiverOptions.<String, String>create()
    .consumerProperty("bootstrap.servers", "localhost:9092")
    .consumerProperty("group.id", "my-group")
    .consumerProperty("key.deserializer",
StringDeserializer.class.getName())
    .consumerProperty("value.deserializer",
StringDeserializer.class.getName())
    .consumerProperty("auto.offset.reset", "earliest")
    .subscription(Arrays.asList("topic1", "topic2", "topic3"));
// Suscripción a varios temas
```

En este ejemplo, nos suscribimos a los temas `"topic1"`, `"topic2"` y `"topic3"`.

Utilizar la misma API para suscribirse a varias secciones tiene varias ventajas:

- Simplicidad y coherencia en el código: al utilizar la misma API para suscribirse a varios temas, el código se vuelve más sencillo y coherente. No necesitamos crear varias instancias de `KafkaReceiver` para cada tema.
- Ahorro de recursos: al utilizar una única instancia de `KafkaReceiver`, ahorramos recursos del sistema porque no necesitamos mantener varias conexiones Kafka para cada sujeto.
- Mejor gestión de suscripciones: la gestión de suscripciones a varios temas se simplifica con una única instancia de `KafkaReceiver`. Podemos añadir o eliminar fácilmente temas de suscripción sin tener que modificar mucho código.
- Posibilidad de consumir desde múltiples fuentes: la suscripción a múltiples temas nos permite consumir mensajes de diferentes fuentes de datos utilizando un único `KafkaReceiver`.

La astucia `receiverOptions.subscription(Pattern.compile("demo.*"))` permite suscribirse a un conjunto de temas de Kafka utilizando una expresión regular. En este ejemplo, la expresión regular es `"demo.*", lo que` significa que nos suscribiremos a todos los temas cuyo nombre empiece por `"demo"`.

La utilización de la misma API para suscribirse a varios temas en Reactor Kafka ofrece, por tanto, una solución sencilla y eficaz para consumir mensajes de varios temas de Kafka, al tiempo que optimiza el uso de los recursos del sistema. También facilita la gestión de suscripciones a varios temas y proporciona una mayor flexibilidad en el consumo de mensajes de diferentes fuentes de datos.

Asignación manual de particiones temáticas

Cuando consumimos mensajes de un tema de Kafka, los mensajes se almacenan en diferentes particiones para permitir una distribución eficiente de los datos y mejorar el rendimiento paralelizando el procesamiento. Por defecto, cuando un consumidor se suscribe a un tema, Kafka asigna automáticamente particiones a ese consumidor utilizando la gestión de grupos de consumidores. Esto significa que las particiones se distribuyen entre los diferentes consumidores del mismo grupo, y cada consumidor es responsable de procesar los mensajes en sus particiones asignadas. Sin embargo, en algunos casos, queremos tener un control más fino sobre la distribución de las particiones, en lugar de dejar que Kafka gestione automáticamente esta distribución según los grupos de consumidores. Por ejemplo, es posible que queramos consumir particiones específicas por razones de procesamiento paralelo, equilibrio de carga o para realizar un procesamiento especializado en determinadas particiones.

Para ello, podemos asignar manualmente particiones al receptor sin utilizar la gestión de grupos de consumidores. Esto se hace utilizando el método `ReceiverOptions#assignment()` para especificar explícitamente las particiones que queremos consumir.

Así es como funciona:

- En lugar de suscribirse a un tema usando el método `ReceiverOptions#subscription()`, usamos `ReceiverOptions#assignment()` para especificar las particiones que queremos consumir. Esto implica proporcionar una colección de particiones a consumir.
- Cuando asignamos particiones manualmente, asumimos la responsabilidad de asignar particiones a diferentes receptores. Esto significa que tenemos que tener en cuenta factores como el equilibrio de carga, el procesamiento paralelo y la escalabilidad a la hora de asignar particiones.
- Una vez que hemos asignado las particiones al receptor, éste sólo consume mensajes de las particiones especificadas y no participa en la gestión automática de grupos de consumidores de Kafka. Esto nos da un control más fino sobre cómo se gestionan las particiones.

Es importante tener en cuenta que cuando se asignan particiones manualmente, es responsabilidad del desarrollador asegurarse de que las particiones se distribuyen equitativamente entre los diferentes receptores para evitar cualquier desequilibrio y garantizar un uso eficiente de los recursos. Además, si una partición se asigna a un receptor, no podrá asignarse a otro receptor hasta que se libere la primera asignación.

Por ejemplo:

```
// Consumir de la partición 0 del tema especificado
receiverOptions = receiverOptions.assignment(Collections
.singleton(new TopicPartition(topic, 0)));
```

La asignación manual de particiones al receptor permite, por tanto, un control más preciso de la distribución de particiones y evita la gestión automática de grupos de consumidores Kafka. Esto puede ser útil en determinadas situaciones en las que se requiere una asignación personalizada de particiones para optimizar el procesamiento de mensajes. Sin embargo, requiere una gestión cuidadosa de la asignación de particiones para evitar desequilibrios y garantizar un uso eficiente de los recursos.

La frecuencia de los commits

La frecuencia de validación de los desfaces reconocidas por el receptor puede controlarse mediante dos opciones: el intervalo de validación y el tamaño del lote de validación.

- Intervalo de validación: cuando se configura esta opción, el receptor programará una validación al menos una vez dentro de este intervalo si se ha consumido algún registro. Esto significa que, si el receptor ha consumido mensajes, pero aún no ha realizado una validación, realizará una al menos una vez dentro del intervalo especificado.
- Tamaño del lote de validación: cuando se configura esta opción, el receptor programa una validación cuando se consume y reconoce el número de registros configurado. Esto permite validar las compensaciones reconocidas después de procesar un determinado número de registros.

Las validaciones automáticas basadas en la frecuencia de validación configurada garantizan la semántica de entrega al menos una vez. Esto significa que incluso si la aplicación consumidora falla después de reconocer un desplazamiento, pero antes de realizar la validación, los mensajes serán redistribuidos y consumidos de nuevo cuando un nuevo consumidor tome el relevo. Es importante tener en cuenta que sólo se validan los desplazamientos reconocidos explícitamente mediante `ReceiverOffset#acknowledge()`. Cuando se reconoce un desplazamiento, también se incluyen todos los desplazamientos anteriores de la misma partición. Para una mayor precisión en la sincronización de las operaciones de validación, las aplicaciones pueden desactivar las validaciones periódicas y llamar explícitamente a `ReceiverOffset#commit()` cuando sea necesario para activar una validación. Por defecto, esta validación es asíncrona, pero la aplicación puede invocar `Mono#block()` en el `Mono` devuelto para implementar validaciones síncronas.

Las aplicaciones también pueden realizar validaciones por lotes reconociendo los mensajes a medida que se consumen y llamando periódicamente a `commit()` para validar los desplazamientos reconocidos.

Por ejemplo:

```
return KafkaReceiver.create(receiverOptions(Collections.singleton(sourceTopic)))
  .receive()
  .map(m -> SenderRecord.create(transform(m.value()), m.receiverOffset()))
  .as(sender::send)
  .doOnNext(m -> m.correlationMetadata().acknowledge())
  .doOnCancel(() -> close());
```

Al configurar el intervalo de validación y/o el tamaño del lote de validación, el receptor controla la frecuencia con la que se validan las compensaciones reconocidas. Esto garantiza la semántica de entrega al menos una vez y ofrece a las aplicaciones un cierto nivel de control sobre las operaciones de validación para garantizar un procesamiento fiable de los mensajes.

Cuando se activa un desplazamiento, también se reconocen y activan todos los desplazamientos anteriores de la misma partición. Esto significa que la validación de un desplazamiento incluye todos los desplazamientos anteriores en la misma partición.

Cuando se revocan particiones durante un reequilibrio o cuando finaliza el flujo de recepción, todos los desplazamientos reconocidos son validados. Esto garantiza que todos los registros consumidos hasta la fecha se validen y procesen correctamente antes del reequilibrio o de la finalización del flujo de recepción. A partir de la versión 1.3.12, cuando se produce un reequilibrio debido a cambios en la pertenencia a un grupo de consumidores, el reequilibrio se retrasa hasta que se hayan procesado todos los registros recibidos del sondeo anterior. Este comportamiento se controla mediante dos opciones de configuración en `ReceiverOptions`:

- `maxDelayRebalance()` (por defecto 60 segundos): especifica la duración máxima durante la cual se retrasa el reequilibrio para permitir que se procesen los registros existentes antes de que se asignen las particiones.
- `commitIntervalDuringDelay()` (por defecto 100 milisegundos): especifica la frecuencia con la que los desplazamientos disponibles para validación se validan realmente durante el retardo.

Este enfoque garantiza la finalización ordenada del procesamiento de los registros ya recibidos antes del reequilibrio. Es importante que el valor de `maxDelayRebalance()` sea inferior a `max.poll.interval.ms` para evitar que se produzca un reequilibrio forzado debido a que un consumidor no responde.

Cuando se valida un desplazamiento, también se validan todos los desplazamientos anteriores de la misma partición. Cuando se revocan particiones durante un reequilibrio, se validan todos los desplazamientos reconocidos para garantizar que todas las grabaciones consumidas hasta la fecha se procesan correctamente. El reequilibrio se retrasa para permitir un procesamiento ordenado de las grabaciones antes de la asignación de particiones, lo que garantiza un procesamiento fiable de los mensajes.

Diferir los commits de los desplazamientos desordenados

A partir de la versión 1.3.8, se ha introducido una nueva funcionalidad en el framework. Este permite diferir los commits de desplazamientos en desorden. El objetivo de esta funcionalidad es simplificar el proceso de gestión de decalajes y evitar que las aplicaciones tengan que seguir y validar los desplazamientos en el orden correcto. En la práctica, el framework aplazará los commits de decalajes hasta que se hayan rellenado todos las lagunas. Esto significa que las desplazamientos pueden validarse fuera de secuencia, sin que la aplicación tenga que preocuparse del orden cronológico de los desplazamientos. Este enfoque simplifica enormemente la gestión de los decalajes para las aplicaciones. Para habilitar esta funcionalidad, simplemente establezca la propiedad `maxDeferredCommits()` en `ReceiverOptions`. Esta propiedad especifica el número máximo de validaciones de desplazamientos que pueden ser diferidas antes de que el consumidor sea puesto en pausa (`pause()`) por el framework. El consumidor permanece en pausa hasta que el número de validaciones de desplazamiento diferidas sean reducidas por la aplicación reconociendo o validando algunos de los decalajes que faltan.

Por ejemplo, para activar la funcionalidad con un número máximo de 100 validaciones de decalaje diferido, puede utilizar el siguiente código:

```
ReceiverOptions<Object, Object> options = ReceiverOptions.create()
        .maxDeferredCommits(100)
        .subscription(Collections.singletonList("someTopic"));
```

Es importante tener en cuenta que aplazar las confirmaciones puede aumentar la probabilidad de entregas duplicadas si la aplicación se bloquea mientras hay confirmaciones aplazadas. Sin embargo, esta característica puede desactivarse dejando la propiedad `maxDeferredCommits()` en su valor por defecto de 0, en cuyo caso las validaciones se realizan cada vez que se llaman, sin diferir los commits de decalajes.

Acuse de recepción automática de los lotes de registros

El acuse de recepción automática de lotes de registros es una característica de KafkaReceiver que permite que los registros se reciban automáticamente sin necesidad de un acuse de recepción explícito por parte de la aplicación. Cuando se llama al método receiveAutoAck() en una instancia de KafkaReceiver, éste devuelve un flujo que contiene los lotes de registros devueltos por cada llamada a KafkaConsumer#poll(). Cada lote de registros se confirma automáticamente cuando el flujo correspondiente al lote finaliza.

Por ejemplo, supongamos que hemos creado una instancia de KafkaReceiver con opciones de configuración llamadas receiverOptions. Podemos utilizar el acuse de recepción automático de la siguiente manera:

```
KafkaReceiver.create(receiverOptions)
            .receiveAutoAck() // Concatenar en orden
            .concatMap(r -> r) // consumidor recibido, no
se requiere acuse de recibo explícito requerido
            .subscribe(r -> log.info("Received: " + r));
```

En este ejemplo, cada lote de registros se devuelve como un flujo que se concatena (concatMap()) para mostrar cada registro de consumidor recibido. El acuse de recepción es automáticamente efectuado para cada lote una vez finalizado el flujo correspondiente.

El número máximo de registros en cada lote se puede controlar mediante la propiedad MAX_POLL_RECORDS del KafkaConsumer. Esta propiedad se utiliza junto con el tamaño de extracción y los tiempos de espera configurados en KafkaConsumer para controlar la cantidad de datos extraídos de los brokers de Kafka en cada sondeo.

Este modo de acuse de recepción automática es sencillo de utilizar porque las aplicaciones no necesitan realizar ninguna acción explícita para el acuse de recepción o la validación. También es eficiente y puede utilizarse para entregar mensajes al menos una vez.

Desactivar los commits automáticos

Deshabilitar los commits automáticos significa que los registros consumidos no son validados o reconocidos automáticamente por `KafkaReceiver`, y `depende` de la aplicación gestionar esta operación manualmente. Las aplicaciones que no necesitan commits escalonados hacia Kafka pueden desactivar los commits automáticos no reconociendo ningún registro consumido mediante `KafkaReceiver#receive()`.

Para desactivar los commits automáticos, puede configurar `ReceiverOptions` de la siguiente manera:

```
ReceiverOptions<Integer, String> receiverOptions =
ReceiverOptions.<Integer, String>create()
    // Desactivar commits periódicos
    .commitInterval(Duration.ZERO)
    // Desactivar commits basados en el tamaño del lote
    .commitBatchSize(0);

KafkaReceiver.create(receiverOptions)
            .receive() // Procesar los registros, pero no generar
el acuse de recepción
            // El resto del código para procesar registros...
```

En este ejemplo, configuramos `ReceiverOptions` para deshabilitar los commits automáticos utilizando `commitInterval(Duration.ZERO)` para deshabilitar los commits periódicos y `commitBatchSize(0)` para deshabilitar los commits basadas en el tamaño del lote.

Al desactivar los commits automáticos, los registros consumidos no se validan ni se reconocen automáticamente, por lo que es responsabilidad de la aplicación llamar explícitamente al método `ReceiverOffset#acknowledge()` para validar y reconocer los registros consumidos una vez que se han procesado correctamente. Este enfoque permite un control más fino sobre la gestión de decalajes y puede ser utilizado cuando la aplicación requiere una lógica personalizada para validar y reconocer los registros consumidos.

Las entregas de una sola vez se utilizan para garantizar que un registro consumido por una aplicación no se volverá a entregar si la aplicación falla o se reinicia.

Al desactivar los commits automáticos, las aplicaciones pueden controlar manualmente la validación de los registros para evitar que se vuelvan a enviar. La opción `ConsumerConfig#AUTO_OFFSET_RESET_CONFIG` puede establecerse en "más reciente", de modo que sólo se consuman los registros nuevos. Sin embargo, esto puede resultar en un número impredecible de registros no consumidos si la aplicación falla y se reinicia.

Una entrega como máximo una vez

Para la entrega única, es posible utilizar `KafkaReceiver#receiveAtmostOnce()` para consumir registros con semántica única. Los desplazamientos de los registros se validan de forma sincrónica antes de enviarlos, lo que garantiza que no se vuelvan a entregar, aunque falle la aplicación consumidora. Sin embargo, este modo es costoso porque cada registro se valida individualmente, lo que puede provocar bloqueos antes del envío si falla una operación de validación. Para reducir el coste de las validaciones, podemos configurar `ReceiverOptions#atmostOnceCommitAheadSize()`, que permite validar varios registros a la vez. La validación anticipada está deshabilitada por defecto y se pierde como máximo un registro por partición si una aplicación se bloquea. Si se configura la validación anticipada, el número máximo de registros que se pueden perder por partición es `ReceiverOptions#atmostOnceCommitAheadSize() +1`.

He aquí un ejemplo de utilización de `KafkaReceiver#receiveAtmostOnce()`:

```
ReceiverOptions<Integer, String> receiverOptions =
ReceiverOptions.<Integer, String>create()
    // Desactivar los commits automáticos
    .commitInterval(Duration.ZERO)
    .commitBatchSize(0);

KafkaReceiver.create(receiverOptions)
            .receiveAtmostOnce() // Procesar cada registro,
que no se volverá a entregar si el procesamiento falla
            .subscribe(r -> log.info("Received: " + r));
```

Así, utilizando `KafkaReceiver#receiveAtmostOnce()`, las aplicaciones pueden consumir registros con una semántica de como máximo una vez, asegurándose de que no serán reintegrados incluso aunque la aplicación falle. Sin embargo, este modo debe utilizarse con precaución, ya que puede resultar costoso en términos de rendimiento y uso de recursos.

Asignación de particiones y oyentes de revocación

Los escuchadores de partición y de revocación de particiones permiten a las aplicaciones definir acciones personalizadas cuando se asignan o revocan particiones para un consumidor. Cuando se utiliza la gestión de grupos, los escuchadores de asignación son llamados cada vez que se produce un reequilibrio y se asignan particiones al consumidor. Si se utiliza la asignación manual, los escuchadores de asignación son llamados cuando se inicia el consumidor. Estos escuchadores proporcionan la capacidad de buscar desplazamientos específicos en las particiones asignadas, permitiendo que los mensajes sean consumidos desde un desplazamiento especificado. Del mismo modo, cuando se utiliza la gestión de grupos, los oyentes de revocación son llamados cuando se produce el reequilibrio y las particiones son revocadas del consumidor. Si se utiliza la asignación manual, se llama a los escuchadores de revocación antes de cerrar el consumidor. Estos escuchadores pueden utilizarse para validar las particiones procesadas cuando se utilizan validaciones manuales. En caso de revocación, las compensaciones reconocidas se validan automáticamente si las validaciones automáticas están activadas.

Ejemplo de uso de los escuchadores de asignación y revocación con `KafkaReceiver`:

```
ReceiverOptions<String, String> receiverOptions =
ReceiverOptions.<String, String>create()
// Lista de brokers Kafka de inicio
  .consumerProperty("bootstrap.servers", "localhost:9092")
  .consumerProperty("group.id", "my-group") // ID del grupo de
consumidores
// Deserializador de claves
  .consumerProperty("key.deserializer", StringDeserializer.class.getName())
// deserializador de valores
  .consumerProperty("value.deserializer", StringDeserializer.class.getName())
  .addAssignListener(assignments -> {
    log.info("Particiones asignadas: " + assignments);
    // Aquí puede realizar acciones personalizadas basadas
    // en las particiones asignadas.
  })
```

```
  .addRevokeListener(revokedPartitions -> {
    log.info("Particiones revocadas: " + revokedPartitions);
    // Aquí puede realizar acciones personalizadas basadas
    // en las particiones revocadas.
  });

// Creation del receptor a partir de las opciones de configuración
KafkaReceiver<String, String> kafkaReceiver =
KafkaReceiver.create(receiverOptions);

// Flujo de mensajes recibidos del tema "my-topic"
kafkaReceiver.receive()
  .doOnNext(record -> {
    // Procesar cada mensaje
    log.info("Mensaje recibido: " + record.value());

    // Confirmar el desplazamiento para validar la grabación
    record.receiverOffset().acknowledge();
  })
  .subscribe(); // Suscribirse al flujo de recepción
```

En este ejemplo, hemos añadido escuchadores de asignación y revocación con los métodos `addAssignListener()` y `addRevokeListener()` respectivamente. Cuando se asignan o revocan particiones, se llama a los oyentes correspondientes y se pueden realizar acciones personalizadas basadas en las particiones en cuestión. A continuación, en el flujo de recepción, procesamos cada mensaje y acusamos recibo del desplazamiento para validar la grabación.

Mediante el uso de estos escuchadores de asignación y de revocación, las aplicaciones pueden personalizar el comportamiento de los consumidores en función de los cambios en la asignación de particiones. Esto permite una mayor flexibilidad en la gestión de decalajes, validaciones y gestión de mensajes cuando se utiliza Kafka.

Control de desplazamiento de inicio para el consumo de registros

El control de los desplazamientos de inicio para el consumo de grabaciones permite a las aplicaciones decidir dónde empezar a consumir los mensajes de una partición asignada. Por defecto, los receptores comienzan a consumir grabaciones desde el último desplazamiento validado en cada partición asignada. Sin embargo, si no hay ningún desplazamiento validado disponible, se utiliza la estrategia de restablecimiento de decalaje es configurada para `KafkaConsumer`, especificada por la propiedad `ConsumerConfig#AUTO_OFFSET_RESET_CONFIG`, para establecer el decalaje de inicio en el desplazamiento más antiguo o más reciente de la partición. Las aplicaciones pueden reemplazar los decalajes por defecto buscando nuevos desplazamientos en un receptor de asignación. Para ello, la clase `ReceiverPartition` proporciona métodos. Estos métodos se pueden utilizar para buscar el desplazamiento más antiguo, el más reciente o un desplazamiento específico en la partición:

- `void seekToBeginning()`: este método permite buscar el desplazamiento más antiguo de la partición, para empezar a consumir mensajes desde el principio de la partición.
- `void seekToEnd()`: este método busca el desplazamiento más reciente en la partición, para empezar a consumir mensajes a partir del último mensaje publicado.
- `void seek(long offset)`: este método busca un desplazamiento específico en la partición, para empezar a consumir mensajes a partir de ese offset concreto.

He aquí un ejemplo concreto de cómo utilizar estos métodos:

```
ReceiverOptions<String, String> receiverOptions =
ReceiverOptions.<String, String>create()
    .consumerProperty("bootstrap.servers", "localhost:9092")
    .consumerProperty("group.id", "my-group")
    .consumerProperty("key.deserializer",
StringDeserializer.class.getName())
    .consumerProperty("value.deserializer",
StringDeserializer.class.getName())
    .addAssignListener(partitions -> partitions.forEach(p ->
p.seekToEnd())) // Empezar a consumir desde el último desplazamiento
    .subscription(Collections.singleton("topic"));

KafkaReceiver.create(receiverOptions).receive().subscribe();
```

En este ejemplo, hemos configurado las opciones del receptor para buscar el último desplazamiento en cada partición asignada utilizando el método `seekToEnd()`. De esta forma, el receptor comienza a consumir mensajes a partir del último decalaje de cada partición.

Ciclo de vida del consumidor

El ciclo de vida del consumidor en el contexto de Kafka puede describirse en varias etapas que describen cómo se crea, se configura, se utiliza para consumir mensajes y, por último, cómo se apaga y se cierra.

- Creación del consumidor: en primer lugar, el consumidor Kafka se crea instanciando una clase cliente Kafka apropiada. En el caso de Reactor Kafka, el consumidor se crea utilizando la clase `KafkaReceiver`. Las opciones de configuración, como las propiedades de la conexión Kafka, el grupo de consumidores, los deserializadores, etc., se proporcionan cuando se crea el consumidor.
- Configuración: una vez creado el consumidor, se tienen en cuenta las opciones de configuración especificadas al crearlo. Esto incluye la configuración de propiedades de Kafka como los brokers de arranque, el grupo de consumidores, los deserializadores de claves y valores, etc. Estas opciones permiten personalizar el comportamiento del consumidor según las necesidades específicas de la aplicación.
- Consumo de mensajes: una vez configurado el consumidor, está listo para consumir los mensajes de los temas de Kafka. El consumidor puede suscribirse a uno o más temas utilizando el método `subscription()`, o especificando una lista de temas a consumir. El flujo de mensajes es entonces emitido por el consumidor, y los mensajes pueden ser consumidos suscribiéndose a este flujo usando métodos reactivos como `subscribe()`.
- Procesamiento de mensajes: los mensajes consumidos del flujo enviado por el consumidor pueden ser procesados por la aplicación según sus necesidades. Esto puede incluir operaciones como análisis de datos, procesamiento comercial, actualizaciones de bases de datos, etc.

- Gestión de errores: durante el ciclo de vida del consumidor, pueden producirse errores durante el consumo de mensajes, como errores de deserialización, errores de red, errores de lógica de negocio, etc. Estos errores deben ser gestionados por la aplicación para garantizar un procesamiento de mensajes robusto y fiable.
- Detención y cierre: una vez que la aplicación ha terminado de consumir mensajes o desea detener el proceso de consumo, el consumidor debe detenerse y cerrarse correctamente. Esto se puede conseguir llamando a los métodos adecuados para detener el flujo de consumo, cerrar los recursos y liberar las conexiones con los brokers de Kafka.

Cada instancia de `KafkaReceiver` está asociada a un `KafkaConsumer` que se crea cuando se produce una suscripción al flujo entrante devuelto por uno de los métodos de recepción de `KafkaReceiver`. El consumidor permanece activo hasta el final del flujo. Cuando finaliza el flujo, se validan todos los desplazamientos reconocidos y se cierra el consumidor subyacente. En un `KafkaReceiver` sólo puede estar activa una operación de recepción al mismo tiempo. Una vez finalizado el flujo de recepción correspondiente a la última recepción, se puede invocar cualquiera de los métodos de recepción.

Metricas de Micrometer

Para habilitar las métricas de `Micrometer` para los consumidores y productores de Kafka subyacentes, puede añadir un `MicrometerConsumerListener` a las `ReceiverOptions` de los consumidores y un `MicrometerProducerListener` a las `SenderOptions` de los productores. Estos auditores proporcionan métricas detalladas sobre el rendimiento y el comportamiento de los consumidores y productores, lo que permite monitorizar y diagnosticar en profundidad el funcionamiento de la aplicación Kafka. Incluir estos auditores es una forma cómoda de recopilar métricas automáticamente sin necesidad de realizar cambios significativos en el código existente.

Debemos añadir esta dependencia:

```
<dependency>
    <groupId>io.micrometer</groupId>
    <artifactId>micrometer-core</artifactId>
    <version>1.11.2</version>
</dependency>
```

Por ejemplo:

```
    MeterRegistry registry = new SimpleMeterRegistry();
    MicrometerConsumerListener listener =
new MicrometerConsumerListener(registry);
    receiverOptions2.pollTimeout(Duration.ofSeconds(60))
      .consumerListener(listener);
```

Este código configura la recopilación de métricas para un consumidor Kafka utilizando `Micrometer` y `SimpleMeterRegistry`.

9.7.7 Envío de registros a Kafka

Podemos utilizar una pipeline simple que envíe registros a Kafka y procese las respuestas.

Por ejemplo:

```
// Crear un emisor con un máximo de 512 mensajes en curso
KafkaSender.create(SenderOptions.<Integer,
String>create(producerProps).maxInFlight(512))
  // Enviar una secuencia de registros de emisor
  .send(outbound.map(r -> senderRecord(r)))
  // Procesa el resultado del envío cuando se activa onNext
  .doOnNext(result -> processResponse(result))
  // Gestiona los errores
  .doOnError(e -> processError(e));
```

El código anterior se muestra unapipeline simple que envía registros a Kafka y procesa las respuestas. El flujo de salida se activa cuando se suscribe el flujo de retorno. Aquí hay una explicación detallada del código:

- `KafkaSender.create(SenderOptions.<Integer, String> create(producerProps).maxInFlight(512))`: esta línea crea un emisor Kafka utilizando `KafkaSender.create()` y especificando las opciones del productor en `SenderOptions`. Aquí, hemos utilizado `producerProps` para configurar las propiedades del productor Kafka, y maxInFlight(512) se utiliza para definir el número máximo de mensajes actuales a enviar.

- send(outbound.map(r -> senderRecord(r))): este paso envía una secuencia de registros del remitente a Kafka. outbound es un flujo de datos que contiene los registros que se van a enviar. El método map() se utiliza para transformar cada registro en un objeto SenderRecord, que es una clase específica de Kafka Reactor para representar los registros que se van a enviar.
- doOnNext(result -> processResponse(result)): este paso procesa el resultado del envío de cada registro cuando se activa el evento onNext. Esto significa que cada vez que un registro se envía correctamente a Kafka, se llama al método processResponse(result) para procesar la respuesta.
- doOnError(e -> processError(e)): este paso gestiona cualquier error que pueda producirse al enviar registros. Si se produce un error, se llama al método processError(e) para gestionar el error.

Revisión de los registros de los temas de Kafka

Podemos crear un flujo reactivo que consuma todos los registros de un tema de Kafka y valide los decalajes después de procesar cada mensaje. El uso del acuse de recepción manual garantiza que los mensajes se entreguen semánticamente al menos una vez.

Por ejemplo:

```
// Configurar las propiedades del consumidor para el receptor
ReceiverOptions<Integer, String> options =
    ReceiverOptions.<Integer, String>create(consumerProps)
  // Empezar a consumir desde el primer despalzamiento disponible
  // en cada partición si los desplazamientos validados no están disponibles
        .consumerProperty(ConsumerConfig.AUTO_OFFSET_RESET_CONFIG,
"earliest")
        .subscription(Collections.singleton("demo-topic"));

// Crear el receptor a partir de las opciones de configuración
KafkaReceiver.create(options)
    // Flujo de recepción de mensajes
    .receive()
    .doOnNext(r -> {
        // Procesar cada registro del cliente Kafka
        processRecord(r);

        // Reconocer que el registro se ha consumido tras procesarlo
        r.receiverOffset().acknowledge();
    })
    .subscribe(); // Suscribirse al flujo para iniciar el consumo
```

El código utiliza la biblioteca reactiva Reactor Kafka para crear un flujo que consume las grabaciones del tema `"demo-topic"`. Para cada grabación recibida, el código llama al método `processRecord(r)` para procesar la grabación. Una vez finalizado el procesamiento, se realiza un acuse de recepción manual llamando a `r.receiverOffset().acknowledge()`. Esto valida los decalajes consumidos, asegurando que los mensajes no se releen cuando se reinicia la aplicación.

De este modo, el acuse de recepción manual proporciona al menos una semántica de entrega, lo que significa que los mensajes se entregan al menos una vez, aunque la aplicación falle o se reinicie. Este enfoque también garantiza que los decalajes se validen correctamente, evitando la necesidad de releer los mismos mensajes.

Pipeline reactivo con Kafka sink

Podemos tener un pipeline de procesamiento de mensajes que consume mensajes de una fuente externa, los transforma y los almacena en Kafka. Para evitar que fallos transitorios afecten al pipeline, se configura un gran número de reintentos en el productor de Kafka. Las validaciones de la fuente sólo se realizan después de que los registros se hayan escrito correctamente en Kafka.

Por ejemplo:

```
// Configurar las opciones del productor Kafka
SenderOptions<Integer, TransformedRecord> senderOptions = senderOptions
    // El envío es reconocido por Kafka para acks=all tras la entrega
    // del mensaje a todas las réplicas sincronizadas
    .producerProperty(ProducerConfig.ACKS_CONFIG, "all")
    // Gran número de reintentos en el productor para hacer frente a frente
    // fallos transitorios en los brokers
    .producerProperty(ProducerConfig.RETRIES_CONFIG, Integer.MAX_VALUE)
    // Número bajo de reintentos para evitar llenar el búfer del
    // búfer y bloquear el pipeline, por defecto stopOnError=true
    .maxInFlight(128);

// Crear el productor Kafka a partir de las opciones de configuración
KafkaSender<Integer, TransformedRecord> kafkaSender =
KafkaSender.create(senderOptions);

// Flujos de mensajes desde la fuente externa, transformados, y luego
// enviados a Kafka
kafkaSender.send(source.flux().map(r -> transform(r)))
    // Si el envío falla, esto indica un error catastrófico,
```

```
        // que hace que el pipeline falle
        .doOnError(e-> log.error("Send failed, terminating.", e))
        // Utilizar los metadatos de correlación en el registro
        // del remitente para validar el registro fuente.
        .doOnNext(r -> source.commit(r.correlationMetadata()))
        // Si esto falla, realice hasta 3 nuevos intentos con un
        // retardo exponencial de 10 segundos entre intentos
        .retry(When(Retry.backoff(3, Duration.of(10L, ChronoUnit.SECONDS))));
```

El código utiliza la biblioteca Reactor Kafka para crear un flujo que consume mensajes de la fuente externa. A continuación, cada mensaje se transforma utilizando el método `transform(r)` antes de ser enviado a Kafka a través del productor de Kafka creado con las opciones de configuración especificadas. El productor Kafka se configura mediante `SenderOptions`, definiendo propiedades como el `ack` esperado para cada envío (`acks=all`) y el número máximo de reintentos en caso de fallo (`retries=Integer.MAX_VALUE`). El código también utiliza el operador `retry()` para gestionar fallos transitorios en el envío de registros a Kafka. En caso de fallo, lo intenta hasta tres veces más con un retardo exponencial de 10 segundos entre intentos. Por último, después de que un registro se haya enviado correctamente, los metadatos de correlación asociados al registro del remitente se utilizan para validar el registro de origen en la fuente externa.

Juntos, estas etapas garantizan que los mensajes se procesen de forma sólida y fiable, evitando fallos transitorios y asegurando que las validaciones se lleven a cabo sólo después de que los registros se hayan almacenado correctamente en Kafka.

Pipeline reactivo con Kafka source

Podemos utilizar los registros de los campos de Kafka, transformarlos y enviar la salida a un receptor externo. Las decalajes de los consumidores de Kafka se validan después de que los registros se hayan enviado correctamente al receptor.

Por ejemplo:

```
ReceiverOptions<String, String> receiverOptions =
ReceiverOptions.<String,
String>create(consumerProps)
    // Desactiva commits periódicos
    .commitInterval(Duration.ZERO)
    // Desactiva commits por tamaño de lote
```

```
        .commitBatchSize(0)
        // Suscripción Wildcard
        .subscription(Pattern.compile(topics));

KafkaReceiver.create(receiverOptions)
        .receive() // No bloquea el thread receptor
// Transforma el registro Kafka y lo almacen en externo
        .publishOn(aBoundedElasticScheduler)
        .concatMap(m -> sink.store(transform(m))
            // Valida sincrónicamente el decalaje después
            // de que el registro se haya enviado correctamente al receptor
            .doOnSuccess(r -> m.receiverOffset().commit().block()))
        .retry(When(Retry.backoff(3, Duration.of(10L, ChronoUnit.SECONDS))));
```

El código utiliza las opciones del receptor Kafka (`ReceiverOptions`) para configurar el comportamiento del receptor. Desactiva los commits periódicos y los commits por tamaño de lote, lo que significa que los desplazamientos no se validarán automáticamente. El receptor Kafka recibe registros de campos Kafka y utiliza el operador `publishOn()` para realizar la transformación del registro Kafka y almacenarlo en un sink externo en un scheduler específico (`Scheduler.boundedElastic()`).

Esto libera el thread del receptor y permite realizar la transformación de forma asíncrona. A continuación, se utiliza el operador `concatMap()` para procesar cada registro y enviar los registros transformados al receptor externo utilizando el método `sink.store(transform(m))`. Una vez que el registro se ha enviado correctamente al receptor externo, el desplazamiento se valida de forma sincrónica mediante el método `m.receiverOffset().commit().block()`. Por último, el operador `retry()` se utiliza para gestionar fallos transitorios en el envío de registros al receptor externo. En caso de fallo, lo intenta hasta tres veces más con un retardo exponencial de 10 segundos entre los intentos.

Pipeline reactivo con fuente y sink Kafka

Podemos tener un pipeline reactivo que utilice una fuente (*source*) y un *sink* Kafka. Consume mensajes de un tema de Kafka, realiza una transformación en los mensajes entrantes y almacena el resultado en otros temas de Kafka. El modo de confirmación manual garantiza la semántica de entrega con mensajes que se reconocen después de que los registros de salida se hayan entregado a Kafka. Las compensaciones reconocidas se validan periódicamente según el intervalo de validación configurado.

Por ejemplo:

```
ReceiverOptions<String, String> receiverOptions =
ReceiverOptions.<String, String>create(consumerProps)
    // Establecer el intervalo para los commits automáticos
    .commitInterval(Duration.ofSeconds(10))
    .subscription(Pattern.compile(topics));

sender.send(KafkaReceiver.create(receiverOptions)
    .receive() // Consumir mensajes de temas Kafka
    .map(m -> SenderRecord.create(transform(m.value()),
m.receiverOffset()))
// Transformar el registro entrante y crear un registro saliente
con los datos transformados en la carga útil y el desplazamiento
entrante como metadatos de correlación
    .doOnNext(m -> m.correlationMetadata().acknowledge()));
// Acuse de recepcion del desplazamiento entrante utilizando la
instancia de desplazamiento en la correlación después de que el
registro saliente se haya entregado a Kafka
à Kafka
```

El código utiliza las opciones del receptor Kafka (`ReceiverOptions`) para configurar el comportamiento del receptor. Establece el intervalo para los commits automáticas en 10 segundos. A continuación, el código utiliza el receptor Kafka (`KafkaReceiver`) para recibir mensajes del sujeto Kafka. Realiza una transformación en cada mensaje recibido utilizando el operador `map()`. El método `transform(m.value())` representa la transformación aplicada a la carga útil del mensaje. A continuación, el código crea un nuevo registro (`SenderRecord`) con los datos transformados y el desplazamiento de entrada del mensaje como metadatos de correlación. Por último, se utiliza el método `doOnNext()` para el acuse de recepción del desplazamiento entrante utilizando la instancia de desplazamiento en los metadatos de correlación. Esto garantiza que los desplazamientos reconocidos se validen periódicamente de acuerdo con el intervalo de validación configurado. La validación del decalaje se realiza automáticamente tras la entrega del registro de salida a Kafka.

9.7.8 Entrega como máximo una vez

Podemos crear un flujo que implemente una entrega única. En este escenario, el productor no espera acuses de recepción y no realiza nuevos intentos de entrega. Los mensajes que no se pueden entregar a Kafka en el primer intento se eliminan. El productor está configurado con la opción "acks=0", lo que significa que considera que un mensaje se entrega en cuanto se almacena en el búfer local, antes de ser entregado al broker Kafka. Además, los reintentos se desactivan configurando "retries=0". En caso de error al enviar un mensaje, el productor continúa enviando los registros restantes en lugar de detenerse. El receptor Kafka (KafkaReceiver) está configurado para la entrega única mediante el método receiveAtmostOnce(). Esto asegura que los decalajes son validados antes de la entrega a la aplicación. Esto significa que, si el consumidor se reinicia, los mensajes no se redistribuirán. Con un factor de replicación de 1 para las particiones sujetas, este código garantiza la entrega como máximo una vez, ya que sólo hay una réplica para cada partición. Esto significa que una vez que un mensaje ha sido entregado con éxito, no se duplica.

Por ejemplo:

```
// Configuración del productor para una entrega como máximo una vez
SenderOptions<Integer, String> senderOptions =
SenderOptions.<Integer, String>create(producerProps)
    .producerProperty(ProducerConfig.ACKS_CONFIG, "0")
// El envío con acks=0 finaliza cuando el mensaje se almacena
// en el búfer local, antes de entregarse al broker Kafka
    .producerProperty(ProducerConfig.RETRIES_CONFIG, "0")
// Sin reintentos en el productor
    .stopOnError(false);
// Ignorar cualquier error y continuar enviando los registros restantes

// Configurar el receptor para entregar como máximo una vez
ReceiverOptions<Integer, String> receiverOptions =
ReceiverOptions.<Integer, String>create(consumerProps)
    .subscription(Collections.singleton(sourceTopic));

KafkaSender.create(senderOptions)
    .send(KafkaReceiver.create(receiverOptions)
        .receiveAtmostOnce() // Recibir como máximo una vez
        .map(cr -> SenderRecord.create(transform(cr.value()),
cr.offset()))
    );
```

Observación

Este modo de entrega como máximo una vez es adecuado cuando el factor de replicación es 1 para las particiones de los temas. Si el factor de replicación es superior a 1, es posible que se produzcan mensajes duplicados, ya que puede haber varias réplicas para una partición. En este caso, se debe considerar el uso de un mecanismo de entrega al menos una vez con mecanismos de deduplicación adecuados para garantizar que cada mensaje se procesa exactamente una vez.

9.7.9 Salida con varios flujos

Podemos tener salida con múltiples flujos, donde los mismos registros se procesan independientemente en varios flujos separados. Cada flujo se procesa en un thread diferente, transforma los registros de entrada y luego almacena la salida en un tema de Kafka.

Por ejemplo:

```
// Crear un EmitterProcessor de publicación/suscripción para
// emitir grabaciones entrantes de Kafka
EmitterProcessor<Person> processor = EmitterProcessor.create();

// Crear un BlockingSink al que se emitan las grabaciones
BlockingSink<Person> incoming = processor.connectSink();

// Recibir grabaciones de Kafka y emitirlas hacia
// el BlockingSink
inputRecords = KafkaReceiver.create(receiverOptions)
        .receive()
        .doOnNext(m -> incoming.emit(m.value()));

// Consumir registros en un planificador, procesarlos y
// generar registros de salida para enviarlos a Kafka
Flux<Person> outputRecords1 = processor.publishOn(scheduler1).map(p ->
process1(p));
Flux<Person> outputRecords2 = processor.publishOn(scheduler2).map(p ->
process2(p));

// Fusionar los flujos y suscríbir para iniciar el flujo
Flux.merge(sender.send(outputRecords1), sender.send(outputRecords2))
        .doOnSubscribe(s -> inputRecords.subscribe());
```

Observación

En este ejemplo, `Person` representa el tipo de registro que está manejando. Asegúrese de sustituir `Person` por el tipo apropiado para su caso de uso. Además, asegúrese de haber inicializado correctamente los objetos `senderOptions`, `receiverOptions`, `scheduler1` y `scheduler2` en su código.

Para conseguirlo, utilizamos un Reactor `EmitterProcessor`, que actúa como emisor y permite difundir las grabaciones de entrada de Kafka a varios suscriptores.

El proceso es el siguiente:

- Creación de un `EmitterProcessor` llamado `processor` para gestionar la distribución de grabaciones entrantes de Kafka a varios suscriptores.
- Creación de un `BlockingSink` llamado `incoming` desde el `EmitterProcessor`. El `BlockingSink` se utiliza para enviar registros entrantes al `EmitterProcessor`.
- Los registros de entrada se reciben de Kafka utilizando el `KafkaReceiver` y se envían al `EmitterProcessor` utilizando `incoming.emit(m.value()`.
- Se crean dos flujos separados, `outputRecords1` y `outputRecords2`, utilizando el `EmitterProcessor`. Cada flujo está asociado a un `schudeler` diferente, `scheduler1` y `scheduler2` respectivamente. Estos flujos representan el procesamiento independiente de los registros de entrada en los dos threads diferentes.
- Los registros de entrada se transforman en cada flujo `(process1(p) y process2(p))` y los registros de salida resultantes se envían a dos sujetos Kafka separados utilizando `sender.send()`.
- Los flujos `outputRecords1` y `outputRecords2` se combinan utilizando `Flux.merge()`. Esto combina los dos flujos en un único flujo de salida.

- Cuando se realiza una suscripción en el flujo resultante utilizando `doOnSubscribe()`, esto desencadena la emisión de los registros de entrada de Kafka a través de `EmitterProcessor()`, que activa los dos flujos de procesamiento independientes en los threads respectivos.

Por lo tanto, utilizamos un `EmitterProcessor` para distribuir los registros de entrada de Kafka a varios flujos de procesamiento independientes, cada uno de los cuales se ejecuta en un threads diferente. Esto hace posible procesar los mismos registros simultáneamente y almacenar los resultados en dos sujetos de Kafka separados.

9.7.10 Procesamiento simultáneo con clasificación basada en particiones

Podemos diseñar un flujo que consuma mensajes de un tema Kafka, luego los procese en paralelo utilizando múltiples threads y, finalmente, almacene los resultados en otro tema Kafka. Los mensajes se agrupan por particiones para garantizar el orden en el procesamiento de los mensajes y realizar operaciones de validación.

Así es como funciona:

- Crea un `Planificador` llamado `scheduler` utilizando el método `Schedulers.newElastic()` para proporcionar un pool de threads elástico para el procesamiento paralelo de mensajes. Este schudeler permitirá que el procesamiento se lleve a cabo de forma concurrente.
- Utilice `KafkaReceiver.create(receiverOptions)` para crear un receptor que consuma mensajes del tema Kafka especificado en `receiverOptions`.
- Utilice `receive()` para obtener un flujo de mensajes consumidos desde Kafka.
- Utilice `groupBy()` para agrupar mensajes por partición, utilizando `m.receiverOffset().topicPartition()` como clave de agrupación. Esto garantiza que los mensajes de cada partición se procesen juntos.
- Luego, para cada partitionFlux, usa `flatMap()` para cambiar a un nuevo flujo de mensajes que procesa los mensajes para esa partición en paralelo, usando el `schedur scheduler`.

- En el flujo de cada partición, utiliza map() para procesar cada mensaje. El método processRecord() toma como parámetros la clave de la partición (topicPartition) y el mensaje (r), y devuelve el resultado del procesamiento.
- A continuación, utilice sample(Duration.ofMillis(5000)) para realizar una operación de validación periódica cada 5 segundos. Esto significa que los desplazamientos de los mensajes procesados se validarán y confirmarán periódicamente.
- Por último, utilice concatMap() para validar los desplazamientos en orden secuencial, asegurándose de que los desplazamientos se validan uno tras otro, evitando así cualquier conflicto de orden.

Digamos que tenemos un tema de Kafka llamado input-topic que contiene mensajes, y queremos procesarlos en paralelo y almacenar los resultados en otro tema de Kafka llamado output-topic. El código anterior realiza este procesamiento utilizando el flujo reactivo y garantiza el orden en el que se procesan y validan los mensajes de cada partición.

```
    // Configuración para el consumidor Kafka
    Map<String, Object> consumerProps = new HashMap<>();
    consumerProps.put("bootstrap.servers", "localhost:9092");
    consumerProps.put("key.deserializer", StringDeserializer.class);
    consumerProps.put("value.deserializer", StringDeserializer.class);
    consumerProps.put("group.id", "test-group");

    // Configuración del productor Kafka
    Map<String, Object> producerProps = new HashMap<>();
    producerProps.put("bootstrap.servers", "localhost:9092");
    producerProps.put("key.serializer", StringSerializer.class);
    producerProps.put("value.serializer", StringSerializer.class);

    // Opciones del receptor Kafka
    ReceiverOptions<String, String> receiverOptions =
ReceiverOptions.create(consumerProps)
        // Empezar a consumir desde el primer decalaje
        // disponible en cada partición
        .consumerProperty("auto.offset.reset", "earliest")
        // Validar cada 10 mensajes reconocidos
        .commitBatchSize(10)
        // Suscribirse al tema "input-topic"
        .subscription(Collections.singleton("input-topic"));

    // Opciones del productor de Kafka
    SenderOptions<String, String> senderOptions =
```

```
SenderOptions.create(producerProps)
        // Kafka reconocerá el mensaje como "acks=all" después
        // la entrega del mensaje a todos los réplicas sincronizadas
        .producerProperty("acks", "all")
        // Desactiva los reintentos en el productor
        .producerProperty("retries", 0)
        // Ignora cualquier error y continúa enviando los
        // registros restantes
        .stopOnError(false);

    // Crea el programador reactivo
    Scheduler scheduler = Schedulers. newBoundedElastic("sample", 60, true);

    // Flujo de recepción Kafka
    Flux<ReceiverRecord<String, String>> kafkaFlux =
        KafkaReceiver.create(receiverOptions).receive();

    // Flujo de procesamiento paralelo y almacenamiento de resultados
    Flux<SenderRecord<String, String, Integer>> outputFlux =
        kafkaFlux
            // Agrupar por partición para garantizar el orden
            .groupBy(record -> record.receiverOffset().topicPartition())
            .flatMap(
                partitionFlux ->
                    partitionFlux
                        .publishOn(scheduler)
                        .map(record -> processRecord(partitionFlux.key(),
record.value()))
                        // Validar periódicamente
                        .sample(Duration.ofMillis(5000))
                        // Crear un registro SenderRecord para el envío
                        .map(result -> SenderRecord.create("output-topic",
null, result, 0)));

    // Flujo para el envío de resultados a "output-topic"
    KafkaSender.create(senderOptions).send(outputFlux).subscribe();
```

Este ejemplo ilustra el procesamiento paralelo de mensajes del tema de `input-topic` y su almacenamiento en el `output-topic`. Los mensajes se procesan utilizando el flujo reactivo. Como cada partición se procesa en un thread independiente, se garantiza el orden en que se procesan y validan los mensajes.

Envío transaccional

El envío transaccional con Reactor Kafka es una funcionalidad que permite enviar mensajes a Kafka utilizando el modelo reactivo de Reactor a la vez que se garantiza la integridad de las transacciones. Esta funcionalidad es similar al envío transaccional tradicional con el cliente estándar de Kafka, pero se integra perfectamente con el modelo de programación reactiva de Reactor.

Envío transaccional con Reactor Kafka implementa el concepto de transacción utilizando los operadores de flujo de Reactor, lo que facilita la gestión de transacciones sin necesidad de gestionarlas manualmente como en el ejemplo anterior.

Para utilizar el envío transaccional con Reactor Kafka, es necesario crear un productor con la configuración adecuada para activar las transacciones. Esto se hace añadiendo la opción `transactional.id` a las propiedades del productor.

Por ejemplo:

```
senderOptions = senderOptions
    // configurar el identificador transaccional para el
productor
    .producerProperty(ProducerConfig.TRANSACTIONAL_ID_CONFIG,
"SampleTxn");

KafkaSender.create(senderOptions)
    // Enviar varios registros generados a partir
    // de cada registro de origen en una transacción
    .sendTransactionally(source.map(r ->
Flux.fromIterable(transform(r))))
    .concatMap(r -> r)
    .doOnError(e -> log.error("Send failed, terminating.", e))
    .doOnNext(r -> log.debug("Send completed {}",
r.correlationMetadata());
```

En este código, utilizamos Reactor Kafka para enviar varios registros generados a partir de cada registro de origen en una transacción utilizando el método `sendTransactionally()`.

9.7.11 Exactamente una sola entrega

Con Reactor Kafka, es posible configurar un flujo con entrega exacta, en el que cada lote de registros se envía y valida en una transacción independiente. Esto garantiza que cada registro se entrega exactamente una vez al campo de destino.

Por ejemplo:

```
senderOptions = senderOptions
    // Configurar el identificador transaccional para el productor
    .producerProperty(ProducerConfig.TRANSACTIONAL_ID_CONFIG,
"SampleTxn");

receiverOptions = receiverOptions
    // Sólo consume mensajes validados
    .consumerProperty(ConsumerConfig.ISOLATION_LEVEL_CONFIG,
"read_committed")
    .subscription(Collections.singleton(sourceTopic));

sender = KafkaSender.create(senderOptions);
transactionManager = sender.transactionManager();

receiver.receiveExactlyOnce(transactionManager)
    // Enviar los registros transformados en la misma
    // transacción como desplazamientos de registro de origen
    .concatMap(f -> sender.send(f.map(r -> transform(r)))
        // Validar la transacción una vez finalizados los envíos
        // con éxito
        .concatWith(transactionManager.commit())
        // Abandonar la transacción si el envío falla y
        // propagar el error
        .onErrorResume(e -> transactionManager.abort().then(Mono.error(e))));
```

En este ejemplo, primero configuramos el identificador transaccional para el productor mediante `ProducerConfig.TRANSACTIONAL_ID_CONFIG`. A continuación, configuramos la opción de consumo para consumir sólo mensajes validados mediante `ConsumerConfig.ISOLATION_LEVEL_CONFIG`.

A continuación, creamos un emisor `KafkaSender` con las opciones configuradas y obtenemos un gestor de transacciones mediante `sender.transactionManager()`.

Usando `receiver.receiveExactlyOnce(transactionManager)`, recibimos exactamente una vez los registros con las transacciones gestionadas por el gestor de transacciones.

A continuación, enviamos los registros transformados en la misma transacción que los registros de origen utilizando `sender.send()`. Tras un envío correcto, confirmamos la transacción añadiendo transactionManager.`commit()` al flujo. Si el envío falla, abandonamos la transacción con `transactionManager.abort()` y propagamos el error usando `onErrorResume()`. Esto asegura un envío preciso con transacciones para cada registro.

9.8 Conclusión para la utilizacion de Reactor Kafka

En conclusión, el uso de Reactor Kafka ofrece un enfoque reactivo y de alto rendimiento para el consumo y la producción de mensajes con Apache Kafka. Al aprovechar la potencia del paradigma reactivo, Reactor Kafka permite crear pipelines de procesamiento de datos flexibles y muy eficientes.

Entre las principales características y ventajas de Reactor Kafka se incluyen:

- Flujos reactivos: Reactor Kafka utiliza flujos reactivos para procesar los registros de forma asíncrona y sin bloqueos. Esto facilita la gestión de grandes volúmenes de mensajes con un uso reducido de los recursos del sistema.
- Semántica de entrega garantizada: con la posibilidad de configurar mecanismos de validación y acuse de recepción, Reactor Kafka ofrece una entrega garantizada al menos una vez o exactamente una vez para las grabaciones, en función de las necesidades de la aplicación.
- Gestión de transacciones: el soporte de transacciones de Reactor Kafka significa que los registros se pueden enviar y consumir atómicamente, garantizando la coherencia e integridad de los datos.
- Control de la velocidad de procesamiento: al permitir especificar el número máximo de registros que se procesan y afinar la gestión de los desplazamientos, Reactor Kafka ofrece un control preciso sobre la velocidad a la que se consumen y producen los mensajes.
- Flexibilidad y extensibilidad: gracias a la perfecta integración con el ecosistema de Reactor y Kafka, los desarrolladores pueden ampliar y personalizar fácilmente la funcionalidad para satisfacer las necesidades específicas de su aplicación.

Por lo tanto, el uso de Reactor Kafka simplifica la gestión del flujo de mensajes con Kafka al ofrecer una solución reactiva, de alto rendimiento y altamente configurable. Ya sea consumiendo mensajes a gran escala, implementando pipelines de procesamiento de datos complejos o produciendo mensajes con garantías de entrega, Reactor Kafka es una elección segura para los desarrolladores que trabajan con Kafka y quieren aprovechar la potencia del modelo reactivo.

Capítulo 7
Soporte para Kotlin

1. Uso de Kotlin

Spring funciona a la perfección con Kotlin, ofreciendo una integración fluida entre ambos lenguajes. Kotlin, como lenguaje moderno y conciso, proporciona características adicionales en comparación con Java, tales como el tipado *nullable* por defecto, las propiedades, las funciones de extensión y declaraciones de clases de datos, que simplifican y mejoran la legibilidad del código. Gracias a la plena compatibilidad con las bibliotecas Java existentes, Spring puede sacar el máximo partido de Kotlin sin ningún tipo de fricción. Por tanto, los desarrolladores pueden beneficiarse de la potencia y flexibilidad de Kotlin para desarrollar aplicaciones más eficientes y expresivas, al tiempo que aprovechan el ecosistema maduro y sólido de Spring para crear aplicaciones robustas y escalables. Esta combinación ganadora permite a los desarrolladores diseñar soluciones modernas y de alto rendimiento, preservando al mismo tiempo la compatibilidad con los proyectos existentes basados en Java. Con Kotlin, todo lo que se puede hacer con Java también es posible.

1.1 Beneficios

Kotlin ofrece varias ventajas sobre Java a la hora de desarrollar aplicaciones reactivas.

1.1.1 Código conciso

Kotlin es un lenguaje más conciso que Java, lo que significa que puede escribir menos código para realizar la misma tarea. Esto hace que el código sea más legible y mantenible, lo que es especialmente importante en aplicaciones reactivas donde la gestión de flujos y eventos puede ser compleja.

Por ejemplo, para crear un flujo reactivo de números del 1 al 10, en Java tenemos que escribir `Stream.of(1, 2, 3, 4, 5, 6, 7, 8, 9, 10)`, mientras que en Kotlin es simplemente `(1..10).asFlow()`. Esta brevedad hace que el código sea más claro y fácil de leer.

```
// Java
List<Integer> numbers = Arrays.asList(1, 2, 3, 4, 5);
List<Integer> squaredNumbers = numbers.stream()
                                    .map(n -> n * n)
                                    .collect(Collectors.toList());

// Kotlin
val numbers = listOf(1, 2, 3, 4, 5)
val squaredNumbers = numbers.map { it * it }
```

1.1.2 Valores null

En Kotlin, los valores `null` se manejan explícitamente. Esto reduce el riesgo de errores de tipo `NullPointerException`, que son un problema común en las aplicaciones reactivas.

En Kotlin, es posible declarar una variable de tipo `String` como nula añadiendo un signo de interrogación después del tipo (`String?`). Esto obliga al desarrollador a comprobar el estado de la variable antes de usarla, evitando así los `NullPointerException`.

```
// Java
String name = getName();
if (name != null) {
    // Hacer algo con name
}

// Kotlin
val name = getName()
name?.let {
    // Hacer algo con name
}
```

1.1.3 Extensiones de función

Kotlin permite definir extensiones de función, lo que permite la posibilidad de añadir funcionalidades a clases existentes sin tener que heredar de ellas. Esto facilita la adición de funcionalidad de reactividad a los tipos de datos existentes.

```
import reactor.core.publisher.Flux
// Extension de la clase Flux para añadir una función
// de filtro personalizada
fun Flux<Int>.filterEven(): Flux<Int> = this.filter { it % 2 == 0 }
fun main() {
    // Crear un Flux con números
    val numberFlux = Flux.just(1, 2, 3, 4, 5, 6)
    // Usar la extensión de la función filterEven
    val evenNumberFlux = numberFlux.filterEven()
    // Suscribirse para mostrar los elementos filtrados
    evenNumberFlux.subscribe { println(it) }
}
```

En este ejemplo, la función `filterEven` es una extensión de la clase `Flux` que sólo conserva los elementos pares del flujo. Utiliza el método `filter()` existente en `Flux` para realizar esta operación.

1.1.4 Smart cast

Kotlin ofrece conversiones inteligentes (*smart casts*), que permiten al compilador reconocer automáticamente el tipo de una variable en contextos específicos. Así, si se realizan verificaciones de tipo son realizados dentro de una variable, el compilador es capaz de convertir automáticamente esta variable dentro del tipo correspondiente a la verificación.

```
// Java
Object obj = getSomeObject();
if (obj instanceof String) {
    String str = (String) obj;
    // Haz algo con str
}

// Kotlin
val obj: Any? = getSomeObject()
if (obj is String) {
    // No hace falta cast, obj es considerado automáticamente
    // como un String aqui
    // Haz algo con obj
}
```

1.1.5 Coroutines

Kotlin ofrece soporte nativo para coroutines, que son un mecanismo que permite manejar operaciones asíncronas más fácilmente sin añadir complejidad al código. Por ejemplo, podemos usar coroutines para hacer llamadas asíncronas a la red sin tener que usar callbacks o flujos reactivos, lo que simplifica considerablemente el código.

```
// Kotlin
suspend fun fetchData(): String {
    return withContext(Dispatchers.IO) {
        // Efectuar una llamada asíncrona aquí
        // "Datos recuperados"
    }
}

// Utilización de la coroutine
val data = runBlocking { fetchData() }
```

1.1.6 Interoperabilidad con Java

Kotlin es totalmente interoperable con Java, lo que significa que puede utilizar las bibliotecas Java existentes dentro de sus aplicaciones Kotlin reactivas. Esto facilita la transición gradual a Kotlin de los proyectos existentes. Por ejemplo, puede utilizar bibliotecas reactivas Java como Reactor o RxJava en un proyecto Kotlin sin ningún problema.

```
// Java
Flux<String> flux = Flux.just("Hello", "World");
Mono<List<String>> mono = flux.collectList();

// Kotlin
val flux: Flux<String> = Flux.just("Hello", "World")
val mono: Mono<List<String>> = flux.collectList()
```

1.1.7 Legibilidad

Kotlin ofrece una sintaxis más expresiva y legible que Java. Esto hace que el código reactivo sea más fácil de entender, mantener y depurar.

```
// Java
List<String> fruits = Arrays.asList("Manzana", "Plátano", "Naranja");
List<String> upperCaseFruits = fruits.stream()
                                     .map(f -> f.toUpperCase())
                                     .collect(Collectors.toList());


// Kotlin
val fruits = listOf("Manzana", "Plátano", "Naranja")
val upperCaseFruits = fruits.map { it.toUpperCase() }
```

Por lo tanto, Kotlin ofrece una experiencia de desarrollo más agradable y productiva para las aplicaciones reactivas gracias a su concisión, la *null safety* extensiones de funciones, coroutines y compatibilidad con Java. Esto convierte a Kotlin en una opción atractiva para los desarrolladores que desean crear aplicaciones reactivas eficientes y escalables.

1.2 Exclusividades de Kotlin

Cualquier cosa que haga en Java se puede hacer en Kotlin. IntelliJ incluso ofrece traducciones sobre la marcha de Java a Kotlin utilizando copiar y pegar, con código copiado en Java seguido de código pegado en Kotlin. Java intenta ponerse al día con Kotlin a medida que se publica cada versión, pero siempre va un paso por detrás.

Kotlin es un lenguaje de programación moderno que ofrece una serie de características y mejoras con respecto a Java. Aquí tienes algunos ejemplos de lo que se puede hacer en Kotlin que no es posible en Java.

1.2.1 Funciones inlíne

Kotlin permite declarar funciones `inline` con la palabra clave `inline`, lo que mejora el rendimiento al evitar llamadas a funciones adicionales.

```
// Inline function
inline fun measureTime(block: () -> Unit) {
    val startTime = System.currentTimeMillis()
    block()
    val endTime = System.currentTimeMillis()
    println("Tiempo de ejecución: ${endTime - startTime} ms")
}
```

1.2.2 Inferencia de tipos

Kotlin tiene un sistema de inferencia de tipos más potente que Java, que permite declarar variables sin especificar explícitamente su tipo.

```
// Inferencia de tipos
val name = "John"
val age = 30

// No es necesario especificar explícitamente los tipos de
variables
val fruits = listOf("Apple", "Banana", "Orange")
val scores = mapOf("John" to 100, "Alice" to 90)
```

1.2.3 Interpolación de cadenas

Kotlin soporta la interpolación de cadenas, lo que facilita la concatenación de variables y literales en una cadena.

```
// Interpolación de cadenas
val name = "Juan"
val age = 30
// Concatenación de variables y literales en una caden
val mensaje = "Hola, mi nombre es $name y tengo $age años."
```

1.2.4 Excepciones checked

Kotlin no tiene excepciones `checked`, lo que significa que no tiene que manejar o declarar excepciones en un método. Esto hace que el código sea más conciso y menos verboso.

```
// Sin excepciones "comprobadas"
fun readFile() {
    try {
        // Código de lectura del archivo
    } catch (e: IOException) {
        // Manejo de excepciones (opcional)
    }
}
```

1.2.5 Expresión when

Kotlin proporciona una expresión `when` más potente que el tradicional `switch` de Java. `when` soporta múltiples tipos y condiciones más complejas.

```
// Expresión when
fun getMessage(status: Int): String {
    return when (status) {
        200 -> "OK"
        in 300..399 -> "Redireccion"
        404 -> "Not Found"
        else -> "Error desconocido"
    }
}

// Usando la expresión when
val status = 404
val message = getMessage(status)
```

Estas y otras características hacen de Kotlin un lenguaje más expresivo, conciso y seguro que Java, lo que lo hace muy atractivo para los desarrolladores modernos. Sin embargo, es importante tener en cuenta que Kotlin y Java son compatibles, lo que significa que puedes integrar código Kotlin en proyectos Java existentes y viceversa.

2. Uso de Kotlin con Reactor

Reactor soporta Kotlin 1.1+ y requiere `kotlin-stdlib` (o una de sus variantes `kotlin-stdlib-jdk7 y kotlin-stdlib-jdk8`). Las extensiones Kotlin están en el módulo dedicado `reactor-kotlin-extensions` con un nombre de paquete que empieza por `reactor.kotlin`. La API KDoc de Reactor lista y documenta todas las extensiones Kotlin disponibles.

2.1 Null safety extension

Reactor va más allá proporcionando una null safety para toda su API utilizando anotaciones declaradas en el paquete `reactor.util.annotation`. Esto proporciona a los desarrolladores de Kotlin una seguridad nula completa, incluso con tipos Java utilizados en Kotlin. Las verificaciones de JSR 305 pueden configurarse para reforzar la seguridad nula según las necesidades del proyecto. Aunque algunas características aún no están totalmente soportadas, el equipo planea incluirlas en futuras versiones. Puede configurar las comprobaciones JSR 305 añadiendo el indicador del compilador `-Xjsr305` con las siguientes opciones: `-Xjsr305={strict|warn|ignore}`.

2.2 Tipos reificados

Los parámetros de tipo reificados en Kotlin son una funcionalidad que permite retener información sobre tipos genéricos en tiempo de ejecución. A diferencia de Java, donde los tipos genéricos se borran en tiempo de compilación, Kotlin permite retener información sobre estos tipos, facilitando su manipulación de forma segura y expresiva. Esto significa que puede acceder a la información sobre tipos genéricos, como el tipo real de una lista, en tiempo de ejecución. Esto hace que el código sea más robusto y permite detectar errores de tipado en tiempo de ejecución en lugar de en tiempo de compilación.

El borrado de tipos genéricos de la JVM es el proceso por el cual la información específica de los tipos genéricos se elimina durante la compilación en el código de bytes de Java, lo que significa que esta información no está disponible en tiempo de ejecución, haciendo que los tipos genéricos no estén reificados y sean potencialmente más difíciles de manipular en tiempo de ejecución.

Reactor proporciona extensiones para aprovechar esta funcionalidad:

Java	**Kotlin con extensiones**
`Mono.just("foo")`	`"foo".toMono()`
`Flux.fromIterable(list)`	`list.toFlux()`
`Mono.error(new` `RuntimeException())`	`RuntimeException()` `.toMono()`
`Flux.error(new` `RuntimeException())`	`RuntimeException().toFlux()`

`flux.ofType(Foo.class)`	`flux.`
	`ofType<Foo>()`
	`orflux.ofType(Foo::class)`

`StepVerifier.create` `(flux).verifyComplete()`	`flux.test().verifyComplete()`

2.3 Ejemplo

He aquí un ejemplo en Kotlin que utiliza los diferentes métodos de creación de flujo y la verificación de etapas con `StepVerifier`:

```
data class User(val id: Int, val name: String)

fun main() {
    // Crear un Flujo a partir de una lista
    val list = listOf(1, 2, 3, 4, 5)
    val flux1 = Flux.fromIterable(list)
    StepVerifier.create(flux1).expectNext(1, 2, 3, 4, 5).verifyComplete()

    // Crear un flujo con un error
    val error = RuntimeException("Se ha producido un error")
    val flux2 = Flux.error<Int>(error)
    StepVerifier.create(flux2).expectError(RuntimeException::class.java)
.verify()

    // Crea un flujo y filtra elementos de tipo User
    val mixedList: List<Any> = listOf(1, "John", 2, User(3, "Alice"),
"Hello")
    val flux3 = Flux.fromIterable(mixedList)
        .ofType(User::class.java)
    StepVerifier.create(flux3).expectNext(User(3,
"Alice")).verifyComplete()
}
```

En este ejemplo, utilizamos `flux.fromIterable(list)` para crear un flujo a partir de una lista, luego utilizamos `Flux.error(new RuntimeException())` para crear un flujo que emita un error. Por último, utilizamos `Flux.ofType(User::class.java)` para filtrar elementos de tipo `User` de una lista mixta y `StepVerifier.create(flux).verifyComplete()` para comprobar que el flujo se ha completado sin errores.

El código es mucho más conciso y claro que si se hubiera escrito en Java.

3. CRUD para un usuario

3.1 CRUD simple

Aquí hay un ejemplo de una aplicación Spring WebFlux en Kotlin que expone un CRUD para la entidad usuario.

▶Defina la entidad usuario `User`.

```
data class User(val id: Long, val nombre: String, val email: String)
```

▶Crear un directorio `UserRepository` para gestionar los usuarios.

```
interface UserRepository {
    fun findAll(): Flux<User>
    fun findById(id: Long): Mono<User>
    fun save(user: User): Mono<User>
    fun update(id: Long, user: User): Mono<User>
    fun delete(id: Long): Mono<Void>
}
```

▶Implementar el directorio en memoria.

```
@Component
class InMemoryUserRepository : UserRepository {

    private val users = ConcurrentHashMap<Long, User>()

    override fun findAll(): Flux<User> {
        return Flux.fromIterable(users.values)
    }

    override fun findById(id: Long): Mono<User> {
        return Mono.justOrEmpty(users[id])
    }

    override fun save(user: User): Mono<User> {
        users[user.id] = user
        return Mono.just(user)
    }

    override fun update(id: Long, user: User): Mono<User> {
        if (users.containsKey(id)) {
            users[id] = user
```

```
            return Mono.just(user)
        }
        return Mono.empty()
    }

    override fun delete(id: Long): Mono<Void> {
        users.remove(id)
        return Mono.empty()
    }
}
```

▶ Crear un controlador para gestionar las solicitudes.

```
@RestController
@RequestMapping("/users")
class UserController(private val userRepository: UserRepository) {

    @GetMapping
    fun getAllUsers(): Flux<User> {
        return userRepository.findAll()
    }

    @GetMapping("/{id}")
    fun getUserById(@PathVariable id: Long): Mono<User> {
        return userRepository.findById(id)
    }

    @PostMapping
    fun createUser(@RequestBody user: User): Mono<User> {
        return userRepository.save(user)
    }

    @PutMapping("/{id}")
    fun updateUser(@PathVariable id: Long, @RequestBody user:
User): Mono<User> {
        return userRepository.update(id, user)
    }

    @DeleteMapping("/{id}")
    fun deleteUser(@PathVariable id: Long): Mono<Void> {
        return userRepository.delete(id)
    }
}
```

▶ Configure la aplicación Spring WebFlux.

```
@SpringBootApplication
class Application

fun main(args: Array<String>) {
    runApplication<Application>(*args)
}
```

La aplicación expone un CRUD para la entidad `User` con Spring WebFlux en Kotlin. Puede probar la API usando herramientas tales como Postman o cURL para hacer las solicitudes `GET`, `POST`, `PUT` y `DELETE` en el endpoint `"/users"`.

3.2 CRUD con coroutines

Ejemplo de una aplicación Spring WebFlux en Kotlin utilizando coroutines

Supongamos que tenemos una clase `User` que representa a un usuario:

```
data class User(val id: Int, val username: String, val email:
String)
```

También tenemos un `UserService` para gestionar las operaciones CRUD sobre los usuarios:

```
@Service
class UserService {
    private val users = mutableListOf<User>()

    suspend fun getAllUsers(): List<User> =
withContext(Dispatchers.IO) {
        // Simular un retardo para representar una
        // operación asíncrona
        delay(1000)
        users.toList()
    }

    suspend fun getUserById(id: Int): User? =
withContext(Dispatchers.IO) {
        // Simular un retardo para representar una operación
        // asíncrona
        delay(500)
```

```
        users.find { it.id == id }
    }

    suspend fun createUser(user: User): User =
withContext(Dispatchers.IO) {
        // Simular un retardo para representar una operación
        // asíncrona
        delay(500)
        val newUser = user.copy(id = users.size + 1)
        users.add(newUser)
        newUser
    }

    suspend fun updateUser(user: User): User? =
withContext(Dispatchers.IO) {
        // Simular un retardo para representar una operación
        // asíncrona
        delay(500)
        val index = users.indexOfFirst { it.id == user.id }
        if (index != -1) {
            users[index] = user
            user
        } else {
            null
        }
    }

    suspend fun deleteUser(id: Int): Boolean =
withContext(Dispatchers.IO) {
        // Simular un retardo para representar una operación
        // asíncrono
        delay(500)
        val index = users.indexOfFirst { it.id == id }
        if (index != -1) {
            users.removeAt(index)
            true
        } else {
            false
        }
    }
}
```

Ahora podemos crear nuestro controlador `UserController`, que utiliza coroutines para llamar a los métodos del servicio:

```
@RestController
@RequestMapping("/users")
class UserController(private val userService: UserService) {

    @GetMapping
    suspend fun getAllUsers(): List<User> {
        return userService.getAllUsers()
    }

    @GetMapping("/{id}")
    suspend fun getUserById(@PathVariable id: Int):
ResponseEntity<User> {
        val user = userService.getUserById(id)
        return if (user != null) {
            ResponseEntity.ok(user)
        } else {
            ResponseEntity.notFound().build()
        }
    }

    @PostMapping
    suspend fun createUser(@RequestBody user: User):
ResponseEntity<User> {
        val newUser = userService.createUser(user)
        return ResponseEntity(newUser, HttpStatus.CREATED)
    }

    @PutMapping("/{id}")
    suspend fun updateUser(@PathVariable id: Int, @RequestBody
user: User): ResponseEntity<User> {
        val updatedUser = userService.updateUser(user.copy(id =
id))
        return if (updatedUser != null) {
            ResponseEntity.ok(updatedUser)
        } else {
            ResponseEntity.notFound().build()
        }
    }

    @DeleteMapping("/{id}")
    suspend fun deleteUser(@PathVariable id: Int):
```

```
ResponseEntity<Unit> {
        val success = userService.deleteUser(id)
        return if (success) {
            ResponseEntity.noContent().build()
        } else {
            ResponseEntity.notFound().build()
        }
    }
}
```

En este código, utilizamos coroutines Kotlin `withContext(Dispatchers.IO)` para realizar operaciones asíncronas en el servicio `UserService`. Se añaden retardos mediante el método `delay()` para simular operaciones asíncronas.

Cuando se ejecuta esta aplicación WebFlux, las llamadas a los endpoints `getAllUsers()`, `getUserById()`, `createUser()`, `updateUser()` y `deleteUser()` se gestionan de forma asíncrona utilizando coroutines Kotlin.

4. Conclusión

El uso de Kotlin para la programación reactiva con Reactor presenta una serie de ventajas sobre Java. Kotlin ofrece una sintaxis más clara y concisa, lo que hace que el código sea más legible y mantenible. Además, Kotlin soporta la seguridad null, evitando así la célebre `NullPointerException`. Gracias a su interoperabilidad con Java, los desarrolladores pueden integrar fácilmente las bibliotecas existentes en sus aplicaciones Kotlin reactivas. Combinando la potencia de Kotlin con las características de Reactor, los desarrolladores pueden crear aplicaciones reactivas más robustas y eficientes.

Capítulo 8
Microservicios y aplicaciones en el cloud

1. Problemáticas

Ahora vamos a ver algunos puntos relacionados con el cloud y DevOps, como los doce factores de DevOps, los problemas relacionados con el cloud y la distribución del estado en varios nodos.

1.1 Doce factores DevOps

Los Doce Factores DevOps, también conocidos como *The Twelve-Factor App*, son un conjunto de buenas prácticas y principios de diseño para desarrollar aplicaciones cloud-native y escalables. Fueron desarrollados por Adam Wiggins y son ampliamente utilizados en la industria del desarrollo de software. He aquí una breve lista de los doce factores DevOps:

1. Código base: una aplicación debe tener un codebase único que esté versionado en un sistema de control de versiones.

2. Dependencias explícitas: todas las dependencias de la aplicación, incluidas las bibliotecas, deben estar claramente declaradas y aisladas.

3. Configuración: la configuración de la aplicación debe almacenarse en el entorno y no debe integrarse en el código.

4. Servicios externos: los servicios externos requeridos por la aplicación deben tratarse como recursos externos y acceder a ellos a través de variables de entorno.

5. Ensamblar, publicar, ejecutar: el proceso de construcción despliegue y ejecución de la aplicación debe ser independiente y automatizado.

6. Procesos: la aplicación debe diseñarse como un conjunto de procesos ligeros que sean fáciles de iniciar y detener.

7. Asociaciones de puertos: la aplicación debe ser autónoma y exponer los servicios mediante asociaciones de puertos explícitas.

8. Paralelización: la aplicación debe soportar el escalado horizontal mediante procesos individuales.

9. Desechable: la aplicación debe diseñarse para maximizar la robustez con arranques rápidos y paradas elegantes.

10. Paridad entre desarrollo y producción: los entornos de desarrollo, prueba y producción deben ser lo más similares posible.

11. Registros: la aplicación debe producir registros en forma de flujos de eventos, que puedan agregarse y analizarse.

12. Proceso de administración: las tareas de administración y gestión de la aplicación deben poder realizarse mediante la línea de comandos.

Siguiendo los doce factores de DevOps, los desarrolladores pueden crear aplicaciones robustas y escalables que son fáciles de gestionar en entornos de despliegue modernos y dinámicos.

Las aplicaciones reactivas de Spring pueden cumplir los doce factores para una aplicación desplegada en el cloud gracias al completo ecosistema de Spring que admite las mejores prácticas de DevOps y los principios de diseño de los doce factores. A continuación, se explica cómo se aborda cada factor en una aplicación reactiva de Spring desplegada en el cloud:

1. Base de código: Spring fomenta el uso de sistemas de control de versiones como Git para gestionar el código fuente de la aplicación, garantizando así una base de código única y versionada.

2. Dependencias explícitas: Spring facilita la gestión de dependencias a través de Maven o Gradle, lo que significa que las dependencias se pueden declarar explícitamente y aislarles.

3. Configuración: Spring Cloud Config permite almacenar la configuración de la aplicación en una ubicación centralizada, separada del código, para facilitar las actualizaciones y los despliegues.

4. Servicios externos: Spring Cloud admite la integración con servicios en el cloud como bases de datos, servicios de correo electrónico, etc., lo que permite tratar estos servicios como recursos externos.

5. Ensamblar, liberar, ejecutar: Spring Boot ofrece una herramienta de construcción y despliegue automatizada que facilita el proceso de construcción, *despliegue*(*release*) y *ejecución(run)* de la aplicación.

6. Proceso: Las aplicaciones Spring Boot pueden ejecutarse fácilmente en contenedores ligeros, como Docker, lo que permite crear aplicaciones modulares fáciles de iniciar/parar.

7. Asociaciones de puertos: Spring Boot hace que las aplicaciones sean autócontenidos y expone los servicios a través de puertos explícitos, lo que facilita su escalabilidad y despliegue.

8. Concurrencia: Spring ofrece soporte nativo para el escalado horizontal, lo que permite a las aplicaciones con capacidad de respuesta gestionar la concurrencia de forma eficiente.

9. Desechable: Spring permite que los estados compartidos se almacenen fuera de la aplicación, por ejemplo, utilizando una base de datos compartida, garantizando así la escalabilidad y la persistencia de los datos.

10. Paridad entre desarrollo y producción: Spring fomenta el uso de perfiles de configuración para que los entornos de desarrollo, prueba y producción sean lo más parecidos posible.

11. Registros: Spring Boot facilita la generación de registros en formato de flujo de eventos, lo que permite agregarlos y analizarlos para su supervisión y depuración.

12. Proceso de administración: Spring Boot Actuator proporciona endpoints para gestionar y administrar la aplicación a través de la línea de comandos, facilitando las tareas de administración y gestión.

Al integrar Spring Cloud y Spring Boot, las aplicaciones Spring reactivas pueden cumplir plenamente los doce factores DevOps, lo que las hace nativas en el cloud, escalables y muy adecuadas para los entornos de despliegue modernos.

1.2 Problemáticas en el cloud

Las aplicaciones reactivas de Spring en el cloud presentan una serie de problemas, como:

- Escalabilidad automática: las aplicaciones reactivas deben poder adaptarse dinámicamente a las variaciones de carga. Spring Cloud ofrece mecanismos de escalado automático mediante la integración con plataformas en el cloud como Kubernetes o Cloud Foundry.
- Gestión de microservicios: las arquitecturas reactivas suelen basarse en microservicios, lo que puede hacer más compleja la gestión de la infraestructura. Spring Cloud facilita el descubrimiento, la configuración y la comunicación entre microservicios proporcionando bibliotecas y herramientas como Spring Cloud Netflix Eureka, Ribbon y Feign.
- Resilientes: las aplicaciones reactivas deben ser resilientes a fallos y errores. Spring Cloud ofrece mecanismos como Spring Cloud Netflix Hystrix para gestionar la degradación controlada y la recuperación en caso de fallos.
- Comunicación asíncrona: las arquitecturas reactivas suelen utilizar modelos de comunicación asíncrona. Spring Cloud Stream facilita la implementación de la comunicación asíncrona proporcionando una abstracción para los sistemas de mensajería y streaming.
- Seguridad: la seguridad es una de las principales preocupaciones en el cloud. Spring Security ofrece funciones avanzadas para proteger las aplicaciones reactivas, como la autenticación, la autorización y la gestión de roles.

- Gestión de datos: las aplicaciones reactivas pueden utilizar modelos de persistencia tales como event sourcing o CQRS, que requieren una gestión de datos específica. Spring Data ofrece módulos para facilitar la manipulación de datos y la gestión de bases de datos en arquitecturas reactivas.
- Trazabilidad y supervisión: las aplicaciones reactivas pueden llegar a ser complejas, por lo que la trazabilidad y la supervisión son esenciales para detectar y resolver problemas rápidamente. Spring Cloud Sleuth y Spring Boot Actuator proporcionan capacidades de trazabilidad y supervisión distribuidas para aplicaciones reactivas.

En resumen, Spring Cloud ofrece un conjunto de herramientas y bibliotecas que facilitan el desarrollo, la implantación y la gestión de aplicaciones reactivas en el cloud. Estas herramientas permiten a los desarrolladores resolver los problemas específicos de las arquitecturas reactivas, al tiempo que se benefician de las ventajas del ecosistema Spring y aprovechan las funcionalidades que ofrecen las modernas plataformas en el cloud. Esto permite a las empresas desarrollar aplicaciones reactivas escalables, resilientes y de alto rendimiento en un entorno en el cloud.

1.3 Distribución de estados entre varios nodos

Cuando se desarrolla una aplicación reactiva con Spring y se despliega en un clúster de nodos en el cloud, surgen problemas relacionados con la distribución de estados entre los distintos nodos. Estos problemas incluyen:

- Coherencia de los datos: cuando los datos están repartidos en varios nodos, es esencial mantener la coherencia entre estos datos para evitar incoherencias y conflictos.
- Gestión de actualizaciones: cuando se realiza una actualización en uno de los nodos, es necesario propagar esta actualización de forma coherente a todos los demás nodos para que todo el clúster disponga de datos actualizados.

- Gestión de transacciones distribuidas: cuando una operación implica a varios nodos, hay que garantizar que estas operaciones se realizan de forma atómica, es decir, que se realizan todas o que no se realiza ninguna.
- Disponibilidad de los datos: en caso de fallo de un nodo, es importante garantizar que los datos sigan siendo accesibles y que el sistema siga funcionando sin interrupciones.

Spring resuelve estos problemas proporcionando mecanismos y herramientas específicos para distribuir estados en un entorno distribuido.

- Spring Data ofrece módulos específicos para gestionar bases de datos distribuidas, tales como Spring Data JPA para la persistencia en bases de datos relacionales distribuidas y Spring Data Redis para gestionar bases de datos clave-valor distribuidas.
- Spring Cloud proporciona bibliotecas y herramientas para la gestión de la configuración distribuida, el descubrimiento de servicios y la comunicación entre microservicios en un entorno distribuido.
- Spring Cloud Stream facilita la comunicación asíncrona entre diferentes nodos proporcionando una abstracción para los sistemas de mensajería y streaming.
- Spring Cloud Netflix ofrece componentes, tales como Eureka para el descubrimiento de servicios y Ribbon para el equilibrio de carga, que facilitan la implementación de una arquitectura de microservicios distribuida y resiliente.

Con estas herramientas, los desarrolladores pueden diseñar e desplegar aplicaciones reactivas con Spring, capaces de gestionar eficazmente la distribución del estado en varios nodos de un clúster en el cloud. Esto permite crear aplicaciones altamente disponibles, escalables y de alto rendimiento, al tiempo que se ofrece una experiencia de usuario fluida y sin interrupciones.

Un enfoque habitual para estudiar problemas de este tipo es estudiar Chord, un algoritmo de red par a par (*peer-to-peer*, P2P) que propusieron Ion Stoica, Robert Morris, David Karger, M. Frans Kaashoek y Hari Balakrishnan en 2001, cuando estaban en el MIT (*Massachusetts Institute of Technology*).

Algoritmos de la herramienta Chord

Los algoritmos de la herramienta Chord tratan principalmente conceptos relacionados con lasredes overlay y la gestión de tablas hash distribuidas (*Distributed Hash Table*, DHT). Chord es un protocolo y un algoritmo diseñados para resolver eficazmente el problema de la búsqueda (*lookup*) de claves en una red peer-to-peer descentralizada y distribuida.

Estos son los principales conceptos que abarcan los algoritmos Chord:

- Enrutamiento: Chord puede utilizarse para encontrar rápidamente un nodo responsable de una clave determinada en la red peer to peer. El algoritmo garantiza una complejidad logarítmica en O(log(N)) para el enrutamiento, siendo N el número total de nodos de la red.
- Tablas hash distribuidas: Chord se basa en una DHT (*Distributed Hash Table*) para gestionar la distribución de claves entre los nodos de la red. Cada nodo es responsable de un rango definido de claves, y las tablas hash distribuidas facilitan la localización de claves en la red.
- *Finger tables*: Chord utiliza tablas "finger" para acelerar el enrutamiento de las solicitudes. Cada nodo mantiene una finger tables que almacena las direcciones de algunos otros nodos de la red, lo que le permite encontrar rápidamente el nodo responsable de la clave que busca.
- *Join* y *leave*: Chord gestiona dinámicamente la incorporación y baja de nodos en la red. Cuando un nodo se une a la red, debe actualizar su finger tables y las finger tables de los demás nodos para garantizar la coherencia de la red. Del mismo modo, cuando un nodo abandona la red, las finger tables deben actualizarse para reflejar este cambio.
- Estabilización: Chord utiliza un mecanismo de estabilización para mantener la coherencia de las finger tables tras añadir o eliminar nodos. La estabilización garantiza que la red siga siendo eficiente y coherente incluso en un entorno dinámico.

Chord es un algoritmo fundamental para el diseño de redes P2P descentralizadas y distribuidas. Ofrece una solución elegante y eficiente al problema del encaminamiento en un entorno de este tipo, utilizando los conceptos de tablas hash distribuidas y finger tables para localizar rápidamente claves y nodos en la red.

Cuando buscamos integrar estos conceptos en una aplicación Spring, debemos tener en cuenta la capa de persistencia y delegar la gestión de estas cuestiones en bases de datos que ya las manejan de forma eficaz, como Cassandra. Al utilizar una base de datos distribuida como Cassandra, podemos beneficiarnos de la distribución automática de estados entre varios nodos de un clúster, lo que permite una mayor escalabilidad y disponibilidad de la aplicación reactiva. Además, al utilizar Spring Data Cassandra, podemos interactuar fácilmente con la base de datos, mapear nuestros objetos de negocio y aprovechar las características específicas de Cassandra para manejar consultas distribuidas de forma eficiente.

Integrar conceptos como la distribución de estados en una aplicación reactiva basada en Spring requiere un enfoque meditado de la gestión de la persistencia de datos. Trasladando estas cuestiones a bases de datos distribuidas como Cassandra, podemos aprovechar las funcionalidades que ofrecen estos sistemas para optimizar el rendimiento y la escalabilidad de la aplicación. Spring, con su completo ecosistema y bibliotecas como Spring Data Cassandra, facilita enormemente esta integración, lo que permite a los desarrolladores centrarse en crear aplicaciones receptivas robustas y de alto rendimiento.

Spring proporciona integraciones y herramientas para facilitar el uso de estos sistemas en las aplicaciones Spring. He aquí algunos ejemplos de integraciones de Spring con algunos de los sistemas que dan soporte a los temas mencionados anteriormente:

- Apache Kafka: Spring ofrece proyectos que proporcionan integración con Apache Kafka. Permite a las aplicaciones de Spring escribir y leer mensajes de clústeres de Kafka de forma sencilla y eficiente.
- Redis: Spring Data Redis es un módulo que facilita el uso de Redis con Spring. Proporciona funcionalidad para interactuar con Redis como tienda de datos, caché y lista de espera.
- Apache Pulsar: aunque Spring no ofrece un proyecto específico para Apache Pulsar, es posible utilizar el cliente oficial Java Pulsar en una aplicación Spring para interactuar con Pulsar.
- Amazon DynamoDB: Spring ofrece un módulo llamado Spring Data AWS, que proporciona funcionalidad para interactuar con los servicios de AWS, incluido DynamoDB, de forma sencilla y declarativa.

Es importante señalar que estas integraciones facilitan el uso de estos sistemas en aplicaciones Spring, pero que Spring no gestiona directamente el funcionamiento interno de estas bases de datos o sistemas distribuidos. Las integraciones de Spring están pensadas para simplificar el desarrollo y mejorar la productividad de los desarrolladores cuando utilizan estos sistemas en aplicaciones Spring.

2. Conclusión

En conclusión, Spring está demostrando ser un ecosistema completo que se adapta bien a los problemas que plantean las aplicaciones reactivas desplegadas en el cloud. Spring ofrece soluciones para gestionar eficazmente la reactividad, la escalabilidad y la resistencia. Además, Spring Data ofrece módulos para facilitar la integración con diferentes bases de datos, incluidas las adaptadas a sistemas distribuidos como Apache Kafka, Redis y Cassandra.

Gracias a estas herramientas e integraciones, los desarrolladores pueden crear aplicaciones de alto rendimiento y capacidad de respuesta, al tiempo que se benefician de las ventajas que ofrece el cloud, como la escalabilidad horizontal y la gestión flexible de recursos.

Por último, Spring ofrece un ecosistema completo para desarrollar aplicaciones reactivas en un entorno cloud, centrándose en la facilidad de desarrollo, la flexibilidad y la solidez. Gracias a su soporte activo y a su amplia comunidad, Spring es la opción preferida para los desarrolladores que buscan crear soluciones reactivas de alto rendimiento y escalables en el exigente contexto de la programación en la nube.

Capítulo 9
Utilizaciones avanzados

1. Introducción

En esta exploración de las arquitecturas de aplicaciones reactivas, destacamos una serie de elementos clave que encontramos con frecuencia a la hora de ejecutar proyectos. Revisamos y profundizamos en una serie de conceptos que sustentan estas arquitecturas, aunque aquí sólo podemos rozar la superficie de su complejidad. Es esencial estudiar estos temas en detalle, pero de momento nos contentaremos con una visión general para comprenderlos mejor.

Abordaremos estos puntos:

- *Domain-Driven Design* (DDD): comprender los principios del diseño de software basado en el dominio para alinear la aplicación con el negocio.
- Modelado basado en eventos y event sourcing: comprender cómo modelar el dominio utilizando eventos para mantener el estado de la aplicación, mediante el registro de todos los eventos.
- Event store: comprender el concepto de almacenamiento de eventos en un sistema de eventos y el uso del event sourcing para recuperar el estado.
- Event storming: un enfoque colaborativo para explorar y modelizar el ámbito empresarial mediante la identificación de eventos y procesos.
- Arquitectura hexagonal: comprender el principio de separar las preocupaciones utilizando una arquitectura en capas y situando el dominio en el centro.

- Clean architecture: comprender el modelo de arquitectura que fomenta la independencia entre las entidades lógicas y los detalles técnicos, lo que permite una mayor escalabilidad y capacidad de mantenimiento.
- CQRS (*Command Query Responsibility Segregation*): entender la separación de operaciones de lectura(*queries*) y *de escritura*(*commands*) para optimizar el rendimiento y la coherencia.
- Sagas: comprender el modelo de diseño para la gestión de transacciones distribuidas y operaciones atómicas en sistemas distribuidos.

Si comprende estos conceptos en este orden lógico, podrá desarrollar una visión completa del modelado de aplicaciones reactivas y elegir los enfoques más adecuados para sus proyectos.

2. Diseño basado en el dominio

El *Domain-Driven Design* (DDD) es un enfoque de diseño de software propuesto por Eric Evans en su libro *Domain-Driven Design: Tackling Complexity in the Heart of Software*. El objetivo del DDD es modelar rigurosamente el dominio empresarial y crear un lenguaje común entre expertos funcionales y desarrolladores, conocido como *ubiquitous language*. Esta visión compartida permite una mejor comprensión de los problemas negocios y la creación de software que refleje fielmente los conceptos y reglas del dominio. En el corazón de DDD está la noción de agregado, que es un conjunto de entidades y *value objects* tratados como una unidad coherente con una raíz agregada que gestiona las interacciones entre los distintos elementos.

Un objeto valor es un objeto de dominio que representa un valor. Es inmutable, lo que significa que no puede modificarse una vez creado. También es único, lo que significa que no hay dos objetos de valor que tengan los mismos valores.

El agregado es una frontera transaccional y de coherencia que garantiza el respeto de las invariantes de negocio durante las operaciones de modificación. El DDD también fomenta el uso de modelos ricos en funcionalidades, basados en una estrecha colaboración entre los expertos de negocio y los desarrolladores. El modelo se codifica en el código fuente de la aplicación y debe ser comprensible para los propios expertos de negocio. Además de los agregados, el DDD propone otros conceptos tales como entidades, los value objects, los *domain events*, los *factories*, los *domain services* y los *applications services*. Cada uno de estos elementos desempeña un papel específico en la construcción del modelo y la gestión del dominio de negocios. DDD se utiliza a menudo en el contexto de proyectos complejos en los que una comprensión profunda del dominio de negocio es crucial para el éxito del proyecto. Fomenta un enfoque iterativo e incremental, que permite refinar el modelo a lo largo del tiempo.

El *Domain-Driven Design* es un potente enfoque para diseñar software centrado en el núcleo del negocio. Mediante la adopción de una visión compartida, el uso de modelos enriquecidos y la creación de un lenguaje común, el DDD ayuda a los equipos a comprender mejor y responder a las necesidades del dominio de negocios, lo que se traduce en un software más claro, escalable y alineado con las expectativas de los usuarios.

2.1 Modelización de eventos y event sourcing

El modelado de eventos y el event sourcing son dos conceptos estrechamente relacionados en la arquitectura de software y la gestión de datos. Suelen utilizarse juntos para diseñar sistemas escalables, fiables y coherentes.

La modelización basada en eventos es un enfoque en el que los sucesos se consideran la principal fuente de verdad de un sistema. En lugar de centrarse en el estado actual de las entidades, el modelado basado en eventos registra todos los eventos que se han producido en el sistema a lo largo del tiempo. Estos eventos representan hechos inmutables que ocurrieron en el pasado y pueden utilizarse para reconstruir el estado actual de la aplicación en cualquier momento.

Por otro lado, el event sourcing es una técnica de persistencia de datos que implica el registro de eventos que han modificado el estado de una entidad, en lugar de almacenar directamente el estado actual de la entidad. Cada evento se registra en un registro secuencial, y el estado actual de la entidad se determina reproduciendo todos los eventos asociados a esa entidad. De este modo se mantiene un historial completo de los cambios que se han producido en el sistema, lo que puede resultar útil para la depuración, la gestión de errores y la auditoría.

La ventaja de combinar el modelado de eventos y el event sourcing de eventos reside en la trazabilidad y coherencia de los datos. Con este enfoque, es posible reconstruir el estado de la aplicación en cualquier momento del pasado simplemente reproduciendo los eventos registrados. También facilita el escalado, ya que los eventos pueden gestionarse de forma distribuida y asíncrona.

En este modelo, las entidades reaccionan a los eventos emitiendo nuevos eventos como respuesta. Por ejemplo, si un usuario realiza una compra en una aplicación de comercio electrónico, se registra un evento "compra realizada". A continuación, las entidades correspondientes (como el stock, la cesta del usuario, etc.) reaccionan a este evento emitiendo nuevos eventos, como "stock actualizado" o "cesta vaciada".

Sin embargo, la adopción de la modelización de eventos y el event sourcing no es adecuada para todo tipo de proyectos. Añaden complejidad adicional y pueden ser difíciles de gestionar para sistemas más sencillos o cuando la trazabilidad de eventos pasados no es esencial. Es esencial comprender plenamente los requisitos del proyecto y las ventajas que aportan estos enfoques antes de ponerlos en práctica.

El modelado basado en eventos y el event sourcing, son dos enfoques poderosos para diseñar sistemas coherentes y en evolución. Se centran en los eventos como fuente de verdad y permiten conservar un historial completo de los cambios en el sistema. Sin embargo, su adopción debe evaluarse en función de las necesidades específicas del proyecto para sacarles el máximo partido.

2.2 Event store

Un event store (almacén de eventos) es un elemento central en las arquitecturas basadas en el modelado de eventos y el event sourcing. Se trata de una base de datos específica que almacena todos los eventos que se han producido en un sistema. A diferencia de las bases de datos tradicionales, que almacenan el estado actual de las entidades, el evento store registra eventos inmutables que representan sucesos pasados en el sistema.

El principio del event store es almacenar eventos secuencialmente, preservando el orden cronológico de su ocurrencia. Cada evento está asociado a una entidad específica y contiene información sobre la acción que se produjo, así como los datos asociados a ese evento. De esta forma, se preserva la historia completa de los cambios en el sistema.

El event store desempeña un papel crucial en la reconstrucción del estado actual del sistema a partir de los eventos registrados. Utilizando los event sourcing, los eventos se reproducen secuencialmente para reconstruir el estado actual de todas las entidades del sistema. Esto permite ver el estado de la aplicación en cualquier momento del pasado, lo que facilita la depuración y el análisis de errores.

En un contexto distribuido, en el que varios nodos pueden generar eventos, el event store debe estar diseñado para soportar una replicación y distribución eficientes que garanticen la coherencia de los datos en todo el sistema.

Es importante señalar que el event store es de sólo lectura, lo que significa que los eventos registrados no se pueden modificar ni borrar. Esto garantiza la integridad del historial de eventos y asegura que no se pierdan datos, lo que es esencial para mantener la coherencia de la aplicación.

Un event store es, por tanto, un elemento fundamental en las arquitecturas basadas en el modelado de eventos y el event sourcing. Actúa como registro central de todos los eventos que se producen en el sistema, permitiendo reconstruir el estado actual de la aplicación a partir del historial de eventos. Al almacenar los eventos de forma secuencial e inmutable, garantiza la trazabilidad, coherencia y fiabilidad de los datos en el sistema distribuido.

2.3 Event storming

Event storming es un método de modelización visual y colaborativa inventado por Alberto Brandolini para explorar y comprender un dominio de negocios complejo. Este enfoque permite a los expertos empresariales y a los desarrolladores trabajar juntos para descubrir los procesos de negocios, las reglas y las interacciones clave dentro del dominio. El objetivo es crear un modelo compartido y completo del dominio, utilizando eventos como base para el modelado.

El event storming suele adoptar la forma de un taller interactivo en el que participan todas las partes interesadas en el proyecto. El taller suele estar dirigido por un facilitador que guía el proceso, pero la participación activa de todos los participantes es esencial. La idea es aunar los conocimientos y perspectivas de todos para construir un modelo rico y preciso.

Durante el taller, se identifican los eventos y se colocan en una gran pared o una pizarra en forma de notas adhesivas. Estos eventos representan hechos importantes o acciones significativas que se producen en el ámbito empresarial. Los participantes trabajan juntos para identificar los eventos y vincularlos entre sí, creando una representación visual de las interacciones y los flujos de datos.

Los eventos se organizan en agregados que agrupan los eventos vinculados a un concepto de dominio específico. A continuación, los agregados se utilizan para definir los procesos empresariales y las normas que rigen estas interacciones.

El event storming promueven la comunicación abierta y fomentan el intercambio de información entre las distintas partes interesadas. Con este planteamiento, los participantes pueden identificar rápidamente puntos de fricción, incoherencias y oportunidades de mejora en el ámbito empresarial. El modelo creado durante el "event storming" se utiliza como base para guiar el desarrollo de software, garantizando que el software creado esté estrechamente alineado con las necesidades del dominio.

El event storming es un potente método para explorar y modelizar un dominio empresarial complejo de forma colaborativa. Al fomentar el intercambio de ideas y la visualización de interacciones clave, este enfoque crea un modelo compartido que todos pueden entender, lo que facilita el diseño de software adaptado a las necesidades empresariales reales.

3. Arquitectura hexagonal y clean architecture

La clean architecture y la arquitectura hexagonal son dos enfoques de la arquitectura de software que pretenden crear aplicaciones bien estructuradas, modulares y fáciles de mantener. Aunque tienen orígenes y conceptos distintos, comparten un objetivo común: aislar el núcleo funcional de la aplicación de la lógica técnica para crear sistemas escalables y comprobables.

La clean architecture, popularizada por Robert C. Martin, también conocido como *Uncle Bob*, se basa en el principio de separación de preocupaciones y en la independencia de las distintas capas de la aplicación. Esta arquitectura se basa en el principio de *dependency rule*, que estipula que las dependencias deben apuntar siempre hacia dentro, es decir, las capas internas no deben conocer los detalles de implementación de las capas externas. La clean arquitecture se compone de cuatro círculos concéntricos:

- El círculo más interno representa el núcleo de la aplicación, que contiene la lógica de negocio y las reglas del dominio. Este círculo es independiente de cualquier tecnología externa y puede probarse de forma aislada.
- El siguiente círculo representa las interfaces, también conocidas como adaptadores, que definen los contratos entre el núcleo de la aplicación y las capas externas. Esto permite separar los detalles de implementación del núcleo funcional.
- El tercer círculo contiene los adaptadores de entrada y salida, que implementan las interfaces definidas en el círculo interior. Los adaptadores de entrada gestionan la interacción de la aplicación con elementos externos como la interfaz de usuario, las API externas, etc. Los adaptadores de salida gestionan el acceso a bases de datos, servicios externos, etc.

- El círculo más externo representa el marco de la aplicación, que contiene detalles técnicos tales como frameworks, bibliotecas, etc. Este círculo es el más volátil y puede sustituirse fácilmente sin afectar al núcleo de la aplicación.

La arquitectura hexagonal, también conocida como *Ports and Adapters* o *Onion Architecture*, es un planteamiento similar, pero con especial énfasis en el modelado de dominios y la separación de interfaces. La arquitectura hexagonal hace hincapié en el aislamiento de la actividad principal en un hexágono central, rodeado de adaptadores de entrada y salida, que gestionan las interacciones con el mundo exterior. Los adaptadores de entrada se encargan de convertir los datos entrantes en un formato comprensible para la aplicación central, mientras que los de salida gestionan la persistencia de los datos o las interacciones con servicios externos.

La arquitectura hexagonal favorece un enfoque basado en puertos y adaptadores, en el que las interfaces (puertos) definen los contratos entre la aplicación central y los elementos externos, y los adaptadores implementan estas interfaces para proporcionar interacciones concretas.

La clean arquitecture y la arquitectura hexagonal son dos enfoques de arquitectura de software cuyo objetivo es crear aplicaciones bien estructuradas, modulares y comprobables. Comparten el principio de separación de intereses y la definición de contratos claros entre las distintas partes de la aplicación. Estos enfoques permiten crear sistemas escalables y fáciles de mantener que se centran en la lógica de negocios más que en los detalles técnicos. La elección entre estas dos arquitecturas suele depender de las preferencias del equipo de desarrollo y de las particularidades del proyecto en cuestión.

4. CQRS

El CQRS (*Command Query Responsibility Segregation*) es un modelo arquitectónico que se utiliza a menudo en el contexto de las aplicaciones reactivas. Su objetivo es separar las operaciones de lectura(queries) y las operaciones de escritura(commands), utilizando diferentes patrones de diseño para cada uno. La idea principal de CQRS es optimizar el rendimiento y la escalabilidad de la aplicación gestionando por separado los requisitos de lectura y escritura.

En una aplicación reactiva, que normalmente maneja grandes cantidades de datos y flujos de eventos asíncronos, CQRS adquiere especial relevancia. A continuación, se explica cómo funciona CQRS en las aplicaciones reactivas:

- Separación de responsabilidades: CQRS divide las responsabilidades utilizando dos modelos distintos. Por un lado, tenemos el modelo de consulta(query), que gestiona las operaciones de lectura y responde a las solicitudes de datos. Por otro, tenemos el modelo de comandos(command), que se encarga de las operaciones de escritura y modifica el estado de la aplicación.
- Modelo de consulta(Query): el modelo de consulta se encarga de recuperar y presentar los datos a los usuarios. Está optimizado para las operaciones de lectura utilizando estructuras de datos adaptadas a las necesidades específicas de las consultas. Este modelo puede desplegarse en varios nodos de lectura para mejorar el rendimiento distribuyendo la carga.
- Modelo de comandos(Command): el modelo de comandos se encarga de gestionar los cambios en el estado de la aplicación. Recibe órdenes de los usuarios o de otros sistemas y realiza las actualizaciones oportunas en el estado de la aplicación. Este modelo suele estar optimizado para operaciones de escritura, lo que garantiza la coherencia y persistencia de los datos.
- Comunicación entre los modelos: para mantener la coherencia, los modelos de solicitud y control deben comunicarse entre sí. Esto se puede hacer mediante el uso de eventos para notificar cambios de estado en el modelo de control, y los modelos de consulta pueden escuchar estos eventos para actualizar sus datos de forma asíncrona.

Mediante el uso de CQRS en aplicaciones reactivas, los desarrolladores pueden optimizar sus sistemas para operaciones de lectura y escritura, adaptándolos a los requisitos específicos de cada caso. Esto mejora el rendimiento global de la aplicación y gestiona mejor los flujos de datos asíncronos, algo crucial en el contexto reactivo, donde los eventos pueden producirse en cualquier momento.

5. Sagas

En el contexto de las aplicaciones reactivas, las sagas son un modelo de coordinación para gestionar transacciones e interacciones entre varios servicios distribuidos. Las sagas se utilizan para mantener la coherencia de los datos y las acciones en un entorno distribuido en el que las operaciones son asíncronas y pueden fallar.

Una saga es esencialmente una secuencia de transacciones o etapas que pueden ejecutarse de forma fiable y coherente para realizar una tarea compleja en la que intervienen varios servicios. Cada paso de la saga representa una acción que debe realizarse en un servicio específico. Si un paso falla, la saga debe poder volver atrás y deshacer los pasos anteriores (esta acción se denomina "compensación") para garantizar la coherencia del sistema.

En el contexto de las aplicaciones reactivas, las sagas son especialmente útiles porque permiten gestionar las operaciones distribuidas de forma descentralizada y asíncrona, manteniendo la coherencia global del sistema. Las aplicaciones reactivas se despliegan a menudo en arquitecturas de microservicios, donde cada microservicio es responsable de una parte específica de la lógica de negocio. Las interacciones entre estos microservicios pueden ser complejas y deben gestionarse cuidadosamente para evitar incoherencias y errores.

Las sagas pueden utilizarse de diversas formas en aplicaciones reactivas, como:

- Modelo de coordinación: cada etapa de la saga se encapsula en un mensaje que se envía a un servicio específico. El servicio ejecuta la etapa y devuelve una respuesta indicando si la operación ha tenido éxito o ha fallado. Las etapas siguientes se activan en función de la respuesta, y las etapas anteriores pueden compensarse si es necesario.
- Utilización de mensajes asíncronos: las etapas de la saga se comunican entre sí mediante mensajes asíncronos, como eventos o mensajes de lista de espera. Esto permite que las etapas de la saga se ejecuten independientemente unas de otras, lo que mejora la escalabilidad y la reactividad de la aplicación.
- Gestión de retrasos y fallos: las sagas deben ser capaces de gestionar retrasos y fallos, ya que las operaciones distribuidas pueden llevar mucho tiempo y fallar debido a diversos factores. Los mecanismos de repetición, retardo y recuperación se utilizan para garantizar que los pasos de la saga se ejecutan correctamente y se compensan en caso de fallo.

Las sagas son una potente herramienta para gestionar la coordinación y la coherencia en aplicaciones reactivas. Permiten gestionar las operaciones distribuidas de forma fiable y robusta, manteniendo una alta disponibilidad y la capacidad de responder rápidamente a eventos asíncronos.

6. Evolución de las arquitecturas

La arquitectura de una aplicación evoluciona a medida que aumentan el tráfico y las necesidades. Al principio se suele utilizar un enfoque monolítico, pero rápidamente resulta difícil de mantener y evolucionar.

Al utilizar una arquitectura por capas, el código está mejor organizado, pero persisten los problemas de rendimiento.

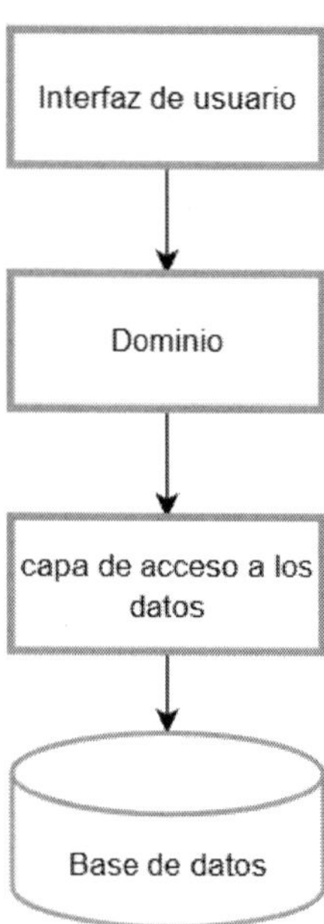

En segundo lugar, la arquitectura evoluciona hacia un enfoque CQRS, separando la parte de escritura de la de lectura, lo que permite una mejor gestión de las solicitudes y comandos.

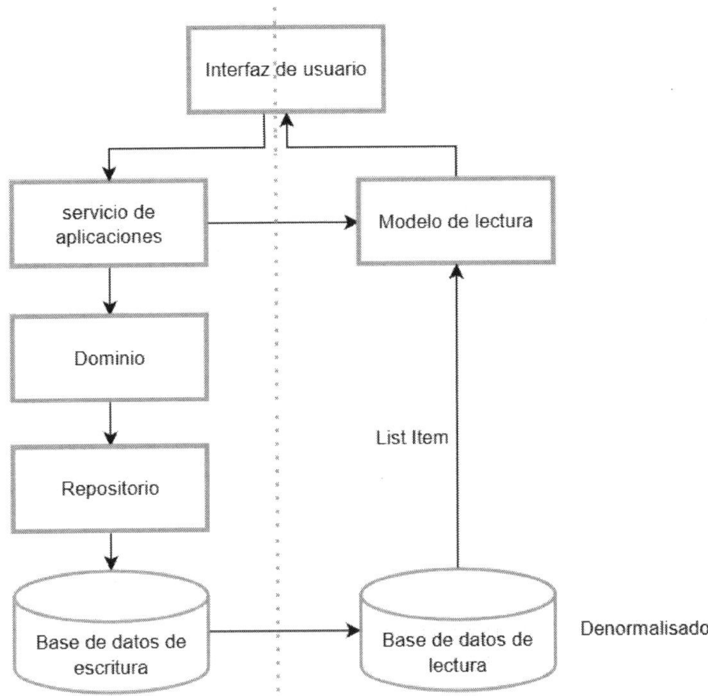

El uso de un bus de control y un bus de eventos facilita la comunicación entre las distintas partes de la aplicación y garantiza cierto grado de redundancia de los datos.

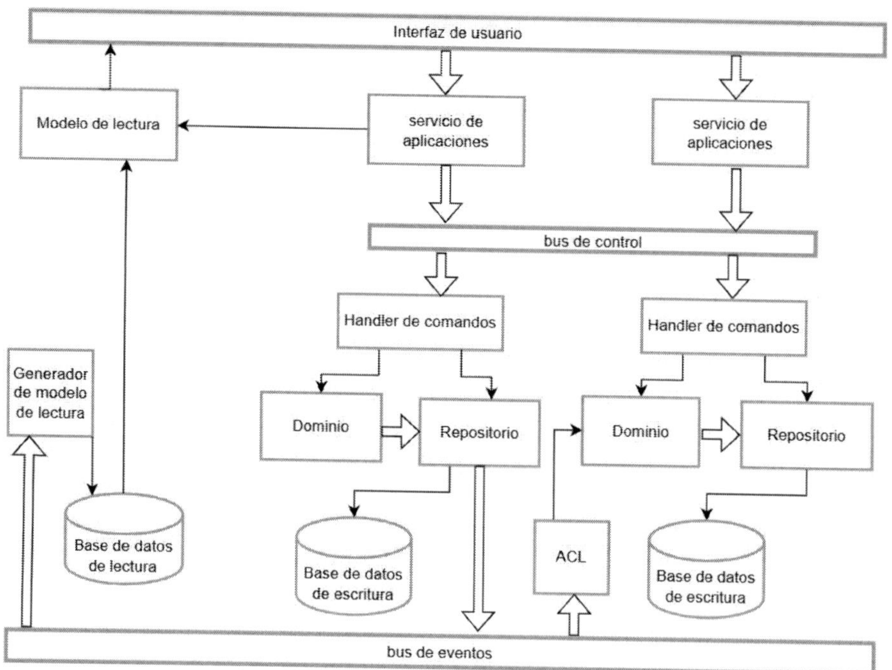

El siguiente paso es introducir un event store para guardar el historial de modificaciones de los datos, lo que permitirá reconstruir el estado final de los objetos a partir de su estado inicial y las modificaciones sucesivas.

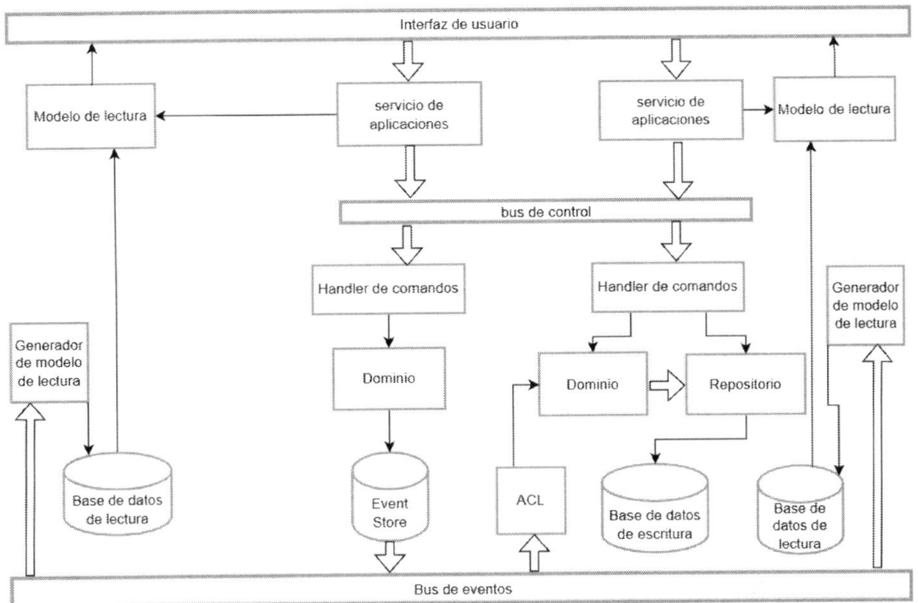

Por último, la arquitectura está evolucionando hacia un enfoque de streaming, en el que microservicios especializados utilizan flujos de datos para comunicarse entre sí, reduciendo así el flujo y el impacto de los cambios.

Este proceso evolutivo muestra cómo la arquitectura de una aplicación puede adaptarse gradualmente para satisfacer las crecientes necesidades de tráfico y funcionalidad. Cada etapa representa un enfoque más sofisticado y especializado, que permite gestionar mejor los problemas específicos de cada nivel de tráfico y complejidad. La utilización de diferentes técnicas, tales como CQRS, event store y streaming, optimiza el rendimiento, el mantenimiento y la escalabilidad de la aplicación. Esto pone de manifiesto la importancia de elegir una arquitectura adecuada desde el principio del proyecto y de mantener la flexibilidad para que pueda evolucionar a medida que cambien las necesidades.

7. Elementos de implementación

Existen varios módulos de Spring que pueden ayudarle a desarrollar aplicaciones reactivas, como:

- Spring WebFlux: módulo principal para la programación reactiva en Spring, utilizado para crear aplicaciones web reactivas basadas en flujos y eventos.
- Spring Reactive Streams: proporciona implementaciones para las interfaces reactivas del proyecto Reactor, así como flujos reactivos para la comunicación asíncrona entre componentes.
- Spring Data Reactive: amplía Spring Data ofreciendo características reactivas para operaciones de persistencia de datos con bases de datos reactivas como MongoDB y Cassandra.
- Spring WebClient: cliente HTTP reactivo, permite realizar llamadas HTTP de manera reactiva y no bloqueante.
- Spring Cloud Stream: framework para construir aplicaciones de streaming en tiempo real, utilizando enlaces de comunicación basados en canales. Integra plataformas de streaming como Apache Kafka y RabbitMQ.
- Spring Cloud Function: crea funciones reactivas que son independientes de cualquier entorno de ejecución específico, lo que favorece el desarrollo de aplicaciones basadas en eventos y reactivas.
- Spring Cloud Gateway: módulo de pasarela reactiva para enrutar y filtrar solicitudes de manera reactiva, que ofrece escalabilidad y resistencia mejoradas para aplicaciones basadas en la nube.
- Spring Security Reactive: extensión reactiva de Spring Security, que protege las aplicaciones reactivas utilizando los principios de la programación reactiva.
- Spring Session Reactive: permite la gestión reactiva de sesiones de usuario en entornos distribuidos, ofreciendo soporte asíncrono y reactivo.
- Spring AMQP: proporciona soporte reactivo para mensajería asíncrona basada en el protocolo *Advanced Message Queuing* Protocol (AMQP).
- Spring Integration: módulo que facilita la integración de sistemas heterogéneos y la comunicación entre aplicaciones mediante mensajes asíncronos y canales reactivos.

- Spring State Machine: un módulo de Spring que puede ser útil para desarrollar aplicaciones reactivas, en particular cuando se necesita gestionar el estado y el comportamiento de la aplicación en función de eventos.

Utilizando estos diferentes módulos, los desarrolladores pueden crear aplicaciones reactivas de alto rendimiento, escalables y resistentes en el ecosistema Spring. Cada módulo ofrece una funcionalidad específica para satisfacer las necesidades de las aplicaciones reactivas y facilita la integración de estas aplicaciones con otros componentes de Spring.

Ya hemos tratado muchos de estos puntos. Ahora echemos un vistazo a algunos módulos que pueden ser útiles.

7.1 Spring Cloud Stream

Spring Cloud Stream es un proyecto de Spring que facilita el desarrollo de aplicaciones basadas en el flujo de datos (*stream processing*) utilizando la plataforma Spring Boot. Este modelo de programación basado en mensajes y simplifica la integración con brokers de mensajes como RabbitMQ, Kafka, etc. Spring Cloud Stream permite producir y consumir eventos de forma declarativa y reactiva.

A continuación, se muestra un ejemplo comentado de una aplicación Spring Cloud Stream que utiliza RabbitMQ como agente de mensajes para producir y consumir mensajes:

- En primer lugar, añada las dependencias necesarias al archivo pom.xml (o build.gradle si utiliza Gradle).

```
<dependency>
    <groupId>org.springframework.cloud</groupId>
    <artifactId>spring-cloud-starter-stream-rabbit</artifactId>
</dependency>.
```

- Crear una interfaz para definir el canal de mensajes.

```
public interface MyMessageChannel {
    String OUTPUT = "myOutput";

    @Output(OUTPUT)
    MessageChannel output();
}
```

▶ Crear una clase para producir mensajes.

```
@EnableBinding(MyMessageChannel.class)
public class MessageProducer {

    private final MyMessageChannel myMessageChannel;

    @Autowired
    public MessageProducer(MyMessageChannel myMessageChannel) {
        this.myMessageChannel = myMessageChannel;
    }

    public void sendMessage(String content) {
        Message<String> message =  MessageBuilder.withPayload(content)
.build();
        myMessageChannel.output().send(message);
    }
}
```

▶ Crear una clase para consumir mensajes.

```
@EnableBinding(MyMessageChannel.class)
public class MessageConsumer {

    @StreamListener(MyMessageChannel.INPUT)
    public void handleMessage(String content) {
        System.out.println("Mensaje recibido: " + content);
    }
}
```

▶ Configure la aplicación especificando el broker de mensajes en el archivo application.properties (o application.yml).

```
spring.cloud.stream.bindings.myOutput.destination= my-exchange
spring.cloud.stream.bindings.myOutput.content-type=text/plain
```

▶ Por último, cree la clase principal para lanzar la aplicación Spring Boot.

```
@SpringBootApplication
public class StreamApplication {

    public static void main(String[] args) {
        SpringApplication.run(StreamApplication.class, args);
    }
}
```

En este ejemplo, utilizamos RabbitMQ como broker de mensajes configurando el destino de los mensajes (my-exchange) en el archivo application.properties.

- La clase `MyMessageChannel` define un canal de mensajes (`OUTPUT`), que se utiliza para enviar mensajes.
- La clase `MessageProducer` utiliza el canal de salida para producir mensajes y enviarlos a RabbitMQ.
- La clase `MessageConsumer` utiliza el canal (`INPUT`) para consumir los mensajes recibidos de RabbitMQ y simplemente los muestra en la consola.

Al ejecutar esta aplicación, cada mensaje producido a través de `MessageProducer.sendMessage("¡Hello, World!")` es consumido por `MessageConsumer.handleMessage` y mostrado en la consola. Spring Cloud Stream soporta la serialización y deserialización de objetos enviados y recibidos a través de canales de mensajes, haciendo que el desarrollo de aplicaciones responsivas basadas en flujos de datos sea más simple y eficiente.

Spring Cloud Stream le permite desarrollar aplicaciones reactivas utilizando brokers de mensajes, pero no incluye directamente los tipos reactivos `Mono` y `Flux` de Reactor, que en cambio son proporcionados por Spring Reactor (o WebFlux) para construir flujos reactivos.

7.2 Spring Cloud Function

Spring Cloud Function es un proyecto de Spring Cloud que permite desarrollar funciones (o lambdas) utilizando un enfoque sin estado e independiente del framework que puede utilizarse en aplicaciones reactivas. Permite crear funciones como componentes reutilizables, lo que las hace fácilmente intercambiables entre distintas infraestructuras, como las aplicaciones reactivas basadas en Spring WebFlux.

Para utilizar Spring Cloud Function en una aplicación reactiva, puede seguir estos pasos:

- Añada las dependencias necesarias a su proyecto (a través de Maven o Gradle, por ejemplo).

```
<dependency>
    <groupId>org.springframework.cloud</groupId>
    <artifactId>spring-cloud-starter-function-webflux</artifactId>
</dependency>.
```

- Crea una función definiendo una clase que implemente la interfaz `java.util.function.Function` con un método `apply()`.

```
import java.util.function.Function;

public class MyFunction implements Function<String, String> {
    @Override
    public String apply(String input) {
        return "¡Hello, " + input + "!";
    }
}
```

- Configure esta función para que se exponga a través de Spring Cloud Function.

```
import org.springframework.context.annotation.Bean;
import org.springframework.context.annotation.Configuration;

@Configuration
public class MyFunctionConfig {
    @Bean
    public Function<String, String> myFunction() {
        return new MyFunction();
    }
}
```

En este ejemplo, hemos creado una función simple que toma una cadena como entrada y devuelve una nueva cadena que contiene el mensaje `"Hello, "` seguido de la entrada.

▶ Inicie su aplicación Spring Boot y utilice la función expuesta como punto de entrada reactivo.

```
@SpringBootApplication
@FunctionScan
public class MyReactiveApp {
    public static void main(String[] args) {
        SpringApplication.run(MyReactiveApp.class, args);
    }
}
```

Ahora su aplicación reactiva está lista para procesar eventos utilizando la función expuesta. Por ejemplo, puede utilizar Spring Cloud Stream para conectar esta función a un agente de mensajes y procesar los mensajes entrantes de forma reactiva.

Observación

Tenga en cuenta que en este ejemplo hemos utilizado una función sin estado. Si necesita una función con estado, puede utilizar `java.util.function.Supplier`, `java.util.function.Consumer` u otras interfaces de función proporcionadas por Spring Cloud Function en función de su caso de utilización.

Spring Cloud Function facilita el desarrollo de aplicaciones reactivas proporcionando una abstracción para crear funciones sin estado que pueden utilizarse en un contexto reactivo, al tiempo que ofrece la flexibilidad de ejecutarlas en distintos entornos.

7.3 Spring Cloud Gateway

Spring Cloud Gateway es un proyecto de Spring Cloud que proporciona una forma sencilla y flexible de crear *pasarelas* API con capacidad de respuesta para sus microservicios. Permite enrutar, filtrar y gestionar las solicitudes HTTP entrantes a diferentes servicios mediante filtros y predicados configurables.

Para utilizar Spring Cloud Gateway en una aplicación reactiva, puede seguir estos pasos:

- Añada las dependencias necesarias a su proyecto (a través de Maven o Gradle, por ejemplo).

```
<dependencia>
   <groupId>org.springframework.cloud</groupId>
   <artifactId>spring-cloud-starter-gateway</artifactId>
</dependencia>.
```

- Configure las rutas de la pasarela en el archivo application.yml o application.properties. Por ejemplo, para redirigir todas las solicitudes HTTP con el prefijo "`/api`" a un servicio backend, añada esta configuración:

```
spring:
  cloud:
    gateway:
      routes:
      - id: myRoute
        uri: http://localhost:8080    # URL del servicio backend
        predicates:
        - Path=/api/**               # Predicado para peticiones
con el prefijo "/api"
```

- Inicie su aplicación Spring Boot con Spring Cloud Gateway activo.

```
@SpringBootApplication
@EnableGateway
@EnableDiscoveryClient
public class GatewayApplication {
    public static void main(String[] args) {
        SpringApplication.run(GatewayApplication.class, args);
    }
}
```

En este ejemplo, hemos configurado una ruta para redirigir todas las solicitudes con el prefijo "/api" al servicio backend que se ejecuta en http://localhost:8080. El prefijo "/api" se elimina de la solicitud antes de ser reenviada al backend.

También puedes añadir filtros personalizados para realizar operaciones adicionales, como autenticación, registro, etc. Por ejemplo, para añadir un filtro de registro, puede crear un bean de filtro de la siguiente manera:

```
@Component
public class LoggingFilter implements GlobalFilter, Ordered {
    @Override
    public Mono<Void> filter(ServerWebExchange exchange,
GatewayFilterChain chain) {
        System.out.println("Request: " + exchange.getRequest().getMethod()
+ " " + exchange.getRequest().getURI());
        return chain.filter(exchange);
    }

    @Override
    public int getOrder() {
        return Ordered.LOWEST_PRECEDENCE;
    }
}
```

En este ejemplo, hemos creado un filtro de registro que registra cada solicitud entrante con su método y URI.

Con Spring Cloud Gateway, puede crear una pasarela reactiva para sus microservicios, gestionar las solicitudes entrantes, aplicar filtros personalizados y dirigir las solicitudes a los servicios backend adecuados. Esto simplifica la gestión de API y asegura una mejor flexibilidad y escalabilidad de su arquitectura de microservicios.

7.4 Spring Integration

Spring Integration es un proyecto de Spring Framework que facilita la integración de diferentes sistemas dentro de una aplicación. Proporciona una solución para intercambiar mensajes entre componentes de forma asíncrona y reactiva. La arquitectura de Spring Integration se basa en el esquema de mensajería y se fundamenta principalmente en los conceptos de canales, pasarelas y adaptadores.

Para utilizar Spring Integration en una aplicación reactiva, puede seguir estos pasos:

- Añada las dependencias necesarias a su proyecto (a través de Maven o Gradle, por ejemplo).

```
<dependencia>
  <groupId>org.springframework.boot</groupId>
  <artifactId>spring-boot-starter-integration</artifactId>
</dependencia>.
```

- Configure los canales y las pasarelas en el archivo application.yml o application.properties. Por ejemplo, para crear un archivo :

```
spring:
  cloud:
    stream:
      bindings:
        inputChannel:
          destination: myInputChannel
```

- Crear componentes reactivos que actúen como adaptadores y pasarelas. Por ejemplo, para recibir mensajes de un canal y procesarlos con una función reactiva:

```
@Component
public class MyMessageReceiver {

    @Bean
    public IntegrationFlow myFlow() {
        return IntegrationFlows
                .from(inputChannel(), spec ->
spec.poller(Pollers.fixedDelay(1000)))
                .handle(this::processMessage)
                .get();
```

```
    }

    private Flux<String> processMessage(Object payload) {
        // Procesamiento reactivo del mensaje (payload) recibido del canal
        // Aquí, simplemente devolvemos un Flux vacío como ejemplo
        return Flux.empty();
    }

    @Bean
    public MessageChannel inputChannel() {
        return new DirectChannel();
    }
}
```

En este ejemplo, hemos creado un componente reactivo `MyMessageReceiver` que recibe mensajes del `inputChannel` y los procesa reactivamente en el método `processMessage()`.

También puede configurar adaptadores para comunicarse con otros sistemas externos, como bases de datos, colas, servicios web, etc.

Spring Integration es, por tanto, una potente forma de integrar sistemas de forma reactiva y asíncrona. Facilita el intercambio de mensajes entre los componentes de su aplicación utilizando canales, pasarelas y adaptadores. Con Spring Integration, puede crear flujos de mensajes reactivos y conectarlos a los distintos componentes de su aplicación para garantizar una integración fluida y reactiva entre distintos sistemas.

7.5 Spring State Machine

Spring State Machine es un proyecto de Spring Framework que permite modelar y gestionar máquinas de estados finitos en una aplicación. Proporciona una forma elegante de definir y gestionar transiciones de estado en respuesta a eventos específicos. Spring State Machine es útil en aplicaciones reactivas para gestionar comportamientos reactivos basados en estados.

Para utilizar Spring State Machine dentro de una aplicación reactiva, puede seguir estos pasos:

- Añada las dependencias necesarias a su proyecto (a través de Maven o Gradle, por ejemplo).

```
<dependency>
    <groupId>org.springframework.boot</groupId>
    <artifactId>spring-boot-starter-statemachine</artifactId>
</dependency>.
```

- Defina los estados, eventos y transiciones de su máquina de estados. Por ejemplo, para una máquina de estados simple con dos estados (`"ON"` y `"OFF"`) y un evento (`"TOGGLE"`).

```
@WithStateMachine
public class MyStateMachineConfig {

    @OnTransition(source = "OFF", target = "ON")
    public void turnOn() {
        System.out.println("Switching ON...");
    }

    @OnTransition(source = "ON", target = "OFF")
    public void turnOff() {
        System.out.println("Switching OFF...");
    }
}
```

- Configure su máquina de estados en su configuración principal.

```
@Configuration
@EnableStateMachine
public class MyStateMachineConfig {

    @Autowired
    private StateMachineFactory<MyStates, MyEvents>
stateMachineFactory;

    @Bean
    public StateMachineListener<MyStates, MyEvents> listener() {
        return new StateMachineListenerAdapter<MyStates,
MyEvents>() {
            @Override
```

```
            public void transition(Transition<MyStates,
MyEvents> transition) {
                System.out.println("Transitioning: " +
transition.getSource().getId() + " -> " +
transition.getTarget().getId());
            }
        };
    }

    @Bean
    public StateMachine<MyStates, MyEvents> stateMachine()
throws Exception {
        StateMachine<MyStates, MyEvents> stateMachine =
stateMachineFactory.getStateMachine();
        stateMachine.addStateListener(listener());
        return stateMachine;
    }
}
```

- Utiliza la máquina de estados en su aplicación reactiva para gestionar las transiciones de estado en respuesta a eventos. Por ejemplo, para activar un evento "TOGGLE":

```
@RestController
public class MyController {

    @Autowired
    private StateMachine<MyStates, MyEvents> stateMachine;

    @GetMapping("/toggle")
    public void toggle() {
        stateMachine.sendEvent(MyEvents.TOGGLE);
    }
}
```

En este ejemplo, hemos definido una máquina de estados simple con dos estados (`"ON"` y `"OFF"`) y un evento ("TOGGLE"). Cuando se activa el evento "TOGGLE" llamando al endpoint `"/toggle"`, la máquina de estados realiza la transición apropiada.

Spring State Machine es una potente forma de modelizar y gestionar máquinas de estado en una aplicación reactiva. Le permite definir estados, eventos y transiciones, y luego utilizarlos para gestionar el comportamiento reactivo basado en estados en su aplicación. Con Spring State Machine, puede gestionar fácilmente escenarios reactivos complejos utilizando un enfoque declarativo para definir el comportamiento de su máquina de estados.

El proyecto Spring State Machine es muy completo y puede utilizarse para crear modelos de máquinas de estados finitos complejos.

8. Conclusión

El ecosistema Spring es extraordinariamente completo para el desarrollo de aplicaciones reactivas. Ofrece una amplia gama de herramientas y módulos diseñados específicamente para satisfacer las necesidades de las aplicaciones reactivas. Ya sea Spring WebFlux para gestionar flujos reactivos, Spring Cloud Stream para comunicaciones asíncronas o Spring State Machine para modelar máquinas de estado, Spring ofrece una solución para cada preocupación relacionada con la reactividad.

Lo que hace que el ecosistema Spring sea aún más atractivo es su coherencia y perfecta integración. Al utilizar diferentes componentes de Spring para aplicaciones reactivas, los desarrolladores pueden permanecer en un ecosistema familiar y centrado en Spring, beneficiándose de una curva de aprendizaje reducida y de una mayor productividad.

Además, Spring tiene en cuenta metodologías específicas de las aplicaciones reactivas, tales como el *Domain-Driven Design* (DDD), el event sourcing, CQRS y muchas otras. Estos conceptos esenciales se integran en los módulos de Spring para facilitar la aplicación de buenas prácticas de diseño de software y garantizar la fiabilidad y escalabilidad de las aplicaciones reactivas.

Con su completo ecosistema y su compromiso con las aplicaciones reactivas, Spring proporciona a los desarrolladores un entorno propicio para crear aplicaciones reactivas escalables y de alto rendimiento. Gracias a su riqueza funcional y a su enfoque coherente, Spring es la elección adecuada para cualquiera que desee desarrollar aplicaciones reactivas disfrutando al mismo tiempo de las ventajas de un ecosistema bien establecido y respaldado.

Capítulo 10
Ejemplo eampleando el generador JHipster

1. Introducción

La herramienta JHipster está basada en Yeoman, que es un generador de código que podemos ejecutar para generar aplicaciones completas o partes útiles de una aplicación. Este generador puede ampliarse para generar lo que queramos. Los generadores Yeoman promueven lo que el equipo Yeoman llama el *Yeoman workflow*. Esta es una pila de herramientas del lado del cliente que puede ayudar a los desarrolladores a crear hermosas aplicaciones web rápidamente. Tiene todo lo necesario para trabajar sin las dificultades habituales asociadas a la configuración manual.

Puede utilizarse a través de:

- una instalación completa
- el sitio web https://start.jhipster.tech/
- una imagen Docker

Utilizamos la versión dockerisada porque es fácil de utilizar y genera aplicaciones reactivas.

2. Instalación mediante Docker

Podemos instalar JHipster a través de Docker. Los ejemplos utilizan la versión de desarrollo (8.0.0-beta.2).

JHipster tiene un Dockerfile específico, que proporciona una imagen Docker.

Realiza una *compilación automatizada Docker* disponible en: https://hub.docker.com/r/jhipster/jhipster/

Esta imagen te permite ejecutar JHipster dentro de Docker.

Requisitos previos:

- (Recomendado) Docker Desktop: la forma más sencilla de crear, ejecutar y probar aplicaciones Dockerizadas. Docker Desktop incluye una interfaz gráfica para gestionar contenedores/imágenes/volúmenes, herramientas de desarrollo de Docker, compatibilidad con Kubernetes y mucho más.
- Docker Engine: aplicación cliente-servidor con interfaz de línea de comandos (CLI). Siga las instrucciones de instalación de Docker Engine.

Como los archivos generados están en tu carpeta compartida, no se borrarán si detienes tu contenedor Docker. Sin embargo, si no quieres que Docker descargue todas las dependencias de Maven y NPM cada vez que inicies el contenedor, deberías guardar su estado o montar un volumen.

Atención: dependiendo de tu sistema operativo, tu `DOCKER_HOST` será diferente. En Linux, será su localhost. Para Mac/Windows, necesitará obtener la IP usando el siguiente comando: `docker-machine ip default`.

En Linux, es posible que tenga que ejecutar el comando Docker como root si su usuario no está en el grupo Docker. Te recomendamos que añadas tu usuario al grupo Docker para poder ejecutar comandos Docker como usuario no root. Siga los pasos en http://askubuntu.com/a/477554 para hacer esto.

Uso en Linux/Mac Windows (con Docker)

- Descargue la imagen.
  - Para la última imagen Docker JHipster:

```
docker image pull jhipster/jhipster
```

  - Para la imagen Docker JHipster de desarrollo:

```
docker image pull jhipster/jhipster:master
```

- Ejecuta la imagen.

Si está utilizando Docker Machine en Mac o Windows, su demon Docker tiene acceso limitado a su sistema de archivos OS X o Windows. Docker Machine intenta compartir automáticamente su directorio /Users (OS X) o C:\Users\<nombredeusuario> (Windows). Por lo tanto, debe crear la carpeta del proyecto en este directorio para evitar cualquier problema de montaje de volumen.

- Crea una carpeta jhipster en tu directorio personal.

```
mkdir ~/jhipster
```

- Ejecute la imagen Docker con las siguientes opciones para la versión release:

```
docker container run --name jhipster -v
~/jhipster:/home/jhipster/app -v ~/.m2:/home/jhipster/.m2 -p
8080:8080 -p 9000:9000 -p 3001:3001 -d -t jhipster/jhipster
```

- Ejecute la imagen Docker con las siguientes opciones para la versión de desarrollo:

```
docker container run --name jhipstermaster -v
~/jhipster:/home/jhipster/app -v ~/.m2:/home/jhipster/.m2 -p
8080:8080 -p 9000:9000 -p 3001:3001 -d -t jhipster/jhipster:master
```

Si ya ha iniciado el contenedor una vez, no necesita ejecutar el comando anterior, puedes iniciar/detener el contenedor existente.

- Para las siguientes operaciones, sustituya jhipster por jhipstermaster si es necesario.

- Para comprobar que su contenedor se está ejecutando, utilice el siguiente comando:

```
contenedor docker ps
```

Operaciones en curso

- Para detener el contenedor:

```
docker container stop jhipster
```

- Para reiniciarlo:

```
docker container start jhipster
```

- Si necesitas actualizar la imagen Docker (reconstruir o descargar desde Docker Hub), lo mejor es borrar el contenedor existente y ejecutarlo de nuevo. Para ello, primero detenga el contenedor, bórrelo y vuelva a ejecutarlo.

```
docker container stop jhipster
docker container rm jhipster
docker image pull jhipster/jhipster
docker container run --name jhipster -v ~/jhipster:/home/
jhipster/app -v ~/.m2:/home/jhipster/.m2 -p 8080:8080 -p
9000:9000 -p 3001:3001 -d -t jhipster/jhipster
```

- Acceder al contenedor

En Windows, es necesario ejecutar Docker Quick Terminal como administrador para poder crear enlaces simbólicos durante la etapa de `npm install`. La forma más sencilla de conectarse al contenedor en ejecución es ejecutar el siguiente comando:

```
docker container exec -it <nombre_del_contenedor> bash
```

- Si ha copiado y pegado el comando anterior para ejecutar el contenedor, tenga en cuenta que debes especificar `jhipster` como nombre del contenedor.

```
docker container exec -it jhipster bash
```

▶ Conéctese como utilizador "jhipster". Si desea conectarse como "root", ya que el comando `sudo` no está disponible en Ubuntu Xenial, debe ejecutar:

```
docker container exec -it --user root jhipster bash
```

A continuación, puede ir al directorio /home/jhipster/app de su contenedor y empezar a construir su aplicación dentro de Docker:

```
cd /home/jhipster/app
jhipster
```

Si prefiere usar Yarn, puede usar `jhipster --yarn` para usar Yarn en lugar de NPM. Una vez creada su aplicación, puede ejecutar todos los comandos habituale de `gulp/bower/maven`, por ejemplo:

```
./mvnw
```

¡Enhorabuena! ¡Ha lanzado su aplicación JHipster dentro de Docker!

En su máquina, debería poder:

- acceder a la aplicación que se está ejecutando en http://DOCKER_HOST:8080
- recuperar todos los archivos generados en su carpeta compartida

Por defecto, Docker no está instalado en la imagen jhipster/jhipster. Así que no podrás usar:

- utilizar archivos docker-compose
- construir una imagen Docker usando el demon docker (objetivo Maven: `jib:dockerBuild` o tarea Gradle: `jibDockerBuild`)

Sin embargo, puedes usar el modo *daemonless* de Jib, que puede construir una imagen Docker y empujarla a un registro sin tener acceso a un demon Docker (objetivo Maven: `jib:build` o tarea Gradle: `jibBuild`). Pero necesitarás configurar los identificadores para el registro Docker como prerrequisito para construir la aplicación. Consulte la documentación sobre la configuración del plugin Jib para más detalles.

Aplicación WebFlux

El generador JHipster puede ayudarnos a generar una aplicación WebFlux.

Podemos modificar los templates o hacer un template personalizado para generar aplicaciones con nuestros propios estándares, branding, etc. Es relativamente sencillo y puede ahorrar mucho tiempo si hay muchos proyectos.

3. Generación de código

Para ver las fuentes generadas, creamos una aplicación eligiendo todo por defecto, excepto:

- Webflux
- Base R2DBC

4. Estudio del código generado

Para esta sección, hemos utilizado la última versión disponible en el momento de escribir este artículo, la versión 8.0.0-beta2.

Podríamos tomar esta aplicación generada como punto de partida para diseñar una aplicación de ejemplo para nuestros futuros proyectos. También es un marco interesante para estudiar una aplicación muy completa.

La versión de `spring-boot` es la 3.1.1, que estamos migrando a la 3.1.2.

groupId	artefactId	Versión	Utilidad
tech.jhipster	jhipster-framework	8.0.0-beta.2	Framework de generación de aplicaciones Spring Boot + Angular/React/Vue

groupId	artefactId	Versión	Utilidad
org.spring-framework.boot	spring-boot-configura-tion-processor	3.1.2	Procesador de metadatos de configuración de Spring Boot
org.spring-framework.boot	spring-boot-loader-tools	3.1.2	Herramientas para cargar aplicaciones Spring Boot
org.spring-framework.boot	actuador de arranque por resorte	3.1.2	Puesta en marcha de las funcionalidades de gestión de la producción
org.spring-framework.boot	spring-boot-starter-data-r2dbc	3.1.2	Iniciación al uso de Spring Data R2DBC
org.spring-framework.boot	spring-boot-starter-log-ging	3.1.2	Iniciador para el registro con Logback
org.spring-framework.boot	spring-boot-starter-mail	3.1.2	Inicio para utilizar el mailing
org.spring-framework.boot	spring-boot-starter-oauth2-resource-server	3.1.2	Starter para crear un servidor de recursos OAuth2
org.spring-framework.boot	spring-boot-starter-seguridad	3.1.2	Iniciación a las funciones de seguridad de Spring Boot
org.spring-framework.boot	spring-boot-starter-test	3.1.2	Starter para pruebas con Spring Boot

groupId	artefactId	Versión	Utilidad
org.spring-framework.boot	spring-boot-starter-thy-meleaf	3.1.2	Starter para la utilización de Thymeleaf como motor de plantillas
org.spring-framework.boot	spring-boot-starter-validación	3.1.2	Starter para la validación de Java Bean
org.spring-framework.boot	spring-boot-starter-webflux	3.1.2	Starter para las aplicaciones web reactivas con Spring WebFlux
org.spring-framework.boot	spring-boot-test	3.1.2	Compatibilidad con pruebas de Spring Boot
org.spring-framework .security	primavera-prueba de seguridad	3.1.2	Compatibilidad con las pruebas de seguridad de Spring
org.springdoc	springdoc-openapi-starter-webflux-api	3.1.2	Starter para la documentación de API con SpringDoc para WebFlux
com.fasterxml .jackson .datatype	jackson-datatype-hppc	-	Módulo Jackson para HPPC (High Performance Primitive Collections)
com.fasterxml .jackson .datatype	jackson-datatype-jsr310	-	Módulo Jackson para la API de fecha y hora de Java 8

groupId	artefactId	Versión	Utilidad
com.fasterxml .jackson .module	jackson-module-jaxb-annotations	-	Módulo Jackson para anotaciones JAXB
com.tngtech .archunit	archunit-junit5-api	1.0.1	API de ArchUnit para JUnit 5
com.tngtech .archunit	archunit-junit5-motor	1.0.1	Motor ArchUnit para JUnit 5
com.zaxxer	HikariCP	-	Pool de conexiones JDBC de alto rendimiento
commons-beanutils	commons-beanutils	1.9.4	Biblioteca para manipular beans Java
io.dropwizard .metrics	métrica-núcleo	-	Núcleo de la Biblioteca de métricas para la supervisión de JVM
io.micrómetro	contexto-propagación	1.0.4	Propagación del contexto para Micrometer
io.micrómetro	micrómetro-registro-prometheus	-	Registro Prometheus para Micrómetro
io.netty	netty-resolver-dns-native-macos	-	Resolución DNS nativa para Netty en macOS
io.netty	netty-tcnative-boringssl-static	-	Implementación nativa de SSL/TLS para Netty

groupId	artefactId	Versión	Utilidad
io.projectreactor.tools	blockhound-junit-platform	1.0.8. LIBERACIÓN	Integración de BlockHound con la plataforma JUnit
jakarta .annotation	jakarta. annotation-api	-	API de anotaciones de Yakarta
jakarta .persistence	jakarta. persistencia-api	-	API de persistencia de Yakarta (JPA)
org.apache .commons	commons-lang3	-	Biblioteca de utilidades para Java del proyecto Apache Commons
org.liquibase	liquibase-core	4.20.0	Herramienta de gestión de versiones de bases de datos
org.mapstruct	mapstruct	1.5.5. Final	Generador de código para la conversión entre beans Java
org.mapstruct	mapstruct-procesador	1.5.5. Final	Procesador para MapStruct
org.springframework.data	spring-data-commons	3.1.2	Conceptos comunes de los proyectos Spring Data
org.testcontainers	jdbc	-	Testcontainers para bases de datos JDBC
org.testcontainers	postgresql	-	Testcontainers para la base de datos PostgreSQL

El código generado ilustra cómo utilizar una serie de elementos:

- liquibase
- una base de datos SQL con R2DBC
- una base de datos SQL con R2DBC
- protección CRLF
- registro mejorado en desarrollo mediante perfiles, además de `Hooks.onOperatorDebug();` bien configurado
- Seguridad Spring con `SecurityWebFilterChain` y `SecurityJwtConfiguration`
- `R2dbcRepositorio`
- controladores REST reactivos que utilizan `Mono` y `Flux`
- internacionalización
- algunas plantillas de thymeleaf para correos electrónicos y errores

Y cómo realizar determinadas acciones:

- registrar información importante en la puesta en marcha
- gestión de perfiles
- configurar el `LocaleContextResolver`
- configuración de CORS
- gestión de excepciones
- utilizar marcos cliente SPA
- hacer TU
- realizar TI utilizando `TestContainers` y `WebTestClient`

4.1 Configuración

Se configuran muchas cosas.

4.1.1 Registros

Archivo CRLFLogConverter.java

```
/**
 * Log filter to prevent attackers from forging log entries by
submitting input containing CRLF characters.
 * CRLF characters are replaced with a red colored _ character.
 *
 * @see <a href="https://owasp.org/www-community/attacks/
Log_Injection">Log Forging Description</a>
 * @see <a href="https://github.com/jhipster/generator-jhipster/
issues/14949">JHipster issue</a>
 */
public class CRLFLogConverter extends CompositeConverter<ILoggin-
gEvent> {

  public static final Marker CRLF_SAFE_MARKER =
MarkerFactory.getMarker("CRLF_SAFE");

  private static final String[] SAFE_LOGGERS = {
    "org.hibernate",
    "org.springframework.boot.autoconfigure",
    "org.springframework.boot.diagnostics",
  };
  private static final Map<String, AnsiElement> ELEMENTS;

  static {
    Map<String, AnsiElement> ansiElements = new HashMap<>();
    ansiElements.put("faint", AnsiStyle.FAINT);
    ansiElements.put("red", AnsiColor.RED);
    ansiElements.put("green", AnsiColor.GREEN);
    ansiElements.put("yellow", AnsiColor.YELLOW);
    ansiElements.put("blue", AnsiColor.BLUE);
    ansiElements.put("magenta", AnsiColor.MAGENTA);
    ansiElements.put("cyan", AnsiColor.CYAN);
    ELEMENTS = Collections.unmodifiableMap(ansiElements);
  }
```

```
  @Override
  protected String transform(ILoggingEvent event, String in) {
    AnsiElement element = ELEMENTS.get(getFirstOption());
    if ((event.getMarker() != null && event.getMarker()
.contains(CRLF_SAFE_MARKER)) || isLoggerSafe(event)) {
      return in;
    }
    String replacement = element == null ? "_" :
toAnsiString("_", element);
    return in.replaceAll("[\n\r\t]", replacement);
  }

  protected boolean isLoggerSafe(ILoggingEvent event) {
    for (String safeLogger : SAFE_LOGGERS) {
      if (event.getLoggerName().startsWith(safeLogger)) {
        return true;
      }
    }
    return false;
  }

  protected String toAnsiString(String in, AnsiElement element) {
    return AnsiOutput.toString(element, in);
  }
}
```

Este código es un filtro de registro (*log filter*) diseñado específicamente para prevenir ataques de inyección de registro. Aquí están los puntos clave de lo que hace este código:

Objetivo del código

- El ataque de inyección de registro puede producirse cuando un atacante envía entradas que contienen caracteres especiales como CRLF (*Carriage Return Line Feed*, representado por `\n` y `\r`), que pueden utilizarse para insertar nuevas líneas en los archivos de registro. Esto podría permitir a un atacante falsificar o enmascarar entradas de registro.
- Este filtro está diseñado para sustituir los caracteres CRLF por un carácter `_`, que puede colorearse en rojo para que sea claramente visible.

Marcadores y loggers seguros

- `CRLF_SAFE_MARKER`: un marcador que, si se asocia a un evento de registro, indica que este evento ya se considera seguro y no requiere ninguna transformación.
- `SAFE_LOGGERS`: una lista de paquetes de loggers que se consideran seguros. Estos registradores no se someten al proceso de transformación para sustituir los caracteres CRLF.

Carta de colores ANSI

`ELEMENTOS`: esta tarjeta vincula nombres de colores a representaciones ANSI específicas. Esto permite obtener una salida coloreada en los terminales que admiten el formato ANSI.

Método transform()

Este método realiza la transformación principal. Primero comprueba si el evento de registro está marcado como seguro o proviene de un registrador seguro. Si es así, devuelve el mensaje de registro tal cual. En caso contrario, sustituye los caracteres CRLF (y tabuladores) por el carácter de sustitución.

Métodos auxiliares

- `isLoggerSafe()`: determina si un evento de registro proviene de un logger considerado como seguro.
- `toAnsiString()`: convierte una cadena en una representación ANSI coloreada.

Este código pretende prevenir los ataques de inyección de registros filtrando y sustituyendo los caracteres que podrían utilizarse para falsificar las entradas de registro. La referencia a OWASP y JHipster sugiere que se trata de una práctica recomendada para reforzar la seguridad de las aplicaciones.

Archivo LoggingAspectConfiguration.java

```
@Configuration
@EnableAspectJAutoProxy
public class LoggingAspectConfiguration {

  @Bean
  @Profile(JHipsterConstants.SPRING_PROFILE_DEVELOPMENT)
  public LoggingAspect loggingAspect(Environment env) {
    return new LoggingAspect(env);
  }
}
```

Activamos el `LoggingAspect` en el desarrollo.

Archivo LoggingAspect.java

```
/**
 * Aspect for logging execution of service and repository Spring components.
 *
 * By default, it only runs with the "dev" profile.
 */
@Aspect
public class LoggingAspect {

  private final Environment env;

  public LoggingAspect(Environment env) {
    this.env = env;
  }

  /**
   * Pointcut that matches all repositories, services and Web REST endpoints.
   */
  @Pointcut(
    "within(@org.springframework.stereotype.Repository *)" +
    " || within(@org.springframework.stereotype.Service *)" +
    " || within(@org.springframework.web.bind.annotation.RestController *)"
  )
  public void springBeanPointcut() {
    // Method is empty as this is just a Pointcut, the implementations are
    // in the advices.
  }

  /**
   * Pointcut that matches all Spring beans in the application's main
packages.
   */
  @Pointcut(
```

```
        "within(com.mycompany.myapp.repository..*)" +
        " || within(com.mycompany.myapp.service..*)" +
        " || within(com.mycompany.myapp.web.rest..*)"
    )
    public void applicationPackagePointcut() {
        // Method is empty as this is just a Pointcut, the implementations are in
the advices.
    }

    /**
     * Retrieves the {@link Logger} associated to the given {@link JoinPoint}.
     *
     * @param joinPoint join point we want the logger for.
     * @return {@link Logger} associated to the given {@link JoinPoint}.
     */
    private Logger logger(JoinPoint joinPoint) {
        return LoggerFactory.getLogger(joinPoint.getSignature()
.getDeclaringTypeName());
    }

    /**
     * Advice that logs methods throwing exceptions.
     *
     * @param joinPoint join point for advice.
     * @param e exception.
     */
    @AfterThrowing(pointcut = "applicationPackagePointcut() &&
springBeanPointcut()", throwing = "e")
    public void logAfterThrowing(JoinPoint joinPoint, Throwable e) {
        if (env.acceptsProfiles(Profiles.of(JHipsterConstants
.SPRING_PROFILE_DEVELOPMENT))) {
            logger(joinPoint)
                .error(
                    "Exception in {}() with cause = '{}' and exception = '{}'",
                    joinPoint.getSignature().getName(),
                    e.getCause() != null ? e.getCause() : "NULL",
                    e.getMessage(),
                    e
                );
        } else {
            logger(joinPoint)
                .error(
                    "Exception in {}() with cause = {}",
                    joinPoint.getSignature().getName(),
                    e.getCause() != null ? e.getCause() : "NULL"
                );
        }
    }

    /**
     * Advice that logs when a method is entered and exited.
```

```
   *
   * @param joinPoint join point for advice.
   * @return result.
   * @throws Throwable throws {@link IllegalArgumentException}.
   */
  @Around("applicationPackagePointcut() && springBeanPointcut()")
  public Object logAround(ProceedingJoinPoint joinPoint) throws Throwable {
    Logger log = logger(joinPoint);
    if (log.isDebugEnabled()) {
      log.debug("Enter: {}() with argument[s] = {}",
joinPoint.getSignature().getName(), Arrays.toString(joinPoint.getArgs()));
    }
    try {
      Object result = joinPoint.proceed();
      if (log.isDebugEnabled()) {
        log.debug("Exit: {}() with result = {}",
joinPoint.getSignature().getName(), result);
      }
      return result;
    } catch (IllegalArgumentException e) {
      log.error("Illegal argument: {} in {}()",
Arrays.toString(joinPoint.getArgs()), joinPoint.getSignature()
.getName());
      throw e;
    }
  }
}
```

Este es un buen ejemplo de lo que podemos hacer con los aspectos para mejorar los registros.

Archivo ReactorConfiguration.java

```
@Configuration
@Profile("!" + JHipsterConstants.SPRING_PROFILE_PRODUCTION)
public class ReactorConfiguration {

  public ReactorConfiguration() {
    Hooks.onOperatorDebug();
  }
}
```

Debería activar `Hooks.onOperatorDebug()` cuando no esté en un entorno de producción. Esto mejora la legibilidad de los registros para la depuración.

4.1.2 Configurar fechas y horas

Archivo DateTimeFormatConfiguration.java

```
/**
 * Configure the converters to use the ISO format for dates by
default.
 */
@Configuration
public class DateTimeFormatConfiguration implements WebFluxConfi-
gurer {

  @Override
  public void addFormatters(FormatterRegistry registry) {
    DateTimeFormatterRegistrar registrar =
new DateTimeFormatterRegistrar();
    registrar.setUseIsoFormat(true);
    registrar.registerFormatters(registry);
  }
}
```

Este código se refiere a la configuración del formato de fecha y hora para una aplicación WebFlux Spring.

4.1.3 Seguridad

La clase `SecurityConfiguration` corresponde a la gestión de la seguridad con Spring Security. Puede probar todas las configuraciones con la elección de la seguridad (JWT, OAuth2, etc.) al elegir los parámetros de generación.

Aquí hemos elegido JWT.

Archivo SecurityConfiguration.java

```
@Configuration
@EnableReactiveMethodSecurity
public class SecurityConfiguration {

  private final JHipsterProperties jHipsterProperties;

  public SecurityConfiguration(JHipsterProperties
jHipsterProperties) {
    this.jHipsterProperties = jHipsterProperties;
  }
```

```
  @Bean
  public PasswordEncoder passwordEncoder() {
    return new BCryptPasswordEncoder();
  }

  @Bean
  public ReactiveAuthenticationManager
reactiveAuthenticationManager(ReactiveUserDetailsService
userDetailsService) {
    UserDetailsRepositoryReactiveAuthenticationManager
authenticationManager =
new UserDetailsRepositoryReactiveAuthenticationManager(
      userDetailsService
    );
    authenticationManager.setPasswordEncoder(passwordEncoder());
    return authenticationManager;
  }

  @Bean
  public SecurityWebFilterChain springSecurityFilterChain(ServerHttp
Security http) {
    http
      .securityMatcher(
        new NegatedServerWebExchangeMatcher(
          new OrServerWebExchangeMatcher(pathMatchers("/app/**",
"/i18n/**", "/content/**", "/swagger-ui/**"))
        )
      )
      .cors(withDefaults())
      .csrf(csrf -> csrf.disable())
      .addFilterAfter(new SpaWebFilter(),
SecurityWebFiltersOrder.HTTPS_REDIRECT)
      .headers(headers ->
        headers
          .contentSecurityPolicy(csp ->
csp.policyDirectives(jHipsterProperties.getSecurity()
.getContentSecurityPolicy()))
          .frameOptions(frameOptions ->
frameOptions.mode(Mode.DENY))
          .referrerPolicy(referrer ->
            referrer.policy(ReferrerPolicyServerHttpHeadersWriter
.ReferrerPolicy.STRICT_ORIGIN_WHEN_CROSS_ORIGIN)
          )
          .permissionsPolicy(permissions ->
            permissions.policy(
              "camera=(), fullscreen=(self), geolocation=(),
gyroscope=(), magnetometer=(), microphone=(), midi=(), payment=(),
sync-xhr=()"
```

```
            )
          )
      )
      .authorizeExchange(authz ->
        // prettier-ignore
        authz
          .pathMatchers("/").permitAll()
          .pathMatchers("/*.*").permitAll()
          .pathMatchers("/api/authenticate").permitAll()
          .pathMatchers("/api/register").permitAll()
          .pathMatchers("/api/activate").permitAll()
          .pathMatchers("/api/account/reset-password/init")
.permitAll()
          .pathMatchers("/api/account/reset-password/finish")
.permitAll()
          .pathMatchers("/api/admin/**")
.hasAuthority(AuthoritiesConstants.ADMIN)
          .pathMatchers("/api/**").authenticated()
          .pathMatchers("/services/**").authenticated()
          .pathMatchers("/v3/api-docs/**")
.hasAuthority(AuthoritiesConstants.ADMIN)
          .pathMatchers("/management/health").permitAll()
          .pathMatchers("/management/health/**").permitAll()
          .pathMatchers("/management/info").permitAll()
          .pathMatchers("/management/prometheus").permitAll()
          .pathMatchers("/management/**")
.hasAuthority(AuthoritiesConstants.ADMIN)
      )
      .httpBasic(basic -> basic.disable())
      .oauth2ResourceServer(oauth2 -> oauth2.jwt());
    return http.build();
  }
}
```

Archivo SecurityJwtConfiguration.java

```
package com.mycompany.myapp.config;

import static com.mycompany.myapp.security.SecurityUtils.AUTHORITIES_KEY;
import static com.mycompany.myapp.security.SecurityUtils.JWT_ALGORITHM;

import com.mycompany.myapp.management.SecurityMetersService;
import com.nimbusds.jose.jwk.source.ImmutableSecret;
import com.nimbusds.jose.util.Base64;

import javax.crypto.SecretKey;
import javax.crypto.spec.SecretKeySpec;

import org.springframework.beans.factory.annotation.Value;
import org.springframework.context.annotation.Bean;
import org.springframework.context.annotation.Configuration;
```

```
import org.springframework.security.oauth2.jwt.JwtEncoder;
import org.springframework.security.oauth2.jwt.NimbusJwtEncoder;
import org.springframework.security.oauth2.jwt.NimbusReactiveJwtDecoder;
import org.springframework.security.oauth2.jwt
.ReactiveJwtDecoder;
import org.springframework.security.oauth2.server.resource.authentication
.JwtGrantedAuthoritiesConverter;
import org.springframework.security.oauth2.server.resource.authentication
.ReactiveJwtAuthenticationConverter;
import org.springframework.security.oauth2.server.resource.authentication
.ReactiveJwtGrantedAuthoritiesConverterAdapter;

@Configuration
public class SecurityJwtConfiguration {

  @Value("${jhipster.security.authentication.jwt.base64-secret}")
  private String jwtKey;

  @Bean
  public ReactiveJwtDecoder jwtDecoder(SecurityMetersService mete7rsService) {
  NimbusReactiveJwtDecoder jwtDecoder =
NimbusReactiveJwtDecoder.withSecretKey(getSecretKey())
.macAlgorithm(JWT_ALGORITHM).build();
  return token -> {
    try {
    return jwtDecoder
      .decode(token)
      .doOnError(e -> {
      if (e.getMessage().contains("Jwt expired at")) {
        metersService.trackTokenExpired();
      }
      });
    } catch (Exception e) {
    if (e.getMessage().contains("An error occurred while attempting to
decode the Jwt")) {
      metersService.trackTokenMalformed();
    } else if (e.getMessage().contains("Failed to validate the token")) {
      metersService.trackTokenInvalidSignature();
    }
    throw e;
    }
  };
  }

  @Bean
  public JwtEncoder jwtEncoder() {
  return new NimbusJwtEncoder(new ImmutableSecret<>(getSecretKey()));
  }

  @Bean
  public ReactiveJwtAuthenticationConverter jwtAuthenticationConverter() {
  JwtGrantedAuthoritiesConverter grantedAuthoritiesConverter =
new JwtGrantedAuthoritiesConverter();
  grantedAuthoritiesConverter.setAuthorityPrefix("");
  grantedAuthoritiesConverter.setAuthoritiesClaimName(AUTHORITIES_KEY);

  ReactiveJwtAuthenticationConverter jwtAuthenticationConverter =
new ReactiveJwtAuthenticationConverter();
```

```
  jwtAuthenticationConverter.setJwtGrantedAuthoritiesConverter(
    new
ReactiveJwtGrantedAuthoritiesConverterAdapter(grantedAuthoritiesConverter)
  );
  return jwtAuthenticationConverter;
  }

  private SecretKey getSecretKey() {
  byte[] keyBytes = Base64.from(jwtKey).decode();
  return new SecretKeySpec(keyBytes, 0, keyBytes.length,
JWT_ALGORITHM.getName());
  }
}
```

La configuración de seguridad está muy bien gestionada.

Puedes probar OAuth2 con Keycloak para ver las diferencias en el código generado.

4.1.4 Configuración de WebFluxConfigurer

Archivo WebConfigurer.java

```
package com.mycompany.myapp.config;

import com.fasterxml.jackson.databind.ObjectMapper;
import com.mycompany.myapp.web.rest.errors.ExceptionTranslator;
import java.util.concurrent.TimeUnit;
import org.slf4j.Logger;
import org.slf4j.LoggerFactory;
import org.springframework.boot.autoconfigure.web.reactive
.ResourceHandlerRegistrationCustomizer;
import org.springframework.context.annotation.Bean;
import org.springframework.context.annotation.Configuration;
import org.springframework.context.annotation.Profile;
import org.springframework.core.annotation.Order;
import org.springframework.core.env.Environment;
import org.springframework.core.env.Profiles;
import org.springframework.data.web
.ReactivePageableHandlerMethodArgumentResolver;
import org.springframework.data.web
.ReactiveSortHandlerMethodArgumentResolver;
import org.springframework.util.CollectionUtils;
import org.springframework.web.cors.CorsConfiguration;
import org.springframework.web.cors.reactive
.CorsConfigurationSource;
import org.springframework.web.cors.reactive
.UrlBasedCorsConfigurationSource;
import org.springframework.web.reactive.config.WebFluxConfigurer;
import org.springframework.web.reactive.function.BodyInserters;
```

```
import org.springframework.web.reactive.function.server
.RequestPredicates;
import org.springframework.web.reactive.function.server.RouterFunction;
import org.springframework.web.reactive.function.server
.RouterFunctions;
import org.springframework.web.reactive.function
.serverServerResponse;
import org.springframework.web.reactive.result.method
.HandlerMethodArgumentResolver;
import org.springframework.web.server.WebExceptionHandler;
import tech.jhipster.config.JHipsterConstants;
import tech.jhipster.config.JHipsterProperties;
import tech.jhipster.config.h2.H2ConfigurationHelper;
import tech.jhipster.web.filter.reactive.CachingHttpHeadersFilter;
import tech.jhipster.web.rest.errors.ReactiveWebExceptionHandler;

/**
 * Configuration of web application with Servlet 3.0 APIs.
 */
@Configuration
public class WebConfigurer implements WebFluxConfigurer {

  //Prueba de Ejemplos
  @Bean
  public RouterFunction<ServerResponse> route() {
    return RouterFunctions.route(RequestPredicates.GET("/hello"),
request ->
      ServerResponse.ok().body(BodyInserters.fromValue("Hello 4,
World!")));
  }

  private final Logger log =
LoggerFactory.getLogger(WebConfigurer.class);

  private final JHipsterProperties jHipsterProperties;

  public WebConfigurer(Environment env, JHipsterProperties
jHipsterProperties) {
    this.jHipsterProperties = jHipsterProperties;
    if (env.acceptsProfiles(Profiles.of(JHipsterConstants
.SPRING_PROFILE_DEVELOPMENT))) {
      try {
        H2ConfigurationHelper.initH2Console();
      } catch (Exception e) {
        // Console may already be running on another app or after
a refresh.
        e.printStackTrace();
      }
```

```
    }
  }

  @Bean
  public CorsConfigurationSource corsConfigurationSource() {
    UrlBasedCorsConfigurationSource source =
new UrlBasedCorsConfigurationSource();
    CorsConfiguration config = jHipsterProperties.getCors();
    if (!CollectionUtils.isEmpty(config.getAllowedOrigins()) ||
!CollectionUtils.isEmpty(config.getAllowedOriginPatterns())) {
      log.debug("Registering CORS filter");
      source.registerCorsConfiguration("/api/**", config);
      source.registerCorsConfiguration("/management/**", config);
      source.registerCorsConfiguration("/v3/api-docs", config);
      source.registerCorsConfiguration("/swagger-ui/**", config);
    }
    return source;
  }

  // TODO: remove when this is supported in spring-boot
  @Bean
  HandlerMethodArgumentResolver
reactivePageableHandlerMethodArgumentResolver() {
    return new ReactivePageableHandlerMethodArgumentResolver();
  }

  // TODO: remove when this is supported in spring-boot
  @Bean
  HandlerMethodArgumentResolver
reactiveSortHandlerMethodArgumentResolver() {
    return new ReactiveSortHandlerMethodArgumentResolver();
  }

  @Bean
  @Order(-2) // The handler must have precedence over
WebFluxResponseStatusExceptionHandler and Spring Boot's
ErrorWebExceptionHandler
  public WebExceptionHandler problemExceptionHandler(ObjectMapper
mapper, ExceptionTranslator problemHandling) {
    return new ReactiveWebExceptionHandler(problemHandling,
mapper);
  }

  @Bean
  ResourceHandlerRegistrationCustomizer registrationCustomizer() {
    // Disable built-in cache control to use our custom filter
instead
    return registration -> registration.setCacheControl(null);
```

```
  }

  @Bean
  @Profile(JHipsterConstants.SPRING_PROFILE_PRODUCTION)
  public CachingHttpHeadersFilter cachingHttpHeadersFilter() {
    // Use a cache filter that only match selected paths
    return new CachingHttpHeadersFilter(TimeUnit.DAYS
.toMillis(jHipsterProperties.getHttp().getCache()
.getTimeToLiveInDays()));
  }
}
```

4.2 Capas

Tenemos capas clásicas:

- Dominio
- Repositorio
- Servicio
- Controladores

4.2.1 Dominio

Seguimos siendo muy clásicos a este respecto.

Archivo User.java

```
@Table("jhi_user")
public class User extends AbstractAuditingEntity<Long> implements
Serializable {

  private static final long serialVersionUID = 1L;

  @Id
  private Long id;

  @NotNull
  @Pattern(regexp = Constants.LOGIN_REGEX)
  @Size(min = 1, max = 50)
  private String login;

  @JsonIgnore
```

```
    @NotNull
    @Size(min = 60, max = 60)
    @Column("password_hash")
    private String password;
  [...]
  }
```

4.2.2 Repository

Tenemos un R2dbcRepository, que es el clásico directorio R2DBC.

Archivo UserRepository.java

```
@Repository
public interfaz UserRepository extends R2dbcRepository<User,
Long>, UserRepositoryInternal {
Mono<User> findOneByActivationKey(String activationKey);
Flujo<User>
findAllByActivatedIsFalseAndActivationKeyIsNotNullAndCreatedDateBefore
(LocalDateTime dateTime);
Mono<User>
findOneByResetKey
(String resetKey);
Mono<User> findOneByEmailIgnoreCase(String email);
Mono<User> findOneByLogin(String login); [
...]
}
```

4.2.3 Servicio

La capa de servicios gestiona Flux y Mono.

Archivo UserService.java

```
/**
 * Service class for managing users.
 */
@Service
public class UserService {
[...]
@Transactional
public Mono<User> registerUser(AdminUserDTO userDTO, String password) {
  return userRepository
    .findOneByLogin(userDTO.getLogin().toLowerCase())
    .flatMap(existingUser -> {
      if (!existingUser.isActivated()) {
        return userRepository.delete(existingUser);
```

```
      } else {
        return Mono.error(new UsernameAlreadyUsedException());
      }
    })
    .then(userRepository.findOneByEmailIgnoreCase(userDTO.getEmail()))
    .flatMap(existingUser -> {
      if (!existingUser.isActivated()) {
        return userRepository.delete(existingUser);
      } else {
        return Mono.error(new EmailAlreadyUsedException());
      }
    })
    .publishOn(Schedulers.boundedElastic())
    .then(
      Mono.fromCallable(() -> {
        User newUser = new User();
        String encryptedPassword = passwordEncoder.encode(password);
        newUser.setLogin(userDTO.getLogin().toLowerCase());
        // new user gets initially a generated password
        newUser.setPassword(encryptedPassword);
        newUser.setFirstName(userDTO.getFirstName());
        newUser.setLastName(userDTO.getLastName());
        if (userDTO.getEmail() != null) {
          newUser.setEmail(userDTO.getEmail().toLowerCase());
        }
        newUser.setImageUrl(userDTO.getImageUrl());
        newUser.setLangKey(userDTO.getLangKey());
        // new user is not active
        newUser.setActivated(false);
        // new user gets registration key
        newUser.setActivationKey(RandomUtil.generateActivationKey());
        return newUser;
      })
    )
    .flatMap(newUser -> {
      Set<Authority> authorities = new HashSet<>();
      return authorityRepository
        .findById(AuthoritiesConstants.USER)
        .map(authorities::add)
        .thenReturn(newUser)
        .doOnNext(user -> user.setAuthorities(authorities))
        .flatMap(this::saveUser)
        .doOnNext(user -> log.debug("Created Information for User: {}",
user));
    });
}
[...]
}
```

4.2.4 Controladores

Los controladores son controladores anotados WebFlux.

Archivo UserResource.java

```
[...]
@RestController
@RequestMapping("/api/admin")
public class UserResource {
[...]
  /**
   * {@code POST  /admin/users}  : Creates a new user.
   * <p>
   * Creates a new user if the login and email are not already used, and
   * sends an mail with an activation link.
   * The user needs to be activated on creation.
   *
   * @param userDTO the user to create.
   * @return the {@link ResponseEntity} with status {@code 201
(Created)} and with body the new user, or with status {@code 400
(Bad Request)} if the login or email is already in use.
   * @throws BadRequestAlertException {@code 400 (Bad Request)} if
the login or email is already in use.
   */
  @PostMapping("/users")
  @PreAuthorize("hasAuthority(\"" + AuthoritiesConstants.ADMIN + "\")")
  public Mono<ResponseEntity<User>> createUser(@Valid
@RequestBody
AdminUserDTO userDTO) {
    log.debug("REST request to save User : {}", userDTO);

    if (userDTO.getId() != null) {
      throw new BadRequestAlertException("A new user cannot
already
have an ID", "userManagement", "idexists");
      // Lowercase the user login before comparing with database
    }
    return userRepository
      .findOneByLogin(userDTO.getLogin().toLowerCase())
      .hasElement()
      .flatMap(loginExists -> {
        if (Boolean.TRUE.equals(loginExists)) {
          return Mono.error(new LoginAlreadyUsedException());
        }
        return userRepository.findOneByEmailIgnoreCase(userDTO
.getEmail());
      })
      .hasElement()
      .flatMap(emailExists -> {
        if (Boolean.TRUE.equals(emailExists)) {
          return Mono.error(new EmailAlreadyUsedException());
        }
        return userService.createUser(userDTO);
      })
      .doOnSuccess(mailService::sendCreationEmail)
      .map(user -> {
```

```
        try {
          return ResponseEntity
            .created(new URI("/api/admin/users/" +
user.getLogin()))
            .headers(HeaderUtil.createAlert(applicationName,
"userManagement.created", user.getLogin()))
            .body(user);
        } catch (URISyntaxException e) {
          throw new RuntimeException(e);
        }
      });
  }
[...]
}
```

Podríamos muy bien utilizar plantillas para generar enrutadores funcionales en lugar de controladores anotados.

5. Conclusión

JHipster es una herramienta de generación de aplicaciones robusta y probada que combina varias tecnologías de vanguardia para proporcionar una base sólida para el desarrollo de aplicaciones modernas. Cuando se trata de crear aplicaciones basadas en Spring WebFlux, JHipster ofrece un sinfín de ventajas.

- **Rápida puesta en marcha**: con JHipster, la configuración de una aplicación Spring WebFlux se acelera enormemente. Lo que podría llevar días o semanas de forma manual se puede realizar en minutos con JHipster.
- **Mejores prácticas integradas**: JHipster incorpora las mejores prácticas en el desarrollo de aplicaciones, lo que garantiza que la aplicación resultante no solo sea funcional, sino también optimizada y segura.
- **Personalización**: aunque JHipster automatiza muchos aspectos del desarrollo, también ofrece una gran flexibilidad a la hora de personalizar la aplicación para adaptarla a las necesidades específicas del proyecto.
- **Integración con otras tecnologías**: JHipster admite la integración con diversas bases de datos, herramientas de autenticación y otras tecnologías, lo que garantiza que la aplicación esté preparada para una gran variedad de escenarios de uso.
- **Amplia documentación**: una de las mayores ventajas de JHipster es su activa comunidad y su completa documentación, que ayuda a los desarrolladores a comprender y ampliar su aplicación generada.

- **Compatibilidad con la reactividad**: al utilizar Spring WebFlux, JHipster garantiza que la aplicación esté preparada para una arquitectura reactiva, lo que ofrece un mayor rendimiento y una mejor gestión de los recursos, especialmente para aplicaciones de alta velocidad o a gran escala.

Si está pensando en crear una aplicación basada en Spring WebFlux, JHipster es un buen punto de partida. Ofrece una combinación de automatización, personalización y buenas prácticas, lo que garantiza que la aplicación no solo esté lista para la producción, sino que también esté bien diseñada, sea segura y tenga un alto rendimiento.

Conclusión

En conclusión, utilizar Spring Reactor para diseñar aplicaciones Java reactivas tiene muchas ventajas. Aunque estas aplicaciones pueden ser más complejas que las aplicaciones tradicionales, hacen un uso óptimo de los recursos del servidor y muestran un comportamiento predecible, incluso bajo estrés.

Si al iniciar un nuevo proyecto surge la oportunidad de crear una aplicación reactiva, es muy recomendable aprovecharla. Al optar por un enfoque reactivo, las empresas pueden ahorrar considerablemente, ya que la aplicación se diseñará desde el principio para ser escalable y fiable.

Al explotar los principios de la programación reactiva con Spring Reactor, los desarrolladores pueden crear aplicaciones que respondan rápidamente a las solicitudes en tiempo real, gestionando de forma eficiente los flujos de datos asíncronos y garantizando al mismo tiempo una baja latencia y una alta resistencia a los fallos. Esto abre nuevas oportunidades para el desarrollo de aplicaciones modernas y de alto rendimiento, adaptadas a los retos del cambio tecnológico y a las crecientes demandas de los usuarios.

Cuando se diseñan aplicaciones reactivas utilizando Spring Reactor, es importante elegir sabiamente las diferentes bibliotecas disponibles para satisfacer las necesidades específicas del proyecto. Reactor Core es el componente central que proporciona la funcionalidad básica para la programación reactiva en Java, y es adecuado para la mayoría de los casos de uso genéricos en los que se requiere la gestión de flujos de datos asíncronos.

Sin embargo, para escenarios específicos, la utilización de complementos como Reactor Netty, Reactor RabbitMQ y Reactor Kafka puede ser apropiado. Reactor Netty es ideal para aplicaciones de red que requieren alto rendimiento y baja latencia, ya que se basa en Netty, un framework de E/S de red reactiva. Reactor RabbitMQ ofrece una integración fluida con RabbitMQ, permitiendo una comunicación asíncrona fiable a través de una lista de espera, lo que resulta especialmente útil para tareas de mensajería y procesamiento distribuido. Por último, Reactor Kafka facilita la integración con Apache Kafka, permitiendo procesar eficientemente flujos de datos a gran escala y en tiempo real.

En resumen, la elección de las bibliotecas Reactor adecuadas dependerá de las características específicas del proyecto y de los requisitos en términos de comunicación, rendimiento y procesamiento de datos. Combinando estos módulos adicionales con Reactor Core, los desarrolladores pueden crear aplicaciones reactivas potentes, de alto rendimiento y escalables, perfectamente adaptadas a los retos de la era digital.

!

D

E

F

G

H

I

J

K

L

N

O

P

S

T

W

Z

Para poder acceder durante un año a la versión online de este libro, envíenos su justificante de compra a

librodigital@ediciones-eni.com

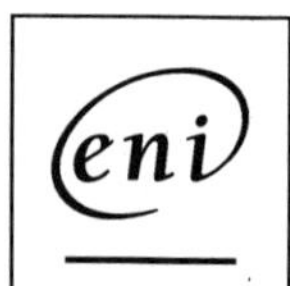